Às voltas com O DIREITO E A FILOSOFIA

Estudos em homenagem a Ernildo Stein por seu 85º aniversário

Foto: Claudio Melim

JOÃO ALVES TEIXEIRA NETO
(Organizador)

Às voltas com O DIREITO E A FILOSOFIA

Estudos em homenagem a Ernildo Stein por seu 85º aniversário

Série Filosofia

livraria DO ADVOGADO editora

Porto Alegre, 2021

Capa, projeto gráfico e diagramação
Livraria do Advogado Editora

Revisão
Rosane Marques Borba

Direitos desta edição reservados por
Livraria do Advogado Editora
Rua Riachuelo, 1334 s/105
90010-273 Porto Alegre RS
Fone: (51) 3225-3311
editora@doadvogado.com.br
www.doadvogado.com.br

Impresso no Brasil / Printed in Brazil

Dados Internacionais de Catalogação na Publicação (CIP)

V935 Às voltas com o direito e a filosofia : estudos em homenagem a Ernildo Stein por seu 85º aniversário / João Alves Teixeira Neto (organizador). – Porto Alegre : Livraria do Advogado, 2021.
242 p. ; 23 cm. – (Série Filosofia)
Inclui bibliografia.
ISBN 978-65-86017-35-9

1. Direito e filosofia. 2. Teoria do direito. I. Teixeira Neto, João Alves. II. Stein, Ernildo. III. Série.

CDU 340.12

Índice para catálogo sistemático:
1. Direito e filosofia 340.12

(Bibliotecária responsável: Sabrina Leal Araujo – CRB 8/10213)

Sumário

Apresentação

— I —

A presente homenagem surge da união daquela que poderíamos chamar de a segunda geração de ex-alunos e autores diretamente influenciados pelo pensamento de Ernildo Stein. Laços de amizade e de lídima admiração acadêmica fazem desta obra um local de encontro para homenagear alguém que elevou a outro patamar a filosofia escrita em língua portuguesa.

Em uma primeira perspectiva, a maioria dos autores, que contribuíram com textos para compor este volume, foram alunos diretos de Ernildo Stein e, portanto, tiveram a grata oportunidade de aprender Filosofia não apenas por meio da leitura da sua grande obra, mas diretamente ouvindo o Filósofo. Em uma segunda perspectiva, os autores que não foram seus alunos diretos conheceram muito bem a Filosofia de Ernildo Stein, em boa parte, durante seus estudos no exterior, na Universidade de Coimbra, em Portugal, local em que especialmente se cultuam as aproximações entre direito e filosofia, sobretudo a de matriz analítico-existencial.

O que todos os autores têm em comum, para além do amplo conhecimento da obra do Filósofo, é o compromisso com o trabalho intelectual na precisa intersecção teórica entre o direito e a filosofia.

— II —

Por um lado, o título escolhido para a presente homenagem remete ao título de uma das principais obras de Ernildo Stein, *Às voltas com a metafísica e a fenomenologia*, publicada no ano de 2012. Por outro lado, um tal título deixa revelar um eixo teórico que está entre os preferidos do homenageado, um âmbito que foi e ainda é o seu objeto privilegiado de estudo e reflexão.

Às voltas com o Direito e a Filosofia chama a atenção pela diversidade das temáticas abordadas, que – de um modo ou de outro – guardam um elemento teórico comum, que poderia ser descrito como a "abertura analítico-existencial". Nem todos os textos deste volume foram desenvolvidos em quadros referenciais teóricos de caráter analítico-existencial, mas praticamente todos, em certa e determinada medida, abriram-se ao diálogo com os recursos da analítica existencial ou trabalharam a partir de premissas latentes desta.

– III –

A obra que agora vem a público, como se depreende do seu subtítulo, visa a homenagear os 85 anos de Ernildo Stein, que foram completados em 12 de julho de 2019. Passaram-se, portanto, aproximadamente dois anos da celebração da data. Longe de ser um inconveniente, a passagem do tempo é mais um motivo a ser comemorado, a considerar que o homenageado continua em constante e frutífera atividade filosófica e nenhum adiamento, sobretudo aquele justificável em virtude do tempo em que vivemos, poderia sufocar a alegria de uma tal celebração da Filosofia.

Que esta homenagem, pequena perante a grandeza da Filosofia do Filósofo, vinda depois de tantas outras já apresentadas há décadas, mas inteiramente consciente da força do seu significado, seja apenas o prenúncio daquilo que ainda está por vir.

Porto Alegre, maio de 2021.

João Alves Teixeira Neto

O que aprendi com Ernildo Stein (Carta aos iniciados)

JOÃO ALVES TEIXEIRA NETO[1]

– I –

Por saber, hoje, mover-me com segurança nos dois registros teóricos, tanto no dogmático, quanto no especulativo, tenho a inteira consciência de que aquilo que aprendi com Ernildo Stein não pode ser objetificado por meio do uso de uma linguagem dogmática, que reduzisse o fenômeno em questão a uma vantagem empírica quantificável.

Precisarei, inevitavelmente, utilizar a linguagem especulativa, transcendental, organizadora, própria do âmbito das condições de possibilidade, a linguagem filosófica por excelência. Essa linguagem – que é larga, mas, ao mesmo tempo, não é "esponjosa" – me permitirá empreender uma análise fenomenológica sobre aquilo que aprendi com o filósofo.

Torna-se necessário, já de largada, fazer alguns breves esclarecimentos: aprendi e aprendo tanto com Ernildo Stein que se torna um verdadeiro desafio – mesmo com toda a riqueza dos recursos da linguagem especulativo-filosófica, que hoje me são disponíveis – tentar delimitar tal aprendizado em algumas poucas páginas de um ensaio em homenagem aos seus 85 anos.

O desafio é ainda incrementado pelas seguintes perspectivas: em primeiro lugar, em virtude de ter aprendido muitíssimo de filosofia com ele, não apenas pelas leituras da sua grande obra, mas, sobretudo, pela grata oportunidade de convívio e permanente diálogo. Em

[1] Pós-Doutorado em Direito Penal (Universität Hamburg, Alemanha); Pós-Doutorado em Ciências Criminais (PUCRS); Doutorado em Ciências Criminais (PUCRS), com período sanduíche (Universidade de Coimbra, Portugal); Mestrado em Ciências Criminais (PUCRS); Especialização em Direito Penal e Política Criminal (UFRGS); Bolsista CAPES; Advogado.

segundo lugar, em virtude de acreditar que com ele tenha apreendido muito mais sobre a vida que propriamente sobre a filosofia, muito embora possamos considerar que nesse aprendizado, sobre a vida, aí é que por excelência deverá habitar o verdadeiro Pensar Filosófico.[2]

— II —

Para iniciar a análise fenomenológica, tenho de desvelar uma primeira camada encobridora, que – em boa parte das vezes – resulta em enormes incompreensões e mal-entendidos, para além de alimentar variadas formas e manifestações de pseudointelectualidade, que – por sua vez, em círculo vicioso – conferem uma espécie de perenidade à miséria intelectual. Estou me referindo, aqui, ao uso ornamental da filosofia no direito,[3] aquele uso que esvanece o maior potencial da filosofia e subverte a sua tarefa no direito.

O uso ornamental da filosofia no direito ignora o sentido do desvelamento das condições de possibilidade, criando um culto à redução estética: a filosofia, nesse contexto, deixa de ser o pensar especulativo, transcendental, e passa a ser uma espécie de "bijuteria" que poderá embelezar um texto da dogmática e conferir o rótulo de "erudito" ao seu autor.

Vislumbro duas formas de chegar a essa subversão da tarefa da filosofia no direito: uma triste, e a outra lastimável. A primeira, apenas triste, está ligada à ignorância, ao desconhecer filosofia. Já a segunda, lastimável, está ligada à falta de honestidade intelectual,[4] ao enganar colegas e alunos com filosofia.

Desconhecer filosofia é um problema que pode ser solucionado, a combinação de "nádegas" e "cadeira", aliada à paciência e humildade, ajuda bastante. Mas é preciso saber escolher autores, não adianta a referida combinação se for para ler "Filosofia do direito esquematiza-

[2] O Prof. Ernildo Stein, até onde sei, não gosta de ter discípulos, antes gosta de ter colegas. Em verdade, esforça-se, na sua tarefa de verdadeiro Professor, para formar colegas que estejam – de um jeito ou de outro – em condições de dialogar com ele. Levarei isso em consideração no presente trabalho e buscarei não uma já desnecessária demonstração de que a sua obra está no panteão da filosofia escrita em língua portuguesa. Buscarei, antes, verdadeiramente dialogar com essa obra, sem a pretensão de realizar quaisquer digressões em elogios discipulares, nem tampouco trazer um arsenal de citações e referências bibliográficas. Simplesmente apresentarei aquilo que aprendi e incorporei no meu modo de trabalhar.

[3] STEIN, Ernildo. *Exercícios de fenomenologia*: limites de um paradigma. Ijuí: Unijuí, 2004. p. 157.

[4] Utilizamos o conceito de "honestidade intelectual" desenvolvido por Tugendhat. (TUGENDHAT, Ernest. *Egozentrizität und Mystik: Eine anthropologische Studie*. C. H. Beck Verlag: München, 2003. p. 79).

da", é preciso ter um senso mínimo do que é uma reflexão crítica para não se jogar fora possibilidades efetivas de progresso intelectual.

Enganar colegas e alunos com filosofia,[5] entretanto, é um problema que dificilmente poderá ser solucionado por aquele que engana, já que é um problema de caráter, e caráter ou se tem ou não se tem. Não raramente, por meio das mais variadas formas de ornamentação, os "enganadores com filosofia" buscam esconder a falta da sua autonomia de pensamento, a ausência de verticalidade em suas reflexões ou tentativas de reflexões e, ao fim e ao cabo, buscam fervorosamente eclipsar a sua miséria intelectual.

O referido "enganar" pode ainda tomar proporções mais vexaminosas, levando o enganador a encontrar formas sutis, aparentemente discretas, de se afirmar como "Grande" ou como "O Grande" na sua área, no seu país, retroalimentando o sistema de manutenção do raso, o esgoto da academia.

Nesse contexto, poderá utilizar teorias sofisticadas de autores estrangeiros e se colocar sem qualquer tipo de constrangimento pela flagrante inverdade, com toda a "cara de pau" – como seu codesenvolvedor ou, ainda pior, poderá, com gozo narcísico, dolosamente deixar "pobres desavisados" acreditarem que a teoria é de sua autoria.[6] Percebe-se, assim, com relativa facilidade, que o "enganar" frequentemente é calibrado pelo tamanho da vaidade do enganador.[7] Tudo isso pode acontecer quando, com falta de honestidade intelectual, usa-se ornamentalmente a filosofia no direito.[8]

[5] Não quero transformar esta passagem do texto em uma espécie de "pequeno caderno negro", mas, em nome da honestidade intelectual, não posso deixar de descrever o fenômeno que com clareza enxergo.

[6] O que faz alguém tomar por sua a teoria de outro? Essa é uma questão que mexe com o nosso imaginário. Poderíamos querer intuir muitos motivos, mas certamente todos eles gravitariam em torno de um núcleo: a incapacidade de desenvolver algo verdadeiramente seu, com lídima autonomia de pensamento. Muito embora essa incapacidade, frequentemente, seja apenas uma falsa crença na sua incapacidade. Mas aí vale encontrar um ponto de equilíbrio na autoestima: não somos tão bons a ponto de sermos autossuficientes, nem tão ruins a ponto de não podermos desenvolver algo que seja verdadeiramente nosso.

[7] "A vaidade verdadeira dispensará o progresso teórico, já que o mais importante, para ela, será gozar narcisicamente, mesmo que ao custo do fomento da miséria intelectual. Essa vaidade não quererá colegas, antes quererá admiradores [...]". (TEIXEIRA NETO, João Alves. Para a discussão da serenidade para com as coisas do direito penal (De um diálogo ao caminho do campo sobre uma Gelassenheit no direito penal). In: TEIXEIRA NETO, João Alves. *Aproximações entre direito penal e filosofia*: ensaios e conferências. Porto Alegre: Livraria do Advogado, 2021.

[8] É claro que ter clareza para ver tal fenômeno e coragem para descrevê-lo, por vezes, traz-me "incomodaçõezinhas", mas que fazem parte do jogo. O "enganar" não gosta de "apanhar", não quer que se joguem luzes no vazio da sua "produção", na sua mera repetição compulsiva das ideias alheias, ou seja, o enganar quer continuar enganando sem chance de desenganação.

Mas se a falta de honestidade intelectual, enquanto problema de caráter, é de difícil solução, então cabe à comunidade acadêmica – sobretudo, ao leitor-forte – manter a máxima atenção para com os passos dos ornamentadores, os "enganadores com filosofia", pois o legítimo pensamento crítico, que estes ineficazmente tentam matar, fortifica-se e, ao mesmo tempo, reaviva-se – em círculo virtuoso – ao vigiar os deslizes da desonestidade intelectualmente empobrecedora daqueles que enganam ou tentam enganar.

Entretanto, se desconhecer filosofia é um problema que realmente pode ser solucionado, então vamos trabalhar para isso. Devemos começar, por um lado, ampliando a nossa consciência sobre o que a filosofia não é e, por outro lado, sobre o que ela efetivamente é.

– III –

A filosofia não se confunde com a história da filosofia e, portanto, ao sabermos reproduzir aquilo que os filósofos clássicos da tradição filosófica disseram não significa que estejamos fazendo filosofia. Apresentar citações de Kant, Hegel ou Heidegger não pode nos garantir, em absoluto, que estejamos filosofando. Muito pelo contrário, em grande parte das vezes, uma utilização desmedida e acrítica de tais citações eliminam espaços para a verdadeira reflexão filosófica.[9] A filosofia, portanto, não é a mera repetição da sua história, muito embora esteja – como tudo o que é humano – aberta à historicidade.

A filosofia, também, não é um "pensar elevado", desenvolvido e destinado somente aos "raros", pois a erudição não é condição necessária para o pensar filosófico. A reflexão filosófica deve habitar a simplicidade, como – em boa parte das vezes – habita a simplicidade do caminho do campo, já que o "simples protege o enigma daquilo que é e permanece grande".[10]

A filosofia, antes, deixa-se mostrar como um pensar insistente, crítico, transcendental, não objetificador, que acontece no movimento de desvelamento das condições de possibilidade dos fenômenos empíricos. Sem essa consciência, corremos o risco de sermos presas fáceis do uso ornamental da filosofia no direito e, consequentemente, de

[9] "Adquirir conhecimentos, mesmo conhecimentos eruditos e abrangentes quanto ao que e como os filósofos pensaram, até pode ser útil. No entanto, sua utilidade não se reverte para o filosofar. Ao contrário: a posse de conhecimentos sobre filosofia é a principal causa da ilusão de que com isso estaríamos alcançando o filosofar". (HEIDEGGER, Martin. *Introdução à filosofia*. Trad. Marco Antonio Casanova. São Paulo: Editora WMF Martins Fontes, 2009. p. 5).

[10] HEIDEGGER, Martin. *Der Feldweg*. 4. ed. Frankfurt am Main: Vittorio Klostermann, 2010. p. 17. (Tradução livre).

chancelarmos a compreensão do trabalho filosófico no direito como um entretenimento ou uma atividade lúdica.

— IV —

Para trabalharmos com filosofia no direito, é importante termos a clareza de princípio sobre as fronteiras que delimitam os diferentes registros de análise da filosofia e da dogmática. Para descortinar a diferença, poderemos utilizar diferentes recursos teóricos que, ao longo dos anos, fomos gradualmente incorporando ao nosso quadro referencial teórico[11] e que, inevitavelmente, marcam o nosso progresso intelectual.[12]

Vamos iniciar distinguindo duas dimensões que ancoram os dois referidos registros de análise: a dimensão hermenêutica e a dimensão apofântica. As análises propriamente filosóficas estariam para a dimensão hermenêutica, do mesmo modo que as análises dogmáticas estariam para a dimensão apofântica. E a diferença que distingue as duas dimensões é pensada no seio da dimensão hermenêutica, que desde sempre antecipa e acompanha todo o operar humano, constituindo o seu modo de ser no mundo.

Haveria muitas formas de descrever as duas referidas dimensões, e poderíamos, aqui, para iluminar o fenômeno, utilizar uma afirmação de Goethe: "a experiência é apenas metade da experiência".[13]

A partir da reflexão do poeta, podemos desvelar a compreensão de que a experiência científica da dogmática jurídica é apenas metade da experiência. Há uma outra metade, que diz respeito ao universo das condições de possibilidade, que já sempre precede e acompanha todo o operar da dogmática.

A referida "outra metade da experiência", que antecipa todo o conhecimento da dogmática jurídica, pode também ser compreendida – a partir do "teorema da diferença ontológica" – como a dimensão ontológica sempre pressuposta pela dimensão ôntica. Ainda, poderíamos descrever uma tal outra metade da experiência como o elemento especulativo que sustenta o elemento empírico em sentido amplo, ou

---

[11] Utilizamos o conceito de "quadro referencial teórico" desenvolvido por Puntel. (PUNTEL, Lorenz. *Struktur und Sein*. Tübingen: Verlag Mohr Siebeck, 2006. p. 29).

[12] Ver TEIXEIRA NETO, João Alves. *Aproximações entre direito penal e filosofia*: ensaios e conferências. Porto Alegre: Livraria do Advogado, 2021.

[13] GOETHE, Johann Wolfgang von. *Goethes poetische und prosaische werke in zwei bänden* [Band II], 1837. p. 632.

seja, a dimensão existencial que organiza a dimensão existenciária do lidar com objetos.

Se, em uma primeira perspectiva, acabamos de descrever a "outra metade da experiência" com o auxílio dos recursos teóricos de um dos dois teoremas fundamentais da fenomenologia hermenêutica, o "teorema da diferença ontológica"; então, em uma segunda perspectiva, poderemos utilizar recursos do outro teorema, o "teorema do círculo hermenêutico". A outra metade da experiência científica da dogmática jurídica está assentada na pré-compreensão, que poderia ser descrita como "a experiência da possibilidade de experiência".[14]

A pré-compreensão não poderá ser reduzida a um conhecimento de objeto, é ela que abre o espaço para a introdução da diferença entre ser e ente, insculpindo o nosso modo de ser no mundo. Os dados sensíveis, assim, apenas podem vir ao nosso encontro porque desde sempre nos compreendemos, compreendemos o ser e, consequentemente, podemos compreender os objetos da empiria. Reconhece-se, inevitavelmente, uma relação: o conhecimento científico da dogmática, nesse contexto, já está desde sempre atingido por um conhecimento existencial, uma rede de compreensão que a antecede.

– V –

Por meio da compreensão dos dois referidos teoremas, aprendi com Ernildo Stein que analisar filosoficamente o direito é estar em um horizonte teórico propriamente especulativo,[15] buscando-se um distanciamento da objetificação por meio de um olhar não dogmático sobre pressupostos do direito – pressupostos estes que, normalmente, são assumidos de um modo não consciente.

E ao pensarmos a diferença – entre o especulativo-filosófico e o empírico-científico, já, portanto, no âmbito do pensar filosófico – somos levados a perceber um solo comum aos dois registros, decorrente da diferença ontológica: o processo da pré-compreensão. Ele é "condição de possibilidade de qualquer acesso do conhecimento científico

[14] STEIN, Ernildo. *Pensar é pensar a diferença*: filosofia e conhecimento empírico. 3ª ed. Porto Alegre: Livraria do Advogado, 2019. p. 78.

[15] Aquilo que Kaufmann chamaria de "caráter especulativo" (*spekulativer Einschlag*). (KAUFMANN, Arthur, "Rechtsphilosophie, Rechtstheorie, Rechtsdogmatik", *in:* KAUFMANN, Arthur; HASSEMER, Winfried (Org.). *Einführung in Rechtsphilosophie und Rechtstheorie der Gegenwart*. Heidelberg: C. F. Müller Juristischer Verlag, 1977. p. 4).

a seus objetos",[16] ele precede e acompanha todo o conhecimento, antecipando todo o operar da compreensão.

A reflexão da dogmática jurídica, portanto, já é sempre antecedida por esse acompanhamento prévio, levando-nos a reconhecer, desse modo, uma vinculação constante entre o pensar científico-dogmático e o pensar filosófico, que constitui uma premissa fundamental, materializada no círculo hermenêutico.

— VI —

Além de tudo isso que aprendi com Ernildo Stein, em tom de conclusão – que, antes de ser fechamento, é abertura – não posso deixar de dizer que aprendi também com ele a *Gelassenheit*.

Mas com ele aprendi muito mais do que *die Gelassenheit zu den Dingen* que havia lido em Heidegger,[17] aprendi a serenidade para com as coisas em uma dimensão mais ampla, prática, na faticidade da vida.

E é essa *Gelassenheit* que me permite fazer (*tun*) as coisas que faço e dizer as coisas que digo neste breve ensaio, ao mesmo tempo em que cultuo o deixar-estar (*lassen*) para com as coisas que assim o exigem.

Acredito ter conseguido trazer, nestas breves páginas, um pouco daquilo de muito importante que aprendi com o maior Filósofo brasileiro. Os iniciados certamente saberão reconhecer o exato valor do aprendizado que aqui foi dividido e poderão incorporar tais compreensões aos seus respectivos quadros referenciais teóricos, protegendo-se das tantas armadilhas que se apresentam no trabalho com filosofia.

Se, por um lado, sei que os enganadores continuarão aí, provavelmente tentando enganar o máximo número de desavisados, então, por outro lado, acredito ter contribuído de algum modo para afiar os recursos teóricos dos iniciados, que inevitavelmente – mais cedo ou mais tarde – deixarão de tolerar as enganações dos empobrecedores do trabalho intelectual e construirão uma barreira às misérias da enganação.

---

[16] STEIN, Ernildo. *Pensar é pensar a diferença*: filosofia e conhecimento empírico. 3. ed. Porto Alegre: Livraria do Advogado, 2019. p. 19.

[17] HEIDEGGER, Martin. *Gelassenheit*. 2. ed. Tübingen: Neske, 1960. p. 25.

Referências

GOETHE, Johann Wolfgang von. *Goethes poetische und prosaische werke in zwei bänden* [Band II], 1837.

HEIDEGGER, Martin. *Der Feldweg*. 4. ed. Frankfurt am Main: Vittorio Klostermann, 2010.

——. *Gelassenheit*. 2. ed. Tübingen: Neske, 1960.

——. *Introdução à filosofia*. Trad. Marco Antonio Casanova. São Paulo: Editora WMF Martins Fontes, 2009. p. 5).

KAUFMANN, Arthur, "Rechtsphilosophie, Rechtstheorie, Rechtsdogmatik", *in:* KAUFMANN, Arthur; HASSEMER, Winfried (Org.). *Einführung in Rechtsphilosophie und Rechtstheorie der Gegenwart*. Heidelberg: C. F. Müller Juristischer Verlag, 1977.

PUNTEL, Lorenz. *Struktur und Sein*. Tübingen: Verlag Mohr Siebeck, 2006.

STEIN, Ernildo. *Exercícios de fenomenologia*: limites de um paradigma. Ijuí: Unijuí, 2004.

——. *Pensar é pensar a diferença:* filosofia e conhecimento empírico. 3. ed. Porto Alegre: Livraria do Advogado, 2019.

TEIXEIRA NETO, João Alves. *Aproximações entre direito penal e filosofia:* ensaios e conferências. Porto Alegre: Livraria do Advogado, 2021.

TUGENDHAT, Ernest. *Egozentrizität und Mystik: Eine anthropologische Studie*. C. H. Beck Verlag: München, 2003.

A dignidade humana a partir do *Ek-sistierend des Da-sein*

> A vida é de tal modo verdadeira, em seu conjunto,
> que a própria mentira (se não é infame) participa
> gloriosamente dessa verdade inabalável.[1]

> Holz lautet ein alter Name für Wald. Im Holz sind Wege,
> die meist verwachsen jäh im Unbegangenen aufhören.
> Sie heißen Holzwege.
>
> Jeder verläuft gesondert, aber im selben Wald. Oft Scheint es,
> als gleiche einer dem anderen. Doch es scheint nur so.
> Holzmacher und Waldhüter kennen die Wege.
> Sie wissen, was es heiß, auf einem Holzweg zu sein.[2]

GUILHERME MASSAÚ[3]

Introdução

Pensar o Direito é *pensar-com* a Filosofia, a Economia, a Política e outras esferas culturais, as quais contribuem com a relação *sistema-problema* em suas lacunas de sentido. No entanto, o *pensar-com* não implica subtrair a autonomia do pensar o Direito, pelo contrário, a racionalidade jurídica deve prevalecer sobre as demais, justamente para se obter um resultado jurídico, mantendo as características do próprio Direito.

Alguns direitos necessitam serem preenchidos de significados extrajurídicos (filosófico, econômico, político, biológico etc.). Este é o caso do conteúdo da dignidade humana (art. 1º, III, da CRFB[4]). Trata se

[1] RILKE, Rainer Maria. *Cartas do poeta sobre a vida*. Trad. Milton Camargo Mota. São Paulo: Martins Fontes, 2007.

[2] HEIDEGGER, Martin. *Holzwege*. 8.ed. Frankfurt am Main: Vittorio Klostermann, 2003.

[3] Pós-Doutorado em Direito (PUCRS). Doutorado em Direito (Unisinos). Professor da Faculdade de Direito e dos Programas de Pós-Graduação em Direito e Ciência Política da UFPel. Autor de *Princípios Constitucionais e Relações Internacionais* (Livraria do Advogado Editora).

[4] Constituição da República Federativa do Brasil.

de um conceito geral e aberto. Por conseguinte, o pensamento e o aporte filosóficos são decisivos para preencher o espaço de sentido, a fim de os juristas poderem trabalhar com o texto normativo do inciso III do art. 1º da CRFB.[5]

Isso não expressa que se devam ignorar outras fontes de significado para o texto jurídico, principalmente a fonte normativa, a qual deve ser extraída do sistema jurídico como um todo.[6] Contudo, reconhece-se que compreender a dignidade humana é iluminá-la para entendê-la e, então, viabilizar a concretização do *suporte fático* do referido princípio constitucional. Para tal esforço, considera-se adequada a tentativa de levar em consideração a perspectiva de Heidegger ao *Ser*.

No caso da dignidade humana, pensá-la é compreender o *Dasein*. Trata-se, portanto, de pôr a questão do *Ser* de outra forma – nem abstrato, nem metafísico –, relacionando-o, decisivamente, com a linguagem. Destarte, a tentativa deste ensaio é estabelecer elementos existenciais ao acesso compreensivo à dignidade humana, torná-la "mais" humana, a fim de que o Direito possa projetá-la de forma mais eficiente e realista em sua aplicação.

Pensar a dignidade humana é complexo, pois recaem sobre ela diversas variáveis, o que impede, mesmo em trabalho de maior extensão, a análise pormenorizada. Desta feita, cabe aqui lançar a semente ao ar, esperando que os ventos a carreguem para um local fértil. Se assim ocorrer, ter-se-á uma terceira via no pensar a dignidade humana: não mais com os olhos de um positivista nem com os de um jusnaturalista. A interpretação será outra, para além do positivismo e do jusnaturalismo. Por conseguinte, o resultado também será outro. Estima-se que se estará mais próximo da dignidade tal como ela deveria ser considerada, ou seja, de seu fenômeno.

A responsabilidade de escrever sobre este tema é grande, mais ainda e principalmente escrever para ser lido no livro em *homenagem a um dos mais importantes filósofos brasileiros: o Prof. Ernildo Stein*. Isso representa uma responsabilidade singular sem precedentes. Circunscrito pelas limitações do autor deste ensaio, buscou-se estabelecer a relação entre o Direito e o pensamento dos filósofos Ernildo Stein e Martin Heidegger.

---

[5] Aqui reside a dimensão da cultura. HÄBERLE, Peter. A dignidade como fundamento da comunidade estatal. Trad. Ingo Wolfgang Sarlet e Pedro Scherer de Mello Aleixo. In: SARLET, Ingo Wolfgang. *Dimensões da dignidade*. Ensaios de filosofia do direito e direito constitucional. 2. ed. Porto Alegre: Livraria do Advogado, 2013. p. 77-78.

[6] *Vide*: ENDERS, Christoph. The Right to have Rights: the concept of human dignity in German basic law. In: *Revista de Estudos Constitucionais, Hermenêutica e Teoria do Direito*. n. 2, v. 1, janeiro-junho, 2010, São Leopoldo, p. 2.

A opção pelo tema visa a compreender a dignidade humana através de outros paradigmas, desviando do arbítrio do positivismo e do atemporal do jusnaturalismo. Pensar a dignidade humana por meio do resultado do existencialismo[7] pareceu um meio adequado e enriquecedor para compreendê-la com o objetivo de contribuir para a incidência do suporte fático contido no art. 1°, III, da CRFB.

1. Técnica e Justiça

O mundo moderno, para Heidegger, exige do Homem um agir mais intenso, retirando-lhe espaço para o pensar essencial. Isso impede a compreensão da essência da técnica e da ciência. A fuga do pensar *calculante*, próprio da técnica, ocupa extensa área do pensar quotidiano. A escolha de Heidegger é libertar-se dessa categoria de pensamento, no sentido de readquirir a possibilidade de refletir, com liberdade, sobre o fenômeno e sobre o fundamento. Trata-se de afastar a existência do Homem contemporâneo do domínio da técnica e do pensamento científico, incapaz de conhecer a própria essência.[8]

A técnica, por si só, não viabiliza o conhecimento da essência nem do fundamento, logo estabelecer o que significa a dignidade humana no ordenamento jurídico ultrapassa os limites da técnica. A existência humana não deve-se resumir à técnica e ignorar sua configuração durante a *Geschichte*. Compreendê-la é conhecê-la em sua essência, sua verdade, sua historicidade, sua *Ek-sistieren*. Trata-se do desvelar e do velar, simultaneamente, o *ser* em sua finitude[9] humana e na essencialidade da relação *ser-sendo*. Para Heidegger, o Homem ilumina o ser, desvela sua história, assim como o oculta, escondendo-o.[10]

Nesse sentido, o filósofo alemão considera cinco fenômenos, sendo os principais: a técnica e a *des-divinação* (*Entgötterung*).[11] Deles

[7] REALE, Giovanni e ANTISERI, Dario. *História da filosofia*. Do Romantismo até nossos dias. v. 3, Trad. sn. 7 ed. São Paulo: Paulus, 1991. p. 581-582.

[8] ROMANO, Bruno. *Tecnica e giustizia nel pensiero di Martin Heidegger*. Milano: Giuffrè, 1969. p. 2-4; *Vide*: REALE, Giovanni; ANTISERI, Dario. *História da filosofia*. Do Romantismo até nossos dias. v. 3, Trad. sn. 7. ed. São Paulo. Paulus, 1991. p. 591 592.

[9] A finitude que se afirma como solidão no universo, da razão finita, da razão isolada, não se trata da finitude como verso da infinitude como era a marca na modernidade. STEIN, Ernildo. *Epistemologia e crítica da modernidade*. 3. ed. Ijuí: Unijuí, 2001. p. 26 e 41

[10] ROMANO, Bruno. *Tecnica e giustizia nel pensiero di Martin Heidegger*. Milano: Giuffrè, 1969. p. 4, 8 e 10. Giza-se que o ser humano se encontra inserido na história e no destino do Ser. STEIN, Ernildo. *Compreensão e finitude*. Estrutura e movimento da interrogação heideggeriana. Ijuí: Unijuí, 2001. p. 370.

[11] *Vide*: HEIDEGGER, Martin. *Holzwege*. 8. ed. Frankfurt am Main: Vittorio Klostermann, 2003. p. 209-267.

derivam mais três: a ciência; a arte, como objeto da experiência vivida; a atividade humana, como *Kultur*, na manifestação atual, dependente das duas primeiras. Contemporaneamente, existe o domínio da objetividade posta ao sujeito, estabelecendo o nexo entre objetividade e vontade. Introduz-se aí a razão calculante, tanto que a ciência moderna e o estado totalitário são como consequências necessárias da essência da técnica.[12] Trata-se de um fenômeno que caracteriza a contemporaneidade.[13]

O Homem é o único *ser Eksistierend*(en), pois estabelece relação entre a *Geschichte* do mundo e do *ser*, sendo decisiva a obra histórica de arte, de filosofia, de poesia, de política dentre outras. Isso constitui *com-presença* na *Geschichte* humana de verdade e não verdade.[14] Por conseguinte, reside aí a importância de Heidegger ao restituir a liberdade ao Homem, que estava perdida na redução da verdade à certeza e ao conhecimento científico. Neste sentido, compreender a essência da técnica não tem nada de técnico,[15] como corolário, compreender a essência do Homem e sua dignidade também não pode ser.

Entende-se, então, a crítica de Heidegger ao pensamento *cartesiano*, pois o *Ser* não é uma criação do pensamento, mas o pensamento é um acontecimento (histórico) do *Ser*. Trata-se de partir do *ser humano em direção ao ser humano* em progressivo esclarecimento do *Dasein*.[16] É o ser humano que se põe a pergunta do sentido do *Ser*.[17]

2. O "problema" do Direito

O Direito pensado aqui tem como parâmetro Heidegger e Stein. Por conseguinte, as linhas essenciais são existencialistas-heidegge-

---

[12] HEIDEGGER, Martin. *Holzwege*. 8 ed. Frankfurt am Main: Vittorio Klostermann, 2003. p. 290; ROMANO, Bruno. *Tecnica e giustizia nel pensiero di Martin Heidegger*. Milano: Giuffrè, 1969. p. 18.

[13] ROMANO, Bruno. *Tecnica e giustizia nel pensiero di Martin Heidegger*. Milano: Giuffrè, 1969. p. 15-16, 17 e 27. Destaca-se que a contemporaneidade é marcada pela heteronomia, pois da unidade do conhecimento percebeu-se, a partir de sua crítica, a fragmentariedade do mesmo. A razão distribui-se em 'múltiplas vozes'. Destarte, no nível do conhecimento, a autonomia e a heteronomia funcionam no patamar da práxis do comportamento social. STEIN, Ernildo. *Epistemologia e crítica da modernidade*. 3 ed. Ijuí: Unijuí, 2001. p. 16.

[14] HEIDEGGER, Martin. *Über den Humanismus*. Frankfurt am Main: Vittorio Klostermann, 1947. p. 5-6.

[15] ROMANO, Bruno. *Tecnica e giustizia nel pensiero di Martin Heidegger*. Milano: Giuffrè, 1969. p. 12, 17, 29 e 38-39.

[16] Ibid. p. 79, 82.

[17] REALE, Giovanni e ANTISERI, Dario. *História da filosofia*. Do Romantismo até nossos dias. v. 3, Trad. sn. 7 ed. São Paulo: Paulus, 1991. p. 583.

rianas.[18] Não se analisam, contudo, as consequências para os autores do positivismo, do neokantismo ou de qualquer outra forma/matéria que possa o Direito assumir conforme seus aportes filosóficos.[19]

O Direito é reconhecido como momento constitutivo do *in-der--Welt-seins* e essência disto, o que regula, de todo, o *estar-aí-com-os-outros*.[20] O Direito – a lei – preconiza um horizonte cuja estrutura essencial é a impropriedade (*Uneigentlichkeit*) e a ele se remete. O Direito refere-se a essa impropriedade (*Uneigentlichkeit*), cuja natureza "privativa" mostra-se nisto, levando o sujeito a estar comprometido.[21]

O problema fundamental a ser enfrentado pelo Direito, em relação à compreensão da dignidade humana, é o *Miteinandersein*. O Direito compreende o comportamento confiante de um com o outro. O *Sein* do Direito se robustece, no dia a dia, com a realização da confiança (expectativa), em que um testemunha no outro um ato de confiança, manifestada em todos os patamares e interdependências do *Miteinanderseins*. Encontra-se, então, a coexistencialidade como estrutura primária da existência, pois o *Dasein* é sempre *o Mitsein*.[22]

Logo, deve-se levar em consideração que o Direito ocupa o espaço social e nele tem sentido. Com isso, acrescenta-se a perspectiva de sua função de proteção, garantindo a segurança.[23] Destarte, a (co)existência é um dos elementos essenciais para se compreender a dignidade humana no âmbito do Direito. Sem ela, o *eu* não o seria, pois são os *outros* que atribuem sentido ao *eu*, assim como o *eu* aos *outros*.

A análise *heideggeriana* evidencia, como em relação ao único, a lei verdadeira do *Dasein*,[24] a qual é equivalente ao *ser em si*. O Ser do Direito carece de todo valor e não possui autoridade. Ele é uma ordem generalizante, contudo a existência é irrepetível. A realização do *si mesmo* é, por meio disto, possível, justamente por se esquivar do domínio do Direito, da lei, expressando-se, nisso, a consonância hu-

---

[18] *Vide*: VILLANI, Antonio. Heidegger und das "Problem" des Rechts. Übers. Erich Weis. In: Arthur Kaufmann (Hrsg.) *Die ontologische Begründung des Rechts*. Darmstadt: Wissenschaftliche Buchgesellschaft, 1965. p. 350-354, LOIDOLT, Sophie. *Einführung in die Rechtsphänomenologie*. Tübingen: Mohr Siebeck, 2010. p. 203.

[19] *Vide*: VILLANI, op. cit., p. 382-386.

[20] Ibid. p. 373.

[21] Ibid. p. 356.

[22] Ibid. p. 374-375; LOIDOLT, Op. cit., p. 204.

[23] Ibid. p. 370-372.

[24] Aqui reside o ente intramundano, pelo fato de ser *in-der-Welt-sein*. STEIN. Ernildo. *Compreensão e finitude*. Estrutura e movimento da interrogação heideggeriana. Ijuí: Unijuí, 2001. p. 25.

mana, a ressonância da consciência de toda a *Öffentlichkeit*,[25] do não Ser, no qual se enraíza o *Dasein*. Destarte, essa condição emancipa a compreensão da ilusão de um conhecimento sem pré-compreensão,[26] aí reside a diferença entre o historiador jurídico e o jurista.[27]

No respeitante à dignidade humana, em sua dimensão jurídica, no contexto brasileiro, ela se localiza no Título I, dos Princípios Fundamentais, da CRFB. Isto indica que o constituinte brasileiro decidiu considerar a dignidade princípio fundamental do Estado brasileiro, na mesma esteira de Estados como Portugal, Espanha e Alemanha. Além de princípio fundamental, a dignidade humana tem a função de posicionamento jurídico-subjetivo no que se refere às demais normas do ordenamento jurídico. Destarte, ela assume a condição de valor central e superior no sistema jurídico brasileiro.[28]

Pode-se inferir que a dignidade humana, para o Direito brasileiro, é condição normativa do *Dasein*. Por isso, como condição essencial, ela precisa ser levada às últimas consequências da compreensão, visto que seu *status*, no ordenamento jurídico, é nuclear. As demais normas jurídico-brasileiras serão aplicadas legitimamente se respeitarem e projetarem a dignidade humana. Sem esta condição, perde-se legitimidade constitucional. Por conseguinte, resta delimitar o como compreender – interpretar – a dignidade humana.

3. Ek-sistierend des Da-sein

O conhecer o *eksistirenden*[29] *des Dasein* requer do intérprete afastar-se do paradoxo da modernidade, já que o *status quo*, organizado e instalado há séculos, emprega os recursos da modernidade, ou seja, a dialética entre a forma e o conteúdo. Destarte, utiliza, simultaneamente, formas exteriores da modernidade e da racionalidade, mas repele

[25] "*Die Öffentlichkeit verdunkelt alles und gibt das so Verdeckte als das Bekannte und jedem Zugängliche aus*". (LOIDOLT, Sophie. *Einführung in die Rechtsphänomenologie*. Tübingen: Mohr Siebeck, 2010. p. 203).

[26] VILLANI, Antonio. Heidegger und das „Problem" des Rechts. Übers. Erich Weis. In: Arthur Kaufmann (Hrsg.) *Die ontologische Begründung des Rechts*. Darmstadt: Wissenschaftliche Buchgesellschaft, 1965. p. 356-357, 372.

[27] *Vide*: GADAMER, Hans-Georg. *Verdade e Método I*. Traços fundamentais de uma hermenêutica filosófica. Trad. Flávio Paulo Meurer. 9. ed. Petrópolis: Vozes, 2008. p. 427-428.

[28] SARLET, Ingo Wolfgang. *Dignidade (da Pessoa) Humana e direitos fundamentais na Constituição Federal de 1988*. 10. ed. Porto Alegre: Livraria do Advogado, 2015. p. 79-80, 82-83.

[29] "A «ek-sistência», enraizada na verdade como liberdade, é ex-posição ao desvelamento do ente enquanto tal. Ainda não concebida, não necessitando sequer de uma fundamentação essencial, a ek-sistência do homem histórico começa naquele momento em que o primeiro pensador, questionando, se expõe ao desvelamento do ente, perguntando aquilo que o ente é". HEIDEGGER, Martin. *Sobre a essência da verdade*. Trad. Carlos Morujão. Porto: Porto, 1995. p. 37-39.

seus elementos interiores, tais como organização, processo emancipatório, respeito à dignidade humana. Isto resulta na redução da força coercitiva, *e.g.*, do direito e da política. Prevalecem o indivíduo e seu espaço de arbítrio colidindo com a dinâmica das sociedades contemporâneas que recusam a parte de conteúdo coletivo.[30]

A técnica, uma concepção instrumental e antropológica, ameaça a relação entre a essência do *ser humano* e o *Ser*, expondo-o ao perigo de tornar-se funcionalizado em termos de objetivação. Perde-se, com isto, o significado do *homem-pessoa*, adestrando-se a função a ser desenvolvida na sociedade tecnológica.[31] Não se deve aceitar isso, justamente pelo fato de o *ser humano* ser o único ente capaz de compreender o *Ser*.[32] Destaca-se que o *Dasein* não é simples presença, pois para ele as coisas estão presentes. Isso remete ao fato de a natureza do *Dasein* ser a *existência*, diferenciando-o das coisas nas quais a propriedade do ente está simplesmente presente.[33]

Neste caso, desenvolve-se o *deixar-ser* o *ente* ao se confiar em sua abertura, na qual todo o ente se encontra. Este *deixar-ser*, como liberdade, é o *ek-sistente*.[34] Nota-se, pois, a transcendência como ato de liberdade, ou seja, é a própria liberdade, justamente por possibilitar a instituição de um projeto de mundo. O mundo existe como coisas utilizáveis no projeto do *Dasein*. Por conseguinte, o ser humano não pode ser reduzido a objeto, justamente por sua experiência de *poder-ser* ou de projetar-se. As coisas *in der Welt* são utensílios em face do projetar do ser humano. Caracteriza-se, assim, o *in der Welt sein*.[35]

A racionalidade moderna (*calculante*) não consegue separar o humano do *ser humano*. Ocorre a projeção de um *Ser* sem o seu *Dasein*. Em consequência, a dignidade humana não deve ser abstraída da razão moderna, mas de uma razão capaz de captar o *eksistierend des Dasein*, na medida em que fraciona sua unidade em prol da pluralidade do fenômeno humano. Tal fenômeno, ao contrário do que considerava

---

[30] STEIN, Ernildo. *Epistemologia e crítica da modernidade*. 3. ed. Ijuí: Unijuí, 2001. p. 19-20.

[31] ROMANO, Bruno. *Tecnica e giustizia nel pensiero di Martin Heidegger*. Milano: Giuffrè, 1969. p. 55, 60.

[32] STEIN. Ernildo. *Compreensão e finitude*. Estrutura e movimento da interrogação heideggeriana. Ijuí: Unijuí, 2001. p. 147.

[33] REALE, Giovanni; ANTISERI, Dario. *História da filosofia*. Do Romantismo até nossos dias. v. 3, Trad. sn. 7. ed. São Paulo: Paulus, 1991. p. 583.

[34] HEIDEGGER, Martin. *Sobre a essência da verdade*. Trad. Carlos Morujão. Porto: Porto, 1995 p. 37; HEIDEGGER, Martin. *Über den Humanismus*. Frankfurt am Main: Vittorio Klostermann, 1947. p. 11.

[35] REALE, Giovanni; ANTISERI, Dario. *História da filosofia*. Do Romantismo até nossos dias. v. 3, Trad. sn. 7. ed. São Paulo: Paulus, 1991. p. 583-584.

Husserl, conduz o ser humano a estar envolvido no mundo, transformando-o e sendo transformado.[36]

Giza-se, "nada é sem o *Dasein*".[37] Por conseguinte, a dignidade humana não teria sentido sem o *ser-estar-aí*. Destarte, negar uma linha racional é negar a própria ideia de dignidade humana, em termos de sua compreensão, não mais de conteúdo e de formas universais, mas de significado e significante universais.[38] Deriva-se, então, a linguagem ser a morada do *Ser* e nela viver o ser humano.[39] Destaca-se que o ser humano fala inserido em uma história determinada.[40]

A compreensão do que é dignidade humana, no contexto histórico da Constituição Federal de 1988 e do vivido atualmente – na perspectiva do *in-der-Welt-seins* –,[41] depende da compreensão do contexto em que o sujeito e o objeto[42] não se separam inteiramente, pois a existência da compreensão dá-se pelo pronunciar algo que tenha sentido, significando, simultaneamente, uma *qualidade* comunicada e *um modo* de existir. O compreender é qualidade do ser humano assente no *logos apofântico*, sustentáculo da linguagem, *e* no *logos hermenêutico*, sustentáculo do sentido. É o compreender-se a *si mesmo* e o compreender o *Ser*.[43]

---

[36] REALE, Giovanni e ANTISERI, Dario. *História da filosofia*. Do Romantismo até nossos dias. v. 3, Trad. sn. 7. ed. São Paulo: Paulus, 1991. p. 584.

[37] STEIN, Ernildo. *A caminho do paradigma hermenêutico*. Ensaios e conferências. 2. ed. Ijuí: Unijuí. p. 2017. p. 112.

[38] Sem adentrar na diferenciação que se possa fazer entre Heidegger, Hegel e Kant, destacam-se duas proposições filosóficas fundamentantes da dignidade humana, ainda, na contemporaneidade. Com Hegel, tem-se a máxima: "*Das Rechtsgebot ist daher:* sei eine Person und respektiere die anderen als Personen". HEGEL, Georg Wilhelm Friedrich. *Grundlinien der Philosophie des Rechts*. Frankfurt am Main: Suhrkamp, 1986. p. 95. (§36) (grifo do autor); para Kant, as diretrizes encontram-se na máxima "*age de tal maneira que uses a humanidade, tanto na tua pessoa como na pessoa de qualquer outro, sempre e simultaneamente como fim e nunca simplesmente como meio*". KANT. Immanuel. *Fundamentação da metafísica dos costumes*. Trad. Paulo Quintela. Porto: Porto, 1995. p. 66 (grifo do autor). *Vide*: SEELMAN, Kurt. Pessoa e dignidade da pessoa humana na filosofia de Hegel. In: Ingo Wolfgang Sarlet. *Dimensões da dignidade*. Ensaios de filosofia do direito e direito constitucional. 2 ed. Porto Alegre: Livraria do Advogado, 2013. p. 105-118.

[39] HEIDEGGER, Martin. *Über den Humanismus*. Frankfurt am Main: Vittorio Klostermann, 1947. p. 5; STEIN. Ernildo. *Compreensão e finitude*. Estrutura e movimento da interrogação heideggeriana. Ijuí: Unijuí, 2001. p. 367; ROMANO, Bruno. *Tecnica e giustizia nel pensiero di Martin Heidegger*. Milano: Giuffrè, 1969. p. 163, 166.

[40] STEIN, Ernildo. *Aproximações sobre hermenêutica*. 2. ed. Porto Alegre: Edipucrs, 2004. p. 18.

[41] Ibid. p. 66.

[42] *Vide*: LOIDOLT, Sophie. *Einführung in die Rechtsphänomenologie*. Tübingen: Mohr Siebeck, 2010. p. 202-203.

[43] STEIN, Ernildo. *Aproximações sobre hermenêutica*. 2. ed. Porto Alegre: Edipucrs, 2004. p. 29-30, 62; STEIN. Ernildo. *Compreensão e finitude*. Estrutura e movimento da interrogação heideggeriana. Ijuí: Unijuí, 2001. p. 166.

Destaca-se que o *Dasein* é faticidade, e sua faticidade é existência, por consequência é a sua existência.[44] A *Ek-sistenz* do ser humano é sua substância, a substância do ser humano é a *Ek-sistenz*. Em decorrência, a questão se reduz ao *ser humano* ser *animal rationale*, mas também se constitui em um existir próprio do *Sein*. Isso o diferencia dos demais seres vivos, como plantas e animais, e, ainda, de Deus.[45]

3.1. O outro

É possível estabelecer que o desvelar da dignidade humana situa-se no *ek-sistierend(en) des Da-sein*, na medida em que essa dignidade se revela por meio da pré-compreensão do intérprete que interpreta/compreende o *Dasein* em um contexto do *Miteinandersein* – por conseguinte, em uma dimensão fenomenológica. Trata-se de um resultado interpretativo único e irrepetível, que, juridicamente, é viável na medida em que duas ou mais subjetividades *estão-aí*, *e.g.*, pai e filho ou aluno e professor: pai sem filho não é pai, nem professor sem aluno é professor.[46] Nesta perspectiva, a dignidade humana só tem sentido quando contraposta/imposta a outrem. Sem essa polaridade não existe relação jurídica.

A relação com o *outro*, em coexistência, torna o fenômeno jurídico complexo para ser compreendido, embora ele seja um redutor de complexidade, determinando e atribuindo segurança às relações intersubjetivas. A dignidade humana, em sua apresentação jurídica, deve ser interpretada de acordo com o *outro*[47] do caso concreto, que se desvela e se vela conforme o ângulo do intérprete. Destaca-se isso no fato de Heidegger referir-se ao *cuidar dos outros*, quer no ajudá-los a conquistar suas liberdades – coexistência autêntica – quer apenas

[44] STEIN. Ernildo. *Compreensão e finitude*. Estrutura e movimento da interrogação heideggeriana. Ijuí: Unijuí, 2001. p. 153; REALE, Giovanni e ANTISERI, Dario. *História da filosofia*. Do Romantismo até nossos dias. v. 3, Trad. sn. 7. ed. São Paulo: Paulus, 1991. p. 585; *vide*: HEIDEGGER, Martin. *Über den Humanismus*. Frankfurt am Main: Vittorio Klostermann, 1947. p. 8-9.

[45] HEIDEGGER, Martin. *Über den Humanismus*. Frankfurt am Main: Vittorio Klostermann, 1947. p. 12-13, 18; "*Die so verstandene Ek-sistenz ist nicht nur der Grund der Möglichkeit der Vernunft, ratio, sondern die Ek-sistenz ist das, worin das Wesen des Menschen die Herkunft seiner Bestimmung wahrt*". p. 14.

[46] VILLANI, Antonio. Heidegger und das „Problem" des Rechts. Übers. Erich Weis. In: Arthur Kaufmann (Hrsg.) *Die ontologische Begründung des Rechts*. Darmstadt: Wissenschaftliche Buchgesellschaft, 1965. p. 377.

[47] Deve-se levar em consideraçao a finitude do *Ser*, que não significa o oposto de infinito, mas o *Ser* fechado em si mesmo, algo que se diferencia do outro. STEIN. Ernildo. *Compreensão e finitude*. Estrutura e movimento da interrogação heideggeriana. Ijuí: Unijuí, 2001. p. 123-124, 189, 363; LOIDOLT, Sophie. *Einführung in die Rechtsphänomenologie*. Tübingen: Mohr Siebeck, 2010. p. 187.

no *estar junto*, abstraindo-os de seus cuidados – coexistência inautêntica.[48]

Em termos de relações jurídicas, dependendo da pessoa, do caso e das circunstâncias, pode-se estar diante de uma exigência jurídica própria da concepção da coexistência autêntica ou inautêntica.

3.2. Dignidade humana: aspecto jurídico

A dignidade humana traduz, normativamente, um feixe de direitos e deveres correlativos. Estes direitos e deveres traduzem a abertura, a complexidade e a heterogeneidade do rol dos direitos e dos deveres fundamentais vinculados ao *ser humano* na sociedade. Ancorada nesta perspectiva, dignidade humana pode assumir duas dimensões: a negativa e a positiva. A primeira condiz com a esfera de proteção contra o Estado e contra terceiros. A segunda consiste em prestações por parte do Estado, a fim de garantir o mínimo material que sustenta a existência digna.[49] No sentido de garantir a efetividade da dimensão negativa, não deve ocorrer a *Übermaßverbot* e, no que diz respeito à positiva, não deve acontecer a *Untermaßverbot*.[50]

A proibição de excesso e a proibição de insuficiência são tangíveis na concretude do caso específico, logo a generalidade e a abstração, como elementos que, por um lado, buscam estabelecer a igualdade de tratamento e, por outro, criam desigualdades. O que o excesso e a insuficiência representam, *e.g.*, para uma pessoa empregada, com graduação e conhecedora de outras culturas não é o mesmo que para uma pessoa desempregada, sem o ensino fundamental completo e sem ter tido oportunidade de interagir com outras culturas. Nota-se que levar em consideração a pessoa *em si* pode fazer toda a diferença no que diz respeito a estabelecer os parâmetros mínimos de dignidade – seja na dimensão negativa ou na positiva.[51]

---

[48] REALE, Giovanni; ANTISERI, Dario. *História da filosofia*. Do Romantismo até nossos dias. v. 3, Trad. sn. 7. ed. São Paulo: Paulus, 1991. p. 585.

[49] SARLET, Ingo Wolfgang. As dimensões da dignidade da pessoa humana: construindo uma compreensão jurídico-constitucional necessária e possível. In: SARLET, Ingo Wolfgang. *Dimensões da dignidade*. Ensaios de filosofia do direito e direito constitucional. 2. ed. Porto Alegre: Livraria do Advogado, 2013. p. 25, 30-33.

[50] MASSEN, Gerrit. *Grundrechte*. München: C.H.Beck, 2000. p. 13 e 43.

[51] A título de exemplo, cita-se a construção jurisprudencial do crime bagatelar efetuada pelo Supremo Tribunal Federal (STF). Tal construção leva em conta alguns critérios que, quando incidentes no caso concreto, são capazes de individualizar a decisão, conforme a circunstâncias específicas do acusado. O STF tem como critérios os seguintes elementos: a) mínima ofensividade da conduta do agente; b) ausência de periculosidade social da ação; c) grau reduzido de reprovabilidade do comportamento; d) inexpressividade de lesão jurídica causada. HC 136896/MS, Rel. Min. Dias Toffoli, *j.* 13/12/2016, Órgão Julgador Segunda Turma, DJe-033,

Por isto, o sistema jurídico contemporâneo, redutor de complexidades, não dá conta de abstrair a verdade do *Dasein*. A dignidade humana é *continuum* micro e macro-histórico do indivíduo e da coletividade. Ela não é algo estanque e padronizado, como poderia desejar o *juspositivismo*, nem imutável e linear, como poderia pensar o *jusnaturalismo*.[52] Ela não é calculável, mas também não se reduz a qualquer coisa e a qualquer designação de sentido. Ela é prática, ou seja, é o *ek-sistierend(en) des Da-sein*, pois a dignidade humana é um conceito de contornos vagos e abertos que se informa e conforma com o tempo e a circunstância do *Dasein*. Como significado, ela exige constante materialização e delimitação por meio da prática jurídica (diga-se, também, do caso concreto).[53]

Isso é possível por intermédio da hermenêutica. O intérprete dos dispositivos normativos e dos fatos interpretará, a fim de retirar do texto jurídico a norma que incidirá no caso concreto. Nesta circunstância, defende-se a perspectiva da hermenêutica filosófica (Gadamer),[54] pois considera-se ser ela a que melhor pode – em tese – responder aos objetivos do intérprete. A norma, resultado da interpretação dos textos jurídicos, deve ser a mais favorável à compreensão de dignidade humana, estabelecendo o comando normativo condutor à efetivação do princípio da dignidade humana (Art. 1°, III, da CRFB).

Considerações finais

Ao considerar o objetivo e o tema deste ensaio, não se pode pensar em uma conclusão para o texto por dois motivos. O primeiro deriva do fato de não terem sido trabalhados alguns conceitos que servem de suporte para a compreensão do tema proposto. O segundo está relacionado à capacidade de quem o escreveu. Por isso, à guisa de

---

p 20/02/2017. BRASIL. Supremo Tribunal Federal. http://portal.stf.jus.br/processos/detalhe.asp?incidente=5046507. Acesso em 03/01/2019. Nota-se que, se fosse levado em consideração somente o valor do bem protegido em relação à vítima, a bagatela deveria ser variável, assim como assinalam algumas decisões do próprio STF.

[52] HABERLE, Peter. A dignidade como fundamento da comunidade estatal. Trad. Ingo Wolfgang Sarlet e Pedro Scherer de Mello Aleixo. In: SARLET, Ingo Wolfgang. *Dimensões da dignidade*. Ensaios de filosofia do direito e direito constitucional. 2. ed. Porto Alegre: Livraria do Advogado, 2013. p. 72-73.

[53] Ibid. p. 27.

[54] *Vide*: STEIN, Ernildo. *A caminho do paradigma hermenêutico*. Ensaios e conferências. 2. ed. Ijuí. Unijuí. p. 2017. p. 143-157. Destaca-se que o texto não tem o objetivo de analisar como pode ou deve se dar a interpretação do princípio da dignidade humana, mas os limites encontram-se em estabelecer a compreensão *do quê* a ser interpretado ou/e compreendido, a fim de interpretar o princípio fundamental constitucional.

conclusão, estabelecem-se algumas considerações temporárias de encerramento do texto.

O princípio da dignidade humana é *amplamente* utilizado na argumentação jurídica brasileira, seja em textos doutrinários ou em decisões judiciais. Disso resultam duas consequências: 1) banalização da aplicação do princípio da dignidade humana, enfraquecendo-o em seu derradeiro sentido; 2) reconhecimento de sua importância singular no ordenamento jurídico brasileiro. Tais consequências moveram este ensaio, tanto por considerar o problema do enfraquecimento de seu sentido real e latente como por reputá-lo um princípio nuclear do sistema jurídico brasileiro.

Estas consequências requerem a superação da perspectiva de tratamento do Direito. No positivismo jurídico, o princípio da dignidade humana tem forma, mas não conteúdo. No jusnaturalismo/racionalismo, ela se torna universal e homogênea. O positivismo ignora os valores sociais e individuais da dignidade humana; o jusnaturalismo desconsidera a interculturalidade por meio da qual a dignidade humana se manifesta.

Perante isso, acredita-se que a adequada forma de enfrentar o problema da delimitação do princípio da dignidade humana é, justamente, medi-la com as dimensões do fenômeno concreto do *Dasein*. Significa considerar o ser humano e o caso concreto em *si*, não em abstrato. Acredita-se, por consequência, que o aporte filosófico *heideggeriano*, conjuntamente com a correção de rumo de Stein, pode ofertar um *caminho* para se chegar à *melhor* resposta possível para o problema do princípio da dignidade humana, trazendo-o à realidade vivida.

Referências

BRASIL. Supremo Tribunal Federal. http://portal.stf.jus.br/processos/detalhe.asp?incidente=5046507. Acesso em 03/01/2019.

ENDERS, Christoph. The Right to have Rights: the concept of human dignity in German basic law. In: *Revista de Estudos Constitucionais, Hermenêutica e Teoria do Direito*. n. 2, v. 1, janeiro-junho, São Leopoldo, 2010. p. 1-8.

GADAMER, Hans-Georg. *Verdade e Método I*. Traços fundamentais de uma hermenêutica filosófica. Trad. Flávio Paulo Meurer. 9. ed. Petrópolis: Vozes, 2008.

HÄBERLE, Peter. A dignidade como fundamento da comunidade estatal. Trad. Ingo Wolfgang Sarlet e Pedro Scherer de Mello Aleixo. In: SARLET, Ingo Wolfgang. *Dimensões da dignidade*. Ensaios de filosofia do direito e direito constitucional. 2. ed. Porto Alegre: Livraria do Advogado, 2013. p. 45-103.

HEGEL, Georg Wilhelm Friedrich. *Grundlinien der Philosophie des Rechts*. Frankfurt am Main: Suhrkamp, 1986.

HEIDEGGER, Martin. *Sobre a essência da verdade*. Trad. Carlos Morujão. Porto: Porto, 1995.

——. *Holzwege*. 8. ed. Frankfurt am Main: Vittorio Klostermann, 2003.

——. *Über den Humanismus*. Frankfurt am Main: Vittorio Klostermann, 1947.

KANT. Immanuel. *Fundamentação da metafísica dos costumes*. Trad. Paulo Quintela. Porto: Porto, 1995.

LOIDOLT, Sophie. *Einführung in die Rechtsphänomenologie*. Tübingen: Mohr Siebeck, 2010.

MASSEN, Gerrit. *Grundrechte*. München: C.H.Beck, 2000.

REALE, Giovanni e ANTISERI, Dario. *História da filosofia*. Do Romantismo até nossos dias. v. 3, trad. sn. 7. ed. São Paulo: Paulus, 1991.

RILKE, Rainer Maria. *Cartas do poeta sobre a vida*. Trad. Milton Camargo Mota. São Paulo: Martins Fontes, 2007.

ROMANO, Bruno. Tecnica e giustizia nel pensiero di Martin Heidegger. Milano: Giuffrè, 1969.

SARLET, Ingo Wolfgang. As dimensões da dignidade da pessoa humana: construindo uma compreensão jurídico-constitucional necessária e possível. In: Ingo Wolfgang Sarlet. *Dimensões da dignidade*. Ensaios de filosofia do direito e direito constitucional. 2 ed. Porto Alegre: Livraria do Advogado, 2013. p. 15-43.

——. Dignidade (da Pessoa) Humana e direitos fundamentais na Constituição Federal de 1988. 10. ed. Porto Alegre: Livraria do Advogado, 2015.

SEELMAN, Kurt. Pessoa e dignidade da pessoa humana na filosofia de Hegel. In: In: Ingo Wolfgang Sarlet. *Dimensões da dignidade*. Ensaios de filosofia do direito e direito constitucional. 2. ed. Porto Alegre: Livraria do Advogado, 2013. p. 105-118.

STEIN, Ernildo. *A caminho do paradigma hermenêutico*. Ensaios e conferências. 2 ed. Ijuí: Unijuí. p. 2017.

——. *Aproximações sobre hermenêutica*. 2. ed. Porto Alegre: Edipucrs, 2004.

——. *Compreensão e finitude*. Estrutura e movimento da interrogação heideggeriana. Ijuí: Unijuí, 2001.

——. *Epistemologia e crítica da modernidade*. 3. ed. Ijuí: Unijuí, 2001.

VILLANI, Antonio. Heidegger und das "Problem" des Rechts. Übers. Erich Weis. In: Arthur Kaufmann (Hrsg.). *Die ontologische Begründung des Rechts*. Darmstadt: Wissenschaftliche Buchgesellschaft, 1965. p. 350-404.

O cuidado como fundamento da compreensão onto-antropológica do Direito Penal

SANDRO FRÖHLICH[1]

Introdução

Um dos termos que esteve muito presente nos últimos tempos e que ressoa na contemporaneidade é o "cuidado". Presente nas discussões e conceituações em diferentes áreas do saber – principalmente no âmbito da saúde –, também no campo da filosofia vem recebendo maior atenção, seja em função das discussões de Foucault sobre o cuidado de si, bem como da filosofia de Heidegger. Embora se atente ao cuidado de forma mais apurada no século XX, é importante perceber que a ideia está e esteve presente desde os primórdios da civilização e do berço da filosofia ocidental.

Os sentidos atribuídos ao termo e o uso prático a que se visa estabelecer formam um amplo cabedal, o que leva ao risco de esvaziamento de compreensão e uso arbitrário dos significados mais profundos. Entre tais sentidos, geralmente se interpreta o cuidado como zelo, atenção, preocupação, cautela, ocupar-se de, velar por, etc. Cuidado, portanto, tanto em relação a si mesmo, como na interlocução com os demais e no trato com as coisas. Afinal, o que permite que o cuidado seja interpretado de tantas maneiras distintas; ou seja, existiria uma compreensão ontológica que fundamente a atribuição de tantos sentidos no refletir e fazer ôntico?

Este capítulo visa a apresentar algumas ideias sobre o cuidado a partir da filosofia de Martin Heidegger. Além de uma compreen-

[1] Doutor em Filosofia (UNISINOS), com período sanduíche (Chaire Hoover d'éthique économique et sociale da Université catholique de Louvain). Mestre em Ciências Criminais e em Filosofia (PUCRS). Professor da Universidade do Vale do Taquari (UNIVATES). Advogado. E-mail: sfrohlich@gmail.com.

são pré-ontológica, de uma exposição ontológica a partir do pensador, busca-se uma aplicação "meta-ontológica"; ou seja, como a filosofia fomenta a compreensão de um novo modo de considerar a condição humana e as múltiplas relações entre pares. Para tal, far-se-á uma incursão de estudo na seara do direito penal, refletindo sobre o cuidado-de-perigo e sua aplicabilidade ou interpretação nessa importante área do saber e do fazer social e políticos.

1. Interpretação pré-ontológica

Para melhor compreensão do cuidado a partir da perspectiva heideggeriana, é mister que se tenha presente a sua busca em torno do "ser" – e do seu esquecimento na filosofia tradicional. Igualmente, é necessário que se compreenda o conceito a partir do horizonte de compreensão da analítica existencial, que com a fenomenologia hermenêutica e da factidade visa a desconstruir a ontologia tradicional. Para descortinar o tempo como horizonte de compreensão do ser, Heidegger elabora e explicita um itinerário dos elementos existenciais daquele ente que é capaz de compreender e dar sentido ao ser: o aí-ser, que é denominado como *Dasein*. Sendo no mundo, na convivência com os objetos e os outros humanos, o *Dasein* defronta-se com o existencial da angústia (que lhe descortina sua condição de poder-ser) e também lhe desvela seu ser como cuidado.

O cuidado, portanto, é o modo de ser do ser-aí, estando diante da possibilidade de assumir a sua condição plena de ser, a responsabilidade de assumir-se como poder-ser. Cuidado não como meras categorias ônticas de ocupação ou preocupação diante de coisas e modos de relacionamento entre os entes, mas como existencial e caráter ontológico que Heidegger expressa na estrutura de *"el ser del Dasein es um anticiparse-a-sí-estando-ya-en-(el-mundo-) en-medio-de (el ente que comparece dentro del mundo)"*.[2]

Ao defrontar-se com o cuidado, o *Dasein* se vê igualmente como finitude, com a possibilidade mais própria e intransferível de não-ser, da morte. Vê-se assim o existencial do ser-para-a-morte como uma antecipação do poder-ser, revelando a possibilidade extrema de uma existência própria. O poder-ser como existencial encontra na finitude uma espécie de determinação como sentido fundamental. Como explica Casanova, a reconquista da finitude pressupõe e significa "uma antecipação do futuro, que traz justamente o acontecimento futuro

[2] HEIDEGGER, Martin. *Ser y Tiempo*. Trad. de Jorge Eduardo Rivera. 2. ed. Santiago de Chile: Editorial Universitaria; 1998. p. 214.

da morte para o instante, para o espaço de concretização da dinâmica mesma do poder-ser. É só quando o ser-aí existe segundo o horizonte de sua finitude que ele realiza a si mesmo em sintonia com o poder--ser".[3]

Compreendendo o cuidado como o modo de ser do *Dasein*, ao fazer sua explicação, Heidegger lança mão de uma estratégia também já utilizada por Platão e Kant: a alegoria. Para melhor explicitar o sentido do cuidado, utiliza a alegoria da *cura* (termo latino), buscando uma "confirmação da interpretação existencial do *Dasein* como cuidado por meio da interpretação pré-ontológica do *Dasein*".[4]

Trata-se da Fábula 220 de Higino,[5] que reza o seguinte:

> Certo dia, ao atravessar um rio, o Cuidado (Cura) viu um terreno de barro. Pensativo, tomou um pouco de barro e começou a dar-lhe forma. Enquanto refletia sobre o que tinha feito, apareceu Júpiter. Cuidado pediu-lhe que lhe insuflasse espírito. Júpiter acedeu de bom grado. Quando, porém, cuidado quis dar um nome à criatura que havia moldado, Júpiter proibiu-lhe, exigindo que lhe fosse imposto o seu nome. Enquanto Júpiter e o Cuidado discutiam, surgiu a Terra (*Tellus*). Mas quando também ela quis dar o seu nome à criatura, por ter sido feita de barro, que era um pedaço do seu corpo, começou uma grande discussão. De comum acordo, pediram a Saturno que fizesse de juiz. E ele tomou a seguinte decisão, que pareceu justa: Júpiter, porque lhe deu o espírito, receberá de volta este espírito, por ocasião da morte dessa criatura. A Terra, que lhe deu o corpo, receberá, também de volta o seu corpo, quando a criatura morrer. Ao Cuidado, porém, que moldou a criatura, ficará esta entregue durante a sua vida. E uma vez que há entre vós acalorada discussão acerca do nome, decido eu que esta criatura será chamada Homem (*homo*), isto é, feita de *humus*, que significa terra fértil.

A fábula foi um legado de *Gaius Julius Hyginus*, que fora levado da Alexandria (Egito) – aos 22 anos – pelo imperador Augusto por volta do ano 47 antes da era cristã. Mesmo depois de liberto em Roma, permaneceu prestando serviços a seu imperador. Sua genialidade e inteligência o levaram a ser diretor da biblioteca central romana e nesse ambiente cultural foi conviva de Ovídio, Virgílio e outras eminências intelectuais. Veio a falecer no ano 10 da nossa era.

Higino foi compilador de em torno de 300 histórias, lendas, mitos ou alegorias oriundas da tradição romana e grega, que denominou de "fábulas ou genealogias". Como fábulas que são contadas e repassadas de geração para geração e – portanto – não possuem um autor

[3] CASANOVA, Marco Antonio. *Compreender Heidegger*. 5. ed. Petrópolis, RJ: Vozes, 2015. p. 131.

[4] Platão fizera uso da Alegoria da caverna para sua exposição ontológica e epistemológica; Kant usara a alegoria da pomba. STEIN, Ernildo. *Seis estudos sobre "Ser e Tempo"*. 2. ed. Petrópolis, RJ: Vozes, 1990. p. 89 e ss.

[5] HEIDEGGER, Martin. *Ser y Tiempo*. Trad. de Jorge Eduardo Rivera. 2. ed. Santiago de Chile: Editorial Universitaria; 1998. p. 219.

específico, é possível que Higino tenha feito acréscimos ou retirado partes de algumas ao fazer a sua interpretação e transcrição. É o que se acredita que tenha ocorrido na Fábula 220, de origem grega, mas interpretada e adaptada à cultura romana. Há suspeita de que essa alegoria seja de influência gnóstica e que, na sua formulação, Higino tenha deixado de apresentar um elemento essencial: o fato de Cura ter atravessado o rio para poder ver-se refletido no espelho das águas, podendo assim, uma vez à beira do rio, moldar o barro à sua imagem e semelhança.[6]

Sendo um artifício para uma explicação pré-ontológica da dimensão do cuidado, há elementos importantes que merecem ser destacados e auxiliam na sua compreensão. Como uma forma de compreender sentidos e explicações universalizáveis, a fábula apresenta personagens centrais. À semelhança do mito da criação do Gênesis, o Cuidado molda o homem do barro, da terra (*Tellus*) e – ao final – o nome que lhe é atribuído é húmus (terra fértil). Mas, não apenas o elemento terra está presente nessa criação, também o elemento celeste com a divindade suprema de Júpiter está no cenário exposto por Higino.

Como experiência pré-ontológica, é importante que se observe a simbologia e os elementos da fábula. Um dos personagens é Júpiter, a divindade central na antiga compreensão romana, que carrega o sentido de ser o senhor da luz, do esplendor, da clareza e claridade, contra as trevas e a escuridão. Sincretizado da tradição grega, Júpiter representa Zeus (deus supremo do panteão), o senhor dos raios e trovões. Por todos os entes vivos necessitarem de energia e calor da luz, é o verdadeiro pai e senhor, que possibilita a vida, fecundidade e produção de bens. Júpiter é o deus que insufla vida e espírito ao ente moldado por Cuidado; ao ente criado da terra é dado espírito e vida que é capaz de transcender a mera dimensão natural e viver a dimensão da espiritualidade, a grandeza e força dos deuses.

Outro personagem é a Terra. Em praticamente todas as tradições e povos, a Terra ocupa um lugar central na sua mitologia, sendo figurada como a mãe, a genitora, a criadora e acolhedora de todos os entes vivos existentes. Enquanto Júpiter é apresentado como o pai e o senhor dos céus, Terra é a mãe e senhora das coisas presentes e materiais, do cultivo, da fertilidade e do sustento da vida. É de seu "ventre" que Cuidado retira o barro para moldar o ser humano e à semelhança do

[6] BORGES-DUARTE, Irene. A fecundidade ontológica da noção de cuidado: de Heidegger a Maria de Lourdes Pintasilgo. *Ex aequo*, Vila Franca de Xira, n. 21, p. 115-131, 2010. Disponível em http://www.scielo.mec.pt/scielo.php?script=sci_arttext&pid=S0874-55602010000100009&lng=pt&nrm=iso.

mito judaico-cristão, o homem é "criado do pó e ao pó voltará", conforme a sentença de Saturno: "A Terra, que lhe deu o corpo, receberá, também de volta o seu corpo, quando a criatura morrer".

Nessa história, quem também possui um espaço e um sentido especial é Saturno, que foi convocado para ser o juiz entre a celeuma criada por Terra e Céu. Saturno é o deus da geração, das sementeiras, da produtividade, do júbilo. Na tradição romana, é sincretizado com o deus grego Cronos, o tempo! O deus da abundância e das bem-aventuranças, da celebração e da recordação da igualdade entre os humanos, da memória dos tempos de ouro e das utopias que unem e movem os povos. O tempo é o que julga a história com sabedoria, é o justo juiz, parcimonioso e imparcial, mas é também o deus que devora seus filhos sem misericórdia. Como sábio juiz, o tempo é o que melhor decide e "coloca as coisas no seu devido lugar", é o que enreda o destino dos seres, que permite que cada um seja o que tem e haverá de ser. Assim é também com o ente forjado do barro pelo Cuidado, que será chamado de homem (terra fértil) e enquanto existir, seu espírito será o de cuidado, sem perder a dimensão e ligação com a ancestralidade e transcendência de Júpiter.

O ente forjado da terra como homem – *Dasein* – pelo Cuidado, a quem lhe é emprestado o espírito, carrega a dimensão e a condição de Cura, que lhe deu a forma, pois após a morte, tanto a Terra como Júpiter recebem de volta o espírito que lhe emprestaram. Enquanto viver, o homem é Cuidado, "portanto, inquieta atenção e tensão vital, que gere esforçada e, tantas vezes, molesta o viver, que o tempo marca e determina".[7] Assim, novamente Heidegger rompe com a tradição e apresenta novas dimensões compreensivas: o homem não é essencialmente espírito e alma e por acidente corpo e materialidade. Ultrapassa a dicotomia alma *x* corpo, para afirmar que o homem é cuidado, cujo sentido está no existir, no ser-aí como possibilidades, forjando-se a si como aquilo que deve ser.

Assim, ao fazer uso de uma explicação pré-ontológica, Heidegger mostra a ruptura da compreensão do ser como "presença" ou "permanência" ou ainda, como substância (*ousia*). A partir da análise existencial do próprio *Dasein* (como ente privilegiado para a compreensão do ser) atenta-se para uma nova interpretação do modo e do sentido do ser.

[7] BORGES-DUARTE, Irene. A fecundidade ontológica da noção de cuidado: De Heidegger a Maria de Lourdes Pintasilgo. **Ex aequo**, Vila Franca de Xira, n. 21, p. 115-131, 2010. Disponível em http://www.scielo.mec.pt/scielo.php?script=sci_arttext&pid=S0874-55602010000100009&lng=pt&nrm=iso. Acesso em: 09 fev. 2020.

2. Interpretação ontológica

O uso da alegoria como modo de explicação e compreensão não é mero artifício metafórico ou simbólico, mas a alegoria do cuidado ocupa um espaço central na obra *Ser e Tempo*, possuindo um poder explicativo e uma "força significativa".[8] Depois de ter desenvolvido a analítica existencial do *Dasein*, o autor expõe o modo de ser que é próprio desse ente privilegiado sob o ponto de vista da ontologia: seu modo de ser é cuidado.

Na empreitada que havia proposto para a obra *Ser e Tempo*, o pensador vislumbrava esclarecer e afirmar como o tempo seria o horizonte do ser. Para tal, demonstrou a superação da questão da *permanência* como paradigma interpretativo e, superou a relação sujeito *x* objeto que determinou a compreensão do homem durante séculos. A crítica heideggeriana é também direcionada à metafísica tradicional que tem consequências diretas sobre o modo como se compreende a realidade a as concepções epistemológicas.

Tal mudança paradigmática é explicada por Stein ao afirmar: "é que para definir o homem como *animal rationale* foi preciso realizar um longo caminho metafísico marcado pelo dualismo platônico. É justamente contra esta tradição dualista e suas consequências para a definição do homem que se volta o projeto da analítica existencial".[9] Ao expor tal argumento, Stein esclarece elementos centrais da filosofia de Heidegger que podem ser interpretados a partir da "exclusão do mundo teológico" e "forclusão do mundo, natural" de seu pensamento. Ou seja: "o modelo teológico ausente suprime a possibilidade do adjetivo *racional* aplicado ao homem, e a forclusão do mundo natural afasta o substantivo *animal* de uma possível definição do homem".[10]

Heidegger demonstra, assim, que o *Dasein* se caracteriza pela "peregrinação temporal" no mundo e não mais como um ente destinado teologicamente ou fixado naturalmente. Na sua distinção ôntica e ontológica, mostrando que seu ser é cuidado, ao mesmo tempo que o *Dasein* está já sempre jogado na existência, abre-se como um ente de possibilidades. Como cuidado, o *Dasein* tem sempre como horizonte o futuro, a dimensão de poder-ser, bem como seu ser-para-a-morte, como impossibilidade da possibilidade. Mas, igualmente, carrega a dimensão do passado, como ter-sido. É nesse panorama que deve assumir sua existência e "resolver-se" como existente.

---

[8] STEIN, Ernildo. *Seis estudos sobre "Ser e Tempo"*. 2. ed. Petrópolis, RJ: Vozes, 1990. p. 79.

[9] Idem, 1990. p. 85.

[10] Ibidem, p. 85.

Rompendo com a estrutura compreensiva da consciência e da permanência, Heidegger relaciona a interpretação do cuidado com o propósito maior de compreender o *Dasein* em sua dimensão de temporalidade. O cuidado é assim lançado na sua íntima relação com a temporalidade em sua tríplice estrutura: futuro, passado e presente. Assim como Saturno é o juiz na celeuma entre Júpiter e a Terra, é a partir do tempo que Heidegger lança o novo paradigma compreensivo do ser-aí.

É na dimensão da temporalidade que se podem compreender alguns elementos existenciais importantes da analítica existencial. Constituindo-se como um poder-ser, o *Dasein* sempre se confronta com o futuro, como ser-para-a-morte, como finitude. É esse "olhar" para o horizonte futuro diante da qual a angústia também se angustia, como poder-ser. Ao mesmo tempo, muitas vezes e geralmente o ente vive sua existência de modo inautêntico, como uma espécie de fuga de poder-ser mais próprio. É, portanto, pelo cuidado, que o *Dasein* se "vislumbra" e percebe sua condição de poder-ser e deve assumir sua condição. Talvez seja nessa dimensão que se possa também apresentar o brocado de Nietzsche: "Que diz a tua consciência? – Deves tornar-te no homem que és".[11] O ser do *Dasein* é trilhar sua trajetória existencial em busca de concretizar ou possibilitar seu poder-ser como cuidado.

A condição de cuidado e seu horizonte que sempre aponta para o futuro como "missão" deixa ao *Dasein* o "legado" de não ser como os demais ou deixar-se abandonar no modo de ser inautêntico ou do "*das man*". É um apelo ontológico de assumir-se na sua condição de ser-no-mundo como um poder-ser, como um ente de possibilidades, sem abandonar ou deixar de ter presente sua condição de sempre ter sido, de passado. É a interpelação de tornar-se o ente – homem – que tem a missão de assumir a sua existência como própria, como única, não ao modo de ser do "rebanho", mas ao modo de ser do cuidado. Assumir a existência presente como uma interpelação do futuro que conclama a poder-ser, tornando-se o ser que é chamado a ser: o ser do *Dasein* é cuidado.

Se por um lado o cuidado como ser do *Dasein* na temporalidade é a possibilidade de sempre poder-ser, na condição de coexistência, a relação com os demais também é de cuidado. Dessa forma, cuidado é também "permitir" ou proporcionar condições para que o outro seja, livre e incondicionado, realizando suas possibilidades. Ou seja, cuidado é a não interferência ou determinação da situação ou condição do

[11] NIETZSCHE, Friedrich Wilhelm. *A gaia ciência*. 6. ed. Lisboa: Guimaraes, 2000. p. 270.

outro, mas deixar liberdade e oportunidades para que o outro realize sua condição de ser. Cuidado é não "tomar" o outro como um *alter-ego* ou como um espelhamento de si mesmo, mas assumir sua existência como própria e que tem a condição de realizar-se com suas possibilidades que lhe são próprias.

Sendo o ente cujo ser está sempre em jogo e como possibilidade de ser, o *Dasein* já sempre se antecipa a si mesmo – não no sentido de estar à frente dos demais em aspectos morais ou outros. Contudo, tal antecipação demonstra igualmente o caráter existencial de já sempre estar no mundo, a existência é sempre fática, localizada e datada, em meio aos elementos e entes que se lhe aparecem e apresentam. Ou seja, a condição de ser como cuidado, se apresenta como uma unidade triádica, cujo ser deve ser compreendido como "um antecipar-se-a-si-estando-em (no mundo) em-meio-a (ao ente que comparece dentro do mundo)".[12]

A compreensão ontológica formalmente exposta permite a elucidação dessa unidade que se manifesta tripartida: como facticidade, existencialidade e queda. Isso também porque o cuidado se "manifesta" na cotidianidade como *ocupação* (estar em meio aos objetos e elementos à mão) e como *solicitude* (estar com os demais, na coexistência). A tentativa de compreensão da totalidade do ser do *Dasein* como cuidado, também permite ou obriga a fazer algumas incursões "meta-ontológicas" ou interpretativas para alcançar entendimento sobre.

O elemento da existencialidade caracteriza-se como a antecipação (*vorlaufen*). Antecipar-se como poder-ser que pertence à sua condição ontológica de ser-aí. Por sua condição ontológica de poder-ser e antecipar-se que o *Dasein* pode escolher determinados modos de ser, mostrando-se livre para as escolhas de modos que queira realizar a sua condição existencial de ter que ser. Não há uma condição ôntica, social, religiosa que determine que o *Dasein* tenha que ser de um ou outro modo, fazer certas ou determinadas escolhas, mas sua condição ontológica de ser livre, o lança sempre no desafio de escolher ser aquilo que haverá de ser por sua situação existencial. A condição ontológica de cuidado precede ou é sempre *a priori* a qualquer condição ôntica de cuidar (de pre-ocupar-se ou ser solícito com as coisas e os demais).

Por sua vez, a queda (*verfallen*) "se dá" ao modo de ser da mundanidade em meio aos objetos como preocupação ou, em meio aos demais entes humanos como solicitude. Em-meio-ao que caracteriza a

[12] HEIDEGGER, Martin. *Ser y Tiempo*. Trad. de Jorge Eduardo Rivera. 2. ed. Santiago de Chile: Editorial Universitaria; 1998. p. 214.

queda, faz o cuidado ocupar-se da forma e com o que a maioria se ocupa, fazendo o que os outros fazem, mantendo a atenção no que é induzido pela maioria. Não seria exagero afirmar que a queda representa a manutenção do *status* na condição de permanência, "como sempre foi e como deveria continuar a ser", numa típica postura de senso comum que requer um exercício filosófico ou existencial para pensar e permitir a visualização e realização de outras possibilidades.

É pelo modo da queda, do impessoal que os homens se posicionam e na maior parte do tempo realizam sua existência. O modo da queda e do impessoal do ser-aí guia-se por aquilo que Heidegger denomina como falatório, curiosidade e ambiguidade. Tal é perceptível com clareza ao se observar os modos de relação e os posicionamentos em geral das pessoas em seu tempo: na contemporaneidade é possível perceber as pessoas atraídas e guiadas por aquilo que é determinado – por outros – como interessante e verdadeiro; afoitas por novidades (pelo mero fato de ser novidade); atônitas e fascinadas pela técnica e os seus múltiplos utensílios; manipuladas pelas enxurradas de (des)informações e ludibriadas pelo mundo da propaganda e consumo, desejando e querendo o que todo mundo deseja e quer; apegadas ao fútil e efêmero; dispostas a estabelecer como verdade a condução de certas opiniões (o mundo da *doxa* que ultraja a possibilidade da *episteme*); vidas pautadas na superficialidade, guiadas por sensações e opiniões rasas e pouco afeitas a pensar e refletir sobre suas condições e possibilidades de ser, bem como indiferentes às reais condições dos outros.

Já como facticidade o cuidado remete à ocupação, o fato de o *Dasein* já sempre estar jogado na existência em meio ao intramundano. A compreensão de que o aí-ser é sempre no mundo, como preocupação e na relação com os utensílios, ocupando-se com os objetos à mão e na solicitude com os demais.

A relação do *Dasein* com os utensílios é de ocupação. Os utensílios sempre se lhe apresentam na condição "para algo", remetendo-os a um mundo de sentido, serventia e pragmaticidade, onde cada elemento ocupa seu lugar próprio e para o qual foi desenhado e criado, enquadrando-se no horizonte de relação e totalidade ao qual pertence, e não como elemento isolado. Como instrumentos pertencentes a um conjunto de utilização, a ocupação com os mesmos não possui um fim em si mesmo, mas sua utilização como ferramentas é no intuito de produzir ou construir obras. No seu contexto de pertencimento, os utensílios estão constituídos como serventia para algo mais abrangente, como circunvisão. A ocupação com os elementos à mão se dá no intuito de auxiliar na construção de mundo e como ser-no-mundo do *Dasein*.

Duas reflexões a partir dessa compreensão se fazem importantes: a primeira remete ao modo como o ser-aí se "ocupa" ou relaciona com os entes que não são meros objetos e utensílios e também não possuem a condição de *Dasein*, ou seja, os elementos naturais e o ambiente da Terra como um todo. Como construtor de mundo e sentido, o *Dasein* possui responsabilidade sobre as situações ambientais e elementos que servem como condição de possibilidade para a existência humana. Jogado na existência, a vida humana é possível em função da condição possibilitadora do planeta e do ambiente natural. Assim, para que o *Dasein* possa ser e permitir que outros – principalmente em tempos vindouros – possam também existir, é essencial cuidar e assumir responsabilidades para com as condições ambientais e sustentáveis de existência.

A segunda reflexão que merece ser pontuada diz respeito ao modo de ocupação com os objetos, principalmente a partir dos elementos da técnica. Certamente não seria exagero afirmar que hoje o modo de ocupação da grande maioria se reduz ao que Marx denominava como o "fetiche da mercadoria".[13] O mundo da tecnologia e seus dispositivos acaba atribuindo a determinados objetos um valor quase sagrado, capaz de manter as pessoas ocupadas ou alienadas, fazendo suas vidas depender e girar em torno dos objetos. Na contemporaneidade, alguns objetos deixam de cumprir sua função como tais e tornam-se referência e elementos de adoração ou devoção, ocupando um espaço central no modo de coexistir e no "ocupar" o tempo.

Como aí-ser ocupa-se com os objetos, mas sua relação com os demais entes humanos se dá na condição de solicitude. O ser-aí não é uma espécie de mônada ou substância que nasce isolada ou possui uma constituição primeiramente individual e posteriormente se relacionaria com os demais; o ser-aí é porque é com os demais, é coexistência; a vida é sempre ser-com-os-outros, em comunidade e construída coletiva ou socialmente.

O ser-com é também no sentido de abertura ao e com o outro, numa convivência e relação sempre dialógica e dialogada. A coexistência não se caracteriza pelo número de sujeitos com os quais se compartilha a convivência, mas por sua condição ontológica, na qual também se insere a ideia de multiplicidade, na liberdade de escolha de o outro ser suas possibilidades, de respeito às suas condições e escolhas.

---

[13] MARX, Karl. *O capital*: crítica da economia política. São Paulo: Abril Cultural, 1984.

O *Dasein* somente pode sentir-se sozinho ou isolado por sua condição ontológica de coexistência, de ser-com-os-outros. Nesse sentido, pode-se ressaltar a condição de cuidado com o outro, não como determinar ou condicionar sua possibilidade de ser, mas abrir caminhos e criar espaços de liberdade para que o outro realize sua condição humana de ser, numa vivência pacífica e autêntica coexistência. O cuidado com o outro não se dá ao modo de ocupação com as coisas, a relação com o outro não é uma relação instrumental ou de uso. O outro não possui a condição de ser meio ou ferramenta para alcançar algo, mas é o existente humano que como tal deve ser considerado. A verdadeira relação de cuidado com o outro não é tratá-lo como objeto para determinados propósitos, mas com um verdadeiro outro que possui a condição de aí-ser e que tem o mesmo direito e deve ter a mesma oportunidade de ser ele mesmo.

Heidegger emprega o termo *Fürsorge* quando se refere à relação de cuidado com os demais entes humanos. No termo latino que se utiliza para cuidado – *cura* –, entende-se o cuidado como o acompanhar o outro, cura e cuidado da alma e do corpo, sanar, fazer com que alcance ou recupere sua condição mais plena; zelar para que desenvolva sua possibilidade de ser. O cuidado, tanto como ocupação com as coisas e na relação com o mundo, como na sua condição de solicitude, compreende a ideia de responsabilidade, a condição de respeito e possibilidade de futuro para que os outros possam ser, realizar sua condição de existência.

Os modos práticos (ou ônticos) de se relacionar com o(s) outro(s) – amor, carinho, indiferença, atenção, etc. – são modos de realização da condição ontológica de cuidado como solicitude. Tal condição conduz a diversas reflexões e questionamentos "meta-ontológicos", principalmente na realidade contemporânea. A condição social, política e econômica dos tempos presentes muitas vezes relativiza a condição humana do outro a mero instrumento de alcance de fins instrumentais.

Embora Heidegger não tenha incursão direta no campo do Direito (bem com no âmbito da ética, sociologia, etc.), é possível e necessário que a concepção de cuidado e outros elementos de sua analítica existencial sirvam de fundamento para pensar as coisas do Direito. Não como uma aplicabilidade prática ou instrumental, mas como reflexão sobre a matriz ou horizonte de compreensão. É o que se pretende fazer em seguida a partir de uma releitura compreensiva da concepção onto-antropológica no âmbito do direito penal.

3. Ensaio para uma compreensão "meta-ontológica" do sistema jurídico

Entre as ciências – do espírito – certamente a que mais se aproximou historicamente e necessita da aproximação da Filosofia é o Direito. Isso, tanto para compreender e esclarecer o que é, quais os sentidos, funções e modos de operacionalidade do próprio sistema jurídico, bem como – como assevera Stein –, o Direito recorre à Filosofia para "buscar orientações no que concerne ao método, aos limites e fundamentos do Direito". Para superar o pragmatismo e o positivismo jurídico – que pode expressar o vazio e o desenraizamento do Direito – a Filosofia socorre o Direito – e as demais ciências – como uma forma que auxilia na compreensão e "estabelecimento de uma visão de mundo, ou como modo de uniformização da realidade, tendo a função de orientação sobre a realidade e num mundo".[14]

O auxílio buscado dá-se no sentido de "encontrar substratos de racionalidade que sirvam de fundamentos de orientação para o pensar e fazer Direito, e base de validade das relações intersubjetivas". Ou ainda, a filosofia é a âncora capaz de servir como "vetor ou *standard* de racionalidade",[15] uma estrutura mínima de conhecimento e experiência, capaz de propor e estabelecer razões e argumentos lógicos, que proporcionem sentidos e compreensões razoáveis à estrutura e sistema de operacionalidade do Direito. A filosofia como revelação da constituição do modelo racional e argumentativo ou desvelador do método e lógica interna dos padrões racionais que acabam por dar sustentabilidade ao Direito, ou de expor as raízes teóricas que sustentam a árvore do conhecimento jurídico e todo seu arcabouço estrutural.

Também a filosofia heideggeriana e sua fenomenologia hermenêutica servem para o Direito como um verdadeiro "campo conceitual e argumentativo ou lógico-metodológico" e um "espaço em que se move o Direito e que é sustentado pelo modo como se realiza a Filosofia".[16] O que se precisa e pretende não é o uso da filosofia como um ornamento ou viés dedutivo e confirmatório do que as ciências jurídicas – e demais – afirmam ou pactuam desde suas concepções, mas o questionar e criticar as razões e causas, elucidar as bases pressupostas, nem sempre esclarecidas ou apresentadas.

---

14 STEIN, Ernildo. *Exercícios de fenomenologia*: limites de um paradigma. Ijuí: Ed. Unijuí, 2004. p. 155.

15 Idem, p. 156.

16 Idem, p. 156.

Entre os grandes apoios e contributos da filosofia para o campo do direito está o "fazer pensar". O desafio maior não é o de adquirir e assimilar regras e normas, controlar técnicas e práticas forenses, mas o de proporcionar reflexões profundas sobre o sentido do direito e da justiça na sociedade contemporânea. Se por um lado, as ciências e pessoas com relativa facilidade deixam-se encantar pelo canto das sereias da pragmaticidade e das soluções mágicas, teorias místicas e infundadas, falsos profetas e charlatões – até mesmo dentro da Academia –, como assevera Heidegger "onde está o perigo, aí também nasce a salvação".[17] A filosofia também instiga e desafia à formulação de perguntas, tais como: o que leva tantos a acreditarem em soluções fáceis e infundadas para questões e problemas cada vez mais complexos? Por que não poucos acabam baseando suas crenças e pensamentos em teorias e ideias sem fundamento e coerência (método)lógica e carentes de sentidos?

Em meio a um mundo cada vez mais rápido e humanos impactados com a técnica e suas tecnologias, é fundamental que se pergunte sobre o ser do ser humano. Num modelo ou *standard* teórico que privilegia a produção, dominação, o conhecimento instrumentalizado, o imediato e a fluidez, carece-se de reflexões profundas em relação ao "o que estamos fazendo?". Em meio a um pensamento que muito calcula, é preciso encontrar interstícios e espaços para o pensamento que reflete, que medita.[18]

Não há como negar que a abordagem do direito penal que abarca a relação onto-antropológica do cuidado de perigo desenvolvida pelo pensador português Faria Costa se apresenta como uma luz a orientar reflexões profundas.[19] Assumindo a existência humana como cuida-

[17] *"Wo aber Gefahr ist, wächst Das Rettende auch"*. STEIN, Ernildo. *Pensar e errar: um ajuste com Heidegger*. Ijuí: Ed. Unijuí, 2011. p. 166.

[18] Heidegger na obra Serenidade (HEIDEGGER, Martin. *Serenidade*. Lisboa: Instituto Piaget, 2000.), fruto de um pronunciamento em sua cidade natal em 30 de outubro de 1955, reflete sobre a questão do pensamento. Algumas de suas muitas e agudas ideias levam a refletir nos dias atuais. Alguns excertos que vem ao encontro do que se propõe no presente trabalho: "Não nos iludamos. Todos nós, mesmo aqueles que pensam por dever profissional somos muitas vezes pobres-em-pensamento; ficamos sem-pensamento com demasiada facilidade. A ausência-de-pensamentos é um hóspede sinistro que, no mundo actual, entra e sai em toda parte. Pois, hoje toma-se conhecimento de tudo pelo caminho mais rápido e econômico e, no mesmo instante e com a mesma rapidez, tudo se esquece" (p. 11). "O pensamento que calcula (*das rechnende Denken*) faz cálculos. Faz cálculos com possibilidades continuamente novas, sempre com maiores perspectivas e simultaneamente mais econômicas. O pensamento que calcula corre de oportunidade em oportunidade. O pensamento que calcula nunca para, nunca chega a meditar. O pensamento que calcula não é um pensamento que medita (*ein besinnliches Denken*), não é um pensamento que reflete (*nachdenkt*) sobre o sentido que reina em tudo o que existe" (p. 13).

[19] Como afirma João Alves Teixeira Neto, "o fundamento onto-antropológico do direito penal é um modo de compreender as coisas do direito penal por meio de um olhar ontológico, mais

do, compreende-se a relação intersubjetiva *Fürsorge*, como abertura e também cuidado para com o outro ente humano. O *Dasein* como cuidado cuida de si e também, na sua condição de fragilidade, cuida dos demais. A relação humana social e comunitária é uma relação de abertura e cuidado para com o(s) outro(s).

Sendo-no-mundo-com-os-outros, a relação é sempre também permeada por fragilidades e riscos. Como humanos, embora em reciprocidade, as relações são muitas vezes assimétricas, situação desvelada pela condição ontológica do cuidado, pois somente assim podem mostrar-se as ações constituídas pelo cuidado para com os outros, ou na ausência de cuidado. Deste modo, a relação humana também se constrói como uma relação de perigo, de risco. Ou seja, "cuidado e perigo são duas dimensões de uma mesma realidade. Aquela relação é uma relação de cuidado-de-perigo. [...] Trata-se de uma matricial relação onto-antropológica de cuidado-de-perigo".[20]

Cuidado e perigo se caracterizam como duas faces de uma mesma condição: a de ser o ser do *Dasein*. Conforme explicita Faria Costa, "no e pelo perigo que o cuidado encontra sua razão de existência, sendo o cuidado, portanto, sempre cuidado-de-perigo".[21] Como tal, a relação se constitui como um encadeamento de cuidados ou ausência de cuidado. Mas, "é nessa indissociável unidade que o cuidado-de-perigo se assume como matriz ontológica do ser-aí-diferente comunitariamente inserido. Matriz ontológica que, através de sua ressonância jurídico-normativa, permite encontrar o próprio fundamento ontológico do direito penal".[22]

Tal concepção com atenção real ao ser do humano e sua relação com os demais entes e objetos como relação de cuidado, busca também refletir e (re)posicionar os fundamentos, sentidos, funções e finalidades do direito penal. Assumindo a relação como cuidado-de-perigo, é importante que se (re)faça o questionamento: afinal, o que é necessário e o que se pretende com o direito penal?

---

especificamente analítico-existencial, mas, também, por meio de um olhar antropológico. Ontologia e antropologia caminham juntas nesse caminho de fundamentação do direito penal". TEIXEIRA NETO, Joao Alves. *Tutela penal dos animais*: uma compreensão onto-antropológica. Porto Alegre: Livraria do Advogado, 2017. p. 131.

[20] Idem, p. 134.

[21] FARIA COSTA, José de. *O perigo em direito penal. Contributo para a sua fundamentação e compreensão dogmática*. Citado por D'AVILA, Fabio Roberto. *Ofensividade em direito penal:* escritos sobre a teoria do crime como ofensa a bens jurídicos. Porto Alegre: Livraria do Advogado, 2009. p. 49

[22] D'AVILA, Fabio Roberto. *Ofensividade em direito penal: escritos sobre a teoria do crime como ofensa a bens jurídicos*. Porto Alegre: Livraria do Advogado, 2009. p. 49.

Com o direito penal, pretende-se a proteção de determinados bens. Com base na relação de cuidado, a comunidade humana elenca determinados valores, princípios humanos e éticos como importantes e carentes de tutela especial. Como política jurídica, tais bens e valores são consagrados como bens jurídicos que necessitam, portanto, de uma tutela penal. Dessa forma, a partir dessa concepção onto-antropológica, o foco não mais se centra na mera preservação da norma ou na eficiência jurídica, mas na "otimização da justiça e de limitação da criminalização e da punibilidade".[23]

Desde os primórdios, a humanidade estabeleceu e convive com determinadas regras de convivência e estipulou alguns comportamentos como proibidos. Em cada período histórico, certos atos foram estipulados como ilegítimos (sejam eles no âmbito moral ou legal – portanto, sendo taxados como imorais ou ilícitos). A questão premente é esclarecer quais os fundamentos ou critérios que foram escolhidos e que levaram à proibição de tais atos e comportamentos. Não se trata, portanto, de elencar qualquer negação da relação de cuidado que rompe a matriz do cuidado, mas apenas aquela que realmente figura como uma ofensa concreta e material. Assim, não são todos e quaisquer bens que assumem o caráter de um bem jurídico penalmente tutelado.

O direito – penal – tem, portanto, uma razão própria de existir e não se pode submeter a qualquer propósito. A busca dos fundamentos onto-antropológicos é uma forma de combater e evitar os arbítrios, muitas vezes disfarçados numa irrefletida luta contra a criminalidade, num punitivismo midiático ou mesmo, num Estado policial. Estabelecer princípios onto-antropológicos é posicionar-se a favor da civilização que busca frear a barbárie.

Radbruch já havia anotado o risco da falta de fundamentos e critérios e quando se aceita que:

> Direito é tudo aquilo que for útil ao povo. Isto quer dizer: arbítrio, violação de tratados, ilegalidade serão "direito desde que sejam vantajosos para o povo. Ou melhor, praticamente: aquilo que os detentores do poder do Estado julgarem conveniente para o bem comum, o capricho do déspota, a pena decretada sem lei ou sentença anterior, o assassínio ilegal de doentes, serão direito. E pode até significar ainda: o bem particular dos governantes passará por bem comum de todos. Desta maneira, a identificação do direito com um suposto ou invocado bem da comunidade, transforma um "Estado-de-Direito"

[23] WEDY, Miguel Tedesco. A eficiência em direito penal. *Revista de Estudos Criminais*, v. 49, 2013. p. 69-93. p. 84.

num "Estado-contra-direito". Não, não deve dizer-se: tudo o que for útil ao povo é direito; mas, ao invés: só o que for direito será útil e proveitoso para o povo.[24]

É imprescindível que se inquira permanentemente o que é o direito para que o mesmo não seja instrumentalizado ou que não se naturalizem comportamentos e visões desumanas. A carência de tal reflexão ou a vagueza de pressupostos é fruto e tem como consequência o vazio de pensamento, que permite que se tome como premissa que "direito é tudo o que for útil ao povo".

Para não se esvair num positivismo vazio, do pragmatismo meramente a serviço do mercado e da economia, do autoritarismo e arbítrio político, é preciso ter presente que conjuntos de determinados comportamentos foram proibidos e, assim considerados crimes em função de quando de sua prática atentarem contra a dignidade humana, provocando na(s) vítima(s) um mal, ofendendo sua vida, liberdade ou outro bem considerado valioso. Uma vez considerado tal valor como incólume ou não suscetível de ser subvertido, passa o mesmo a figurar como bem jurídico. Ou ainda, abstratamente há previsão de ilícitos que preveem o que deve ser cuidado; no campo da concretude ocorre a materialização do não-cuidado, rompendo a relação de cuidado-de-perigo; e a pena prevista busca restabelecer a relação de cuidado-de-perigo que fora maculada, recompondo a relação do eu para com o outro e do outro para com o eu.[25]

Não é, portanto, a norma que estabelece o bem jurídico a ser preservado e tutelado pelo direito penal, mas é a seleção de certos e específicos valores e bens que acabam por nortear a política penal e estabelecer normas precisas para a efetiva proteção de tais bens jurídicos. O direito penal – como manifestação ôntica – tem seus fundamentos no campo ontológico, tem bases metajurídicas que acabam por dar sustentação ao fazer jurídico; são os elementos ontológicos que figuram como condição de possibilidade e anterioridade ao refletir e fazer Direito.

Compreender o direito penal a partir da relação de cuidado, pressupõe que a comunidade humana e política estipule um mínimo ético como orientador da proteção dos bens jurídicos. Quanto a isso, esclarecedoras são as palavras de Faria Costa, ao afirmar que:

---

[24] Radbruch, em 1945, fez circular o que ficou denominado como "Cinco minutos de Filosofia do Direito", disponível em: RADBRUCH, Gustav. *Filosofia do Direito*. Trad. de L. Cabral de Moncada. Coimbra: Antonio Amado, 1979, p. 415-418.

[25] TEIXEIRA NETO, Joao Alves. *Tutela penal dos animais*: uma compreensão onto-antropológica. Porto Alegre: Livraria do Advogado, 2017. p. 135.

A tutela de todos os bens jurídico-penais manifesta-se precisamente como o limite do âmbito do mínimo ético. Assumir-se a representação de um mínimo ético para o direito penal não é, nem de longe nem de perto, querer que o direito penal tutele ou defenda qualquer vector ou segmento de moralidade. É antes dizer que os bens jurídico-penais que se defendem são o património mínimo ético-social que permite que nos assumamos como comunidade de homens e mulheres historicamente situada. Mas também nada menos. O que, por conseguinte – quando olhamos para esse nada menos –, faz com que se possa e deva – sublinhe-se – continuar a afirmar que o direito penal se insere nessa linha de limite em que o mínimo ético é fronteira intransponível.[26]

Uma vez tendo esclarecido o fundamento e o campo de incidência do direito penal, como proteção de determinados bens jurídicos, a partir da relação de cuidado também se restringe a abrangência e atuação das garras do direito penal do Leviatã, uma vez que o crime e a "responsabilidade só surge quando o homem pisa a linha, a linha que demarca a afetação ao equilíbrio, decorrente de sermos seres em perigo, seres em cuidado-de-perigo que só existem porque são responsáveis perante si mesmos e perante os outros".[27] Ou também, "a matricial relação onto-antropológica de cuidado-de-perigo projeta-se na ordem jurídico-penal por meio da tipificação das condutas que representam a subversão do cuidado, o 'não-cuidado', resultante da ofensa aos interesses e valores eleitos como mínimo ético por uma comunidade jurídica".[28]

Como seres de cuidado e vivendo uma condição e relação de cuidado-de-perigo, é o rompimento de tal vinculação que se caracteriza como ilegítima e, portanto, como crime – nessa concepção onto-antropológica do direito penal. Como ser-no-mundo, a relação com os outros e as coisas se constitui sempre como risco e fragilidade – e portanto, também uma relação sempre permeada pela responsabilidade.

Conforme afirma Faria Costa, "essa fragilidade assume dimensão de ruptura quando há um crime. Aí se dá o desnudamento que exige a compensação de uma pena para que o equilíbrio se refaça. Porque também, só desse jeito, 'eu' posso ver, olhar e amar o 'outro'".[29] A ruptura da relação de cuidado, é, portanto, uma diminuição ou atenta contra a condição de ser do *Dasein*. O crime é, portanto, um

[26] FARIA COSTA, José de. Uma ponte entre o direito penal e a filosofia penal: lugar de encontro sobre o sentido da pena. In: ——. *Linhas de direito penal e de filosofia*. Coimbra: Coimbra, 2005. p. 223.

[27] WEDY, Miguel Tedesco. A eficiência em direito penal. *Revista de Estudos Criminais*, v. 49, 2013. p. 69-93. p. 88.

[28] TEIXEIRA NETO, João Alves. *Tutela penal dos animais*: uma compreensão onto-antropológica. Porto Alegre: Livraria do Advogado, 2017. p. 138.

[29] FARIA COSTA, op. cit., p. 224.

rompimento da condição de cuidado-para com o outro, uma ruptura da autêntica condição de ser-com os outros.

Um direito penal legítimo em tal se fundamenta. A ruptura da relação de cuidado não se recompõe de forma automática e tampouco de qualquer forma ou com qualquer pena. O refazimento ou restabelecimento da relação matricial de cuidado ocorre através de uma pena justa que "só haverá de ser imposta ou prevista em virtude da ofensa de um bem jurídico protegido de forma subsidiária".[30] Tanto a relação de cuidado, como a pena a ser imposta como justa devem ter como fundamento e finalidade a realização da justiça e a manutenção da vida e da paz jurídica.

A partir de tais pressupostos, é sempre importante reposicionar o questionamento em torno do sentido e da função das penas impostas àqueles que cometem delitos. Ainda mais na contemporaneidade permeada por uma sanha punitivista de uma sociedade maniqueísta que busca a exclusão daqueles que pensam ou agem de modos diferentes e de um Estado que atua de forma violenta através dos braços policiais, das medidas econômicas, políticas e sociais. Num modelo social e econômico neoliberal, onde as pessoas são muitas vezes consideradas "capital humano" ou ferramentas para o crescimento, a concepção onto-antropológica vem justamente também questionar o sentido da pena que se impõe.

Baseado no princípio da dignidade humana e uma vez esclarecido o princípio categórico de Kant de jamais tornar o ser humano um meio, mas sempre como um fim em si mesmo, também a pena imposta deve seguir tal preceito. A pena não pode ser um meio para alcançar fins, nem como meio de ressocialização, exclusão, eliminação de adversários ou o que quer que se argumente, pois como afirma Teixeira Neto:

> Funcionaliza-se, assim, a pena. Simplifica-se, assim, o sentido da pena. A pena passa a ser reduzida a um meio. O meio de evitar a prática de novos crimes. Ainda pior. É a pessoa humana, em última análise, que passa a ser meio. Não se pode pensar a aplicação da pena sem a pessoa humana. Funcionalizar aquela significa também funcionalizar esta.[31]

Considerando o ser humano na sua constituição de cuidado, portanto, a pena assume um caráter neorretributivo, uma vez que a mesma assenta suas bases na responsabilidade e igualdade. Assim, não

---

[30] WEDY, Miguel Tedesco. A eficiência em direito penal. *Revista de Estudos Criminais*, v. 49, 2013. p. 69-93, p. 92.

[31] TEIXEIRA NETO, Joao Alves. *Tutela penal dos animais*: uma compreensão onto-antropológica. Porto Alegre: Livraria do Advogado, 2017. p. 136.

se fale mais apenas de pena, mas de pena justa. A pena não como um mal – necessário – a ser imposto ao infrator, mas como busca de um bem e que, antes de mais nada, respeita e preserva a dignidade humana.

Linhas conclusivas

Denota-se, portanto, uma insuficiência da dogmática jurídico-penal, pois muitas vezes carreada num pragmatismo ou positivismo deficitário de fundamentos. Tal percepção não deixa de ser um chamamento ou clamor que a estrutura do *standard* teórico vigorante seja desvelado e possam-se abrir fronteiras para o pensar, não mais apenas como cálculo, mas como reflexão.

Ao tratar do direito penal, não se está a jogar dados ou lidando com objetos, mas sempre com vidas humanas que são caras – não no sentido comercial ou financeiro –, visto que a dignidade não tem preço, mas é sempre um valor incomensurável. Assim, o Direito, sua normatividade e sua prática, não pode servir de artifício para alcançar possíveis fins políticos, sociais ou econômicos. Do mesmo modo, a vida humana não pode ser tratada como mercadoria ou massa de manobra. O direito penal deve ser analisado com a serenidade do pensar, ou se se quiser, com o pensar sereno.

Assim, o direito penal interpretado a partir do olhar onto-antropológico como cuidado de perigo não é apenas mais uma corrente alternativa de compreensão do delito e das penas. Trata-se, sim, de um *standard* ou paradigma com fundamentos numa analítica existencial e numa ontologia original considerando o humano a partir de sua condição de cuidado. É a condição de cuidado – ocupação e solicitude – que funciona como raiz ou matriz interpretativa para um direito penal que considera o humano com sua dignidade, entendendo a pena não como um mal, mas com sua necessidade de ser justa e em busca de um bem.

Referências

BORGES-DUARTE, Irene. A fecundidade ontológica da noção de cuidado: de Heidegger a Maria de Lourdes Pintasilgo. *Ex aequo*, Vila Franca de Xira , n. 21, p. 115-131, 2010. Disponível em http://www.scielo.mec.pt/scielo.php?script=sci_arttext&pid=S0874-55602010000100009 &lng=pt&nrm=iso. Acesso em: 09 fev. 2020.

CASANOVA, Marco Antonio. *Compreender Heidegger*. 5. ed. Petrópolis, RJ: Vozes, 2015.

D'AVILA, Fabio Roberto. *Ofensividade em direito penal:* escritos sobre a teoria do crime como ofensa a bens jurídicos. Porto Alegre: Livraria do Advogado, 2009.

FARIA COSTA, José de. *Linhas de direito penal e de filosofia*: alguns cruzamentos reflexivos. Coimbra: Coimbra Editora, 2005.

——. *O perigo em direito penal:* Contributo para a sua fundamentação e compreensão dogmática. Coimbra: Coimbra Editora, 2000.

HEIDEGGER, Martin. *Ser y Tiempo*. Trad. de Jorge Eduardo Rivera. 2. ed. Santiago de Chile: Editorial Universitaria, 1998.

——. *Serenidade*. Lisboa: Instituto Piaget, 2000.

MARX, Karl. *O capital*: crítica da economia política. São Paulo: Abril Cultural, 1984.

NIETZSCHE, Friedrich Wilhelm. *A gaia ciência*. 6. ed. Lisboa: Guimaraes, 2000.

RADBRUCH, Gustav. *Filosofia do Direito*. Trad. L. Cabral de Moncada. Coimbra: Antonio Amado, 1979. p. 415-418.

STEIN, Ernildo. *Exercícios de fenomenologia*: limites de um paradigma. Ijuí, RS: Ed. Unijuí, 2004.

——. *Pensar e errar*: um ajuste com Heidegger. Ijuí, RS: Ed. Unijuí, 2011.

——. *Seis estudos sobre "Ser e Tempo"*. 2ª ed. Petrópolis, RJ: Vozes, 1990.

TEIXEIRA NETO, João Alves. *Tutela penal dos animais*: uma compreensão onto-antropológica. Porto Alegre: Livraria do Advogado, 2017.

WEDY, Miguel Tedesco. A eficiência em direito penal. *Revista de Estudos Criminais*, v. 49, p. 69-93, 2013.

A questão do método na teoria do direito[1]

GABRIEL BILHALVA[2]

— I —

Em *A Questão do Método na Filosofia*, Ernildo Stein sugeriu, entre outras coisas, que o método em filosofia deveria seguir a estrutura e o movimento do objeto da pesquisa filosófica. A ideia consiste, em linhas gerais, na reivindicação de um método talhado especificamente para o objeto de estudo e para o exercício da atividade teórico-filosófica.

A leitura do livro de Stein e a ideia nele contida me impactaram tão profundamente que desde a primeira vez em que li *O Conceito de Direito*, de Herbert Hart, pude ver nesse livro uma estrutura que reproduzia a reivindicação de um método específico para o objeto de estudo, agora na província da teoria do direito. Do modo como eu leio *O Conceito de Direito*, o método da teoria do direito somente pode ser determinado após uma análise prévia do objeto, o que permite obter as características relevantes deste, sem as quais não é possível saber qual método é mais adequado para seu estudo.

Este capítulo é uma homenagem a Ernildo Stein. E como é movido por um *insight* obtido pela leitura do seu livro, pareceu-me justo fazer o título deste capítulo ressoar o título daquele livro.

— II —

Se Herbert Hart é ainda um positivista jurídico, ele o é provocando um decisiva mudança no modo como uma teoria positivista do

---

[1] O presente texto é baseado na dissertação inédita, intitulada *A Construção do Método em* O Conceito de Direito, defendida em 2015, no Programa de Pós-Graduação em Filosofia da UFRGS, para obtenção do título de Mestre em Filosofia.

[2] Doutorando em Filosofia (UFSM, Bolsa DS/CAPES). Mestre em Filosofia (UFRGS, Bolsa DS/CAPES). Bacharel em Direito (PUCRS, PROUNI).

direito deve-se colocar em relação a seu objeto de estudo. Para entendermos a extensão dessa modificação, é oportuno que tenhamos claro o propósito do positivismo jurídico. Brian Bix, comentando a obra de Hart, apresenta a seguinte caracterização do positivismo jurídico:

> A visão distinta (o ponto e o propósito) do positivismo jurídico é que é tanto possível, quanto valioso, ter-se uma teoria descritivo-explanatória do direito separada de teorias sobre o que sistemas jurídicos devem conter ou como os cidadãos e legisladores devem agir no sistema jurídico.[3]

O que deve ser entendido como uma teoria descritivo-explanatória? Bix esclarece que durante o século XIX e início do século XX as teorias sociais, incluindo a teoria jurídica, foram demandadas a apresentar resultados científicos equivalentes àqueles que se encontravam em outros domínios da pesquisa científica, por exemplo, nas ciências da natureza. Esperava-se, então, das teorias sociais, apenas a estrita observação de fatos que pudessem ser confirmados por seus pares da comunidade científica, na expectativa de que, ao aplicar os métodos das ciências naturais, as ciências sociais obtivessem o mesmo nível de desenvolvimento.[4] Devemos entender, portanto, que uma teoria jurídica descritivo-explanatória se limita à observação e registro (descrição) de fatos, assim como o fazem as ciências da natureza.

Se a transposição do método das ciências naturais para as ciências sociais se apresentava como um caminho seguro para o desenvolvimento da pesquisa social, ela ao mesmo tempo criava uma nova problemática. Como bem aponta Bix, no caso do direito, o "comportamento e a linguagem normativos não se adéquam, se é que se adéquam, a uma abordagem mais científica de descrição".[5] O problema aqui é que não podemos encontrar contrapartidas factuais para o tipo de objeto de uma teoria jurídica, como encontramos, por exemplo, para uma teoria física. Não encontramos no mundo obrigações jurídicas observáveis do mesmo modo que podemos observar o movimento de corpos em queda.

O problema que se coloca é o da redução do direito ao meramente factual e, consequentemente, a eliminação do seu caráter normativo. Uma teoria descritiva que descreve apenas fatos empiricamente observáveis, forçosamente deixa de fora da descrição qualquer norma. Se ela for uma teoria do direito que não descreve o funcionamen-

---

[3] BIX, Brian. "H.L.A. Hart and the Hermeneutic Turn in Legal Theory", 1999, p. 168.

[4] Na tradição anglo-americana, essa tendência ao cientificismo naturalizado nas ciências sociais remonta à *Lógica das Ciências Morais* (1999), de John Stuart Mill. Uma apresentação histórica e crítica dessa tendência se encontra em WINCH, Peter. *The Idea of Social Science*, 2003, p. 66 e ss.

[5] BIX, op. cit., p. 170.

to normativo dos comportamentos jurídicos, então ela não descreve o direito de forma alguma sob seu aspecto distintivo.

A contribuição de Hart para a teoria do direito passa pelo diagnóstico dessa distorção que a adoção dos métodos das ciências naturais provoca na descrição do direito. Hart não abre mão do caráter descritivo que a teoria do direito deve ter. Como Jeremy Bentham, ele entende que o conhecimento do direito positivo oferece ao cidadão a possibilidade de atender corretamente às exigências das leis, mas também a possibilidade de criticar as mesmas leis quando estas forem moralmente iníquas. De acordo com a frase lapidar de Bentham, ao cidadão cabe "Obedecer pontualmente; censurar livremente"[6] (Bentham, 1977, p. 399). Mas para que ele possa fazer isso, é preciso que lhe seja dado o conhecimento do direito, o que é proporcionado por uma teoria que descreve o direito assim como ele é, e não como ele deveria ser.

Sabemos que o direito não é apenas aquilo que é empiricamente observável quando, por exemplo, duas pessoas realizam um contrato de compra e venda. O contrato não se esgota nos atos corporais observáveis na entrega de um objeto (a chave) em troca de outro (dinheiro). O contrato depende das relações normativas que o direito estabelece. Uma teoria descritiva do direito, deve, segundo Hart, dar conta de descrever o elemento normativo. Se uma teoria descritiva do direito precisa dar conta do elemento normativo, então seu método precisa ser capaz de capturar esse elemento que escapa ao método das ciências naturais.

— III —

Eu disse no início que do modo como leio *O Conceito de Direito*, o método para a teoria do direito somente ganha determinação após uma análise prévia do objeto de estudo da teoria. Essa análise prévia tem por finalidade garantir os contornos relevantes do objeto, permitindo que o método escolhido para sua análise seja um que respeite suas características. Além disso, a análise prévia, ao garantir os contornos do objeto, evitaria as distorções promovidas pela aplicação de métodos tomados das ciências naturais nas teorias sociais, conforme visto no parágrafo anterior.

Mas, ao afirmar que a determinação do método depende de uma análise prévia do objeto, pode-se dizer, estou sujeitando toda a em-

[6] BENTHAM, Jeremy. *A Fragment on Government*, 1977, p. 339.

presa teórica a uma circularidade viciosa. Pois se o que estamos procurando é um método de análise conceitual, como poderíamos agora fazer análises prévias do objeto, para o que um método se faz indispensável? Mais do que isso, se é o método que garante o desenvolvimento seguro da atividade teórica e da produção de conhecimento, parece que estou exigindo que tenhamos algum conhecimento do objeto sem nem mesmo dispormos de um método que garanta este conhecimento.

Esta objeção pode ser contornada de maneira muito simples. O objeto de uma teoria do direito não é dado por um recorte metodológico, como poderia ser dado quando se elege o método das ciências naturais. O objeto é dado pelo senso comum. Juristas, e até mesmo o pessoas leigas, não precisam de métodos ou teorias expressamente formuladas sobre o direito para serem capazes de falar sobre ele, emitir juízos ou fazer afirmações sobre seus atributos. O que o direito é, nos é dado no dia a dia. Agora, se o que pretendemos fazer é uma teoria sobre o direito para que possamos ter um conhecimento melhor dele que nos permita acatá-lo ou desobedecê-lo, conforme a máxima que Bentham preconiza, então um método se faz necessário. E para determinarmos o método adequado, precisamos determinar o objeto a partir de uma análise do modo como ele nos é dado no senso comum.

Penso que a leitura que estou sugerindo encontra apoio tanto na arquitetônica de *O Conceito de Direito*, quanto no procedimento realizado por Hart em *Definição e Teoria na Teoria do Direito*. Em *O Conceito de Direito*, o método que Hart introduz para a teoria do direito somente aparece no Capítulo V do livro, após uma longa discussão com a tradição positivista precedente. A finalidade desta discussão é resgatar o direito das armadilhas teóricas a que havia sido submetido, restaurando uma imagem baseada no senso comum.

Em *Definição e Teoria na Teoria do Direito*, um texto anterior a *O Conceito de Direito*, encontramos uma sugestão sobre como o teórico do direito deve-se comportar quando confrontado por questões relativas ao método na teoria jurídica. A discussão promovida em *Definição e Teoria na Teoria do Direito* é introduzida com a seguinte afirmação:

> Em direito, bem como em outras áreas, podemos conhecer e apesar disso não compreender. Frequentemente nosso conhecimento é obscurecido por sombras que, além de variarem de intensidade, são projetadas por diferentes obstáculos que se interpõem à luz. Esses obstáculos não podem ser todos removidos pelos mesmos métodos e, até

que seja determinado o caráter preciso de nossa perplexidade, não podemos dizer ao certo de quais ferramentas precisaremos".[7]

Acredito que essa afirmação, embora tenha sido pensada como uma advertência para o jurista, na verdade encerra uma posição filosófica mais ampla. É uma afirmação geral e formal sobre o método em filosofia, de acordo com a qual cada objeto de estudo filosófico demanda a determinação de um método específico que atenda às suas características e peculiaridades. Seus pontos relevantes são o contraste entre conhecer e compreender, e o modo como esse contraste se vincula à ideia de que nosso conhecimento pode ser obscurecido por obstáculos diversos, para os quais, os métodos adequados de remoção, somente podem ser sabidos depois de nos vermos com aquilo que nos causa perplexidade.

Na Introdução de *O Conceito de Direito*, esse contraste entre conhecer e compreender ganha conteúdo no contraste entre conhecimento comum e conhecimento teórico. E a perplexidade tem sua origem identificada no tipo de método que é adotado por juristas quando, em vez de se comportarem em relação ao direito como profissionais ou pessoas leigas, caso em que o conhecimento comum é suficiente para possibilitar a vida em uma sociedade regida por um sistema jurídico, são feitas afirmações sobre o direito que contradizem nossas crenças mais ordinárias sobre o que ele é.

— IV —

O Conceito de Direito inicia com uma provocação ao comparar o modo como em diferentes ramos do conhecimento se comportam os teóricos em relação a seu objeto de estudo.

> Poucas questões respeitantes à sociedade humana têm sido postas com tanta persistência e obtido respostas, por parte de pensadores sérios, de formas tão numerosa, variadas, estranhas e até mesmo paradoxais como a questão "O que é o Direito?"... Não existe literatura abundante dedicada a responder às perguntas "O que é a química?" ou "O que é a medicina?", como sucede com a questão "O que é o direito?". Umas escassas linhas na página inicial de qualquer manual elementar, eis tudo que o estudante dessas ciências é solicitado a considerar; e as respostas que lhes são dadas são de natureza diferente das ministradas ao estudante de direito. Ninguém considerou ser esclarecedor ou importante insistir em que a medicina é "aquilo que os médicos fazem acerca das doenças", ou "uma previsão sobre o que os médicos farão",

[7] HART, Herbert. 'Definição e Teoria na Teoria do Direito', *Ensaios sobre Teoria do Direito e Filosofia*, 2010, p. 23 [1983, p. 21]. As referências entre colchetes indicam a data e a paginação do original em inglês. As citações das obras de Hart retiradas de traduções para o português podem aparecer aqui ligeiramente modificadas.

ou declara que aquilo que é normalmente reconhecido como parte característica e central da química, digamos o estudo dos ácidos, na realidade não faz parte de modo algum da química.[8]

O ponto interessante dessa passagem é que ela indica que o erro está no tipo de resposta que os teóricos do direito dão a perguntas que pedem por uma definição do direito. Quando ele diz, por exemplo, que em medicina não encontramos nenhuma definição dessa ciência como uma previsão sobre o que os médicos farão, ele ironiza a definição de direito de Oliver Wendell Holmes, que diz que o direito "são as profecias sobre o que os tribunais farão".[9] Ou então, quando diz que em química não somos pegos de surpresa com uma definição que afirma que o estudo dos ácidos na realidade não faz parte da química, ele ironiza a definição de direito de John Chipman Gray, que diz que as leis são "fontes do Direito... não partes do próprio Direito".[10]

As respostas dadas pelo teóricos para a questão "O que é o Direito?" são "estranhas e paradoxais".[11] O caso da definição de Gray é decisivo, pois exclui da definição parte daquilo que se está tentando definir. Comparadas com nossas intuições mais básicas sobre o direito, estas definições se mostram equivocadas.[12] Mais do que isso, estas respostas, em vez de esclarecerem qualquer coisa sobre o direito, apenas geram mais perplexidade, ali, onde a diferença entre conhecer e compreender já trazia dificuldades para a teoria jurídica.

Ao se socorrer do conhecimento do homem comum para questionar o conhecimento teórico do direito, Hart toma como pressuposta a ideia de que o conhecimento comum, expresso em língua comum, embora não disponha da clareza de uma exposição sistemática, não pode ser descartado sob a alegação de que não corresponde à realidade. Uma maneira de esclarecer essa ideia é voltarmos nossa atenção para o modo como Peter Strawson concebia o projeto de uma metafísica descritiva. Em *Análise e Metafísica*, Strawson apresenta uma definição de filosofia analítica, através da qual se desenvolve a metafísica descritiva, baseada em uma analogia gramatical. O ponto da analogia é demonstrado por Strawson através da seguinte anedota:

> Quando a primeira gramática Espanhola ou, mais precisamente, Castelhana, foi apresentada para a Rainha Isabella de Castilha, sua resposta foi questionar qual o seu uso. A resposta do gramático foi de caráter histórico, referindo-se à gramática como

[8] HART, Herbert. *O Conceito de Direito*, 1996, p. 5 [1994, p. 3].

[9] HOLMES, Oliver W. *Collected Legal Papers*, 1920, p. 173.

[10] GRAY, John. *The Nature and The Sources of Law*, 1909, p. 119.

[11] HART, Herbert. *O Conceito de Direito*, 1996, p. 6 [1994, p. 2].

[12] *Ibid.*, p. 6-7 [p. 2-3].

instrumento de império – e isso não nos importa. O que nos interessa é o ponto de sua questão. Pois está claro que a gramática não tinha, num certo sentido, nenhum uso para falantes fluentes de Castelhano. Em um certo sentido eles a conheciam por inteiro. Eles falavam o Castelhano gramaticalmente correto por que o Castelhano gramaticalmente correto *era* o que eles falavam. A gramática não definiu o padrão de correção para as sentenças que eles falavam; pelo contrário, eram as sentenças que eles falavam que definiam o padrão de correção para a gramática. Entretanto, embora em um certo sentido eles conhecessem a gramática da sua língua, havia um outro sentido em que eles não a conheciam [...] Se fosse solicitado a Isabella enunciar, de modo maximamente sistemático, um sistema de regras ou princípios à luz do qual uma pessoa pudesse decidir, com respeito a qualquer sequência de palavras Castelhanas, se ela constitui ou não uma frase gramaticalmente completa e correta, ela teria ficado perplexa. Sua prática e de sua corte, em construir frases Castelhanas, mostrou que ela e eles, em um certo sentido, observaram um tal sistema de regras ou princípios. Mas do fato de que ela e eles sem esforço algum observavam essas regras, não se segue eles pudessem, sem esforço algum, enunciá-las, dizer quais elas eram.[13]

A lição é clara. Existe uma marcada diferença entre saber usar uma língua e saber expor a estrutura gramatical que rege seu uso. "O domínio de uma prática não envolve o domínio explícito [...] da teoria dessa prática".[14] Entretanto, a despeito da ausência de um domínio explícito, ou seja, de uma formulação clara e consciente da gramática envolvida na prática discursiva de uma língua, o fato é que muito antes de existirem gramáticas, os falantes das línguas naturais já aprenderam e dominaram de maneira implícita as regras e os princípios que regem estas práticas, o que é necessário para o exercício da forma mais "rudimentar de pensamento".

Com isso, Strawson chama atenção para a vínculo existente entre o nosso pensamento e a nossa linguagem, vínculo sob o qual deve haver uma relação entre o domínio implícito da gramática e o domínio implícito da rede conceitual através da qual pensamos a realidade. Por isso sabemos usar conceitos como o de conhecimento ou de verdade, antes mesmo de termos qualquer notícia sobre coisas como teorias do conhecimento ou da verdade. Também aprendemos a operar uma variada gama de noções, como as de ética, estados emocionais, atos mentais, categorias, etc. Mas, não obstante o uso contínuo que fazemos dessa rede conceitual, seja nas relações com outras pessoas, seja no modo como nos comportamos e respondemos ao mundo, ela não nos é ensinada através de "qualquer coisa que possa ser propriamente chamada de instrução teórica geral".[15]

[13] STRAWSON, Peter. *Analysis and Metaphysics*, 1992, p. 5.

[14] Ibid., p. 6.

[15] Ibid., pp. 6-7.

A conclusão de Strawson é a seguinte: assim como nosso domínio prático da linguagem não nos garante um domínio teórico desta prática sob a forma de uma gramática, também não temos domínio teórico da rede conceitual que organiza nossa experiência, apesar de já a termos dominado na prática. A tarefa do filósofo será, então, a de oferecer "uma *estrutura conceitual* geral da qual, nossa prática diária nos mostra, temos um domínio tácito e inconsciente".[16] A metafísica descritiva deve, portanto, se ocupar de descrever a estrutura que está implícita no domínio ordinário que fazemos dos conceitos.

Quando Hart confronta as definições do direito oferecidas pelos teóricos do direito com o conhecimento comum do direito, ele está fazendo uma reivindicação semelhante àquela feita por Strawson. Pois, assim como a corte de Isabella sabia, num certo sentido, a regras do Castelhano, de modo que lhes era possível construir frases gramaticalmente corretas, igualmente, o homem comum ou "a maior parte deles",[17] sabe indicar certos elementos característicos do direito que os habilitam a viver a vida segundo as regras de uma sociedade juridicamente organizada. E assim como a corte de Isabella não sabia enunciar de forma sistemática as regras da gramática do Castelhano, também o homem comum (incluído aqui o jurista prático) não sabe como estruturar de forma sistemática o conhecimento que tem da estrutura conceitual do direito.

Acredito que Hart defendeu a ideia de que a teoria do direito deve-se pautar pela gramática do senso comum jurídico para oferecer uma exposição teórica sistemática do direito. Um procedimento que equivale ao dos gramáticos das línguas naturais. Em uma paráfrase daquilo que foi dito por Strawson, podemos dizer que, segundo Hart, ao filósofo do direito cabe a tarefa de oferecer uma descrição geral da estrutura conceitual do direito, do que nossa prática diária nos mostra, temos domínio tácito e inconsciente. E parece não ser outra intenção de Hart quando afirma que o objetivo de *O Conceito de Direito* é "fazer avançar a teoria jurídica, facultando uma análise melhorada da estrutura distintiva de um sistema jurídico interno e fornecendo uma melhor compreensão das semelhanças entre o direito, a coerção e a moral, enquanto tipos de fenômenos sociais".[18] A estrutura distintiva dos sistemas jurídicos já nos foi dada, e prova disso é o fato de que podemos, sem fazer uso de qualquer teoria e apenas a partir de nosso conhecimento comum, indicar os elementos característicos do direito.

[16] STRAWSON, Peter. *Analysis and Metaphysics*, 1992, p. 7.

[17] HART, Herbert. *O Conceito de Direito*, 1996, p. 7 [1994, p. 2].

[18] Ibid., p. 22 [p. 17].

— V —

Com a análise feita até aqui, já sabemos que o que nos causa perplexidade é o fato de que as descrições feitas pelas teorias do direito que Hart está enfrentando são estranhas e paradoxais. Removidas as perplexidades, é chegado o momento de identificarmos as ferramentas necessárias para remover os obstáculos que se interpõem ao conhecimento do direito. E para isso é preciso que se saibam do objeto seus traços distintivos.

Nos capítulos II, III e IV de *O Conceito de Direito*, estes traços são obtidos a partir de uma discussão minuciosa dos principais pontos da teoria do direito como ordens baseadas em ameaças, presente em *The Province of Jurisprudence Determined*, de John Austin. Por razões de brevidade, vou me concentrar aqui apenas na discussão do Capítulo IV, em que Hart desenvolve sua teoria das regras sociais, que é de vital importância para a compreensão do modelo metodológico introduzido por ele.

— VI —

A teoria do direito como ordens baseadas em ameaças tem como um dos seus elementos constitutivos a noção de hábito de obediência. De acordo com esse modelo, o direito é o conjunto das ordens emitidas por um soberano a quem a população tem o hábito de obedecer.[19]

Este modelo teórico será atacado por Hart a partir de uma fábula. Ele convida seu leitor a "supor que existe uma população que vive num território em que reina um monarca absoluto (Rex) durante um período de tempo muito longo...".[20] Rex controla as ações do seu povo valendo-se do uso de ordens gerais apoiadas em ameaças. Assim, ele consegue exigir certas condutas e proibir outras. As pessoas, por sua vez, atendem às ordens de Rex e com base nisso diremos que existe um hábito geral de obediência.

> Suponhamos agora que, após um reinado bem-sucedido Rex morre, deixando um filho, Rex II, que começa então a emitir ordens gerais. O mero facto da existência de um hábito geral de obediência a Rex I durante sua vida, não torna, por si só, provável que Rex II será habitualmente obedecido. Logo, se não dispusermos de outra coisa para continuarmos, para além do fato da obediência a Rex I e da verossimilhança de que *ele* continuaria a ser obedecido, não poderemos dizer da primeira ordem de Rex II,

[19] HART, Herbert. *O Conceito de Direito*, 1996, p. 59 [p.50].

[20] Ibid., p. 61 [p. 52].

como poderíamos dizer da última ordem dada por Rex I, que foi dada por quem era soberano e que era, por conseguinte, direito.[21]

O ponto desta fábula é muito simples. Se faz parte da estrutura da soberania que ao soberano, no caso Rex I, seja prestada obediência de forma habitual, de que modo poderemos esperar que àquele que sucede Rex I seja prestada obediência, se lhe faltaria tempo hábil de ser obedecido, formando assim um hábito de obediência a ele? De saída, não podemos considerar Rex II como soberano, pois a ele ninguém obedece habitualmente. E se não há um soberano emitindo ordens que devem ser habitualmente obedecidas, não há direito, pois de acordo com este modelo, o direito se reduz às ordens do soberano que são habitualmente obedecidas.

A resposta de Hart para esse problema é dizer que o que se passa e "é característico de um sistema jurídico",[22] é que a continuidade e o poder de criação do direito são garantidos pela existência de uma regra de transição. Nesse caso, pouco importa se existe ou se virá a existir um hábito de obediência a Rex II, sucessor de Rex I. A continuidade do direito e de sua força é garantida pela regra que regulamenta a sucessão.

Mas ao introduzir a noção de regra para falar da sucessão do soberano e da continuidade do direito, já não é possível tratar o direito nos termos que a teoria de Austin o fazia. Pois a teoria de Austin procurava reduzir o direito a fatos observáveis (ordens baseadas em ameaças e hábitos de obediência), e expressões como "regra de sucessão" ou "direito à sucessão" não são passíveis de serem descritas em termos meramente factuais, como os do "mundo jurídico simples de Rex I".[23] Além disso, a mera pretensão da teoria em explicar o direito e a continuidade do direito a partir de noções simples, não se sustenta diante da evidência de que todo sistema jurídico tem como característica a existência de uma regra de sucessão.

O que significa dizer que regras existem? Em que medida um comportamento que segue uma regra se diferencia de um comportamento habitual?

De saída, Hart reconhece que nestes dois tipos de comportamento é possível identificar um elemento comum. Nos dois casos, o comportamento em questão é geral e se repete quando a ocasião apropriada

[21] HART, Herbert. *O Conceito de Direito*, 1996, p. 62 [p. 53].

[22] Ibid., p. 63 [p. 53-4].

[23] Ibid., p. 63 [p. 54].

se apresenta.[24] Mas esse é o único elemento que estes comportamentos compartilham. Pois regras apresentam três características que as diferenciam dos meros hábitos. 1) Regras, quando não são observadas, geram uma resposta crítica ao desvio do padrão de conduta, e as ameaças ao desvio são tratadas com uma maior pressão a fim de fazer-se observá-las; 2) existindo uma regra, o desvio ao padrão enunciado por ela é tomado como uma *"boa razão"* para se fazer a crítica gerada pelo desvio e, além disso, essas críticas são vistas como legítimas, tanto por aqueles que as fazem quanto pelos endereçados;[25] 3) regras possuem um *aspecto interno*, que se constitui da tomada da regra, por ao menos uma parte do grupo, com um padrão a ser seguido pelo grupo como um todo.[26]

O aspecto interno das regras é exemplificado pela observação da atitude de jogadores de xadrez. Estes não têm o mero hábito de mover a rainha sempre do mesmo modo, coisa que um observador externo pode registrar. Mais do que isso, eles

> têm uma atitude crítico-reflexiva em relação a este tipo de comportamento: encaram-no como um padrão para todos que jogam o jogo. Cada um deles não se limita a apenas movimentar a rainha de um certo modo, mas tem um *ponto de vista* sobre a correção de todos que movem a rainha dessa maneira.[27]

Quando um dos jogadores burlar uma das regras de movimento de uma das peças do tabuleiro, ou tentar fazê-lo, o grupo reagirá com críticas e demandas por conformidade às regras do jogo, alegando a legitimidade da crítica. Ao fazer isso, eles estarão externalizando o ponto de vista compartilhado por todos, sobre como se deve jogar o jogo de acordo com certas regras, e isso será feito com um vocabulário normativo, com o uso de expressões como "deve", "não deve", "é correto", "está errado", etc. É neste sentido que o aspecto interno pode ser dito como estando implícito em 1 e 2.

O modelo de regras sociais se mostra como elemento essencial na explanação teórica do direito. Ele não apenas preenche uma lacuna na teoria do direito como ordens baseadas em ameaças, garantindo assim a existência e continuidade do direito. Ele também é capaz de explicar o comportamento social juridicamente vinculado em termos normativos.

Ao introduzir o modelo de regras, Hart está apresentando, de forma teórica, um dos elementos característicos do direito: a sua es-

---

[24] HART, Herbert. *O Conceito de Direito*, 1996, p. 64 [p.55].

[25] Ibid., pp. 65 [pp. 55 6].

[26] Ibid., p. 65 [p. 56].

[27] Ibid., p. 65-6 [p. 56-7].

trutura normativa. É com base nele que Hart analisa o conceito de obrigação jurídica e introduz o método para a teoria do direito.

– VII –

No Capítulo V de *O Conceito de Direito*, antes de introduzir o método que ele acredita que deve ser adotado pelo teórico do direito, Hart analisa e recusa duas teorias da obrigação jurídica.[28] A primeira é aquela que diz que o conceito de obrigação tem sua explicação em um modelo de ordens baseadas em ameaças. A segunda é a teoria preditiva.

De acordo com a teoria do direito como ordens baseadas em ameaças, uma explicação plausível do conceito de obrigação poderia ser feita conforme a reconstrução feita por Hart, que cito:

> A ordena a B que lhe entregue o seu dinheiro e ameaça que lhe dará um tiro, se ele não obedecer. De harmonia com a teoria das ordens coercivas, esta situação ilustra a noção de obrigação ou de dever em geral. A obrigação jurídica poderia encontrar-se em situações do tipo desta; A deve ser o soberano que é obedecido de forma habitual e as ordens devem ser gerais, prescrevendo padrões de conduta e não ações individuais.[29]

Esta definição é recusada por Hart por três motivos, que juntos demonstram que "a afirmação de que uma pessoa foi obrigada a obedecer a alguém é, no essencial, uma afirmação psicológica referente a crenças e motivos pelos quais se realizou uma ação".[30] Primeiro, há uma diferença capturada por nossa intuição linguística, entre "ser obrigado" e "ter uma obrigação". Não diremos que no caso do assaltante a pessoa ameaçada tinha obrigação de dar o dinheiro para o assaltante, do mesmo modo que diríamos que ela tem obrigação de pagar os impostos. Segundo, se se trata de obedecer a ordem pelo medo da atualização da ameaça feita, quando o dano contido na ameaça for irrelevante (Hart substituiu o tiro por um beliscão), então não se dirá que alguém foi obrigado, pois esta pessoa não se sentiu obrigada a fazer nada diante de uma ameaça banal. Terceiro, se se trata, igualmente, de obedecer a uma ordem pelo medo da atualização de uma ameaça, então, a menos que haja razões suficientes para acreditar que o dano contido na ameaça de fato ocorrerá, não poderemos dizer que alguém foi obrigado.

---

[28] Para uma versão mais detalhada da discussão presente neste parágrafo e no parágrafo seguinte (§ 8) Cf. BILHALVA, Gabriel, 'Obrigação jurídica e método no Cap. V d'*O Conceito de Direito* de Hart', 2015.

[29] HART, Herbert. *O Conceito de Direito*, 1996, p. 92 [1994, p. 82].

[30] Ibid., p. 93 [p.83].

Destes três motivos, é o primeiro que guarda a saída para uma correta análise do conceito de obrigação. Pois, enquanto os fatos que levaram alguém a se comportar de um determinado modo em resposta a uma ameaça são suficientes para se afirmar que esta pessoa foi obrigada, estes mesmos fatos não são suficientes, nem necessários para se afirmar que alguém tinha a obrigação de fazer aquilo que fez.

> Assim, a afirmação de que uma pessoa tinha a obrigação, por exemplo de dizer a verdade ou de se apresentar para o serviço militar, é verdadeira, ainda que ela acreditasse (razoavelmente ou não) que nunca seria descoberta e que nada tinha a temer por causa da desobediência. Além disso, enquanto que a afirmação de que tinha esta obrigação é basicamente independente da questão sobre se essa pessoa de facto se apresentou ou não a prestar o serviço militar, a afirmação de que alguém foi obrigado a fazer algo acarreta normalmente a implicação de que a pessoa efetivamente o fez (Hart, 1996, p. 93 [1994, p. 83]).

No que diz respeito à teoria preditiva, embora reconheça que esse modelo se colocou como "a única alternativa às concepções metafísicas de obrigação",[31] Hart dirá que se equivoca ao explicar o conceito de obrigação com base em noções como possibilidade ou probabilidade de que a inobservância a um comando se seguirá uma sanção. Em primeiro lugar, porque este modelo ignora que o conceito de obrigação jurídica depende do conceito de regra. De acordo com o modelo de regras que foi tratado no §6, estas "não são simples fundamentos para a previsão de que se seguirão reações hostis ou deque os tribunais aplicarão sanções aos que as violam, mas são também a razão ou justificação para tal reação e para a aplicação de sanções".[32] Em segundo lugar, porque não é verdade que se alguém deixar de fazer algo a que foi obrigado provavelmente será punido. Considere o seguinte exemplo:

> [S]eria uma contradição dizer [de alguém] que tinha a obrigação, por exemplo, de se apresentar ao serviço militar, mas que, devido ao fato de ter escapado à jurisdição ou de ter corrompido com sucesso a polícia ou o tribunal, não havia a menor hipótese de ser apanhado ou sujeito a castigo.[33]

Este simples exemplo demonstra que não há relação de dependência entre a afirmação de que alguém tem uma obrigação com a possibilidade de uma sanção. Com isso Hart recusa também a teoria preditiva da obrigação. Mas, se tanto a teoria das ordens baseadas em ameaças, quanto a teoria preditiva não dão conta adequadamente de explicar o conceito de obrigação jurídica, qual o caminho que devemos tomar?

[31] HART, Herbert. *O Conceito de Direito*, 1996, p. 94 [p. 83-84].

[32] Ibid., p. 94 [p. 84].

[33] Ibid., p. 94 [p. 84].

Para Hart, antes de analisarmos o conceito jurídico de obrigação, precisamos primeiro entender o conceito de obrigação em geral. E de acordo com ele, para isso precisamos recorrer a uma situação social onde existem regras sociais. Isso por dois motivos. Em primeiro lugar, quando regras existem e transformam comportamentos em padrões, elas são o cenário onde afirmação de que alguém tem uma obrigação ocorre. Em segundo lugar, quando esta afirmação é feita, uma regra é convocada a incidir sobre um caso particular.[34]

Hart está recorrendo ao modelo de regras introduzido no Capítulo IV do livro. Pois o contraste entre regras sociais e hábitos marcado neste modelo ajuda a explicar o conceito de obrigação, no sentido em que dizemos de alguém que "tem uma obrigação", ao mesmo tempo em que dá suporte à recusa dos modelos de ordens baseadas em ameaça ou preditivo. Estes dois últimos modelos se baseiam na ideia de um hábito de obediência às ordens emanadas por uma autoridade. O modelo de regras, ao contrário, implica o uso crítico e reflexivo de regras. E neste caso, em vez de dizermos que alguém foi obrigado (por uma ordem), diremos que tinha a obrigação (fundada em uma regra ou em um conjunto delas).

Ao contexto onde regras sociais existem, junta-se, para a formação de uma obrigação, um elemento adicional, a saber, pressão social.[35] A obrigação jurídica implica um uso de termos como "obrigação" e "dever" que são mais fortes que usos feitos destes termos em outros contextos da vida humana. Uma forma de esclarecer esse ponto é dizendo que, embora onde exista uma obrigação deve existir também uma regra, não é verdade que onde existe uma regra existe uma obrigação. Por exemplo, de acordo como a gramática vigente do português, falar "nóis foi" é errado. Mas não diremos que a pessoa que pronunciou essa frase, tinha a obrigação de falar "nós fomos". Podemos chamar-lhe a atenção para seu erro, mas não podemos atribuir-lhe a obrigação de falar corretamente.[36] Somam-se, ainda, ao elemento de pressão social, a ideia de que esta pressão é exercida em casos nos quais um bem da vida demanda proteção, e o sentimento de renúncia, uma vez que uma obrigação implica que o obrigado deve dar ou fazer algo em favor de outra pessoa. Com estes elementos, afirma Hart, temos as características formadoras do conceito de obrigação jurídica, que pode ser expressa através da "figura do *vínculo* que incide

[34] HART, Herbert. *O Conceito de Direito*, 1996, p. 95 [p. 84-85].

[35] Ibid., p. 96 [p. 86].

[36] Ibid., p. 95-6 [86].

sobre a pessoa obrigada".[37] Em vista deles, podemos definir a obrigação jurídica, como na fórmula a seguir.

> Obrigação é o resultado da incidência de uma regra social sobre o caso particular de uma pessoa, o que faz com que seus atos e comportamentos já não sejam mais facultativos, em razão da maior pressão social exercida sobre as possíveis e atuais condutas desviantes relativamente à regra em questão, uma vez que ela visa a proteção de um bem da vida primário ou de maior estima social.[38]

Aqui, adverte Hart, precisamos ter cuidado. Pois embora seja aceitável dizer que a obrigação jurídica pode ocorrer simultaneamente ao sentimento de ser obrigado a fazer algo em razão da pressão social exercida nos casos abrigados por obrigações jurídicas, não se deve supor que a origem da obrigação está no "sentimento de pressão ou compulsão interiorizado por aqueles que têm obrigação".[39]

> Na verdade, o aspecto interno das regras é algo a que teremos de novo de nos referir, antes que possamos afastar definitivamente as pretensões da teoria preditiva. Isto porque um defensor daquela teoria bem pode perguntar por que razão estamos ainda tão preocupados em vincar o caráter inadequado da teoria preditiva, se a pressão social é um aspecto tão importante das regras de obrigação, porque [ele] dá exatamente a este aspecto um lugar central ao definir a obrigação em termos de probabilidade de que o castigo cominado ou reação hostil se seguirão ao desvio de certas linhas de conduta. A diferença pode parecer ligeira entre a análise da afirmação da obrigação como predição ou cálculo de probabilidades de reação ao desvio, e a nossa própria posição de que, embora essa afirmação pressuponha um pano de fundo em que os desvios às regras são de um modo geral enfrentados por reações hostis, todavia o seu uso característico não consiste em predizer isto, mas em dizer que o caso de uma pessoa cai sob tal regra.[40]

Ao se referir novamente ao aspecto interno das regras, Hart não vai mais procurar atacar o conceito de obrigação das teorias que vinha analisando. Ele agora vai atacar o pressuposto metodológico delas. Aqui, Hart vai mostrar que o erro destas teorias, consubstanciado em definições estranhas e paradoxais do direito, decorre da adoção de um método que, dado o recorte que faz do objeto da teoria jurídica baseando-se apenas em fatos, não é capaz de observar e descrever o seu elemento normativo.

— VIII —

Para introduzir o método adequado para a teoria do direito, Hart apresenta uma distinção entre pontos de vista interno e externo que

---

[37] HART, Herbert. *O Conceito de Direito*, 1996, p. 97 [87].

[38] BILHALVA, Gabriel. 'Obrigação jurídica e método no Cap. V d'*O Conceito de Direito* de Hart', 2015, p. 23.

[39] HART, Herbert. *O Conceito de Direito*, 1996, p. 98 [1994, p. 88].

[40] Ibid., p. 98 [p. 88].

reflete o contraste entre os aspectos interno e externo das regras sociais.

> Quando um grupo social tem certas regras de conduta, este fato oferece uma oportunidade para muitos tipos de afirmações intimamente relacionadas, embora diferentes; porque é possível estar preocupado com as regras quer apenas como um observador que não as aceita ele próprio, quer como membro de um grupo que as aceita e usa como guias de conduta. Podemos chamar-lhes, respectivamente, os "pontos de vista interno" e "externo".[41]

A ideia trazida pela distinção entre ponto de vista interno e ponto de vista externo é a de que naqueles contextos em que regras sociais existem se abre a possibilidade de fazermos afirmações sobre o direito que se diferenciam em natureza a depender da posição ocupada por quem as profere. Podemos tanto fazer afirmações do ponto de vista das pessoas que usam e aceitam as regras, ou seja, do ponto de vista interno de quem tem uma atitude crítica e reflexiva baseada em regras (aspecto interno), quanto podemos fazer afirmações do ponto de vista externo de uma pessoa que, estando de fora do sistema e não endossando as regras em questão, registra apenas aqueles comportamentos que constituem o aspecto externo das regras.

Dessa distinção será extraída uma consequência metodológica, pois o ponto de vista externo se apresenta como um candidato ao ponto de vista que o teórico do direito deve ocupar ao fazer teoria.

> Os enunciados feitos do ponto de vista externo podem ser de diferentes tipos. Porque o observador pode, sem ele próprio aceitar as regras, afirmar que o grupo as aceita, e assim, pode referir-se do exterior ao modo pelo qual eles estão afetados por elas desde um ponto de vista interno. Mas sejam quais forem as regras, quer se trate de regras de jogos, como o críquete ou o xadrez, ou de regras morais ou jurídicas, podemos, se quisermos, ocupar a posição de um observador que não se refira, deste modo, ao ponto de vista interno do grupo.[42]

Nesta passagem, Hart chama atenção para o fato de que, do ponto de vista externo, é possível fazer ao menos dois tipos de afirmações. Podemos fazer afirmações que, ainda que não comprometidas, como as afirmações que fazem os participantes do sistema jurídico em questão, consideram as regras desde o seu aspecto interno, ou, podemos fazer afirmações destacadas, desconsiderando completamente o aspecto interno das regras. Se nos ativermos a fazer o segundo tipo de afirmações, o fenômeno observado estará sendo descrito apenas parcialmente.

---

[41] HART, Herbert. *O Conceito de Direito*, 1996, p. 98-99 [p. 89].

[42] Ibid., p. 99 [p. 89].

Sabemos que o direito não se esgota nos fatos observáveis e que se constitui normativamente. Vimos que o modo como Hart explicita a estrutura normativa do direito é através do modelo de regras. Se um observador ignorar o aspecto interno das regras, e fizer afirmações apenas sobre aquilo que se pode ver quando faz suas observações, então a descrição que ele faz é parcial.

À posição que ocupa este observador que ignora o modo como os participantes do sistema se comportam em relação a regras, Hart deu o nome de "ponto de vista externo extremo". Em contrapartida, se o observador faz afirmações que considera o aspecto interno das regras, descrevendo o fenômeno jurídico não apenas como fatos observáveis, mas como comportamentos regidos por regras, diremos, de acordo com a doutrina de Hart, que este observador está ocupando um "ponto de vista externo" ou um "ponto de vista hermenêutico".[43] As diferenças entre estes dois pontos de vista é destacada na seguinte passagem:

> Para tal observador [radicalmente externo], os desvios de conduta normal por parte de um membro do grupo serão um sinal de que é provável que se seguirá uma reação hostil, e nada mais. O seu ponto de vista será semelhante ao daquele que, depois de ter observado durante algum tempo o funcionamento de um sinal de trânsito numa rua de grande movimento, se limita a dizer que, quando as luzes ficam vermelhas, há uma possibilidade elevada de que o trânsito pare. Ele trata a luz apenas como um sinal natural de que as pessoas se comportarão de certos modos, tal como as nuvens são um sinal de que virá chuva. Ao fazer assim, escaparlhe-á toda uma dimensão da vida social daqueles que ele observa, uma vez que para estes a luz vermelha não é apenas um sinal de que os outros vão parar: encaram tal como um sinal para eles parem, e, por isso, como uma razão para parar em conformidade com as regras que transformam o ato de parar, quando a luz da sinaleira está vermelha, num padrão de comportamento e numa obrigação. Mencionar isto é trazer para o relato o modo pelo qual o grupo encara o seu próprio comportamento. Significa referir-se ao aspecto interno das regras, visto do ponto de vista interno.[44]

Já deve estar clara a razão pela qual afirmei algumas linhas atrás que o ponto de vista externo (ou hermenêutico) se apresenta como um candidato ao ponto de vista que o teórico do direito deve ocupar. Somente a partir deste ponto de vista é possível fazer uma descrição do direito como ele é, ou seja, considerando seu aspecto normativo. Do ponto de vista externo extremo qualquer descrição do direito o redu-

---

[43] A expressão "ponto de vista hermenêutico" foi primeiro introduzida por Neil MacCormick em seu *H. L. A. Hart* (2010, p. 57-58), um extenso comentário a obra de Hart que cobre não apenas temas relativos ao direito, mas também temas sobre política e moralidade. Ante de MacCormick, P. M. S. Hacker já havia indicado, em *Hart's Philosophy of Law* (1971), que Hart foi o introdutor da perspectiva hermenêutica na teoria do direito.

[44] HART, Herbert. *O Conceito de Direito*, 1996, p. 99-100 [1994, p. 89-90].

zirá a meros fatos, comportamentos regularmente observáveis, mas não explicáveis em termos normativos.

Deve estar claro também que Hart entendia que as teorias jurídicas que adotavam os métodos oriundos das ciências naturais estavam ocupando um ponto de vista externo extremo. Ao fazer isso, estas teorias reduziam o direito a meros fatos regularmente observáveis, deixando de fora da descrição o elemento central para a compreensão do direito. Vinte anos depois da publicação de *O Conceito de Direito*, Hart explicitou este ponto na seguinte passagem:

> Minha principal objeção a essa redução das proposições do direito, suprimindo seu aspecto normativo, é que ela deixa de observar e de explicar a distinção crucial que há entre a simples regularidade de comportamentos humanos e o comportamento regulado por regras. Ela descarta, assim, algo vital para o entendimento não só do Direito, mas de qualquer forma de estrutura social normativa. Para entender esse fenômeno, a metodologia das ciências empíricas é inútil.[45]

Em suma, a ideia é que se insistirmos em explicar o direito apenas em termos de comportamentos regularmente observáveis, deixaremos de fora da explicação o elemento determinante dos comportamentos em questão. Em contrapartida, se nossa teoria for capaz de descrever o elemento normativo, teremos uma teoria que é fiel ao fenômeno jurídico. O método adequado para esse tipo de descrição é aquele em que o teórico considera o direito desde o ponto de vista hermenêutico. De acordo com a leitura que procurei desenvolver aqui, ele pode ser obtido somente após uma análise prévia do objeto que identificou seus traços relevantes. Nos capítulos VI e VII de *O Conceito de Direito*, Hart submete novamente o fenômeno jurídico a uma análise conceitual. Mas agora com o método adequado ao objeto da teoria do direito.

Referências

AUSTIN, John. *The Province of Jurisprudence Determined*. London: John Murray, 1832.

BENTHAM, Jeremy. *A Fragment on Government*. London: The Athlone Press, 1977.

BILHALVA, Gabriel. 'Obrigação jurídica e método no Cap. V d'*O Conceito de Direito* de Hart'. In: *Controvérsia*, v. 11, n. 1, pp. 18-28, 2015.

BIX, Brian. 'H.L.A. Hart and the Hermeneutic Turn in Legal Theory', *Southern Methodist University Law Review*, v. 52, pp. 167-199, 1999.

HACKER, Peter. M. S. 'Hart's Philosophy of Law', in: Hacker, P. M. S. e Raz, J. *Law, Morality, and Society: Essays in Honour of H. L. A. Hart*. Oxford: Clarendon Press, 1971.

GRAY, John. C. *The Nature and The Sources of Law*. New York: Columbia University Press, 1909.

[45] HART, Herbert. 'Introdução', *Ensaios sobre Teoria do Direito e Filosofia*, 1983, p. 13.

HART, Herbert. L. A. *The Concept of Law*, 2ª ed. Oxford: Oxford University Press, 1994.

——. *O Conceito de Direito*, 2ª ed. Tradução de Armindo Ribeiro Mendes. Lisboa: Calouste Gulbenkian, 1996.

——. "Definition and Theory in Jurisprudence", *Essays in Jurisprudence and Philosophy*. Oxford: Oxford University Press, 1983.

——. "Definição e Teoria na Teoria do Direito", *Ensaios sobre Teoria do Direito e Filosofia*, tradução de José Garcez Ghirardi e Lenita Maria Rimoli Esteves. Rio de Janeiro: Elsevier, 2010.

——. "Introduction", *Essays in Jurisprudence and Philosophy*. Oxford: Oxford University Press, 1983.

——. "Introdução", *Ensaios sobre Teoria do Direito e Filosofia*, tradução de José Garcez Ghirardi e Lenita Maria Rimoli Esteves. Rio de Janeiro: Elsevier, 2010.

HOLMES, Oliver. W. *Collected Legal Papers*. New York: Harcourt, Brace e Howe, 1920.

MACCORMICK, Neil. *H.L.A. Hart*, trad. Claudia Santana Martins. Rio de Janeiro: Elsevier/Campus Jurídico, 2010.

MILL, John. S. *A Lógica das Ciências Morais*. Trad. Alexandre Braga Massella. São Paulo: Iluminuras, 1999.

STEIN, Ernildo. *A Questão do Método na Filosofia*: um estudo do modelo heideggeriano. Porto Alegre: Movimento, 1983.

STRAWSON, Peter. *Analysis and Metaphysics*. Oxford: Oxford University Press, 1992.

WINCH, Peter. *The Idea of Social Science*: and its relation to philosophy. Londres: Routledge, 2003.

Aproximações entre o fundamento onto-antropológico de cuidado-de-perigo do direito penal e a matriz fenomenológico-existencial heideggeriana

MATHEUS ALMEIDA CAETANO[1]

Introdução

O presente trabalho consiste em um esforço de compreensão de alguns dos elementos da teoria geral do crime sob a fundamento onto-antropológico de cuidado-de-perigo de Faria Costa, que deita suas raízes mais profundas no pensamento fenomenológico-existencial de Heidegger. Assim, o objetivo é *desvelar* alguns dos afloramentos mais sensíveis entre essa filosofia e a teoria onto-antropológica de cuidado-de-perigo. Para tanto, imprescindíveis serão os contributos do homenageado nesta obra coletiva pela realização de seus 85 anos de idade: bem haja, Senhor Professor Doutor Ernildo Stein!

Desenvolvimento

Dentre as diversas compreensões sobre o direito penal, a que melhor representa a *essência* dessa franja normativa indispensável à convivência humana é a teoria onto-antropológica de cuidado-de-perigo. Ela surpreende do modo mais profundo possível "o ser-do-homem" enquanto partícipe da comunidade, como "ser-no-mundo" que se

[1] Doutorando em Ciências Jurídico-Criminais pela Faculdade de Direito da Universidade de Coimbra (Portugal). Mestre em Direito, Estado e Sociedade pela Universidade Federal de Santa Catarina. Especialista em Ciências Penais pela UNISUL. Advogado criminalista.

Siglas e abreviaturas: CP (código penal brasileiro); CPL (código penal português); p.c. (primeira coluna).

abre aos outros por meio do cuidado para si [auto] e para com o outro [hetero], porque são nas *relações* humanas que pulsa esse vínculo constitutivo e perpetuador do homem enquanto "ser-com-os-outros": "o cuidado" *em sentido heideggeriano.*[2] Citada no §42 de "Ser e Tempo", a (muito provável) 220.ª fábula de *Higino*[3] possui um simbólico enredo sugestivo da constituição do vínculo originário do homem com o cuidado,[4] ligando esse com o ser por toda a vida, cujo o "chamamento da historicidade, aqui tão bem caracterizada, que o ser do ser-aí estará irremediavelmente preso, como ser-para-a-morte",[5] a saber:

> Quando um dia o Cuidado atravessou um rio, viu ele terra em forma de barro: meditando, tomou uma parte dela e começou a dar-lhe forma. Enquanto medita sobre o que havia criado, aproxima-se Júpiter. O Cuidado lhe pede que dê espírito a esta figura esculpida com barro. Isto Júpiter lhe concede com prazer. Quando, no entanto,

---

[2] Acrescente-se que o termo não apenas etimológico, mas significativo, em português, do substantivo alemão *die Sorge* é "cuidado", expressão mais apropriada à compreensão da relação do "ser-do-homem" com o cuidado originário, *in* Stein, Ernildo. *Seis estudos sobre 'Ser e Tempo'.* 4ª ed. Petrópolis: Vozes, 2008, p. 98 e ss.; também assumindo essa tradução e sentido para o termo alemão, *in* Blanc, Mafalda de Faria. *Estudos sobre Heidegger.* Lisboa: Guerra e Paz, 2018, p. 35, 41, 81, 118-9, 121-2, 132. Por sua vez, além do termo em latim *cura* significar "cuidado, preocupação", destaca-se também "a do étimo latino «cura», presente em «curare», e do qual provém o português «curar», preferentemente ou, diríamos mesmo, quase exclusivamente usado com o sentido de «livrar de doença», sentido esse, aliás, com que já os latinos o empregavam («medicinae pars quae manu curat», assim definia Celso a cirurgia)", *in* Faria Costa, José de. *O perigo em direito penal.* Contributo para a sua fundamentação e compreensão dogmáticas. Reimpressão (1992). Coimbra: Coimbra Editora, 2000, p. 249, nota 85, e, p. 358, nota 143; para melhor compreensão das aproximações entre o cuidado heideggeriano e o fundamento onto-antropológico de cuidado-de-perigo de Faria Costa, cf.: Teixeira Neto, João Alves. *Tutela penal de animais*: uma compreensão onto-antropológica. Porto Alegre: Livraria do Advogado, 2017, p. 139-45. Por fim, cf. também na obra original de Heidegger: Heidegger, Martin. *Sein und Zeit.* Neunzehnte Auflage. Tübingen: Max Niemeyer Verlag, 2006, p. 198-9, §42.

[3] Dentre uma série de textos atribuídos a *Gaius Iulius Hyginus*, sob os quais pendem algumas incertezas tanto sobre a sua composição, quanto a sua origem (estimada entre 64 a. C. a 17 d. C.), destaca-se a famosa 220.ª Fábula, citada diretamente em: Heidegger, Martin. *Sein und Zeit*, 2006, p. 197-8, §42. Destaca-se que o texto originário em latim utilizado por Heidegger foi retirado da seguinte obra, cf.: Bücheler, Franz. Coniectanea. *In: Rheinisches Museum.* Band 41 (1886), p. 5-6. Disponível em: <http://www.rhm.uni-koeln.de/041/Buecheler1.pdf>. Acesso em: 8. abril. 2018. Por sua vez, a tradução alemã do original em latim dessa respectiva fábula adveio do seguinte texto, cf.: Burdach, Konrad. Faust und die Sorge. *In: Deutsche Vierteljahrschrift fur Literaturwissenschaft und Geistesgeschichte 1 (1923)*, p. 40-3 (p. 42-3); p. 40, nota 1 (destaque sobre o surgimento e desenvolvimento dessa fábula em textos alemães); também nos termos de nosso homenageado, "Heidegger encontrou informações sobre esta fábula num texto de Konrad Burdach. Este por sua vez mostra que Goethe se informou sobre essa fábula a partir de um poema de Herder e desta maneira a incluiu, na figura de uma anciã, na segunda parte de *Fausto*", *in* Stein, Ernildo. *Seis estudos sobre 'Ser e Tempo'*, 2008, p. 98.

[4] Com apenas a ressalva sobre a tradução do termo *die Sorge*, pode-se dizer também que: "Heidegger reproduz então, em latim e na tradução de Burdach, a fábula de Higino que ilustra a disposição fundamental do Ser-aí humano enquanto [cuidado] apreensão (...)", *in* Mazzari, Marcus. Fausto e a apreensão. *Anais do Congresso da Associação Brasileira de Estudos Germanísticos (2015)*, p. 124.

[5] D'avila, Fabio Roberto. Filosofia e direito penal. Sobre o contributo crítico de um direito penal de base onto-antropológica. *In:* D'avila, Fabio Roberto (Org.). *Ofensividade em Direito Penal.* Porto Alegre: Livraria do Advogado, 2009, p. 48.

o Cuidado quis dar o seu nome à sua figura, Júpiter o proibiu e exigiu que lhe fosse dado o seu nome. Enquanto o Cuidado e Júpiter discutiam sobre os nomes, levantou-se também a Terra e desejou que à figura fosse dado o seu nome, já que ela tinha-lhe oferecido uma parte do seu corpo. Os conflitantes tomaram Saturno para juiz. Saturno pronunciou lhes a seguinte sentença, aparentemente justa: Tu, Júpiter, porque deste o espírito, receberás na sua morte o espírito; tu, Terra, porque lhe presenteaste o corpo, receberás o corpo. Mas porque o Cuidado por primeiro formou esta criatura, irá o Cuidado possuí-la enquanto ela viver. Como, porém, há discordância sobre o nome, irá chamar-se homo já que é feita de humus (197 e 198).[6]

Há uma aproximação desta singular forma de compreensão do mundo com o pensamento de alguns outros autores para além de Heidegger, em especial, no tocante à preocupação com a vida e tudo o que a cerca. Por isso, em virtude do ser humano estar a perder os significados de seus ser e mundo, "a filosofia existencial" poderia auxiliar no entendimento de "como a existência do ser humano e seu mundo estão em jogo".[7] Portanto, essa compreensão fundamental do homem como ser *existencial* – sobretudo a de matriz *heideggeriana*[8] e outras delas derivadas, ao menos, neste aspecto – muito tem a contribuir com o direito penal.

Dessa forma, ao considerar a "preocupação" como categoria filosófica derivada da ideia nuclear da vida como cuidado, considera-a como um "ocupar-se antecipadamente, é preocupar-se", porque a "vida é preocupação", constituindo a "realidade radical" a nossa vida e o constante exercício de planejar e executar o que seremos.[9] Ao expor o pensamento heideggeriano, afirma-se que "nós *somos* o que nos *tornamos* e nos *tornamos* quem *somos*",[10] embora, sobre "a resposta à questão concernente a quem sou eu", ela "desdobra-se como um di-

---

[6] Stein, Ernildo. *Seis estudos sobre 'Ser e Tempo'*, p. 98; destaca-se ainda uma outra tradução para o português bastante próxima dessa, cujo texto original foi o supramencionado de *Burdach*, mas que não adotamos tanto pela compreensão de *die Sorge* como apreensão, quanto pelo sentido e conteúdo do texto, voltados para alguns modos de recepção na hermenêutica, cf. Mazzari, Marcus. Fausto e a apreensão, 2015, p. 124.

[7] Dion, Michel. *Financial Crimes and Existential Philosophy*. Ethical Economy. Studies in Economic Ethics and Philosophy. Dordrecht: Springer, 2014, p. XV (introdução).

[8] Segundo os termos de Crewe, "para o existencialismo é uma modalidade de pensamento que emerge quando a resposta para a questão 'o que tem de ser feito' surge do engajamento com a questão 'o que é isso de ser (junto aos outros no mundo)?' A maioria vasta da obra de Heidegger, por exemplo, está relacionada às questões de 'ser' e 'fazer', onde os bases para o nosso fazer estão no nosso modo de ser ou 'presenciar' (cf. Prauss 1999 e Schürman 1990 [1987])", *in* Crewe, Don. Crime, harm and responsability. *In:* Hardie-Bick, James; Lippens, Ronnie (Edit.). *Crime, Governance and Existential Predicaments*. New York: Palgrave Macmillan, 2011, p. 157.

[9] Ortega y Gasset, José. *O que é Filosofia?* Tradução de José Bento. Lisboa: Edições Cotovia/Biblioteca Editores Independentes, 2004, p. 190.

[10] Donius, Charles. Existentialisme, Phénoménologie et philosophie du droit. *Archives de Philosophie du Droit (1957)*, p. 227.

nâmico artefato de meu ser-no-mundo-com-os-outros que não apenas reflete o cuidado com a minha própria existência, mas também as específicas maneiras pelas quais sou levado em meu mundo".[11] Neste sentido, não parece destoar dessa forma de compreensão do mundo a assertiva de que "somos o que fazemos, mas somos principalmente o que fazemos para mudar o que somos".[12]

Também, em linhas semelhantes, sobre o pensamento de Heidegger, afirma-se que "a única realidade é a 'preocupação' em toda a escala dos seres. Para o homem perdido no mundo e para as suas distrações, esta preocupação é um medo breve e fugidio".[13] Conforme buscar-se-á sustentar, a "preocupação" levada ao plano jurídico acarreta uma busca interessada por uma dogmática penal fiel à segurança e à justiça materiais possíveis, sem se esquecer a essência real-normativa-prática daquela franja normativa.[14] Assim, cabe destacar que "a própria existência de uma ciência do direito é uma prova suficiente da originalidade do direito, que é expressar a vocação social do outro, a conversão do homem em outros".[15] Ao partilhar do pensamento heideggeriano, com ênfase no aspecto comunicacional,[16] segundo

---

[11] Polizzi, David. Heidegger, restaurative justice and desistance: a phenomenological perspective. *In:* Hardie-Bick, James; Lippens, Ronnie (Edit.). *Crime, Governance and Existential Predicaments*. New York: Palgrave Macmillan, 2011, p. 136.

[12] Galeano, Eduardo. *Voces de nuestro tiempo*. Segunda edición. San José: Editorial Universitaria Centroamericana, 1981, p. 17.

[13] Camus, Albert. *O mito de Sísifo*. Ensaio sobre o absurdo. Tradução de Urbano Tavares Rodrigues. Lisboa: Livros do Brasil, 2013, p. 33.

[14] Neste sentido, seja considerando como uma tarefa inarredável dos que, de forma responsável e decidida, *preocupam-se* com os rumos do direito penal (cf. D'Avila, Fabio Roberto. O espaço do direito penal no século XXI. Sobre os limites normativos da política criminal. *RBCCRIM 64 (2007)*, p. 78-98), seja para o que foi chamado de "pensamento jurídico-penalmente 'preocupado'" [cf. Caetano, Matheus Almeida. O Projeto 236/2012 e a ruptura com a história da codificação e cultura jurídico-penais. *RBCCRIM 108 (2014)*, p. 57 (nota 6), 58 (nota 9) e 86]. Esse pensamento preocupado não deixa de deitar suas raízes sobre a fundamentação onto-antropológica do Direito Penal [cf.: Faria Costa, José de. *Ilícito-típico, resultado e hermenêutica (ou o retorno à limpidez do essencial)*. Lisboa: Universidade Lusíada, 2000, p. 11, nota 11, "a uma metódica da função preferimos uma metódica que se funda na determinação onto-antropológica de um 'eu' frágil que escuta o 'outro', sempre guiada pelos sinais de uma hermenêutica jurídico-penalmente empenhada.".]. Por fim, conforme já apontado, é sob o fundamento da categoria da "preocupação" que o "modelo íntimo" propugna um tratamento da "realidade radical" (a vida de cada um assumida no constante exercício de planejar e executar o que cada um será) segundo a ideia central de Heidegger em "*Sein und Zeit*": a vida como cuidado (*die Sorge*). Assim, a "vida é preocupação", o que se reflete no cotidiano "ocupar-se antecipadamente, é preocupar-se." (Ortega y Gasset, José. *O que é Filosofia?*, 2004, p. 190 e ss.).

[15] Donius, Charles. Existentialisme, Phénoménologie et philosophie du droit, 1957, p. 229.

[16] Bollnow, Otto Friedrich. *Existenzphilosophie*. Vierte erweitere Auflage. Stuttgart: W. Kohlhammer Verlag, 1955, p. 48, onde aponta as semelhanças entre o «ser-aí-com-os outros» de Heidegger (cf. Heidegger, Martin. *Sein und Zeit*, p. 120-1, §26) com o condicionamento da existência do eu por meio da comunicação com os outros de Jaspers (Jaspers, Karl. *Philosophie*. Zwiter Band: Existenzerhellung. Dritte Auflage, Berlin/Heidelberg: Springer, 1956, p. 50-1, p. 60-1).

Jaspers, o eu apenas pode ser em comunicação com os demais, o que, por sua vez, pode entender-se tanto objetivamente, como subjetivamente como uma compreensão e ação do ser-aí vinculado, o que se evidencia nas variadas formas de ser-com-os-outros.[17] Por fim, nas palavras de homenageado desta obra coletiva: "é preciso descobrir, no Direito, um modo de ser, Heidegger talvez dissesse um modo de se 'comportar' ou um modo de 'habitar'".[18]

E esse modo pode ser encontrado no fundamento do direito penal, a saber: na "primeva relação comunicacional de raiz onto-antropológica, na relação de cuidado-de-perigo",[19] porque "é o cuidado para com o 'outro' que nos responsabiliza, porque só também por esse ato o 'meu' cuidado tem sentido quando se vira sobre si mesmo".[20] Assim, "o fundamentar o Direito, ainda que represente procedimentos expostos em forma lógica discursiva, deve ser entendido como um modo de ser".[21] Também em sentido substancialmente aproximado está o desiderato do direito, "dar e restringir a liberdade do homem na sociedade, a partir do *respeito mútuo*, nascendo com ele a *norma original*", enquanto "produto da comunicação".[22] Quanto a esse aspecto, considerar-se "a análise existencial do *Mitdasein* leva Heidegger a reconhecer uma plena autenticidade ética à sua escolha do cuidado com o outro, o *Fürsorge* em que não é difícil encontrar a imagem da caridade".[23]

A teoria onto-antropológica de cuidado-de-perigo do direito penal consiste em um ontologismo[24] de traços sociais, cujo equilíbrio

---

[17] Jaspers, Karl. *Philosophie II*, 1956, p. 50.

[18] Stein, Ernildo. *Exercícios de Fenomenologia*: limites de um paradigma. Ijuí: Editora Unijuí, 2004, p. 169, Cap. II.

[19] Faria Costa, José de. *Noções Fundamentais de Direito Penal* (*Fragmenta iuris poenalis*). Introdução – A doutrina geral da infracção [a ordenação fundamental da conduta (facto) punível; a conduta típica (o tipo); a conduta ilícita (o ilícito); a conduta culposa (a culpa)], 4. ed, Coimbra: Coimbra Editora, 2015, p. 10, §20.

[20] Faria Costa, José de. *O perigo em direito penal*, 2000, p. 381.

[21] Stein, Ernildo. *Exercícios de Fenomenologia*, 2004, p. 170, Cap. II.

[22] Corrales Hernández, Jesús. *Flexibilidad de la dogmática penal*. Mediante la teoría del espacio libre de derecho, Azcapotzalco: Ubijus Editorial, 2012, p. 59-60.

[23] Cotta, Sergio. *Le Droit dans L'Existence*. Eléments d'une ontophénoménologie juridique. Traduit de l'Italien por Emmanuel Rocher. Bibliothèque de Philosophie Comparée, Bordeaux: Éditions Bierè, 1996, p. 184. Também ao apresentar importantes notas acerca da caridade, da partilha da dor humana e de aspectos morais relevantes, cf. Beleza dos Santos, José. Alguns aspectos da miséria e algumas formas de caridade. *ESTUDOS 49 (1926-1927)*, p. 662-86.

[24] Assim, "toda a ontologia ocidental antiga e moderna é legitimamente uma ontologia da existência, na verdade, em última análise, uma ontologia da realidade; e poderia ser apresentada como em referência a pressupostos existenciais e reais mais ou menos adversos se se tem comportado nas teorias especulativas a entidade aparentemente menos suscetível de uma tal interpretação deste gênero, por exemplo, a ideia platônica ou a forma transcendental kantiana.", *in*

entre a antropologia e a filosofia existencialista de matriz heideggeriana, além de fundar a legitimação do *ius puniendi* com um potencial analítico existenciário decorrente dos reflexos de "valor e desvalor de cuidados" em cada um dos institutos jurídico-penais,[25] *não* ignora nem instrumentaliza o seu valor primacial: o ser humano.[26] Conforme se argumentar a seguir, parece que é exatamente nesse âmbito que a fundamentação onto-antropológica diferencia-se das demais teorias de legitimação jurídico-penais, nomeadamente por seu indissociável vínculo com "o humanismo, como indagação existencial, não pode[ndo] negligenciar tais categorias existenciais. Qualquer moralidade humanista está baseada em uma interpretação das categorias existenciais".[27]

Considera-se ademais que a condição existenciária do ser humano é compreendida sempre por sua historicidade, já que "todo indivíduo, que existe no mundo e se desenvolve no processo da realidade histórica, é por definição contingente". Assim, sabendo que as noções de "ser existente" e "ser contingente" relacionam-se ao redor da "ideia de um limite que acusa na historicidade do real", de modo a que "a existência não é tanto o limite quanto a concretização do limite, ou seja, o fato historicamente concreto que um ser é dado aqui e agora, e não em todo lugar e sempre".[28] Além de um ser de cuidados condicionado

De Stefano, Rodolfo. *Legge etica e legge*. Milano: Giuffrè Editore, 1955, p. 51. Destaca-se também que "o trabalho de Heidegger leva a uma busca, cujas reivindicações eram originalmente lógicas, em um nível ontológico. Doutrinas jurídicas, ligadas ao movimento fenomenológico, participam dessa transposição", *in* Donius, Charles. Existentialisme, Phénoménologie et philosophie du droit, p. 225-6.

[25] Neste sentido, importante citar que a ilicitude decorre do "desvalor de cuidado", enquanto as causas de justificação decorrem do "valor de cuidado", segundo uma lógica material dos lugares inversos, cf.: Faria Costa, José de. A responsabilidade jurídico-penal da empresa e dos seus órgãos (ou uma reflexão sobre a alteridade nas pessoas colectivas, à luz do direito penal). *RPCC 4 (1992)*, p. 537-59; Idem. *Ilícito-típico, resultado e hermenêutica*, 2000, p. 27 e 28. Para uma esclarecedora compreensão das relações entre os valores e os desvalores com a ilicitude e as causas de justificação jurídico-criminais, cf.: Moura, Bruno de Oliveira. Legítima defesa "simbólica"? Ao mesmo tempo, sobre a valência da lógica dos lugares inversos. *BFD* 87 (2011), p. 506 e ss.; p. 518 e ss.; Idem. *A não-punibilidade do excesso na legítima defesa*. Coimbra: Coimbra, 2013, p. 66-7; Idem. *Ilicitude penal e justificação*. Reflexões a partir do ontologismo de Faria Costa. Coimbra: Coimbra Editora, 2015, p. 182-3.

[26] Faria Costa, José de. *O perigo em direito penal*, p. 248: "também no sentido prático-normativo para uma concreta realização do direito penal, de que o homem é o primeiro e o último dos destinatários". Além disso, no plano filosófico-jurídico, "isso significa que, em toda evolução e transformação possível de sua humanidade e civilidade, o homem dever manter-se sempre como base formal indispensável de toda ordem jurídica", além de "toda transformação histórica deve ser tal a transformar e não a destruir o ser humano enquanto ser humano", *in* De Stefano, Rodolfo. *Legge etica e legge giuridica*, 1955, p. 113-4.

[27] Dion, Michel. *Financial Crimes and Existential Philosophy*, 2014, p. xix.

[28] De Stefano, Rodolfo. *Legge etica e legge giuridica*, p. 60. E isso acaba por distanciar a filosofia heideggeriana, bem como a teoria onto-antropológica de cuidado-de-perigo do direito penal de

existencialmente, realça-se também a sua faceta de *homo dolens* tão bem retratada pela máxima "a dor diz-nos que existimos", não sendo indiferente que "o primeiro choro do homem ao nascer dá-se quando o ar, ao entrar-lhe no peito e ao limitá-lo, parece dizer-lhe: tens de respirar-me para poderes viver!".[29] Em termos diretos, "a dor já faz parte do total",[30] a dor é inerente à vida, sendo nela e por meio dela que podemos tanto auto-e-hetero-conhecermos-quanto-relacionarmos, eis a partilha do mundo, e, por isso também, da dor: "porque aquilo que os amantes perpetuam sobre a Terra é a carne de dor, é a dor, é a morte".[31]

Destaca-se também que o aspecto "existencial" da dor faz-se presente na religião cristã do mundo ocidental, conforme o trecho bíblico do *Gênesis 3, 16-19*, "mas essa consideração total da dor obriga a uma reflexão que vai ao fundo da existência, a uma natureza humana desde o início marcada pela dor da mulher que dá à luz e do trabalho do trabalhador".[32] Face ao exposto e a partir desta frase – "deve haver algo estranhamente sagrado no sal. Encontra-se em nossas lágrimas e no mar" –,[33] vislumbra-se uma misteriosa relação entre a partilha da *dor* pelo homem no mundo, desde o seu nascimento até a sua morte, que é também do *sal* presente no alimento, do suor fruto do trabalho e das lágrimas, o que permite-se falar em uma essência da dor nas relações humanas, uma vez que "a dor é a substância da vida e a raiz da personalidade, pois só sofrendo se é pessoa. E é universal, e o que nos une a todos os seres é a dor, o sangue universal ou divino que em todos circula".[34] E é de notar que a inter-relação entre as pessoas dar-se-á também por meio da dor, "e só nos ensimesmamos, voltamos a nós próprios, a sermos nós, na dor".[35] Não por acaso, "alguns bem

---

pensamentos idealistas, pois "se o tempo é o horizonte de toda compreensão, todas as teorias devem converter-se inelutavelmente em formações históricas, e isso afetara o núcleo da razão", *in* Stein, Ernildo. *Exercícios de Fenomenologia*, p. 164, Cap. II.

[29] Unamuno, Miguel de. *Do sentimento trágico da vida*: nos homens e nos povos. Tradução de Artur Guerra. Lisboa: Círculo de Leitores, 1989, p. 174 e 177.

[30] Lima, Rodrigo; Barbosa, Alyand; Serrano, Thiago "Hospede" Borges, Philippe; Mozachi, Leandro "Nô". Queda Livre. *In*: Dead Fish: Zero e um. Rio de Janeiro: DeckDisk, 2004. 1 CD, faixa 3.

[31] Unamuno, Miguel de. *Do sentimento trágico da vida*, 1989, p. 116.

[32] Rodotà, Stefano. *La vita e le regole*. Tra diritto e non diritto. 4. ed. Milano: Feltrinelli, 2007, p. 216.

[33] Gibran, Kahlil. *Areia e espuma (1926)*. Tradução e apresentação de Mansour Challita, Rio de Janeiro: Associação Cultural Internacional Gibran, 1989, p. 139.

[34] Unamuno, Miguel de. *Do sentimento trágico da vida*, p. 172.

[35] Unamuno, Miguel de. *Do sentimento trágico da vida*, p. 120. Ou ainda na eternizada estrofe atribuída ao poeta *Mário Quintana*: "A felicidade bestializa, só o sofrimento humaniza as pessoas".

poderão repetir essas dolorosas palavras que alguém disse: «Sofro, logo existo»".[36]

Cabe destacar que, no plano da relação entre o Estado e os cidadãos, a dor também deve ser matéria tanto da retirada de práticas e políticas estatais ligadas à dor quanto de não intromissão em outras – em termos legais, uma não regulamentação jurídica –, que pode decorrer tanto da inconveniência da regulamentação, como da sua impossibilidade.[37] Neste sentido, deve-se atentar para o fato de que, como detentor do monopólio da violência legítima com fins de promoção de civilidade na sociedade, o Estado "torna instável os limites da violência e incerta a sua definição".[38] A relação do homem com a dor também se faz presente por meio do direito, conforme Jhering afirmava "no caso em que executa o que se deve (o prazer) e a ameaça de atingi-lo com um pena (a dor) se ele não fizer o que deve

---

[36] BELEZA DOS SANTOS, José. Alguns aspectos da miséria e algumas formas de caridade. *ESTUDOS 49 (1926-1927)*, p. 664.

[37] Compreende-se assim que a dor expõe os limites do direito, porque "tudo isso ocorre ao longo de uma fronteira invisível: onde começa a dor juridicamente relevante, onde termina? A dificuldade da resposta a esta pergunta está no fato de que a percepção da dor e da sua própria existência pertencem à experiência subjetiva (...) Impossível agora exigir uma tal compreensiva presença do direito que contemple tudo o que cada um sente como dor. Aqui o limite do direito não reside em um excesso de presença, mas sim em uma inevitável ausência." *in* RODOTÀ, Stefano. *La vita e le regole*, 2007, p. 221. Embora não se possa aprofundar a questão, considerando-se que "é a partir desse *standard* de racionalidade introduzido por intermédio do conceito de mundo, da pré-compreensão, de uma auto-explicação existencial, que os limites e o verdadeiro fundamento do Direito devem ser pensados." (*in* STEIN, Ernildo. *Exercícios de Fenomenologia*, p. 168, Cap. II), destaca-se que a teoria onto-antropológica de cuidado-de-perigo de FARIA COSTA é compatível com os chamados espaços livres de direito, que não deixam de ser reflexões sobre os limites do direito, cf. em: FARIA COSTA, José de. Omissão (reflexões em redor da omissão imprópria), *BFD 72 (1996)*, p. 398; IDEM. O direito, a fragmentaridade e o nosso tempo. *In*: IDEM (Org.). *Linhas de Direito Penal e de Filosofia*: alguns cruzamentos reflexivos. Coimbra: Coimbra Editora, 2005, p. 21; IDEM. L'espace libre du droit: une limite imanente au droit. *Anais do The 20th International Roundtable for the Semiotics of Law (IRSL 2019)* [agradece-se ao senhor Professor Doutor José de Faria Costa por ceder gentilmente o conteúdo de sua conferência, cuja a publicação está no prelo]. Por fim, em termos analógicos, parece convocável o que HEIDEGGER denomina de "*serenidade*" no plano da relação entre o mundo técnico e os homens para o plano da relação entre o direito e o não-direito, uma vez que o espaço livre de direito, assim como a serenidade, manifesta um "simultaneamente «sim» e «não»", "deixamos os objetos técnicos entrar no nosso quotidiano e ao mesmo tempo deixamo-los fora, isto é, deixamo-los repousar em si mesmos como coisas que não são algo de absoluto, mas que dependem elas próprias de algo superior. Gostaria de designar esta atitude do sim e do não simultâneos em relação ao mundo técnico com uma palavra antiga: a *serenidade para com as coisas* (*die Gelassenheit zu den Dingen*)", *in* HEIDEGGER, Martin. *Serenidade* (1959). Tradução de Maria Madalena Andrade e Olga Santos. Lisboa: Instituto Piaget, 2000, p. 24. Portanto, a partir do enovelamento entre a compreensão heideggeriana de «Serenidade» e o espaço livre de direito surge uma condição de possibilidade em responder simultaneamente sim e não, *rectius*, de desenvolver um não-proibido e um não-permitido na ordem jurídica.

[38] RODOTÀ, Stefano. *La vita e le regole*, p. 210.

ou se ele fizer o que não deve".[39] O que não escapa ao âmbito jurídico-penal, porque, embora o cárcere seja humanizado, as penas privativas da liberdade substituídas por outras modalidades, "a associação sanção/dor permanece como se fosse um dado natural, uma reflexão inconsciente da argumentação de Jhering que, no raciocínio da dor infligida pela natureza, assimila-a precisamente à pena".[40] Por fim, sob o fundamento onto-antropológico de cuidado-de-perigo, destaca-se que "as estruturas fundamentais do direito penal também estão matricialmente ligadas à distribuição do mal e à semântica da dor. O mal do crime e o mal da pena são manifestações do *homo dolens*".[41]

Em termos metodológicos,[42] essa compreensão do direito penal vale-se da fenomenologia heideggeriana,[43] primeiro porque "tem a significação primária de um *conceito-de-método*", que "não caracteriza *o quê* de conteúdo-de-coisa dos objetos da pesquisa filosófica, mas o seu *como*", e, segundo, pois "*a ontologia só é possível como fenomenologia*".[44] Assim, sobre o pensamento de Heidegger, afirma-se que nele "a fenomenologia assume um acento existencial".[45] Além disso, o ser cognoscente é sempre consciência de algo, portanto, "é um ponto de partida axiomático, como uma específica dimensão existencial é um facto irredutível o «estar no mundo»".[46]

---

[39] Jhering, Rudolf von. *Lo scopo nel diritto (1872)*. A cura di Mario G. Losano, Torino: Giulio Einaudi editore, 1972, p. 38.

[40] Rodotà, Stefano. *La vita e le regole*, p. 209.

[41] Faria Costa, José de; Moura, Bruno de Oliveira. A tortura preventiva: breve *cogitatio* à luz do pensamento de *Beccaria*. *In:* Faria Costa, José de (Org.). *Beccaria e o Direito Penal*, 2015, p. 59.

[42] Donius, Charles. Existentialisme, Phénoménologie et philosophie du droit, p. 225, "a fenomenologia, que é um estilo de pesquisa mais que uma doutrina, um movimento de pensamento mais que uma escola, por uma retomada das ciências humanas, propõe-se mostrar qual é o seu fundamento.".

[43] A qual se encontra sob "uma óptica fenomenológica, porque o direito penal não pode deixar de ser percebido numa rede de relacionações", caracterizando-se sob a "'primeira' relação comunicacional de raiz onto-antropológica", *in* Faria Costa, José de. *Noções Fundamentais de Direito Penal*, 2015, p. 11, §23. Também ao considerar que "o crime em concreto exige para a realidade jurídica uma realidade existenciária, i. é, abarcando todos os pressupostos existenciais da conduta humana, como vida plenária, com suas estruturas fundamentais de 'ser no mundo' e do 'ser em' enquanto tal com sua consistência e seu sentido existenciário de 'curar-se de'.", *in* Condeixa da Costa, Carlos Adalmyr. *Pressupostos existenciais do crime*. Rio de Janeiro: Editora Evolução Ltda / A Tribuna, 1970, p. 126.

[44] Heidegger, Martin. *Sein und Zeit*, p. 27 e 35 (§ 7).

[45] Donius, Charles. Existentialisme, Phénoménologie et philosophie du droit, p. 225; p. 227, ao se referir a principal obra de Heidegger, ele afirma "esta obra capital marca a orientação existencial ou bastante existencial da fenomenologia".

[46] Ferreira, Virgílio. Fenomenologia. *In:* Sartre, Jean-Paul. *O existencialismo é um humanismo*. 3. ed. Tradução e notas de Vergílio Ferreira, Lisboa. Editorial Presença, 1970, p. 17; p. 18, considerando-se a consciência como consciência de algo, "profundamente por ser apenas uma relação com esse «algo», ou, na terminologia sartriana, um «nada»... Sartre considerando-a apenas uma

Destaca-se também a compreensão do "fenômeno jurídico" sob os traços da filosofia existencial de Kierkegaard que procura responder, em resumo, as questões de "como surge um problema jurídico e de onde vem os elementos com o auxílio dos quais ele pode ser resolvido" e como os conflitos podem ser resolvidos "corretamente" pela teoria proposta.[47] Esse "como" refere-se à possibilidade, ao modo ou de que forma o direito penal deve ser compreendido enquanto *fenômeno* valorativo (justiça) – prático-cultural (razão prática) – e normativo (norma),[48] conforme uma "ideia" de direito (Radbruch) e não segundo um conceito de direito. Assim, tanto as perspectivas jurídicas positivista e naturalista (como um direito atemporal e imutável),[49] como a tendência em conceber o direito como expressão ou vontade de um grupo social "não podem reivindicar uma explicação completa do fenômeno jurídico".[50]

Sob o aspecto jurídico, há fundamento em assegurar genericamente que "os fenômenos jurídicos são fenômenos sociais e se manifestam no plano das relações sociais", mas não é tanto a ideia de direito que reconduz a ideia de sociedade, senão que "o fenômeno da sociedade, nos limites em que somos capazes de ter uma experiência de fato, emerge e constitui-se na realidade ético-jurídica do mundo".[51] Em consonância com esta base filosófica de Heidegger, manifesta-se, mais uma vez, um nítido afastamento do princípio da redução nos seguintes termos: "os coexistentes não podem ser considerados como 'o resultado somatório de muitos sujeitos'".[52] A partir disso já é possível notar a incompatibilidade dessa linha de pensamento adotada com o método funcionalista, em especial ao de cariz sistêmico, tanto pelo carácter secundário do ser humano em seu núcleo teórico construtivista,[53] quanto pela orientação de suas categorias para o sentido único

---

operação de nós, um facho iluminador, uma constante fuga a si, virá a radicar nisso o que ele concebe como a fatalidade da nossa liberdade.".

[47] Cohn, Georg. *Existenzialismus und Rechtswissenschaft*. Basel: Herlbing & Lichtenhahn, 1955, p. 12.

[48] Assim, "o direito como fenômeno do mundo real, no quadro de uma teoria geral, empírica e científica da realidade; e é escrito para quem está interessado nos aspectos gerais da experiência jurídica", *in* De Stefano, Rodolfo. *Legge etica e legge giuridica*, p. 1 (Premessa).

[49] Sobretudo com relação ao positivismo jurídico, ao tratar dos "equívocos de autofundamentação no Direito", em especial ao mencionar a "tentativa de fixar definitivamente o limite entre Direito e política", Stein afirma que "a fixação do limite constitui já por si o problema fundamental.", *in* Stein, Ernildo. *Exercícios de Fenomenologia*, p. 152-3, Cap. II.

[50] Donius, Charles. Existentialisme, Phénoménologie et philosophie du droit, p. 221.

[51] De Stefano, Rodolfo. *Legge etica e legge giuridica*, p. 36.

[52] Villani, Antonio. Heidegger und "Problem" des Rechts. *In:* Kaufmann, Arthur (Hrsg.). *Die ontologische Begründung des Rechts*. Darmstadt: Wissenschaftliche Buchegesellschaft, 1965, p. 373-4.

[53] Assim, acerca da técnica em Heidegger, "antes exprime a ideia de um saber, esse que a ciência moderna da natureza consigna enquanto projecto de calculabilidade e de previsibilidade inte-

da funcionalidade do sistema (no caso, a do jurídico-penal) através das reduções de complexidades social e normativo-jurídica.[54] A fundamentação onto-antropológica do direito penal está vincada em uma necessária e recíproca correlação: o homem na comunidade e a comunidade no homem.[55]

---

grais orientado para a rentabilidade e eficácia máxima das acções.", "na sua actual expressão hegemónica, cibernética, a técnica funciona em circuito fechado ou auto-regulado, não deixando nada fora do seu controlo informático, em especial o próprio homem, que inclui como o elo de uma cadeia mais vasta, um dado submetido a um imperativo de controlo que o antecede e domina.", *in* Blanc, Mafalda de Faria. *Estudos sobre Heidegger*, 2018, p. 302 e 303. As teorias funcionalistas do crime não deixam de incorporar este raciocínio, destacando-se que a pretensão de tudo resolver emanada de uma completude da ordem jurídica ou de um positivismo jurídico puro são desde já incompatíveis com a teoria onto-antropológica de cuidado-de-perigo. Para uma crítica ao funcionalismo jurídico-penal a partir da teoria onto-antropológica de cuidado-de-perigo, cf.: Caetano, Matheus Almeida. O Projeto 236/2012 e a ruptura com a história da codificação e cultura jurídico-penais. *RBCCRIM 108 (2014)*, p. 57, nota 8; Buonicore, Bruno Tadeu; Teixeira Neto, João Alves. A fundamentação onto-antropológica do Direito Penal: por uma concepção dogmática de resistência ao pensamento funcional. *Revista dos Tribunais 954 (2015)*, p. 257-76.

[54] Neste sentido, sobre a filosofia de Heidegger, trata-se de "um pensamento que renunciou ao caráter metafísico do dualismo, para desenvolver uma filosofia da finitude ou um pensar ligado à existência humana enquanto *ser-aí*", *in* Stein, Ernildo. "Ali onde está o perigo, cresce também a salvação". *In*: Idem., Ibidem. (Org.). *Pensar é pensar a diferença*: filosofia e conhecimento empírico. 3.ed., rev. e ampl.. Porto Alegre: Livraria do Advogado, 2019, p. 46, II. Também ao enunciar o afastamento de um pensamento reducionista, "a filosofia de Heidegger utiliza o jogo binário para abrir um espaço onde se pode dar o mais e o menos, o presente e o ausente, a opacidade e a transparência", *in* Idem., *Pensar é pensar a diferença*, 2019, p. 46, I; também assim, ao tratar da diferença ontológica que é "constitutiva do ser-aí", "uma diferença activa, dinâmica, um acto de temporalização do tempo que, pondo em marcha o processo do mundo e da vida, é a raiz de toda a significação e razão; e não, como poderia sugerir a abordagem transcendental, de uma distinção subsistente e já dada, como aquelas que permeiam a Metafísica e a dilaceram em pares antitéticos de conceitos, tais como as dicotomias entre a essência e a existência, o inteligível e o sensível, o universal e o particular, a natureza e o espírito.", e "havia que romper, de uma vez por todas, com os velhos dualismos metafísicos (sensível e inteligível, tempo e eternidade, substância e acidente...) e seus modernos avatares epistemológicos (a priori e a posteriori, universal e particular, sujeito e objecto...)", *in* Blanc, Mafalda de Faria. *Estudos sobre Heidegger*, p. 36, 37 e 202. Ao criticar o emprego do método científico como modelo de fundamentação ou assumir o próprio método como fundamento, o nosso homenageado aponta os seguintes problemas: (I) a impossibilidade de fixação de critérios de avaliação; (II) a tentativa de universalização do método científico converte-o em para além do que ele pode fornecer; e (III) a conversão do método em além-método acaba "por lançar todas as tentativas de justificação numa iteração infinita do sempre mesmo"; (IV) o método científico tornado autossuficiente "termina se convertendo num quisto que progressivamente cresce como algo estranho dentro do corpo jurídico.". Os mesmos problemas (I-IV) também "podem ser descobertos no funcionalismo ou no procedimentalismo. Em todos esses discursos sobre o método termina sempre se levantando a perplexidade do já sempre conhecido que retorna infinitamente.", *in* Stein, Ernildo. *Exercícios de Fenomenologia*, p. 153, Cap. II.

[55] Inclusive, neste sentido, parece que as teorias de orientação funcionalista estão destituídas do (ou inaptas ao) segundo vetor daquela relação reciprocamente co-implicada: o da comunidade no homem (segurança; proibição; força centrípeta) e do homem na comunidade (liberdade, isenção; força centrífuga). Além disso, antecipa-se que a teoria onto-antropológica de cuidado-de-perigo arranca do injusto, portanto, do fundamento do crime, portanto, "o que procuramos é, em termos simples, a razão de ser e não a razão de funcionar", *in* Faria Costa, José de. *O perigo em direito penal*, p. 112. Por fim, "ou se arranca das consequências da norma, isto é, neste sentido, da pena, ou, de modo diverso, apoiamos a nossa atenção crítica no objeto da norma, vale dizer,

Quanto aos aspectos antropológicos desta fundamentação do direito penal, como "a existência social dada tem um momento essencialmente humano",[56] manifestando-se não apenas, mas nomeadamente por meio de uma "norma de proibição" que desvalora eticamente certos comportamentos de modo a possibilitar o início do processo de "hominização cultural sem retorno". Tal expressão refere-se à co-implicância entre sociedade e proibição, a saber: "a sociedade humana, *qua tale*, só o é quando proíbe", cujo "ponto de viragem" muito provavelmente fora a proibição do incesto (na forma de tabu) nas ancestrais comunidades humanas.[57]

Tamanho foi o impacto da proibição do incesto,[58] a chamada "lei da exogamia" nas comunidades totêmicas, que ela "assume toda a aparência de uma norma sagrada, surgida não se sabe como, a aparência de um costume" de modo a conduzir Freud à seguinte conclusão: "Toda a organização social parece mesmo servir este propósito ou estar minimamente ligada à sua concretização".[59] Nesse sentido, o bosquejar desta linha comunitariamente delimitadora entre o certo e o errado, o proibido e o permitido, propiciou as condições de florescimento e enraizamento do direito enquanto condição de possibili-

no ilícito", pois o sentido do vetor analítico do crime assumido por esta fundamentação arranca do injusto para a pena, sendo a questão fundamental o arranque das causas que dão origem à necessidade de pena, e não o contrário, a necessidade de pena que justificaria o injusto. São eles dois conjuntos parcialmente autônomos que compõem a unidade complexa do crime, mas partir de um para outro e vice-versa implica em escolhas metodológicas diversas, o que, por sua vez, expõe configurações estruturalmente antagônicas com consequências divergentes.

[56] De Stefano, Rodolfo. *Legge etica e legge giuridica*, p. 37.

[57] Faria Costa, José de. *O perigo em direito penal*, p. 190, nota 26. Importante estudo antropológico é o que trata das aproximações entre as compreensões da proibição do incesto nos pensamentos de Lévi-Strauss e Freud, cf.: Namba, Janaína. A proibição do incesto em Lévi-Strauss e Freud: algumas aproximações. *Revista de Antropologia 61 (2018)*, p. 176-90.

[58] Apontado nomeadamente na antropologia por: Lévi-Strauss, Claude. *Les Structures Élémentaires de la Parenté (1949)*. Berlin: de Gruyter, 1967. Ao reconhecer o incesto como o exemplo, por excelência, do proibido, por todos, cf.: Carbonier, Jean. *Flessibile diritto*. Per una sociologia del diritto senza rigore. 7ª edizione. Traduzioni proposte da Cosimo Marco Mazzoni e Vincenzo Varano. A cura e con um saggio di Anna De Vita, Milano: Giuffrè editore, 1997, p. 86, "Precisamente, um dos tabus mais gerais da humanidade é o do incesto: a tal ponto que alguns puderam vê-lo a origem de qualquer direito."; Ricoeur, Paul. La conscience et la loi. Enjeux philosophiques, *in* Idem., Ibidem, *Le Juste*. Paris: Éditions Esprit, 2005, p. 212-3.

[59] Freud, Sigmund. *Totem e tabu*. Alguns pontos de concordância entre a vida psíquica dos selvagens e dos neuróticos. Tradução de Leopoldina Almeida. Revisão científica de Professor Pedro Luzes. Lisboa: Relógio D'Água Editores, 2001, p. 14, 21 e 13; e, curiosamente, há os seguintes comentários: "Somos obrigados a reconhecer que estes selvagens se mostram até mais sensíveis ao incesto do que nós. Estando, talvez, muito mais sujeitos à tentação, terão, decerto, sentido a necessidade de uma reforçada proteção contra ela" (p. 21); "Assim, em vez de inferir da proibição por lei do incesto que existe uma aversão natural ao incesto, deveríamos antes concluir que existe no homem um instinto natural que o leva ao incesto e que, se a lei o reprime, como reprime outros instintos naturais, isso se deve ao entendimento dos homens civilizados de que a satisfação desses instintos naturais seria prejudicial para a sociedade»" (p. 179).

dade de convivência humana em comunidade. Em termos concretos, "não existe sociedade verdadeira e própria que não seja um plano de incidência de nossos deveres éticos, e, de outra parte, não sentimos deveres éticos e sociais se não para com outros homens".[60] Uma fundamentação do direito penal ancorada no aspecto antropológico-social está já presente em De Marsico, quando ele afirma que cabe ao direito resguardar "as relações *inter homines*", bem como "a noção fundamental de direito que é 'relação *inter homines*'".[61]

Ao tratar do incesto, afirma-se que "o interdito institui a distinção entre o vinculo social da aliança e o vínculo simplesmente biológico da geração".[62] Eis o brocardo latino «*ubi societas, ibi ius*». Portanto, não há homem sem proibição (ainda que moral), nem sociedade sem direito, tanto que Carbonier afirma, no tocante "a presença do tabu na sociedade primitiva", que "a ideia geral é aquela de um proibido, de uma proibição, em resumo, de uma norma; negativa, sem dúvida; mas ainda norma".[63] A partir do tabu, teria "provavelmente" ocorrido um "ulterior desenvolvimento", de modo a que "passou a sociedade a encarregar-se da punição do transgressor, cujo procedimento havia posto em perigo os seus semelhantes", estabelecendo-se uma intrínseca relação daquele com a proibição que culmina em que "os primeiros sistemas penais da humanidade estão, assim, ligados ao tabu".[64] E mais, conforme será aprofundado a seguir, nessa passagem de Freud é suscitado o *punctum saliens* do direito penal: a destruição ou a colocação em perigo dos bens jurídicos mais relevantes (o que a proibição busca evitar, o injusto) e a punição do agente infrator pelo agrupamento humano organizado (não sempre, mas há algum tempo o Estado), a pena.

Este *interdito*, "essa primeira proibição – que a antropologia nos diz ter sido o incesto – é que tem o valor simbólico e matricial capaz de sustentar e de dar sentido à relação de cuidado-de-perigo",[65] de modo a que "o 'eu' não seria capaz de se encontrar identitariamente na diferença do 'outro'", o que, por sua vez, faz com que a compreensão da proibição penal constitua "um elemento tão essencial que é

[60] De Stefano, Rodolfo. *Legge etica e legge giuridica*, p. 37.

[61] De Marsico, Alfredo. *Diritto penale*. Parte generale. Ristampa con note di aggiornamento del Dott. Manlio Mazzanti, Napoli: Jovene, 1969, p. 2 e 137.

[62] Ricoeur, Paul. La conscience et la loi. Enjeux philosophiques, p. 213.

[63] Carbonier, Jean. *Flessibile diritto*, 1997, p. 86.

[64] Freud, Sigmund. *Totem e tabu*, 2001, p. 40.

[65] Faria Costa, José de. *Noções Fundamentais de Direito Penal*, p. 6, § 7.

impossível conceber uma sociedade humana sem a sua presença".[66] Nesse sentido, no tocante às possíveis razões de fundação das sociedades humanas,[67] Ost não deixa de mencionar que o "medo que, como em Hobbes, cimenta o grupo e reúne sob a batuta do chefe temido e respeitado", mas também, sobre o psicanalista austríaco, "não é só o medo que está na origem do grupo, mas, como ensinava Freud, o próprio crime", pois assim "como em Totem e Tabu, o crime inicial de Simon [o mentor de um dos grupos em disputa em "o senhor das moscas"]", também "o festim totêmico que o acompanha, está no princípio de uma sociedade marcada pela lembrança de uma violência ao mesmo tempo conjurada e mantida".[68]

Conforme os aspectos supramencionados, agora sobrepostos sobre a teoria onto-antropológica de cuidado-de-perigo, observa-se uma harmoniosa e paralela relação entre o método fenomenológico e a manifestação ontológica da teoria heideggeriana, bem como entre a filosofia existencial e a antropologia.[69] Após o estabelecimento desta relação entre o tabu, a proibição e a punição criminal, chega-se ao "*ubi societas, ibi crimen*".[70] Afirma-se, portanto, que a proibição está para o homem como o direito penal está para a sociedade, conforme Ricoeur menciona em relação ao "interdito do homicídio", cujo "o direito penal instaura um justo distanciamento entre dois atos de violência, o do crime e o da punição".[71]

Neste espeque, Faria Costa vinca o fundamento de sua teoria onto-antropológica do direito penal na infração da originária norma de proibição de ruptura da relação de cuidado-de-perigo, que funda o direito penal e, portanto, necessita orientar a determinação do lícito

[66] Ibid.

[67] Adverte-se que as considerações lavradas a seguir pelo autor decorrem do paralelo estabelecido entre as obras literárias "Robinson Crusoé" de Defoe e "o senhor das moscas" de Golding com alguns possíveis fundamentos para o surgimento das sociedades humanas.

[68] Ost, François. *Contar a lei. As fontes do imaginário jurídico*. Tradutor Paulo Neves. São Leopoldo: Unisinos, 2007, p. 307 e 308; p. 308, por fim, ao fazer um paralelo com o personagem Jack de "o senhor das moscas", tem-se que: "'No começo era o crime', responde-lhe Jack, que, no terror sagrado do assassinato fundador, reúne um grupo, unido e violento, sob sua bandeira"; p. 307-8, "E lembrança oportuna desta verdade sombria que o Ocidente tanto busca recalcar: 'A horda como esforço de socialização, o assassinato como evento fundador da sociedade, o crime reconhecido como acontecimento que estrutura, através de suas repetições, a civilização'.".

[69] Ferreira, Virgílio. Fenomenologia. *In:* Sartre, Jean-Paul. *O existencialismo é um humanismo*, 1970, p. 55, nota 1: "Se quiséssemos, porém, extremar os campos da Fenomenologia e do Existencialismo, diríamos que na passagem da primeira ao segundo, passamos do estudo das essências ao da existência, da descrição à vivência, de um domínio epistemológico ao antropológico, de um maior racionalismo a um maior a-racionalismo. Mas todos estes aspectos, como vimos e veremos, tendem a uma intercomunicação".

[70] Faria Costa. José de. *Noções Fundamentais de Direito Penal*, p. 5, §5.

[71] Ricoeur, Paul. La conscience et la loi. Enjeux philosophiques, p. 213.

e do ilícito criminal. Reconhece-se na marca onto-antropológica "da proibição como momento genésico de contenção à perversão da relação de cuidado-de-perigo"[72] um possível marco zero no processo de humanização do direito penal (cercado por seus avanços e retrocessos historicamente e culturalmente condicionados). Em termos filosóficos da fundamentação do direito penal, cabe mencionar que "os mentores existenciais" [os autores que consistem as teorias de base deste artigo] "acreditam que os sistemas organizacionais de comunicação [e o direito penal é um deles] não podem alcançar seus objetivos se o significado da relação eu-tu não for aprofundado".[73] Assim, segundo a teoria onto-antropológica de cuidado-de-perigo, no plano jurídico-penal, a relação eu-tu caracteriza-se pelas relações de cuidado e de perigo.

Cabe também advertir sobre os perigos de desaparecimento de tabus na Modernidade, já que "nenhuma comunidade sobrevive 'sem um sistema de tabus'. Por isso, a racionalização ao ameaçar a presença de tabus, destrói a possibilidade da sobrevivência humana, pois não há qualquer técnica que os substitua".[74] Embora existam tecnologias e técnicas que os esmague, como atualmente têm-se apresentado os carros autônomos com sua possibilidade de programação pré-orientada de escolhas de vítimas de atropelamento em situações trágicas de inevitável colisão rodoviária, porque "o objetivo de autonomia total pode ser um objetivo de desconexão deontológica e as éticas nas quais o relacionamento desaparece e o indivíduo é o árbitro final".[75]

Ao recuperar a supramencionada origem violenta da comunidade social, vislumbra-se o cuidado para si e para com os outros como fundamento irradiador de relações humanas vincadas no cuidado,[76] o que poderia evitar a concretização do receio partilhado pelo autor de "o senhor das moscas" ao lembrar-nos "que a humanidade começou

[72] Faria Costa, José de. Uma ponte entre o direito penal e a filosofia penal: lugar de encontro sobre o sentido da pena. *In:* Idem. (Org.). *Linhas de Direito Penal e de Filosofia*, 2005, p. 225.

[73] Dion, Michel. *Financial Crimes and Existential Philosophy*, p. 7.

[74] Baptista Pereira, Miguel. Modos de presença da filosofia antiga no pensamento contemporâneo. *In: Congresso Internacional*: as humanidades greco-latinas e a civilização do universal (actas--separata). Coimbra: Instituto de Estudos Clássicos da Universidade de Coimbra, 1988, p. 302.

[75] Mcbride, Neil. The ethics of driverless cars. *SIGCAS Computers & Society 45-3 (2015)*, p. 182, p.c.

[76] Essas modalidades de cuidado guardam aproximações com o cuidado de si e a solicitude em sentido heideggeriano, formas de cuidado para o ser-em-si e o ser-com-os-outros, "(...) o cuidado, que tem vindo a relevar-se mo decurso da análise como o ser do ser-aí, nao perfaz nada de simples, mas uma estrutura complexa de modos e possibilidades do ser, cuja unidade importa assegurar. Ora, uma das funções da «ipseidade» é justamente assegurar a unidade do cuidado, apresentando-se este sempre como cuidado de si e solicitude." *in* Blanc, Mafalda de Faria. *Estudos sobre Heidegger*, p. 135.

desse modo e que a regressão ameaça sempre – e as crianças, em quem a civilização recomeça a cada geração, vivem mais próximas dessa ambivalência".[77] Considerando-se que "o homem é o centro de nosso e de todos os sistemas jurídicos fundados em pressupostos inevitavelmente antropocêntricos",[78] há também de mencionar alusivamente as práticas abortivas desde as comunidades de homens coletores e caçadores,[79] sem descartar o aspecto cultural da decisão abortiva.[80]

A constante reveladora do ser-aí-diferente enquanto ser-com-os-outros intermediada pela relação de cuidado (a ontologia-social de cariz heideggeriana) passa a expressar-se, de forma comunicacional, nomeadamente, mas não só,[81] por meio da norma de proibição jurídico-penal, que, antecipa-se já, deve sempre fundamentar-se na tutela de bens jurídico-penais ameaçados. Além disso, primeiramente, em termos heideggerianos, segundo Villani, "o cuidado trata sempre disso, 'o que se acometeu com, para e contra os outros'",[82] o que, em linguagem jurídico-penal, manifesta-se por meio da ofensividade, porque, "fundar-se o direito penal neste axioma, é, pois, um imperativo das determinantes onto-antropológicas que regem e surpreendem o ser-aí-individual".[83] O cuidado é o contraponto da perigo, sendo que, em direito penal, o bem jurídico só pode ser ofendido por meio de uma ação humana responsável, *rectius*, "o *punctum dolens* que determina a existência de uma ofensa tem de ser percebido a partir de uma ação humana responsável. Tem de ser entendido tendo por base um agir comunicacional".[84]

---

[77] Golding *apud* Ost, François. *Contar a lei. As fontes do imaginário jurídico*, p. 308.

[78] Mazzoni, Cosimo Marco. Protezione del concepito: dal nominalismo giuridico all'uomo "in quanto tale". *In:* Rodotà, Stefano; Zatti, Paolo (diretto da). *Il governo del corpo*. Tomo II. Milano: Giuffrè Editore, 2011, p. 1305.

[79] Harris, Marvin, *Cannibali e re. Le origini delle culture* (1977). Traduzione a cura di Mario Baccianini e edito a cura de Franco Maria Ricci, Milano: Feltrinelli, 1988, p. 27.

[80] Supiot, Alain. *Homo juridicus*. Essai sur la fonction anthropologique du Droit, Paris: Éditions du Seuil, 2005, p. 217-21.

[81] Embora reconheçamos que a proibição representa um elemento inequívoco das comunidades humanas, a liberdade não apenas jurídica, mas até mesmo de ir contra o direito, não deixa também de ser um traço ontológico dos seres-aí-diferentes e até mesmo de comunidades humanas.

[82] Villani, Antonio. Heidegger und „Problem" des Rechts, p. 369, *„Die Sorge geht immer um das, ‚was man mit, für und gegen die Anderen ergriffen hat'."*. Cf. também a referida passagem, na versão original, onde é inequívoco a menção ao cuidado como presença (interferência positiva) e ausência (não interferência) na esfera de terceiros, *in* Heidegger, Martin. *Sein und Zeit*, p. 126, §27.

[83] Faria Costa, José de. *O perigo em direito penal*, p. 628.

[84] Faria Costa, José de. *O perigo em direito penal*, p. 629, nota 143. Também assim, "para dar a verificação de capacidade de culpabilidade de um determinado homem, em um caso concreto, que, *'não é um ato teórico, senão um ato puramente existencial e de carácter comunicativo'*: é o reconhecimento do *outro* como *tu*, como igual, como susceptível da determinação plena de sentido e por

Adentra nesse contexto de fundamentação onto-antropológica de cuidado-de-perigo um elemento fulcral do crime: o bem jurídico.[85] Este participa dessa fundamentação enquanto bem axiologicamente importante para a própria existência dos seres comunitários.[86] O crime constitui-se materialmente como "uma perversão daquela precisa relação de cuidado-de-perigo do 'eu' para com o 'eu' e do 'eu' para com o 'outro'", sendo a função do direito penal: a proteção de bens jurídicos.[87] Paralelamente à ideia acima proposta, tem-se que o direito penal é relação, sendo o bem jurídico uma categoria (relacional) mediadora dos encontros e desencontros dos seres-com-os-outros.

A vivência comunitária encorpa-se justamente com a noção de responsabilidade desencadeada pelo cuidado pertencente ao ontologismo-social. O crime reflete a violação desta relação intersubjetiva de cuidado do eu para com o próprio eu e para com o outro eu de nós,[88] de modo a instituir uma noção de responsabilidade fundada na solidariedade do ser-aí-com-os-outros e na liberdade do ser-aí, na qual o ser-no-mundo é interpelado ao reconhecimento do próximo e ao chamamento à responsabilidade enquanto tarefa de si mesmo.

Portanto o direito penal aparece como uma *ordem* normativa de relações humanas,[89] cujo o "*compositum* triádico" é composto pelos

---

isso tão responsável como *eu.*", *in* Condeixa da Costa, Carlos Adalmyr. *Pressupostos existenciais do crime*, 1970, p. 126.

85 O bem jurídico seria o "pedaço da realidade, olhado sempre como relação comunicacional, com densidade axiológica a que a ordem jurídico-penal atribui dignidade penal", *in* Faria Costa, José de. *Ilícito-típico, resultado e hermenêutica*, p. 18, nota 16; Idem. *Noções Fundamentais de Direito Penal*, p. 164, §7 e p. 14, §29, "(...) pedaços de realidade que se afirmam como valores numa teia de relacionações axiológicas (...)".

86 Faria Costa, José de. *O perigo em direito penal*, p. 626.

87 Faria Costa, José de. *Noções Fundamentais de Direito Penal*, p. 10 (§21.) e 13 (§28.); p. 5 (§4), além disso, "O direito penal estrutura-se e vive, juridicamente, através de duas realidades nucleares, elementares e indissociáveis, quais sejam: o crime e a pena.".

88 Tanto que não é nem mera retórica nem expressão romântica ou ideal de qualquer visão de mundo ou das coisas afirmar que "a morte do 'outro' morre também um pedaço daquele que o matou", *in* Faria Costa, José de. *Ilícito-típico, resultado e hermenêutica*, p. 23 (nota 18).

89 Por isso afasta-se a ideia de sistema, porque "essa dimensão hermenêutica, porém, não permite uma fundamentação última, o estabelecimento definitivo de um sistema, pois a pré-compreensão participa apenas, como modo de ser do ser aí, da condição humana do ser-no-mundo", *in* Stein, Ernildo. *Exercícios de Fenomenologia*, p. 167, Cap. II. Inclusive, um dos aspectos dissonantes entre Heidegger e Hegel é nomeadamente aquele, "uma rejeição total do sistema por parte de Heidegger. A partir da Fenomenologia e do pensamento existencial de Kierkegaard, cedo o filósofo critica a dialética como um instrumento artificial do pensar lógico para resolver problemas de ordem mais profunda, ontológico-existencial, recusando a dissolução, propugnada por Hegel, do espírito finito no espírito absoluto." *in* Blanc, Mafalda de Faria. *Estudos sobre Heidegger*, p. 184. Assim, ao estabelecer críticas tanto sobre o sistema categorial-dogmático (em especial sobre o não-lugar da colisão de deveres), como sobre o sistema normativo positivo (em especial sobre os "injustos legais") mediante a possibilidade de um espaço livre de direito, cf.: Caetano, Matheus Almeida. Do "injusto legal" ao "justo situacional": aproximações ao espaço

três atores do enredo criminal: o eu, o outro e a relação entre os dois. É a partir da afronta da relação onto-antropológica do cuidado-de-perigo entre o delinquente ("o transgressor") e a vítima (o semelhante colocado em perigo ou lesado) que cabe ao responsável pela relação entre eles, o Estado[90] ("a sociedade"), repor a situação, nos termos legais, por meio da pena.[91] Há uma aproximação entre essa compreensão do direito penal, como relação entre seres-aí-com-os-outros, com a concepção de direito de Santo Tomás de Aquino, uma vez que: "a existência de um imperativo que nos relaciona aos demais seres de nossa espécie, isto de maneira direta ou indireta".[92]

O direito penal é "materialmente constitutivo", seus fundamentos e princípios materiais[93] decorrem das "bases onto-antropológicas" fundadas anteriormente à Constituição. Há uma independência material entre as ordens jurídicas penal e constitucional (eis o princípio da incoincidência mínima),[94] o que permite afastar a falsa ideia tanto de que apenas os bens jurídicos com guarida constitucional teriam condições de ensejar uma incriminação legítima, como de que os bens jurídicos com aporte constitucional necessariamente devem ser protegidos por meio de tipos penais. Trata-se aqui de um critério confiável de aferição da relevância do bem tutelado, mas não significa obrigatoriedade de incriminação, em paralelismo conclusivo ao tratamento dos direitos humanos como fator de incriminação e de limite do direito penal, Baratta atribuiu uma dupla função ao conceito de direitos humanos: (i) a de caráter negativo – "concernente aos limites da intervenção penal"; e a (ii) positiva, "a respeito da definição do objeto, possível, mas não necessário, da tutela por meio do direito penal".[95]

livre de direito com o aporte da literatura. *In*: Xavier, Dennys Garcia; Júnior, Moacir Henrique (Orgs.). *A lanterna de Diógenes*: reflexões sobre o homem da pólis contemporânea. Uberlândia: Edição Laboratório Americano de Estudos Constitucionais Comparado, 2018, p. 212 (nota 130) e 227 (nota 142).

[90] Embora fique a ressalva de que historicamente não tenha sido apenas o Estado a ocupar tal posto de árbitro das relações humanas em comunidade.

[91] Faria Costa, José de. *Noções Fundamentais de Direito Penal*, p. 11, §23.

[92] Corrales Hernández, Jesús. *Flexibilidad de la dogmática penal*, 2012, p. 36, destacando-se que "é evidente que falta uma verdadeira definição de direito em sua concepção, ao inclinar-se mais para a ideia de justiça".

[93] Faria Costa, José de. Crítica à tipificação do crime de enriquecimento ilícito: plaidoyer por um direito penal não iliberal e ético-socialmente fundado [Anotação ao Acórdão n.º 179/2012 – Processo n.º 182/12]. *RLJ 3973 (2012)*, p. 252-3 (nota 13).

[94] Importantes reflexos terá este princípio no tocante aos diversos bens jurídicos tutelados pelas ordens constitucional e jurídico-penal, de forma que nem sempre se coincidem, bem como a primeira engloba um círculo de bens jurídicos que "não seja manifestamente incoincidente com a proteção jurídico-penal", *in* Faria Costa, José de. *O perigo em direito penal*, p. 242, nota 70.

[95] Baratta, Alessandro. Principios de Derecho Penal Mínimo. *In*: Idem. *Criminología y Sistema Penal (Compilación in memoriam)*. Buenos Aires: Editorial B de F, 2004, p. 299. Assim, "enquanto

Exposta a matriz onto antropológica de cuidado-de-perigo do direito penal, passa-se ao desenvolvimento dos respectivos *valor* e *desvalor de cuidados*, categorias umbilicalmente associadas àquela fundamentação, refratárias das relações de cuidado e de perigo respectivamente. Sendo o direito penal historicamente marcado por uma ambivalência intrínseca, isto é, ele protege bens jurídicos desprotegendo outros ou os mesmos bens jurídicos, bem como ele expande o âmbito de direitos restringindo outros[96] (ao fim e ao cabo, isso refrata a eterna e dialética dança entre os valores segurança e liberdade no direito penal[97]). Assim, na constante relação entre garantia e segurança, a primeira deve funcionar como limite à incriminação do Estado (limites ao direito penal – contração), um escudo do cidadão diante da constante expansão do poder incriminador. Por seu turno, a segurança deve ser balanceada como "legítima pretensão interior do 'eu' a poder viver, se bem que socialmente integrado, em uma relação de cuidado para consigo", assim como outra "não menos legitima pretensão externa de exigência de aquela relação de segurança dever ser protegida pelo direito penal"[98] – ampliação do direito penal – dilatação. Além disso, o direito penal possui uma historicidade de escolha e censura de determinados atos que representariam "uma manifestação do *mal*", e, ao partir de determinado recorte de ato socialmente significativo (socialmente danoso), aquele torna esse em um crime, "em si mesmo, objetiva e subjetivamente desvalioso".[99]

Introduzidas essas noções, antecipa-se que as categorias do *valor de cuidado* e do *desvalor de cuidado* também refratam tais dialéticas rela-

---

aqueles [os direitos fundamentais] encontram sua tutela na Constituição, somente alguns deles – e exclusivamente sobre certa classe de ataques – se convertem em bens jurídicos e alcançam a proteção penal", *in* Garcia-Pablos de Molina, Antonio. *Introducción al Derecho Penal*. Cuarta edición. Madrid: Editorial universitária Ramón Areces, 2006, p. 547.

96 Em termos diretos e exemplificativos, "protege-se o bem liberdade tornando criminalmente puníveis todas as condutas que de uma forma eticamente intolerável limitem o pleno exercício da liberdade", *in* Faria Costa, José de. *O perigo em direito penal*, p. 243.

97 Muito longe de sequer abrir os horizontes para um nefasto direito penal securitário, portanto, a expressão "valor da segurança liberalmente entendido", bem como o texto em que ela se encontra têm muito a dizer, cf.: Faria Costa, José de. O direito penal, a linguagem e o mundo globalizado (Babel ou esperanto universal?). *In*: Idem. *Direito penal e globalização: reflexões não locais e pouco globais*. Coimbra: Coimbra Editora, 2010, p. 38. Traz-se à lume as relações entre a culpa, a liberdade e a segurança, através da relação onto-antropológica de cuidado-de-perigo que se manifesta no direito penal, enquanto "momento relacional de afirmação solidária", *in* Faria Costa, José de. *O perigo em direito penal*, p. 248-9.

98 Faria Costa, José de. *Noções Fundamentais de Direito Penal*, p.15, §32.

99 Neste ponto, o exemplo primordial do direito à segurança jurídica enquanto ponto central "de toda a 'organização' teórica e substancial do direito penal", *in* Faria Costa, José de. Uma ponte entre o direito penal e a filosofia penal: lugar de encontro sobre o sentido da pena. *In*: Idem (Org.). *Linhas de Direito Penal e de Filosofia: alguns cruzamentos reflexivos*. Coimbra: Coimbra Editora, 2005, p. 217.

ções de proteção-desproteção de bens jurídicos e de constrição-dilatação de direitos, bem ao tom da lógica material dos lugares inversos.[100] Além disso, essas categorias estão simetricamente relacionadas com os *valores* de ação e de resultado nas *causas de justificação*, bem como com os *desvalores* de ação e de resultado que compõem nomeadamente a estrutura do *injusto criminal*.

O *valor de cuidado* consiste na seguridade e potencialidade de uma série de "'infinitas' aberturas relacionais" que cada pessoa é interpelada a assumir na comunidade,[101] por isso, o seu *sentido* é compreendido através da incorporação e tradução de "uma evitação de resultados penalmente desvaliosos"[102] ou ainda da tutela de bens jurídicos. Portanto, nota-se uma forte presença do valor de cuidado nas *normas mandamentais ou ordenatórias*, como nos os deveres (impróprios) de garante e (próprios) gerais na estrutura dos crimes omissivos (impróprios e próprios). Além disso, o valor de cuidado aflora por meio dos valores da liberdade e da solidariedade no âmbito das causas de justificação,[103] portanto, nas *normas permissivas stricto sensu*.

Aquela categoria tem solo fértil em cada ser-com-os-outros, portanto, interpela-os em convocações centrípetas (pense-se – não apenas, mas destacadamente – nas causas de justificação em favor de terceiros e nos deveres de garante e gerais), estimulando-os a evitarem resultados penalmente desvaliosos, *rectius*, a promoverem *valores de cuidado*

---

[100] É um raciocínio sensivelmente fértil no campo de normatividade jurídico-penal proposto inicialmente para a responsabilidade jurídico-penal das pessoas jurídicas, *rectius*, a legitimidade da responsabilização penal (dilatação) dessas dar-se-ia por meio de um raciocínio inverso ao da inimputabilidade formal, cuja a menoridade jurídico-penal baseia-se em um critério biológico – fator idade (constrição). Sobre isso, cf.: Faria Costa, José de. A responsabilidade jurídico-penal da empresa e dos seus órgãos (ou uma reflexão sobre a alteridade nas pessoas colectivas, à luz do direito penal). *RPCC 4 (1992)*, p. 537-59 (em especial, p. 551-5); Idem. *Noções Fundamentais de Direito Penal*, p. 236-9 (§ 92, § 93, § 94, § 95, § 96 e § 97).

[101] Faria Costa, José de. *Noções Fundamentais de Direito Penal*, p. 180, §45.

[102] Faria Costa, José de. O uno, o múltiplo e os crimes negligentes. [Anotação ao Acórdão de 13 de julho de 2011 do STJ]. *In*: *RLJ* 3970 (2011), p. 62. Assim: Idem. *Noções Fundamentais de Direito Penal*, p. 181, § 46; Idem. *Ilícito-típico, resultado e hermenêutica*, p. 24, p. 28-29. Por fim, os CPs brasileiro e português não punem a coação exercida para evitar a prática de suicídio, valorando positivamente (valor de cuidado) uma conduta que, fora desse contexto, seria criminosa (o constrangimento ilegal, art. 146 no CP, e a coação no CPL, art. 154°) e valorando negativamente (desvalorando – desvalor de cuidado) o resultado decorrente de uma conduta que nem sequer é considerada infração, quanto menos um crime, o suicídio (art. 146, § 3, II, do CP e art. 154°, n. 3, *b*, do CPL). O *valor de cuidado* é nítido, pois a não punição do constrangimento ilegal e da coação nos CPs brasileiro e português respectivamente consubstancia uma evitação do resultado desvalioso: o suicídio.

[103] As causas de justificação não deixam de manifestar um cuidado para consigo e para com os outros nas relações intersubjetivas, neste sentido, cf.: Moura, Bruno de Oliveira. *Ilicitude penal e justificação*, 2015, p. 225, "as causas de justificação se fundam na circunstancial e momentânea primazia da relação de cuidado do «eu» consigo próprio ou com um terceiro sobre a relação de cuidado do 'eu' com o 'outro'".

para com os outros, ou seja, na melhora de condições, no salvamento ou na diminuição de riscos ou danos aos bens jurídico-penais. A legítima defesa (art. 25 do CPB e art. 32 do CPP) é um claro exemplo do afloramento do *valor de cuidado*, pois de forma inversa, mas não antagônica, ao ilícito-típico, afloramento do desvalor de cuidado, ela "também está teleologicamente vinculada ao sentido de proteção de bens jurídicos".[104]

Por sua vez, o *desvalor de cuidado* é justamente a contradição do valor de cuidado, *scilicet*, a redução do "eu", porque "resultado da negação, o empobrecimento das aberturas do 'outro', dos 'outros', daquelas aberturas que a comunidade dá a cada um que nela vive".[105] Esse desvalor consubstancia-se na negação dos valores liberdade e solidariedade, refletindo-se, jurídico-penalmente falando, na "não-evitação (causação) de resultados desvaliosos",[106] o que exigirá de Saturno (o Estado) a segurança que lhe fora violada. O *desvalor de cuidado* habita no ser-aí, portanto, convoca-o de forma centrífuga aos valores ético-sociais, por isso geram relações de negação do outro ou de descuido para com o outro. Esta categoria, justamente por produzir danos individuais ou sociais, auxiliará na construção de tipos legais de crime,[107] os quais terão como objetivo impedir futuramente desvalores de cuidado, portanto, esses têm uma forte presença nas *normas incriminadoras* ou *normas de proibição*.

Lembre-se que a proposta integrativa do injusto, sob a fundamentação onto-antropológica, reconhece no desvalor do resultado o ponto de Arquimedes do ilícito-típico, mas não ignora o desvalor de ação. Não por acaso, além de colocar aquele desvalor como "centro do ilícito" (e não se afirme aqui a anulação do desvalor de ação, todo centro possui uma periferia, e lá está aquele), destaca-se "uma atitude metodológica de separação entre aquilo que é elemento do tipo e o

---

[104] MOURA, Bruno de Oliveira. Legítima defesa "simbólica"? Ao mesmo tempo, sobre a valência da lógica dos lugares inversos. *In*: *BFD 87 (2011)*, p. 518.

[105] FARIA COSTA, José de. *Ilícito típico, resultado e hermenêutica*, p. 25.

[106] FARIA COSTA, José de. *O uno, o múltiplo e os crimes negligentes*, 2011, p. 62; IDEM. *Noções Fundamentais de Direito Penal*, p. 181, §46. O CPL pune, nos casos dos crimes agravados pelo evento, os resultados que, em si considerados, nem são censuráveis jurídico-penalmente, como o próprio suicídio. Esse não é punido como crime pela ordem jurídico-penal portuguesa, mas, se da prática de outros crimes (do sequestro, do rapto ou da tomada de reféns respectivamente) ocorrer o resultado suicídio, aqueles serão sancionados de forma mais gravosa (o art. 158°, n. 2, *d*; o art. 161°, n. 2, *a*; e o art. 162°, n. 2, do CPL). E por quê? Porque tais resultados expressam um *desvalor de cuidado*, ou seja, a não-evitação de um resultado jurídico-penalmente desvalioso, ainda que não soberanamente desvalioso, *rectius*, não há um tipo penal de suicídio na ordem jurídica portuguesa.

[107] FARIA COSTA, José de. *Ilícito-típico, resultado e hermenêutica*, p. 27-8.

que é fundamento do ilícito material".[108] Não há dúvidas, o desvalor de resultado é o fundamento do ilícito-típico, embora o injusto criminal componha-se do desvalor de ação (elemento do tipo) e do desvalor de resultado. A moldura geral abstrata em que se autorregulam os dois desvalores tem uma operacionalidade aproximada da *checks and balances*, inclusive refratando aquela dialética e constante relação entre liberdade e segurança, pois ela se dá sempre em um jogo de balanceamento entre desvalor da ação e desvalor do resultado.

Imagine-se uma privilegiada valoração e assunção da ação como referencial do injusto, sob este ponto de partida, tem-se no crime tentado o máximo e positivo desvalor de ação (↑ e +) e um mínimo e negativo desvalor de resultado (↓ e –) e no crime negligente um mínimo e negativo (↓ e –) daquele e um máximo e positivo desvalor de resultado (↑ e +), portanto, um coloca-se como antiprotótipo do outro. Assim, o desvalor de ação fundamenta a tentativa punível,[109] assim como o desvalor de resultado, a negligência punível e os desvalores de ação e de resultado o crime doloso consumado. Caso se mudem os referenciais, o imperfeito, sob determinado parâmetro, transforma-se em perfeito sob o outro critério.[110] Assim, o crime consumado apresenta um equilíbrio entre o desvalor de ação e o desvalor de resultado, enquanto o crime doloso tem nitidamente um inegável desvalor de ação e um variável desvalor de resultado, podendo ser baixo (tentativa de crime doloso) ou alto (crime doloso consumado).

O desvalor do resultado como pedra de toque do injusto criminal[111] deve-se à forma de compreender o direito penal como inarredável direito penal do fato, e não do agente, o que, por sua vez, não nega um mínimo desvalor de ação,[112] o que Roxin reconhece quando afirma que o StGB nunca abriu mão do direito penal do fato, embora sempre tenha lidado com influências de diferentes intensidades, conforme a

[108] Idem, p. 33.

[109] CORRALES HERNÁNDEZ, Jesús, *Flexibilidad de la dogmática penal*, p. 81, ao se referir a tentativa como "cláusula amplificadora do tipo".

[110] Raciocínio empregado por *Faria Costa* para explicar as realidades diversas da consumação e da tentativa e como elas se refletem no CPL, cf. FARIA COSTA, José de. *A análise das formas*, p. 294-9.

[111] FARIA COSTA, José de. *Ilícito-típico, resultado e hermenêutica*, p. 13.

[112] Ao justificar o afastamento dos "cultores do finalismo jurídico" por colocarem "o acento tónico no desvalor da ação", destaca que compreende o direito penal "como sendo um direito penal do fato e não do agente, tendo por referente categorial o desvalor de resultado, ainda que o ilícito típico expresse um mínimo de desvalor de intenção", *in* FARIA COSTA, José de. *O uno, o múltiplo e os crimes negligentes*, p. 63.

historicidade de um direito penal de autor, inclusive integrando-as.[113] Portanto, nota-se uma dupla simetria entre essas categorias, de modo que o direito penal de autor tem como referente o desvalor da ação, assim como o direito penal do fato tem seu referente no desvalor de resultado. Pode-se, portanto, estabelecer a seguinte linha de raciocínio sobre as formas do crime: (Desvalor de ação) tentativa – dolo (direito penal de autor) / (Desvalor de Resultado) consumação[114] – negligência (direito penal do fato).

Os sensíveis desníveis entre os desvalores de intenção [entre a negligência e o dolo] e de resultado [entre a consumação e a tentativa] justificam as diferentes molduras de penas e de combinações com o bem jurídico protegido (a fragmentariedade de primeiro grau) e a estrutura típica escolhida para tal (fragmentariedade de segundo grau).[115]

Em razão do seu elevado desvalor de intenção, os crimes dolosos admitem variados desvalores de resultado, desde o mais grave, como o desvalor lesivo (ruptura total), até aos menos gravosos aos bens-jurídicos, como o desvalor de perigo concreto (ruptura parcial) e o desvalor de perigo abstrato (ruptura parcial).[116] Por sua vez, em regra, os crimes imprudentes são caracterizados pelo resultado mais lesivo (o desvalor de dano – ruptura total) em razão de seu baixo desvalor de ação, segundo o jogo inversamente proporcional entre desvalor de ação e desvalor de resultado. Quanto maior for o desvalor de resultado,[117] menor poderá ser o desvalor de ação e vice-versa, por isso as

---

[113] Roxin, Claus. *Strafrecht. Allgemeiner Teil 1. Grundlagen. Der Aufbau der Verbrechenslehre.* Band 1. 4.Auflage. München: Verlag C.H. Beck München, 2006, p. 179, §6/2.

[114] Em outros termos, "cuja infração permanece perfeita quando se trata tanto o desvalor de resultado (aspecto objetivo) como o desvalor de ação (aspecto subjetivo), somente desta maneira se poderá afirmar que o autor (o partícipe) infringe a norma – ou concretiza um tipo de injusto." *in* Corrales Hernández, Jesús, *Flexibilidad de la dogmática penal*, p. 84.

[115] Neste sentido, sobre essas fragmentariedades e a teoria onto-antropológica de cuidado-de-perigo aplicada aos crimes de corrupção, cf.: Caetano, Matheus Almeida. Os delitos de corrupção e o fundamento acumulativo (reflexões em torno das fragmentaridades-de-primeiro-e-de-segundo-graus). *In*: Faria Costa, José de; Godinho, Inês Fernandes; Aires de Sousa, Susana (Orgs.). *Os crimes de fraude e a corrupção no espaço europeu*. Actas do Simpósio realizado no dia 20 de abril de 2013. Coimbra: Coimbra Editora, p. 301-25, 2014.

[116] O que também é considerado como os três níveis da ofensa, o dano/violação (a ruptura definitiva e total da originária relação de cuidado-de-perigo), o concreto pôr-em-perigo e o cuidado-de-perigo (as rupturas parciais com diferenças graduais entre si), todos compactuando do fio condutor da "perversão da matricial e originária relação de cuidado-de-perigo", *in* Faria Costa, José de. *O perigo em direito penal*, p. 634.

[117] O desvalor de resultado é referente do direito penal do fato, enquanto categoria do real-construído. Tal desvalor também se faz presente nos crimes de mera atividade, de perigo concreto e de perigo abstrato, embora se reconheça uma maior perceptibilidade nos crimes materiais ou de resultado. Além disso, as modalidades de desvalor de resultado apontadas expõem as diferentes intensidades de tutela dos bens jurídicos (como protegê-los), conforme a fragmentariedade

relações contrapostas entre a tentativa (elevado desvalor de ação e baixo desvalor de resultado) e a negligência (baixo desvalor de ação e elevado desvalor de resultado), e o equilíbrio daquelas forças na consumação (desvalores de ação e de resultado estáveis) e no dolo (elevado desvalor de intenção ou indiferença e desvalor de resultado estável). Em termos diretos, a ausência de dúvidas quanto ao máximo de desvalor de ação na tentativa[118] e no dolo está da mesma forma para a certeza sobre o máximo de desvalor de resultado na negligência e no crime consumado. E embora o desvalor de resultado consista no epicentro do injusto, ele não existe sem um mínimo de desvalor de ação, caso contrário os casos fortuito ou de força maior poderiam ser punidos pela negligência.

Desta forma, "somente através da união de ambos, desvalor de ação e desvalor de resultado, é que o ilícito pode ser apreendido em toda a sua complexidade",[119] porque "desvalor de ação e desvalor de resultado formam parte por isso do conceito de injusto jurídico-penal".[120] Em termos precisos, Faria Costa afirma que através das noções de valor e de desvalor de cuidado estar-se-á a "valorar, com minuciosa ponderação, o eixo que perpassa o desvalor da intenção e o desvalor de resultado".[121]

---

de 2° grau de Faria Costa. Além disso, no ilícito civil dispensa-se "a intenção antijurídica do sujeito; a ilicitude penal, ao contrário, subsiste somente quando uma atividade humana se mostrou intenciona e voluntariamente contrária a ordem jurídica", assim o direito penal "não pode prescindir absolutamente, para avaliar a responsabilidade, do carácter voluntário da lesão", porque "enquanto o direito civil preocupa-se somente da tutela jurídica do bem (função objetiva), o direito penal visa, ao contrário, sobretudo, a antijuridicidade punível do sujeito (função subjetiva)", *in* Gramatica, Filippo. *Principios de derecho penal subjetivo*. Traducido del italiano por Juan del Rosal y Victor Conde, Madrid: Reus,1941, p. 210.

[118] Conforme o seguinte trecho da letra da canção "Cuida de mim". "além do mais, quem busca nunca é indeciso", *in* Anitelli, Fernando. Cuida de mim. *In*: *As Claves da Gaveta*. São Paulo: Creative Commons, 2011. 1 CD, faixa 2.

[119] D'Ávila, Fabio Roberto. *Ofensividade e crimes omissivos próprios* (contributo à compreensão do crime como ofensa ao bem jurídico). Coimbra: Coimbra Editora, 2005, p. 44. Ou ainda, não é possível colocar a "falsa opção entre o desvalor do ato e desvalor do resultado", qualquer redução a uma ou outra esfera implica "reduzir a capacidade limitadora do discurso jurídico-penal", *in* Zaffaroni, Eugenio Raúl. *Em busca das penas perdidas*: a perda da legitimidade do sistema penal. 5. ed. Tradução de Vania Romano Pedrosa e Amir Lopez da Conceição. Rio de Janeiro: Editora Revan, 1991, p. 252.

[120] Maiwald, Manfred. Die Bedeutung des Erfolgsunwerts im Unrecht – Der Einfluß der Verletzenposition auf eine dogmatische Kategorie. *In Wiedergutmachung und Strafrecht*. Symposion aus Anlaß des 80. Geburtstages von Friedrich Schaffstein, 1987, p. 72.

[121] Faria Costa, José de. *Noções Fundamentais de Direito Penal*, p. 180, §43.

À guisa de conclusão

Alguns elementos jurídico-penais, como o crime, o bem jurídico, a ofensividade e o injusto penal, foram compreendidos nos moldes da teoria onto-antropológica de cuidado-de-perigo, portanto, em níveis de aproximação com a matriz fenomenológica-existencial heideggeriana. A busca pela razão de ser das coisas do direito penal faz com que a compreensão analítica do crime siga o sentido do injusto para a pena, e não o contrário. A partir das formas de ser de cuidado e de perigo da filosofia de Heidegger, propõem-se, no direito penal, as compreensões de valor de cuidado e desvalor de cuidado respectivamente. Por conseguinte, essas atuam como condições de possibilidade para uma diversa compreensão de algumas das formas do crime (o crime tentado, o crime negligente, o crime consumado) por meio dos dois autônomos eixos dos desvalores de ação e de resultado, bem como das causas de justificação por meio dos valores de ação e de resultado.

Referências

ANITELLI, Fernando. Cuida de mim. *In*: *As Claves da Gaveta*. São Paulo: Creative Commons, 2011. 1 CD, faixa 2.

BAPTISTA PEREIRA, Miguel. Modos de presença da filosofia antiga no pensamento contemporâneo. *In: Congresso Internacional*: as humanidades greco-latinas e a civilização do universal (separata). Coimbra: Impressão, p. 209-309, 1988.

BELEZA DOS SANTOS, José. Alguns aspectos da miséria e algumas formas de caridade. *ESTUDOS (Revista Mensal de Cultura e formação católica)*, Ano V (Fasc. 1), n.º 49, p. 662-686, maio de 1926-1927.

BLANC, Mafalda de Faria. *Estudos sobre Heidegger*. Lisboa: Guerra e Paz, 2018.

BÜCHELER, Franz. Coniectanea. *In: Rheinisches Museum*. Band 41 (1886), p. 5-6. Disponível em: <http://www.rhm.uni-koeln.de/041/Buecheler1.pdf>. Acesso em: 8. abril. 2018.

BOLLNOW, Otto Friedrich. *Existenzphilosophie*. Vierte erweitere Auflage. Stuttgart: W.Kohlhammer Verlag, 1955.

BUONICORE, Bruno Tadeu; TEIXEIRA NETO, João Alves. A fundamentação onto--antropológica do Direito Penal: por uma concepção dogmática de resistência ao pensamento funcional. *Revista dos Tribunais*, São Paulo, n. 954, p. 257-76, abr. 2015.

BURDACH, Konrad. Faust und die Sorge. In: *Deutsche Vierteljahrschrift für Literaturwissenschaft und Geistesgeschichte* 1 (1923), p. 1-60.

CAETANO, Matheus Almeida. Os delitos de corrupção e o fundamento acumulativo (reflexões em torno das fragmentaridades-de-primeiro-e-de-segundo-graus). *In*: FARIA COSTA, José de; GODINHO, Inês Fernandes; AIRES DE SOUSA, Susana (Orgs.). *Os crimes de fraude e a corrupção no espaço europeu*. Actas do Simpósio realizado no dia 20 de abril de 2013. Coimbra: Coimbra Editora, p. 301-25, 2014

——. O Projeto 236 / 2012 e a ruptura com a história da codificação e cultura jurídico--penais. *RBCCRIM*, São Paulo, ano 22, n. 108, p. 55-89, mai./jun. 2014.

——. Do "injusto legal" ao "justo situacional": aproximações ao espaço livre de direito com o aporte da literatura. *In*: XAVIER, Dennys Garcia; JÚNIOR, Moacir Henrique (Orgs.). *A lanterna de Diógenes*: reflexões sobre o homem da pólis contemporânea. Uberlândia: Edição Laboratório Americano de Estudos Constitucionais Comparado, p. 193-233, 2018.

CARBONIER, Jean. *Flessibile diritto*. Per una sociologia del diritto senza rigore. 7ªedizione. Traduzioni proposte da Cosimo Marco Mazzoni e Vincenzo Varano. A cura e con um saggio di Anna De Vita, Milano: Giuffrè Editore, 1997.

CAMUS, Albert. *O mito de Sísifo*. Ensaio sobre o absurdo. Tradução de Urbano Tavares Rodrigues. Lisboa: Livros do Brasil, 2013.

COHN, Georg. *Existenzialismus und Rechtswissenschaft*. Basel: Herlbing & Lichtenhahn, 1955.

CONDEIXA DA COSTA, Carlos Adalmyr. *Pressupostos existenciais do crime*. Rio de Janeiro: Editora Evolução Ltda/A Tribuna, 1970.

COTTA, Sergio. *Le Droit dans L'Existence*. Éléments d'une ontophénoménologie juridique. Traduit de l'italien por Emmanuel Rocher. Bibliothèque de Philosophie Comparée, Bordeaux: Éditions Bierè, 1996.

CREWE, Don. Crime, harm and responsibility. *In:* HARDIE-BICK, James; LIPPENS, Ronnie (Edit.). *Crime, Governance and Existential Predicaments*. New York: Palgrave Macmillan, p. 156-174, 2011.

D'AVILA, Fabio Roberto. *Ofensividade e crimes omissivos próprios* (contributo à compreensão do crime como ofensa ao bem jurídico). Coimbra: Coimbra Editora, 2005.

——. O espaço do direito penal no século XXI. Sobre os limites normativos da política criminal. *RBCCRIM*, São Paulo, ano 15, n. 64, p.78-98, jan./fev. 2007.

——. *Ofensividade em Direito Penal*. Escritos sobre a teoria do crime como ofensa a bens jurídicos. Porto Alegre: Livraria do Advogado, 2009.

DE MARSICO, Alfredo. *Diritto penale*. Parte generale. Ristampa con note di aggiornamento del Dott. Manlio Mazzanti, Napoli: Jovene, 1969.

DE STEFANO, Rodolfo. *Legge etica e legge*. Milano: Giuffrè Editore, 1955.

DION, Michel, *Financial Crimes and Existential Philosophy*. Ethical Economy. Studies in Economic Ethics and Philosophy, Dordrecht: Springer, 2014.

DONIUS, Charles. Existentialisme, Phénoménologie et philosophie du droit. *In: Archives de Philosophie du Droit*, p. 221-31, 1957.

FARIA COSTA, José de. A responsabilidade jurídico-penal da empresa e dos seus órgãos (ou uma reflexão sobre a alteridade nas pessoas colectivas, à luz do direito penal). *RPCC*, Coimbra, ano 2, f. 4, out./dez. 1992, p. 537-59.

——. *O perigo em direito penal*. Contributo para a sua fundamentação e compreensão dogmáticas. Reimpressão (1992). Coimbra: Coimbra Editora, 2000.

——. Ilícito-típico, resultado e hermenêutica (ou o retorno à limpidez do essencial). *Revista Portuguesa de Ciências Criminais*, Coimbra, ano 12, f. 1, p. 7-23, 2002.

——. *Linhas de Direito Penal e de Filosofia*: alguns cruzamentos reflexivos. Coimbra: Coimbra Editora, 2005.

——. *Noções Fundamentais de Direito Penal* (*Fragmenta iuris poenalis*). Introdução – A doutrina geral da infracção [a ordenação fundamental da conduta (facto) punível; a conduta típica (o tipo); a conduta ilícita (o ilícito); a conduta culposa (a culpa)], 4. ed, Coimbra: Coimbra Editora, 2015.

——. L'espace libre du droit: une limite imanente au droit. *The* 20_{th} *International Roundtable for the Semiotics of Law (IRSL)*: Limits of Law. Coimbra: Instituto Jurídico da Faculdade de Direito da Universidade de Coimbra (IJ-FDUC), p. 1-11, 2019 [Texto no prelo equivalente à conferência apresentada pelo autor em 25 de Maio de 2019].

FREUD, Sigmund. *Totem e tabu*. Alguns pontos de concordância entre a vida psíquica dos selvagens e dos neuróticos. Tradução de Leopoldina Almeida. Revisão científica de Professor Pedro Luzes. Lisboa: Relógio D'Água Editores, 2001.

GARCIA-PABLOS DE MOLINA, Antonio. *Introducción al Derecho Penal*. Cuarta edición. Madrid: Editorial universitária Ramón Areces, 2006.

GALEANO, Eduardo. *Voces de nuestro tiempo*. Segunda edición. San José: Editorial Universitaria Centroamericana, 1981.

GIBRAN, Kahlil. *Areia e espuma (1926)*. Tradução e apresentação de Mansour Challita, Rio de Janeiro: Associação Cultural Internacional Gibran, 1989.

GRAMATICA, Filippo. *Principios de derecho penal subjetivo*. Traducido del italiano por Juan del Rosal y Victor Conde, Madrid: Reus,1941.

HARRIS, Marvin. *Cannibali e re. Le origini delle culture* (1977). Traduzione a cura di Mario Baccianini e edito a cura de Franco Maria Ricci, Milano: Feltrinelli, 1988.

HEIDEGGER, Martin. *Serenidade* (1959). Tradução de Maria Madalena Andrade e Olga Santos. Lisboa: Instituto Piaget, 2000.

——. *Sein und Zeit*. Neunzehnte Auflage. Tübingen: Max Niemeyer Verlag, 2006.

JASPERS, Karl. *Philosophie*. Zwiter Band: Existenzerhellung. Dritte Auflage, Berlin/ Heidelberg: Springer, 1956.

JHERING, Rudolf von. *Lo scopo nel diritto (1872)*. A cura di Mario G. Losano, Torino: Giulio Einaudi editore, 1972.

LÉVI-STRAUSS, Claude. *Les Structures Élémentaires de la Parenté (1949)*. Berlin: de Gruyter, 1967.

LIMA, Rodrigo; BARBOSA, Alyand; SERRANO, Thiago "Hospede" Borges; PHILIPPE; MOZACHI, Leandro "Nô". Queda Livre. *In*: Dead Fish: Zero e um. Rio de Janeiro: DeckDisk, 2004. 1 CD, faixa 3.

MCBRIDE, Neil. The ethics of driverless cars. *SIGCAS Computers & Society*, Nova Iorque, Vol. 45, n. 3, p. 179-184, Set. 2015.

MAIWALD, Manfred. Die Bedeutung des Erfolgsunwerts im Unrecht – Der Einfluß der Verleztenposition auf eine dogmatische Kategorie. *In Wiedergutmachung und Strafrecht*. Symposion aus Anlaß des 80. Geburtstages von Friedrich Schaffstein, p. 64-73,1987.

MAZZARI, Marcus Vinicius. Fausto e a apreensão. *In*: Anais do Congresso da Associação Brasileira de Estudos Germanísticos (ABEG). São Paulo: ABEG, 2016. Disponível em: http://germanistik-brasil.org.br/wp-content/uploads/2016/05/ Mazzari.pdf. Acesso em: 10. Fev. 2020.

MAZZONI, Cosimo Marco. Protezione del concepito: dal nominalismo giuridico all'uomo "in quanto tale". *In:* RODOTÀ, Stefano; ZATTI, Paolo (diretto da). *Il governo del corpo*. Tomo II. Milano: Giuffrè Editore, p. 1299-1305, 2011.

MOURA, Bruno de Oliveira. Legítima defesa "simbólica"? Ao mesmo tempo, sobre a valência da lógica dos lugares inversos. *In: BFD* 87 (2011), p. 489-519.

——. O fundamento da legítima defesa. *Revista Brasileira de Ciências Criminais*, São Paulo, ano 20, v. 98, p. 39-95, set./out. 2012.

——. A legítima defesa e o seu excesso não punível no novo projeto de código penal. *In*: *RL* 12 (2013), p. 3-23.

——. *A não-punibilidade do excesso na legítima defesa*. Coimbra: Coimbra Editora, 2013.

——. *Ilicitude penal e justificação*. Reflexões a partir do ontologismo de Faria Costa. Coimbra: Coimbra Editora, 2015.

NAMBA, Janaína. A proibição do incesto em Lévi-Strauss e Freud: algumas aproximações. *Revista de Antropologia*, São Paulo, v. 61, n. 1, p. 176-90, jan./abr. 2018.

OST, François. *Contar a lei. As fontes do imaginário jurídico*. Tradutor Paulo Neves, São Leopoldo: Unisinos, 2007.

RICOEUR, Paul. *Le juste*, Paris: Éditions Esprit, 1995.

RODOTÀ, Stefano. *La vita e le regole*. Tra diritto e non diritto. Quarta edizione, Milano: Feltrinelli, 2007.

ROXIN, Claus. *Strafrecht. Allgemeiner Teil 1. Grundlagen. Der Aufbau der Verbrechenslehre*. Band 1. 4.Auflage. München: Verlag C.H. Beck München, 2006.

SARTRE, Jean-Paul. *O existencialismo é um humanismo*. 3. ed. Tradução e notas de Vergílio Ferreira, Lisboa: Editorial Presença, 1970.

STEIN, Ernildo. *Exercícios de Fenomenologia*: limites de um paradigma. Ijuí: Editora Unijuí, 2004.

——. *Seis estudos sobre 'Ser e Tempo'*. 4. ed. Petrópolis: Vozes, 2008.

——. "Ali onde está o perigo, cresce também a salvação" (Hölderlin). *In*: ——. *Pensar é pensar a diferença*: filosofia e conhecimento empírico. 3.ed., rev. e ampl.. Porto Alegre: Livraria do Advogado, 2019, p. 45-49.

SUPIOT, Alain. *Homo juridicus*. Essai sur la fonction anthropologique du Droit, Paris: Éditions du Seuil, 2005.

ORTEGA Y GASSET, José. *O que é Filosofia?* Tradução de José Bento. Lisboa: Edições Cotovia/Biblioteca Editores Independentes, 2004.

POLIZZI, David. Heidegger, restaurative justice and desistance: a phenomenological perspective. *In:* HARDIE-BICK, James; LIPPENS, Ronnie (Edit.). *Crime, Governance and Existential Predicaments*. New York: Palgrave Macmillan, p. 129-155, 2011.

TEIXEIRA NETO, João Alves. *Tutela penal de animais*: uma compreensão onto-antropológica. Porto Alegre: Livraria do Advogado, 2017.

UNAMUNO, Miguel de. *Do sentimento trágico da vida*: nos homens e nos povos. Tradução de Artur Guerra. Lisboa: Círculo de Leitores, 1989.

VILLANI, Antonio. Heidegger und „Problem" des Rechts. *In:* KAUFMANN, Arthur (Hrsg.). *Die ontologische Begründung des Rechts*. Darmstadt: Wissenschaftliche Buchegesellschaft, p. 350-409, 1965.

ZAFFARONI, Eugenio Raul. *Em busca das penas perdidas*: a perda da legitimidade do sistema penal. 5. ed. Tradução de Vania Romano Pedrosa e Amir Lopez da Conceição. Rio de Janeiro: Editora Revan, 1991.

ZAGALLO-CARDOSO, J. A.; SILVA, António Sá da. A Ética do Cuidado à Luz da Fábula. Mito de Higino e da Tragédia Filoctetes de Sófocles. *Revista Portuguesa de Filosofia*, Braga, Vol. 66, f. 1, 2010, p. 81-88.

Deveres de solidariedade no direito penal

BRUNO DE OLIVEIRA MOURA[1]

Introdução

Um ano depois de se formar em Filosofia, o Professor Ernildo Stein também se graduou em Direito. Todavia, como bem se sabe, ele não tardaria a ser arrebatado pelo fascinante convite do "amor à sabedoria". Não vale a pena indagar se, com isso, o Direito terá perdido um grande jurista. Pois o facto, inegável e imorredoiro, é que a Filosofia ganhou um grande filósofo.

De qualquer modo, o nosso Homenageado nunca se sentiu impedido de enfrentar, sempre de acordo com o seu elevado critério, algumas questões fundamentais da Filosofia do Direito, em particular a sua relação com as ideias de justiça e de Estado.[2] Além disso, é conhecida a influência dos seus trabalhos[3] sobre um grande número de estudiosos da ciência jurídica, no Brasil e fora dele.[4]

Por razões de brevidade e não sendo filósofo, não me atreveria a esquadrinhar a rica obra do Professor Ernildo Stein. Pois também nestas coisas vale a regra de ouro: "[a]cerca daquilo que se não pode

[1] Doutor em Ciências Jurídico-Criminais pela Universidade de Coimbra. Foi Assessor do Provedor de Justiça de Portugal (2016-2021). Professor da Faculdade de Direito da Universidade Lusófona (Lisboa). Investigador do CEAD Francisco Suárez.

[2] Por exemplo, em STEIN, Ernildo. Breves considerações históricas sobre as origens da filosofia no direito. *Revista do Instituto de Hermenêutica Jurídica* 1 (2007), p. 97 s.

[3] Do ponto de vista da fundamentação onto-antropológica do Direito Penal, merece destaque, entre outros textos: STEIN, Ernildo. *Seis estudos sobre "Ser e Tempo"*. 4. ed. Petrópolis: Vozes, 2008.

[4] *V.g.*, BUONICORE, Bruno Tadeu. *Culpabilidade e fundamentos filosóficos. Compreensão do conteúdo material à luz do conceito onto-antropológico*. Curitiba: Juruá, 2017, p. 75 s.

falar, tem que se ficar em silêncio".[5] O que me resta[6] é tentar agarrar um circunscrito aspecto do seu pensamento e fazer uma conexão com a teoria do Direito Penal. Assim, encontrei este elo numa vertente pedagógica, mais exatamente naquilo que, aos olhos do nosso Homenageado,[7] seria "a constante antropológica fundamental para a resolução (não definitiva) de diversos problemas da educação atual: a *solidariedade*" (itálico meu).[8]

Posto isto, as reflexões que seguem podem ser divididas em duas partes. A primeira é um panorama sobre o lugar que a ideia de solidariedade ocupa no Direito Penal, tanto na perspectiva da tradicional contraposição entre deveres de omissão e deveres de ação, quanto no que diz respeito ao sistema que rege a dinâmica entre os fundamentos e limites da ilicitude criminal. A segunda busca definir os contornos do problema de legitimação dos deveres de solidariedade no Direito Penal e examinar alguns caminhos de argumentação, incluindo a possibilidade de uma abordagem onto-antropológica. No final, o que fica é o reforço do princípio da subsidiariedade como o outro lado da moeda do princípio da solidariedade: quando tudo é solidariedade, nada é solidariedade.

1. A exceção se fazendo regra

A relação entre Direito Penal e solidariedade vai muito além da afirmação de que, em matéria criminal, não há «responsabilidade solidária», ou seja, que ninguém pode ser punido por algo que outro fez: a sucessão ou transferência[9] da pena está excluída. Pois a legislação de vários países consagra algumas normas que incriminam, ainda dentro da lógica de proteção fragmentária e subsidiária de bens jurídicos,[10] o

[5] WITTGENSTEIN, Ludwig, *Tratado lógico-filosófico*. Tradução de M. S. Lourenço. 6. ed. Lisboa: Fundação Calouste Gulbenkian, 2015, p. 142.

[6] Creio ser desnecessário frisar aqui a importância das conexões entre o Direito Penal e a Filosofia.

[7] STEIN, Ernildo. Ir ao encontro e não tratar como objeto: educação nas raízes da solidariedade. In: *Revista Filosofazer* 21(2002), p. 18.

[8] CUNHA, Cyran Costa Carneiro da. Em busca da desobjetificação do humano e a função humano-pedagógica da música. In: VERAS, Dimas Brasileiro (Org.). *Sociedade e cultura sustentável. Práticas de ensino, pesquisa e extensão*. João Pessoa: IFPB, 2016, p. 116.

[9] Seja por imperativo do Estado, seja pela voluntária sub-rogação pessoal no castigo.

[10] Na teoria do Direito Penal é comum distinguir, em sede de legitimação, entre a tese da proteção de bens jurídicos (comumente vista como uma garantia cidadã nos sistemas democráticos) e a tese da mera violação de dever (geralmente associada a modelos mais totalitários). Para um panorama da discussão: LUZ, Yuri Corrêa da, *Entre bens jurídicos e deveres normativos*, São Paulo: IBCCRIM, 2013, p. 77 s., 135 s. Discutindo o exemplo histórico da preferência do Direito Penal nazista por uma lógica da simples infração do dever: RUIVO, Marcelo Almeida. Os crimes omis-

incumprimento de determinados deveres que impõem o agir solidário.[11]

Neste contexto, merecem destaque: *(i)* o *dever geral de auxílio*, que fundamenta a tipificação do crime de omissão de socorro; *(ii)* o *dever geral de sacrifício*, que fundamenta a causa de justificação materializada no estado de necessidade agressivo; *(iii)* e os *especiais deveres de garantia* decorrentes de instituições de conteúdo positivo, que impõem a construção (*facere*) de um mundo em comum com um determinado beneficiário, os quais fundamentam um relevante setor dos delitos omissivos impróprios. Isso sem falar no impacto que todos os deveres produzem na limitação do direito de se imiscuir na esfera jurídica alheia, como ocorre no *(iv)* estado de necessidade defensivo (inversão da cláusula de preponderância) e *(v)* na legítima defesa (restrições ético-sociais).[12]

Apesar da sua difundida aceitação na consciência jurídica da população, a legitimidade destes preceitos continua sendo objeto de discussão na doutrina especializada, até hoje não havendo propriamente um consenso.[13] Afinal, um Direito Penal de matriz liberal (edificado

sivos impróprios como delitos de violação de dever no nacional-socialismo. In: FARIA COSTA, José de Faria, *et al.* (Orgs.). *Estudos em homenagem ao Prof. Doutor Manuel da Costa Andrade*. Coimbra: Instituto Jurídico, 2017, p. 100 s. De qualquer modo, aquela segunda orientação não deve ser confundida com a teoria dos delitos de dever (*Pflichtdelikte*), enquanto doutrina que pretende operar na dogmática do concurso de agentes, utilizando a violação do dever apenas como critério de definição da *autoria* em determinado grupo de crimes (naqueles em que só pode ser autor quem está especialmente obrigado), por contraposição aos delitos regidos pelo critério do domínio do facto (*Herrschaftsdelikte*). Ainda a propósito da relação entre omissão e nazismo, veja-se o que adiante se diz, na nota 37.

[11] Sobre o evoluir histórico da noção de solidariedade no Direito Penal: SEELMANN, Kurt. Ideengeschichte des Solidaritätsbegriffs im Strafrecht. In: von HIRSCH, Andreas, *et al.* (Hrsg.). *Solidarität im Strafrecht. Zur Funktion und Legitimation strafrechtlicher Solidaritätspflichten*. Baden-Baden: Nomos, 2013, p. 35 s.

[12] Para a sistematização destas situações, com referências: MOURA, Bruno de Oliveira. *Ilicitude penal e justificação. Reflexões a partir do ontologismo de Faria Costa*. Coimbra: Coimbra Editora, 2015, p. 195 s., 204 s., 256 s., 399 s. Cumpre notar que no estado de necessidade *defensivo* a justificação da conduta salvadora se baseia no princípio da autonomia: o titular do âmbito de organização do qual emana perigo para a esfera jurídica alheia deve assegurar que esta ameaça não se consumara em dano, sendo prioritariamente seu o dever de suportar a ação de salvação (responsabilidade do perturbador). Também aqui funciona o princípio da solidariedade, mas agora com um papel diverso: enquanto no estado de necessidade agressivo ele *fundamenta* o direito de intervenção, obrigando a vítima da conduta salvadora a suportar a intromissão, no estado de necessidade defensivo ele *limita* o alcance da intrusão, obrigando o sujeito em perigo a omitir a ação de salvaçao quando o interesse que ele visa proteger for essencialmente inferior. Ou seja, enquanto no estado de necessidade agressivo o devedor do sacrifício é o terceiro inocente, no estado de necessidade defensivo o devedor do sacrifício é o potencial autor da intervenção salvadora.

[13] Com forte crítica, inspirado pela tradição liberal iluminista, resgatando a distinção entre *iustitia* e *caritas*: SEELMANN, Kurt. Solidaritätspflichten im Strafrecht? In: JUNG, Heike, *et al.* (Hrsg.). *Recht und Moral*. Nomos: Baden-Baden, 1991, p. 298 s., 302 s., onde considera que reconhecer uma solidariedade relevante no Direito Penal é atentar contra: *(i)* o imperativo de prote-

sobre o princípio da autodeterminação individual) é tendencialmente avesso à consagração legal de *deveres de ação* em benefício de outrem. Historicamente, o Código Penal é a "casa dos delitos comissivos", de tal modo que "os delitos omissivos e com eles os deveres ativos de solidariedade" só foram sendo reconhecidos aos poucos e em termos bem restritos.[14] Até porque, em princípio (abstratamente), no plano da valoração social, fazer algo de errado é mais grave (desvalioso) do que deixar de fazer algo correto.[15] O mesmo vale para o *dever de tolerância* que alicerça o efeito justificante do estado de necessidade agressivo.[16]

Contudo, no debate atual, a peculiar força de apelo (quase cívico) da solidariedade (derivada da sua suposta pretensão de autoevidência) parece facilitar o jogo de fundamentação, aliviando o ônus de legitimação. De certo modo, quem invoca aquela noção tem em seu favor um trunfo argumentativo que deixa o seu interlocutor em maus lençóis: moralmente falando (na estética das virtudes), é feio negar a solidariedade, enquanto veículo de empoderamento do outro. Sobretudo na era do «politicamente correto». Logo, não surpreende que a bandeira da solidarização seja utilizada como *slogan* não apenas no campo da ética cotidiana e na discussão das políticas sociais,[17] mas também na narrativa jurídica.

Talvez o exemplo mais famoso seja a abordagem dos direitos de solidariedade como terceira geração de direitos fundamentais, indutores da formação (*inter alia*) de deveres ecológicos orientados por um princípio de "solidariedade entre as gerações".[18] Também cabe mencionar, no cenário da última crise econômico-financeira que afetou a

ção da liberdade, já que o dever de agir restringe mais que o dever de omitir; *(ii)* a exigência de determinabilidade, uma vez que o obrigado precisa reservar uma ampla margem de jogo para a prestação de ajuda; *(iii)* o requisito de universalização do Direito, pois as instituições especiais não são generalizáveis.

[14] JOERDEN, Jan C. Solidaritätspflichten und Strafrecht. In: von HIRSCH, Andreas, *et al.* (Hrsg.). *Solidarität im Strafrecht. Zur Funktion und Legitimation strafrechtlicher Solidaritätspflichten.* Baden-Baden: Nomos, 2013, p. 60, sem recusar, todavia, os deveres jurídico-penais de solidariedade.

[15] MOORE, Michael. *Act und crime*, Oxford: Oxford University Press, 1993, p. 58 s. No estrito âmbito da temática aqui discutida, veja-se a indicação abaixo, na nota 29.

[16] A dificuldade de legitimação não desaparece quando o estado de necessidade agressivo passa a ser explicado apenas com um princípio de (limitada) compensação de interesses, pelo qual a evitação de um dano maior justifica a imposição de um dano menor. Pois também neste quadrante teórico se reconhece que um semelhante esquema de liquidação (acerto entre ativos e passivos) não é nenhuma imanência lógica do Direito. Cf. HRUSCHKA, Joachim. *Strafrecht nach logisch-analytischer Methode.* 2. Aufl. Berlin: Walter de Gruyter, 1988, p. XV,112 s.

[17] A este propósito já se chegou a afirmar que a solidariedade se tornou o "*vademecum* da política distributiva": BRAND, Jürgen. Solidarität und Identität. In: *Frankfurter Allgemeine Zeitung* de 18.4.2007, consultável em https://www.faz.net/aktuell/politik/die-gegenwart-1/zukunft-des-sozialstaats-solidaritaet-und-identitaet-1435778.html (acesso em 2.2.2020).

[18] Alínea *d)* do nº 2 do art. 66º da Constituição Portuguesa.

Europa, a introdução legal de tributos provisórios que demandavam dos pensionistas com rendimentos mais elevados um adicional esforço contributivo em benefício da coletividade, tendo ficado conhecida, no caso português, a denominada "contribuição extraordinária de solidariedade" (CES), que vigorou entre 2011 e 2016,[19] ultrapassando os duros anos da *Troika*.[20]

Por outro lado, não será exagero dizer que a crescente mobilização discursiva da solidariedade, quase sempre associada ao conceito de *responsabilidade*,[21] não se tem feito acompanhar pela correspondente teorização sobre a substância nela envolvida. Quando muito, o seu sentido é construído a partir da recusa de uma fundamentação utilitarista das normas que enunciam deveres de salvamento e de tolerância.[22] Não por acaso, é frequente dizer que a solidariedade não passa de um estandarte ideológico que se esgota na afirmação tautológica de que o obrigado a acudir o outro deve ajudar porque deve ajudar.[23]

Se a solidariedade é uma categoria indeterminada e ambígua, verdadeira "fórmula mágica"[24] que inutiliza a abordagem jurídica da

---

[19] A tributação provisória chegou a passar pelo crivo do Tribunal Constitucional português, que declarou a sua não inconstitucionalidade. De resto, convém não esquecer que a própria obrigação geral de pagar impostos é um dever fundado na solidariedade (infra, tópico 4). E que a solidariedade também exerce um papel central no sistema de segurança (previdência) social, valendo aqui uma lógica de repartição, em detrimento de uma lógica de capitalização. A este propósito, veja-se ainda o art. 63º da Constituição Portuguesa. No art. 1º desta mesma Lei Fundamental igualmente se assinala que Portugal é uma república empenhada na construção de uma sociedade livre, justa e solidária.

[20] O Memorando de Entendimento sobre as Condicionalidades de Política Económica, celebrado em 17 de maio de 2011, entre o Governo Português, o Fundo Monetário Internacional, a Comissão Europeia e o Banco Central Europeu, teve efeitos até 4 de maio de 2014, data em que o Governo Português anunciou a imediata saída do programa de resgate financeiro.

[21] Entre outros: CASTANHEIRA NEVES, António. Pessoa. Direito e Responsabilidade. In: *Revista Portuguesa de Ciência Criminal* 6 (1996), p. 11, embora compreendendo a solidariedade (p. 43) como sentimento (humano) que está fora da responsabilidade (jurídica), porquanto "o amor está para além da justiça e consuma-a" (compare-se, entretanto, a diferente abordagem referida infra, na nota 31). Noutra direção, com uma orientação juridicamente inclusiva: BRONZE, Fernando José. A responsabilidade hoje. Algumas considerações introdutórias. In: ALVES CORREIA, Fernando, *et al.* (Orgs.). *Estudos em homenagem ao Prof. Doutor José Joaquim Gomes Canotilho*. Vol. I. Coimbra: Coimbra Editora, 2012, p. 189 s., onde assinala (p. 190) o carácter relacional da "igualizadora solidariedade que integrativamente comunitariza", ligando (p. 198 e 199) a "ética da responsabilidade solidária" à emergência do "Estado prevenção e (em especial) do "Estado de Direito do Ambiente".

[22] CONINX, Anna. Zufall und Verteilungsgerechtigkeit. Grundlagen für eine kontraktualistiche Begründung von rechtlichen Solidaritätspflichten in Notstandssituationen. In: von HIRSCH, Andreas, *et al.* (Hrsg.). *Solidarität im Strafrecht. Zur Funktion und Legitimation strafrechtlicher Solidaritätspflichten*. Baden-Baden: Nomos, 2013, p. 190.

[23] PAWLIK, Michael. Solidarität als strafrechtliche Legitimationskategorie: das Beispiel des rechtfertigenden Aggressivnotstandes. In: *Jahrbuch für Recht und Ethik* 22 (2014), p. 143.

[24] KÜHL, Kristian. Freiheit und Solidarität bei den Notrechten. In: WEIGEND, Thomas; KÜPPER, Georg (Hrsg.). *Festschrift für Hans Joachim Hirsch*. Berlin: Walter de Gruyter, 1999, p. 266, ali discutindo as limitações da filosofia prática da tradição kantiana.

sua matricial exortação da *solidez*[25] como atributo de um corpo denso, cujas partes se movem conjuntamente numa mesma direção, o risco de uma manipulação retórica parece evidente: aquilo que durante muito tempo foi visto como uma categoria de exceção, atento o princípio da subsidiariedade, agora está próximo de se tornar a regra, em completa subversão da sua relação com a ideia de autonomia individual.[26] Sem aqui entrar no exame minucioso das variáveis filosóficas da moderna gramática de solidarização,[27] cabe pelo menos apresentar uma fotografia da sua relevância como estrutura de compreensão de *uma parte* importante do Direito Penal.

2. Graus da solidarização juridicamente devida

Uma análise da solidariedade enquanto *categoria jurídica* com relevância no campo do Direito Penal requer algum distanciamento em relação à difundida abordagem – geralmente ilustrada pela parábola bíblica do bom samaritano – que trata a solidarização como *sentimento ou disposição* de empatia, compaixão ou misericórdia ou ainda como *imperativo moral* de caridade ou amor ao próximo.[28]

Primeiro, porque o Direito Penal (como qualquer outro ramo do Direito) não deve se preocupar com a tutela de estados de ânimo, por mais nobres que sejam. Sustentar o contrário (buscando, *v. g.*, uma intenção altruísta ou de abnegação),[29] é cair no pantanoso terreno da atitude interna: por força do princípio da neutralidade, os motivos da

[25] OTTO, Harro. Solidarität als Rechtsbegriff. In: HEGER, Martin, *et al.* (Hrsg.). *Festschrift für Kristian Kühl*. München: Beck, 2014, p. 333 e 334, ali sistematizando (p. 344 s.) diferentes significados que o conceito assume nos mais diversos contextos da filosofia social: "solidariedade como irmandade geral", "solidariedade como unidade social", "solidariedade como legitimação do Estado social" e "solidariedade como solidariedade de interesses".

[26] Para uma detida análise das relações entre a autonomia do eu e a solidariedade do outro, com destaque para o papel de ambos os princípios na sistematização das causas justificantes: WILENMANN, Javier. *Freiheitsdistribution und Verantwortungsbegriff. Die Dogmatik des Defensivnotstands im Strafrecht*. Tübingen: Mohr Siebeck, 2014, p. 34 s.

[27] Examinando algumas linhas da sua conexão filosófica com a ideia de solidariedade: RENZIKOWSKI, Joachim. Solidarität in Notsituationen. Ein historischen Überblick von Thomas v. Aquin bis Hegel. In: von HIRSCH, Andreas, *et al.* (Hrsg.). *Solidarität im Strafrecht. Zur Funktion und Legitimation strafrechtlicher Solidaritätspflichten*. Baden-Baden: Nomos, 2013, p. 13 s.

[28] Para um recente exemplo desta tendência, embora com a inicial proposta de estudar a solidariedade como valor jurídico: PERES, Tatiana Bonatti. Solidariedade e a sociedade moral. In: *O Direito* 148 (2016), p. 865 s., 880 s.

[29] É curioso que, na sua origem romana, enquanto instituto de Direito Civil, a «obrigação solidária» era exclusivamente fundada no princípio da livre vinculação recíproca, como mostra a história das alianças de proteção que garantiam o *mutuum auxilium* entre os associados, por exemplo, em caso de catástrofe que viesse a prejudicar a produção de agricultores ou a atividade de comerciantes (sociedades mutualistas), o mesmo valendo para a instituição do seguro. Tudo isso evidencia que a solidariedade, juridicamente compreendida, não tem nada a ver com o sen-

conduta são irrelevantes quando a mesma é objetivamente lícita.[30] Segundo, porque a distinção entre Direito Penal e Moral é uma herança que merece ser defendida, sob pena de diluição da raíz da juridicidade.[31]

Neste quadro e recordando os *tria praecepta iuris* do Direito romano,[32] é ao abrigo da evolução da regra *suum cuique tribuere* – posteriormente enriquecida pela doutrina social da tradição cristã – que o discurso da solidarização se desenvolve nos sistemas jurídicos modernos.[33] Com a erupção da filosofia iluminista e o alargamento daquele preceito foi possível falar, pela primeira vez, num conceito de solidariedade, no sentido que esta expressão hoje assume, como evolução semântica e pragmática do seu antecessor mais imediato, o conceito de fraternidade (terceiro elemento do lema da Revolução Francesa).

Desde então, reivindicando uma lógica de justiça distributiva, o *suum cuique tribuere* abriu margem para a assimilação de exigências de engajamento recíproco que ganharam densidade comunitária no início da idade contemporânea, assim se preparando o terreno para o avanço da igualdade material – dar a cada um conforme as suas necessidades e na medida do possível – e o advento do Estado social. Apesar disso, a história mostra que, no espartilho da tradição liberal, as pretensões de solidariedade sempre tiveram problemas para ultrapassar o estatuto panfletário de uma mera declaração de intenção.[34]

---

timento de caridade ou misericórdia: o seu elemento constitutivo e delimitador é o princípio do consenso (real ou presumido). Veja-se: OTTO, Harro. *Festschrift für Kristian Kühl*, p. 349 e 350.

[30] Contra esta leitura motivacional ou emocional da solidariedade: von der PFORDTEN, Dietmar. Zur Rechtfertigung von Hilfeleistungspflichten. In: von HIRSCH, Andreas, *et al.* (Hrsg.). *Solidarität im Strafrecht. Zur Funktion und Legitimation strafrechtlicher Solidaritätspflichten*. Baden-Baden: Nomos, 2013, p. 104 s., ali também enfatizando a premissa da análise jurídica da solidariedade: em princípio (abstratamente), os deveres de prestar ajuda são mais fracos que os deveres de omissão, embora essa relação possa ser invertida no caso concreto. Por exemplo (p. 108): o dever de salvar a vida de alguém será mais forte que o dever de não transmitir ao sujeito em perigo o vírus de um resfriado.

[31] Distinção que não implica uma separação: nada impede (na verdade, tudo aconselha) que o Direito seja moralmente fundado, pelo menos se por «moral» entendermos, neste contexto, não os critérios que definem o «bom» e o «mau» subjetivos, mas o horizonte da atuação da pessoa como ser livre.

[32] Na síntese da famosa máxima de Ulpiano (Digesta Iustiniani 1.1.10): "*Iuris praecepta sunt haec: honeste vivere, alterum non laedere, suum cuique tribuere*".

[33] Por todos: CASTANHEIRA NEVES, António. *Digesta*. Vol. I. Coimbra: Coimbra Editora, 1995, p. 414: enquanto implicação jurídica positiva do princípio da responsabilidade, a solidariedade se traduz "quer na actuação jurídica dos sujeitos pela mediação dos quadros institucionais do todo comunitário, quer na actuação jurídico-institucional do todo comunitário perante os sujeitos – é o domínio e a manifestação da justiça distributiva: *suum cuique tribuere*".

[34] Historicamente, enquanto algo que transcende a "*mutua fides*" ou "*mutua sponsio*", a moderna *ideia* de solidariedade [do latim antigo *solidare* = (unir de maneira sólida) e do novo latim *solidaritas*] ganha corpo com o cristianismo. Mais especificamente com a crença, fundada no Segundo

Uma boa parte destes empecilhos vinha da filosofia kantiana. Com efeito, segundo esta orientação, apenas os *deveres negativos* – obrigações de contenção (*non facere*), colocadas ao serviço da autoconservação moral do indivíduo e da manutenção das posições jurídicas dos seus concidadãos – pertencem ao campo da doutrina do Direito. Diversamente, os *deveres positivos* – obrigações de expansão (*facere*), estabelecidos tanto para o autoaperfeiçoamento pessoal quanto para o alargamento do espaço de ação alheio – transitam somente na arena da doutrina da virtude, enquanto deveres para consigo mesmo.[35]

Testamento e reconhecida pela Igreja Católica (com projeção direta na teoria social do catolicismo), de que o centro de gravidade da religião não está tanto na dependência da revelação de Deus, mas na dependência do agir do ser humano (assumida a sua natural sociabilidade), ou seja, na sua tarefa de construir um mundo em comum com os seus semelhantes, enquanto membros da grande família humana, um mundo terreno que deveria ser o mais próximo possível do mundo de Cristo. Daí se falar, mais recentemente, num «sentido de solidariedade internacional», uma narrativa que recorda de perto a imagem aristotélica do *zoon politikon*. O mais curioso é que o termo *solidariedade* não chega a aparecer no Novo Testamento, sendo uma criação do socialismo pré-marxista. Antes disso, o que havia era um estreito parentesco o com a noção cristã de caridade (*caritas* = amor ao próximo) e com os equivalentes profanos que inspiraram a Revolução Francesa (*v.g.*, simpatia, fraternidade), os quais muito depois viriam a alimentar o modelo do Estado de bem-estar social. De qualquer modo, terá sido mesmo na França, com os chamados "primeiros socialistas", como Claude Henri de Saint-Simon (1760-1825) e Pierre-Joseph Proudhon (1809-1865), que o conceito de *solidarité* alcançaria o foro da discussão política, repercutindo posteriormente no "solidarismo francês" do final do século XIX, representado por nomes como Alfred Fouillée (1838-1912) e León Bourgeois (1851-1925). Em paralelo, uma evolução parecida acontecia no seio das ciências sociais, onde a lógica de solidarização também se fez sentir no positivismo de Auguste Comte (1798-1857), chegando finalmente (na sua expressão mais bem acabada) à teoria da divisão do trabalho de Émile Durkheim (1858-1917), com a conhecida distinção entre solidariedade mecânica e solidariedade orgânica. No final das contas, mais que uma nova nomenclatura para designar uma substância antiga, a atual noção de solidariedade se apresenta como um conceito de resistência que reivindica a igualdade material, vista como justiça comutativa ou compensatória, prometida e ansiada do contexto da superação da igualdade formal de matriz liberal. Foi assim que ela ingressou no campo da ética laboral, dando origem às associações profissionais (aperfeiçoamentos das antigas corporações de ofício) e nas associações mutualistas (instituições de proteção social complementar). E alcançou arena do Estado democrático, com a organização dos partidos políticos, com limites à autonomia da vontade no plano contratual e com expressão no sistema previdenciário. Por ter avançado a partir de uma lógica de interesse de grupo, esta concepção ainda hoje enfrenta sérias dificuldades para se desligar do discurso de combate radical (neutralização ou aniquilação) do inimigo, algo típico do ideário da «luta de classes», que só conhece uma lógica unilateral de imposição ou triunfo, não uma lógica de composição ou cooperação. Sobre tudo isso, sublinhando as bases do solidarismo católico: BARTH, Heinz-Lothar. *Solidarität und Subsidiarität. Zwei Grundprinzipien der katholischen Gesellschaftslehre und ihre Mißachtung in der heutigen Politik*, Neunkirchen-Seelscheid: Civitas Institut, 2008, p. 9 s., 13 s., onde deixa clara uma ligação com a *Sorge* heideggeriana (p. 10), ao encontrar a raiz da solidariedade no "crescente cuidado pessoal pela qualidade da nossa comunidade". Ali também se esclarece por que razão o protestantismo demoraria a dar um maior espaço para a solidariedade (p. 16 s.): num ambiente reformista marcado por um forte individualismo e pela ética capitalista da predestinação, os protestantes levaram tempo para formar uma verdadeira comunidade eclesiástica. De facto, não custa recordar: enquanto instituição mediadora de prosperidade, a Igreja Protestante é uma criação do século XX.

[35] Nesse sentido, com a distinção entre deveres jurídicos e deveres éticos ou de virtude: KANT, Immanuel. *Metaphysik der Sitten* (edição de J. H. v. Kirschmann), Leipzig: Dürr'schen Buchhandlung, 1870, p. 41 s., 210 s., onde rejeita (p. 37 e 38) inclusive a existência de um direito de

Seja como for, uma separação tão rígida entre as duas esferas da metafísica dos costumes nunca foi alcançada, nem mesmo na estrita concepção kantiana. Pois também ali a juridicidade vai além da mera exigência de respeito ao *status quo ante*, reconhecendo obrigações que impõem a produção de um novo estado de coisas. De facto, por exemplo, aquela leitura coloca na teoria do Direito não só o dever de assistência dos pais em relação aos filhos, mas também o dever de abandonar o estado de natureza e ingressar no estado civil.[36]

A despeito disso, o certo é que a tradição liberal ofereceu um importante parâmetro de partida: quanto maior for o peso dado ao valor da individualidade no seio de um determinado marco cultural, maiores serão os obstáculos para legitimar o imperativo de solidarização. Numa cultura que vê na autonomia individual o valor mais elevado, a solidariedade tem (quando muito) uma existência teorética e prática marginal.

Basta observar como o Direito da previdência (segurança) social desempenha um papel periférico nos sistemas jurídicos mais liberais. Na verdade, a institucionalização da solidariedade é vista como uma ameaça ao direito de autodeterminação (autorrealização) do indivíduo, carregando sempre a marca da heteronomia e a suspeita de despotismo. Afinal, ao invés de envolver a defesa da liberdade externa do cidadão, o solidarismo postula a renúncia à fruição dos próprios direitos em benefício de outras pessoas ou da comunidade. Não por acaso, os deveres de solidariedade estão sujeitos a uma especial pressão de justificação.

Obviamente, este constrangimento argumentativo não é uma constante, mas uma variante que oscila conforme a carga de individualismo presente nas diversas sociedades.[37] Independentemente disso, mesmo nos ambientes mais amigos da solidariedade é possível observar uma clara prioridade dos deveres de não ingerência na esfera jurídica alheia em face dos deveres de envolvimento na construção de um mundo em comum com um beneficiário determinado ou determinável. Isso fica especialmente claro no Direito Penal.

Nesta premissa, de acordo com a opinião corrente, há dois níveis de solidariedade relevantes na teoria do delito. Por um lado, existe a

---

necessidade (*jus necessitatis*), ao entender que a impunibilidade subjetiva, em virtude da circunstancial falta de eficácia dissuasora da proibição, não pode ser confundida com uma impunibilidade objetiva, que vê a conduta como algo conforme à lei: não há nenhuma necessidade capaz de legalizar a injustiça.

[36] PAWLIK, Michael. *Jahrbuch für Recht und Ethik* 22 (2014), p. 137-139.

[37] BAYERTZ, Kurt. *Aktuelle Fragen der Rechtsphilosophie* (cit.) p. 86.

solidariedade *mínima* (comum ou geral), exigida de todos os cidadãos, ocupa um lugar central no crime de omissão de auxílio[38] e na causa de justificação do estado de necessidade agressivo. Na primeira hipótese, a violação de um *dever de salvar* uma pessoa que se encontra numa situação de perigo para a vida, a integridade física ou a liberdade é a razão de fundo que legitima a punição do obrigado.[39] Mas isso apenas na medida do que for *exigível* ao agente, nas concretas circunstâncias do caso.

No segundo cenário, cada um tem o *dever de tolerar* uma intervenção nos seus próprios bens jurídicos, embora não seja responsável pela situação de perigo que ameaça o autor da intromissão ou um terceiro cuja proteção se pretende. Aqui surge um genuíno dever de sacrifício: o obrigado tem de permitir que os seus recursos sejam utilizados por outra pessoa, que atua para evitar um mal maior, situacionalmente definido através de uma ampla ponderação dos interesses em confronto. Mas isso apenas na medida do *necessário* para o afastamento da ameaça, ou seja, se o perigo não puder ser afastado de outro modo.

Por outro lado, há também uma solidariedade *especial* ou *qualificada*, que surte efeitos na dogmática dos crimes omissivos impróprios, legitimando a imposição da pena ali onde o autor viola um *dever de garante* (da não ocorrência do resultado) baseado em instituições sociais bastante específicas, como o matrimônio, a relação de paternidade ou maternidade, as estreitas comunidades de vida e as comunidades de risco. Embora operem no âmbito da omissão imprópria, os deveres de

---

[38] Cumpre recordar que, no sistema jurídico alemão, a tipificação do crime de omissão de socorro foi criada durante o período do nacional-socialismo, através de uma norma que introduziu o então § 330c do StGB. Após a queda Terceiro Reich, o dispositivo chegou a ser examinado pelo Tribunal Constitucional alemão, que concluiu pela sua não inconstitucionalidade. Sobre o debate da altura: GALLAS, Wilhelm. Zur Revision des § 330c StGB. In: *Juristen Zeitung* 7 (1952), p. 396 s., ali já falando (p. 396) numa "recíproca dependência" geradora da "necessária solidariedade entre todos os membros da comunidade jurídica". De qualquer modo, os problemas de legitimação do tipo penal, que definia o dever de amparo com a famigerada cláusula "segundo o sadio sentimento do povo", levaram a uma reforma legislativa que, em 1953, deu nova redação ao preceito, cujos termos foram preservados no nº 1 do § 323c do Código Penal vigente. Sendo certo que hoje quase não se invoca a origem histórica da incriminação como argumento em desfavor da sua legitimidade. Na verdade, no Direito Penal atual há um consenso no sentido de que a solidariedade não é o bem jurídico protegido no tipo do crime de omissão de auxílio, mas apenas o meio pelo qual se consegue a proteção da vida, da integridade física ou da liberdade de outra pessoa. Sobre o delito de omissão de socorro como caso paradigmático da ofensa ao bem jurídico através do ~~não-impedimento da continuidade na exposição~~ a perigo: D'AVILA, Fabio Roberto. *Ofensividade e crimes omissivos próprios. Contributo à compreensão do crime como ofensa ao bem jurídico.* Coimbra: Coimbra Editora, 2005, p. 338 s.

[39] CORREIA, Eduardo. Actas das Sessões da Comissão Revisora do Projecto da Parte Especial do Código Penal. In: *Boletim do Ministério da Justiça* 288 (1979), p. 33, onde se refere a "um dever jurídico de solidariedade social. O amor do próximo é um dever moral tão altamente valorado pela civilização cristã que não pode constituir surpresa a sua relevância no direito criminal, desde que se respeitem os limites devidos".

asseguramento que decorrem da ingerência (conduta prévia geradora de perigo) ou da assunção voluntária de uma posição de guardião (contratual ou não) não se fundam na solidariedade, mas na autonomia do próprio obrigado.[40]

3. Solidariedade contratualizada a longo prazo

Em paralelo com esta classificação correm dois contextos de fundamentação jurídica da solidariedade. O primeiro vale onde a solidarização é desde o início compatível com o princípio da autonomia. Esta via abrange as situações em que o dever de construir um mundo em comum com o outro pode ser reconduzido à vontade do próprio obrigado, externalizada através de uma conduta por ele realizada no *campo prévio*.

Neste horizonte, é o comportamento antecedente que legitima, enquanto genuína expressão do seu querer livre e responsável, a expectativa de solidariedade sobre o seu autor. É o que acontece, *v.g.*, nos deveres de assistência que resultam de um vínculo contratual sujeito a regras imperativas, do ingresso numa profissão que envolve a gestão de interesses alheios (públicos ou privados), da opção de casar e da decisão pelo papel de pai ou mãe.

Nestes casos, ao se apoiar num *concreto* ato de escolha do obrigado, a obrigação emerge como *efetiva* manifestação da dignidade daquele que se vincula espontaneamente: quem se autodetermina resolve agir segundo as suas próprias convicções e finalidades, devendo apenas suportar as consequências da sua autodeterminação: em última instância e por definição, o conteúdo da sua conduta segue imune a uma predefinição exterior.[41]

Por conseguinte, a fundamentação da solidariedade não suscita grandes embaraços neste cenário. Todavia, o mesmo já não se pode dizer relativamente aos deveres positivos que não dependem de um *real* comportamento prévio do obrigado. Uma maneira de colocar a solidarização em harmonia com a autorrealização do indivíduo seria recorrer à padronização de um interesse comum verificável empiricamente (em termos probabilísticos-estatísticos) ou imputável normativamente (com a suposição da figura do cidadão racionalmente orientado).

[40] SEELMANN, Kurt. *Recht und Moral* (cit.), p. 296.

[41] PAWLIK, Michael. *Jahrbuch für Recht und Ethik* 22 (2014), p. 140.

Esta comunhão só poderia ser cimentada através de um modelo de comprometimento (via persuasão discursiva) que se relaciona com a legítima expectativa de latente reciprocidade. Assim, para justificar a solidarização, bastaria convencer o obrigado sobre o que ele ganha com isso: um sujeito racional terá uma maior disposição para a solidariedade se, na situação inversa, ou seja, quando ele próprio necessitar de assistência, puder contar com a ajuda vinda de outrem. No extremo, haveria uma "solidariedade contratualística",[42] enquanto acordo nos moldes de um seguro social, em função do benefício mútuo: cada indivíduo tem uma boa razão para renunciar ao seu interesse a curto prazo e promover uma comunidade que sirva aos interesses recíprocos a longo prazo, o que inclui a eventualidade de ele próprio vir a se encontrar numa situação de necessidade e usufruir do auxilio alheio.

Todavia, com esta formulação a solidariedade deixa de ser um fundamento autónomo da juridicidade para se apresentar como porta-voz de um individualismo do tempo longo.[43] Com efeito, neste enquadramento teórico, o agir solidário está muito mais próximo de uma "solidariedade de luta", vista como solidarização em virtude do interesse individual e da disposição do grupo para a sua autoafirmação perante classes inimigas,[44] do que de uma "solidariedade de comunidade", entendida como solidarização antiutilitarista que se estabelece não pelo antagonismo de classe, mas pela partilha da gestão de tarefas e riscos cuja exitosa administração requer um empenhamento cooperativo.[45]

Além disso, a racionalidade instrumental (análise de custo-benefício) típica do modelo utilitarista *não fundamenta, mas apenas limita* a exigência de solidariedade. Prova disso é a cláusula de sensível preponderância, vertida no regime legal da causa de justificação por estado de necessidade agressivo.[46] Se fosse um imperativo de prudência no sentido da maximização de utilidades,[47] o comando de solidarie-

---

[42] SALIGER, Frank. Kontraktualistische Solidarität. Argumente des gegenseitigen Vorteils. In: von HIRSCH, Andreas, *et al.* (Hrsg.). *Solidarität im Strafrecht. Zur Funktion und Legitimation strafrechtlicher Solidaritätspflichten.* Baden-Baden: Nomos, 2013, p. 63, onde vê neste tipo de abordagem uma solidarização "anti- ou pós-metafísica".

[43] BAYERTZ, Kurt. *Aktuelle Fragen der Rechtsphilosophie* (cit.) p. 88 e 89.

[44] No âmbito do marxismo, por exemplo, foi a igualdade de interesses dentro da classe operária que edificou a solidariedade no universo do proletariado.

[45] Propondo a distinção: BAYERTZ, Kurt. Begriff und Problem der Solidarität. In: IDEM (Hrsg.). *Solidarität. Begriff und Problem.* Frankfurt: Suhrkamp, 1998, p. 48 s.

[46] Art. 34º, alínea *b)*, do Código Penal Português.

[47] Nesta direção, entretanto, com o artificial argumento de que a solidariedade fundada num imperativo de prudência não é propriamente o fundamento que legitima o estado de necessidade defensivo, mas apenas a *ratio legis* da norma, já que ninguém pode prever qual o papel poderá

dade não seria mais do que uma simples recomendação ou conselho. Significaria uma mera incumbência (ônus ou encargo), com escassa vocação para a prevenção geral negativa (dissuasão dos potenciais criminosos). Embora ofereça ao cidadão um importante motivo para concordar – seja em termos de internalização do valor, seja na perspectiva da aprovação política – com a institucionalização da solidariedade, a lógica prudencial não consegue alicerçar este processo.[48]

4. Um teste a partir da fundamentação onto-antropológica

Outra forma de reduzir o déficit de legitimação dos deveres de solidariedade que não dependem de uma prévia conduta de efetiva aceitação do obrigado seria aumentar, por assim dizer, o seu coeficiente de proximidade social, isto é, a sua carga de referência comunitária. Afinal, quando a lógica da solidariedade é concebida como algo que está mais perto de nós do que podemos imaginar, ou seja, que se faz presente não só em determinadas instituições especiais, mas também nas relações mais comuns e abrangentes do cotidiano, a discussão em torno da sua relevância jurídico-criminal sofre um interessante redimensionamento.

O que talvez pudesse ajudar a superar as considerações emocionais e intuitivas que dificultam o seu posicionamento nos quadros da argumentação corrente. Um bom candidato para esta hipótese de trabalho seria a compreensão onto-antropológica do Direito Penal, designadamente a ideia heideggeriana de que o estar no mundo (*Dasein*) se dá através da existência comunitária, o que implica uma interdependência recíproca que molda ser-aí como ser-com-o-outro (*Mitsein*).[49] Afinal, falar em solidariedade é falar no "cuidado para com um outro ser humano".[50] Para analisar, *neste contexto e com este propósito*, a capacidade de rendimento desta abordagem, proponho o seguinte exercício de construção.

---

assumir (como alguém obrigado ao sacrifício ou alguém autorizado a intervir na esfera alheia) numa eventual situação de necessidade: CONINX, Anna. *Das Solidaritätsprinzip im Lebensnotstand. Zufall, rationale Entscheidung und Verteilungsgerechtigkeit*. Bern: Stämpfli, 2012, p. 21 s., 33 s., 101 s., também nos quadros do neocontratualismo social.

[48] Para estes dois pontos de crítica: PAWLIK, Michael. *Jahrbuch für Recht und Ethik* 22 (2014), p. 149 e 151, situando aquele raciocínio no contexto da responsabilidade pelo comportamento prévio.

[49] Assim relacionando a analítica existencial heideggeriana ao princípio da solidariedade: ASSUNÇÃO, Maria Leonor. *Contributo para a interpretação do artigo 219º do Código Penal. O crime de omissão de auxílio*. Coimbra: Coimbra Editora, 1994, p. 47 (nota 134) e 49.

[50] CONINX, Anna. *Solidarität im Strafrecht* (cit.), p. 190.

Se o «eu», enquanto projeto inacabado, convoca invariavelmente e em reciprocidade o «outro», vale dizer, se o «ser-aí» é irremediavelmente frágil, "a segurança, a minha segurança, passa pela abertura *solidária* com que ‹eu› me ‹seguro› com os outros e pelos outros"[51] (itálico meu). Por conseguinte, cada pessoa é "necessariamente responsável perante o cuidar-se de si mesmo, como também o é perante o cuidar dos outros e o cuidar-se para com os outros", havendo então um "‹instante› irrepetível de subjectividade em que o ser-ai-diferente se revela na *solidariedade* com todos os outros"[52] (itálico meu).

A partir disso, seria possível projetar novas luzes sobre o arranjo da solidariedade, cabendo pensar, *ex hypothesi*, num sistema escalonado com três graus de solidarização. A solidariedade *mínima* (comum ou geral) deixaria de abranger a exigência geral de ajuda em situações de desamparo, passando a tematizar apenas o *alterum non laedere*. Por sua vez, solidariedade *estrita* (extrema ou especial) conservaria a sua íntima conexão com os deveres de sacrifício acrescido ou qualificado em virtude de uma relação de garantia independente de uma prévia conduta de real adesão do obrigado. Por fim, entre ambos os extremos de vinculação estaria agora uma solidariedade *limitada* (média ou intermediária), capaz de assimilar o dever geral de assistência exigível no crime de omissão de auxílio), bem como o dever geral de tolerância na versão agressiva do estado de necessidade justificante.[53]

Nesta escora, a negação da exigência de solidariedade já não seria uma *differentia specifica*, mas o *genus proximum* de todo o arranjo dos critérios de fundamentação da ilicitude. Por fazer da solidariedade uma categoria que soa familiar ao ouvido dos penalistas, este modelo teria a vantagem de neutralizar o tom pejorativo associado ao processo de solidarização. Se a disponibilidade para o agir solidário já não fosse um corpo estranho ou um categorial na sistemática dos deveres jurídicos com relevância criminal, ficariam dissipados os preconceitos que falam atavicamente contra a sua consagração no Direito Penal.

Todavia, convém perguntar se esta extensão da narrativa da solidarização ao campo da proibição de não prejudicar a esfera jurídica alheia não significa outra desnecessária vulgarização daquela ideia. Afinal, não há como pensar a solidariedade sem considerar (como o reverso da moeda) a sua limitação através do *princípio da subsidiarieda-*

---

[51] FARIA COSTA, José de Faria. *O perigo em Direito Penal. Contributo para a sua fundamentação e compreensão dogmáticas*. Coimbra: Coimbra Editora, 1992, p. 249.

[52] FARIA COSTA, José de Faria. *O perigo em Direito Penal* (cit.), p. 251, embora desta vez a propósito do princípio da culpabilidade.

[53] A terminologia consignada nesta tripartição se inspira na análoga distinção entre os três graus de acessoriedade (mínima, estrita e limitada) da participação em relação à autoria.

de.[54] Pelo menos na doutrina social católica do século XX é recorrente a afirmação de que a atuação solidária do Estado e de outras instituições é um contributo residual, um apoio que respeita a autorresponsabilidade do indivíduo[55] e que só pode ser exigido se houver razão para concluir que este não consegue assegurar, por sua iniciativa, o provimento dos recursos em questão.[56]

Assim, enquanto parâmetro de controle e aferição, o princípio da subsidiariedade envolve um juízo formal hipotético (prognose póstuma objetiva) que exclui a solidariedade quando – segundo a lógica do «faça você mesmo!», um conhecido lema das ciências econômicas[57] – os eventuais beneficiários da assistência podem garantir por si próprios, *se assim quiserem* (de modo eficaz para a ação), a prestação em causa: "*omne agens agendo perficitur*"[58] (tudo o que age aperfeiçoa suas capacidades no ato).

De resto, convém recordar que esta relação entre solidariedade e subsidiariedade é algo característico do Direito Público, como bem mostra o Direito Fiscal. Com efeito, ainda que o dever de pagar impostos tenha fundamento num dever geral de solidariedade,[59] tam-

---

[54] Ainda essencial na sistematização da relação entre solidariedade e subsidiariedade nos quadros da teoria social católica, não apenas em instituições mais gerais como a economia e o Estado, mas também em instituições mais específicas como a família e a igreja: NELL-BREUNING, Oswald von, *Baugesetze der Gesellschaft. Solidarität und Subsidiarität*, Freiburg: Herder, 1990, p. 22 s., 77 s., onde considera (p. 114) que a solidariedade e a subsidiariedade – as duas leis de construção da ordem social – não são apenas princípios ético-jurídicos, mas "princípios do ser", ou seja, categorias que definem a própria essência humana, aparecendo a solidariedade definida (p. 15 s.) como recíproca vinculação entre indivíduo e comunidade. Fica claro, nestas duas características do agir solidário, a correspondência com uma ontologia da relação. Sobre o ontológico relacional, com referências: MOURA, Bruno de Oliveira. *Ilicitude penal e justificação* (cit.), p. 34 s.

[55] Ao impedir que o perigo ou dano que afeta um bem jurídico próprio seja descarregado (socializado) em outra pessoa, o princípio da autonomia (na vertente da autorresponsabilidade) é o critério reitor da igual distribuição de esferas de liberdade. Assim, em contraponto com o princípio da solidariedade: RENZIKOWSKI, Joachim. *Notstand und Notwehr*. Berlin: Duncker & Humblot, 1994, p. 178 s

[56] BARTH, Heinz-Lothar. *Solidarität und Subsidiarität* (cit.), p. 18 s.

[57] FELD, Lars / KIRCHGÄSSNER, Gebhard. Omne agens agendo perficitur: the economic meaning of subsidiarity. In: HOLZMANN, Robert (Ed.). *Maastricht: Monetary Constitution Without a Fiscal Constitution?* Baden-Baden: Nomos, 1996, p. 195 s. De resto, não é por acaso que a solidariedade também pode ser encarada do estrito ponto de vista da economia, enquanto acontecimento fluido de troca (produção, transmissão e recepção) comunicacional e cultural que visa à autointegração social através da participação no mercado e do consumo de bens e serviços, o que reclama a inclusão dos economicamente excluídos (os "refugiados da economia"). Cf. DROESSER, Gerhard. Solidarität: nicht mehr Sitte und nicht nur moralischer Appel. In: *Jahrbuch für Recht und Ethik* 22 (2014), p. 18 e 21, onde também sustenta que a noção de autonomia não pode deixar de ser considerada pela noção de solidariedade (p. 22), com reflexo na ideia de subsidiariedade (p. 21): primeiro, cuidar de si mesmo; só depois, cuidar do outro.

[58] NELL-BREUNING, Oswald von, *Baugesetze der Gesellschaft* (cit.), p. 83 s.

[59] Para a contraposição material entre a solidariedade que explica o dever fundamental de pagar impostos (princípio da capacidade contributiva) e a autorresponsablidade que rege as taxas e

bém neste âmbito se verifica uma clara tensão com o princípio da autorresponsabilidade, que só pode ser superada com o reconhecimento do carácter subsidiário da ação social do Estado, *i.e.*, com a ideia de que este somente pode agir a título complementar, disponibilizando as condições que tornam viável o livre desenvolvimento da personalidade.

Por outras palavras, seguramente mais expressivas: "não podendo o Estado dar (realizar prestações sociais) sem antes receber (cobrar impostos), facilmente se compreende que, quanto menos ele confiar na autorresponsabilidade dos cidadãos relativa à satisfação das suas necessidades (autossatisfação), mais se descura o princípio da subsidiariedade, extremando-se num estado social paternalista preocupado, se não mesmo obcecado, no limite, com a realização da felicidade até ao pormenor (que incluirá os próprios tempos livres) dos indivíduos e, consequentemente, mais se onera a sua capacidade de prestação fiscal".[60]

Daí a desconfiança kantiana em torno da exigência de solidarização: a melhor forma de evitar um Estado despótico que trata adultos como crianças, é defender a autonomia do cidadão como alicerce antipaternalista da república.[61] Assim, se no Direito Penal tudo fosse solidariedade, o dever de auxílio[62] teria de existir mesmo nos casos em que o perigo decorre de uma decisão livre e responsável da

---

outros tributos bilaterais ou sinalagmáticos (princípio da causação ou aproveitamento): VASQUES, Sérgio. *O princípio da equivalência como critério de igualdade tributária*. Coimbra: Almedina, 2008, p. 17, 214, 369, onde resume (p. 620-621): "[o] imposto constitui um exercício de solidariedade, assentando na ideia de que cada um deve contribuir para o sustento da comunidade em que se integra independentemente do que dela recebe em troca".

[60] CASALTA NABAIS, José. *O dever fundamental de pagar impostos*. Coimbra: Almedina, 1998, p. 185 e 186, frisando que a autorresponsabilidade o cidadão pelo provimento do seu próprio sustento (p. 574) é a razão que explica a isenção fiscal relativa ao mínimo existencial (p. 515):"num estado fiscal, ancorado na ideia de que cabe a cada um a angariação dos seus próprios meios (económicos) de subsistência, angariação que constituição mesmo o pressuposto da oneração fiscal, hão-de ficar livres de tributação aquelas despesas que asseguram a própria existência humana (condigna) dos contribuintes e respectivas famílias, pois que, de contrário, verificar-se-ia uma total antinomia entre a primazia constitucional dada a essa autorresponsabilidade pelo ganha pão de cada um e a afectação fiscal do mínimo existencial". Na mesma obra se encontra interessante crítica (p. 55) a um entendimento juridicamente universalizante da solidariedade mínima, enquanto suposto arrimo de todos os deveres fundamentais, incluindo os deveres de abstenção que obrigam os cidadãos a se respeitarem mutuamente (não causar danos uns aos outros), visto como orientação incapaz de legitimar deveres ativos (como o dever de prestar serviço militar).

[61] MÜNCKLER, Herfried. Enzyklopädie der Ideen der Zukunft: Solidarität. In: BECKERT, Jens *et al.* (Hrsg.). *Transnationale Solidarität. Chancen und Grenzen*. Frankfurt: Campus, 2004, p. 18, também frisando a noção de independência enquanto autossatisfação (*sibisufficientia*). Ainda sobre a crítica kantiana ao Estado paternalista: BOBBIO, Norberto. *Direito e Estado no pensamento de Emanuel Kant*. Brasília: UNB, 1984, p. 136 s.

[62] Ou mesmo o dever de garante da não produção do resultado, dependendo da natureza do vínculo.

própria «vítima», por exemplo, quando se tratasse de um ato refletido e sério de suicídio (incluindo o cenário da greve de fome). O que seria desrespeitar o exercício da autonomia do outro: se alguém resolve se colocar em risco ou acabar com a própria vida, já não há uma situação de necessidade (infortúnio, acaso, desastre, acidente, calamidade, etc.) capaz de impor o agir solidário.[63] De tal modo que o afastamento do dever de socorro só poderia ser alcançado com preço da contradição interna do argumento.

Tampouco a fundamentação onto-antropológica deseja realmente postular a solidariedade como *genus proximum* dos critérios de ilicitude relevantes no Direito Penal.[64] Afinal, parece que as dúvidas podem ser afastadas com a constatação de que, na sua inspiração ético-social, a abordagem do cuidado-de-perigo nunca deixou de partir da autonomia do «eu» e do «outro» enquanto critério reitor da distribuição de esferas de liberdade, ali encontrando um núcleo de garantia absolutamente imune aos juízos de conveniência (ponderação de interesses) recomendados pelo princípio da proteção de bens jurídicos.[65] O que ganha confirmação[66] na defesa de uma concepção jurídico-penal de ato médico orientada não por um modelo hipocrático de legitimidade do exercício da medicina, mas por um modelo de autodeterminação do doente, onde o princípio da autonomia deve prevalecer inclusive sobre o princípio da beneficência (*salus aegroti suprema lex*).[67]

---

[63] Com efeito, a opinião dominante entende que a tentativa de suicídio de um sujeito imputável não entra no conceito de «infortúnio». O mesmo vale, naturalmente, para os casos de autolesão da integridade física ou da liberdade. Por todos: WOHLERS, Wolfgang. Unterlassene Hilfeleistung. KINDHÄUSER, Urs, *et al.* (Hrsg.). *Nomos Kommentar zum Strafgesetzbuch.* Band II. 3. Aufl., Baden-Baden: Nomos, 2010, § 323c, nm. 5. Embora também haja quem proponha a exclusão apenas no plano da cláusula de exigibilidade, considerando que ela permite tematizar os atos de desespero de um sujeito imputável: DÖLLING, Dieter. Suizid und unterlassene Hilfeleistung. In: *Neue Juristische Wochenschrift* 19 (1986), p. 1013 s.

[64] Também há quem proponha a ideia de violação de um "dever jurídico-penal de cooperação" enquanto fundamento da específica ilicitude criminal, daí deduzindo inclusive que o injusto típico pressupõe a culpabilidade do agente: PAWLIK, Michael. *Das Unrecht des Bürger. Grundlinien der Allgemeinen Verbrechenslehre.* Tübingen: Mohr Siebeck, 2012, p. 105 s., 257 s., onde concebe aquele dever como manifestação de um Direito fundado na liberdade do cidadão. Sobre isso: MARTELETO FILHO, Wagner. Recensão a Michael Pawlik, Das Unrecht des Bürger. Grundlinien der Allgemeinen Verbrechenslehre. In: *Anatomia do Crime* 8 (2018), p. 152 s. *Brevitatis causa,* não posso aqui discutir se esta proposta ainda se enquadra no âmbito do *neminem laede*.

[65] FARIA COSTA, José de. *Direito Penal e Liberdade*. Lisboa: Âncora, 2020, p. 28 s., 131 s. e 142.

[66] Para este efeito não cabe invocar que a leitura onto-antropológica também sempre reconheceu e validou a tese de que, no âmbito da responsabilidade criminal, há uma reforçado eixo de *ultima ratio,* já que esta coordenada tem a ver com os limites externos do Direito Penal, não com o arranjo das diversas razões de ilicitude dentro do próprio sistema.

[67] FARIA COSTA, José de. Um olhar, eticamente comprometido, em redor da ética médica. In: *Revista de Legislação e de Jurisprudência* nº 3965 (2010), p. 73-75, onde chama a atenção para o facto de o modelo hipocrático ter um "forte pendor paternalista" (p. 72).

5. Representação da comunidade estatal de cuidado

Ainda que fosse plausível, aquela hipótese de trabalho não conseguiria camuflar o verdadeiro âmago do problema de legitimidade. As perplexidades em torno da fundamentação da suposta «solidariedade máxima» permaneceriam intocadas, independentemente da nova designação, já que sempre faltaria um *real* ato de assunção do dever de amparar. Para superar a tensão com o princípio da autonomia, há quem proponha a substituição do princípio da solidariedade como critério de legitimação das obrigações positivas.

De acordo com esta linha de pensamento, nas atuais sociedades de cidadãos, já não haveria como fundamentar um dever de solidariedade, uma vez que a tarefa de assistência ou de cuidado para com o outro foi amplamente assumida pelo Estado, em contrapartida do recebimento dos tributos pagos por cada potencial beneficiário do sistema de estadual de prevenção e combate de perigos. Todavia, como nem sempre o Estado está em condições de desempenhar esta função por si mesmo (ou melhor, com os seus funcionários) e atempadamente (no instante decisivo), ele convoca a atuação daqueles que demandam a sua proteção, assim demonstrando a sua oficial disposição para cumprir a sua tarefa protetiva.[68]

Neste pressuposto, mais do que um auxiliar da administração pública, o indivíduo obrigado a salvar ou tolerar uma conduta alheia que vem socorrer o bem jurídico atua como representante da comunidade estatal de cuidado. Pois tais situações de desamparo não se esgotam num mero acontecimento interpessoal: elas vão além de um conflito limitado ao sujeito que realiza a intervenção e o sujeito que a suporta, porquanto a pretensão de apoio do cidadão que se encontra num cenário de necessidade reclama vigência contra a totalidade dos seus concidadãos. O particular que está em condições de atender a esta pretensão no caso concreto age a título de delegação, cumprindo o dever de proteção originariamente atribuído ao Estado. Neste sentido, a generalidade de pessoas representada na intromissão não figura como "senhor" da pessoa em perigo, mas sim como seu "criado".[69] De tal modo que, em virtude dos danos suportados, a vítima do sacrifício tem direito a ser indenizada pelo Estado.[70]

---

[68] PAWLIK, Michael. Unterlassene Hilfeistung: Zuständigkeitsbegründung und systematische Struktur. In: *Goltdammer's Archiv für Strafrecht* 142 (1995), p. 360 s.

[69] PAWLIK, Michael. *Jahrbuch für Recht und Ethik* 22 (2014), p. 154 s.

[70] PAWLIK, Michael. *Der rechtfertigende Notstand*. Berlin: Walter de Gruyter, 2002, p. 123.

Mas com essa tentativa de fundamentação triangular do dever de ajuda ou tolerância – construído como obrigação perante os demais concidadãos e não como obrigação perante o concidadão em perigo – também não se resolve o problema da legitimação dos deveres de ajuda e de tolerância em face do princípio da autonomia. Afinal, ao pretender substituir o princípio da solidariedade entre os cidadãos (relação horizontal) por um princípio de lealdade do cidadão ao Estado (relação vertical), a abordagem em exame acaba por se aproximar perigosamente de uma compreensão organicista e coletivista do Estado e do Direito Penal.

Embora a representação da generalidade dos cidadãos (estatalmente organizada) seja invocada como anseio de todos, não se compreende como um particular pode ser obrigado a sacrificar os seus próprios interesses em nome da tarefa estadual de salvar os bens jurídicos de alguém se ele mesmo não estiver numa relação de solidariedade com o concreto beneficiário. De resto, com o pagamento de impostos (sem falar, *v.g.*, no serviço militar obrigatório), o cidadão já dá o seu contributo para o desempenho da tarefa estatal de prevenção e combate de perigos, de tal modo que ir além disso já seria dissolver o indivíduo nas competências do Estado.[71] Tampouco parece viável reconhecer à vítima do sacrifício um direito a ser indenizado.[72] Logo, apesar das críticas, a fundamentação dos deveres gerais e especiais de salvamento e de tolerância só pode ser alcançada com o princípio da solidariedade.

6. Outros afloramentos e algumas questões em aberto

O reconhecimento de determinados deveres de solidariedade tem uma consequência prática importante: a omissão dolosa do seu cumprimento é uma agressão ilícita atual contra os bens jurídicos do beneficiário da ajuda, de tal modo que este (ou um terceiro em seu favor) tem o direito de atuar em legítima defesa, forçando (coagindo) o obrigado a prestar a assistência devida ou a tolerar a ação de salvamento que utiliza os seus recursos.[73]

---

[71] NEUMANN, Ulfrid. Die rechtsethische Begründung des „rechtfertigenden Notstands" auf der Basis von Utilitarismus, Solidaritätsprinzip und Loyalitätsprinzip. In: von HIRSCH, Andreas, *et al.* (Hrsg.). *Solidarität im Strafrecht. Zur Funktion und Legitimation strafrechtlicher Solidaritätspflichten*. Baden-Baden: Nomos, 2013, p. 171 e 172.

[72] Cf. o art. 339º, nº 2, do Código Civil Português. Também parece duvidoso que o dever de indenizar seja um efeito direto do regime de responsabilidade civil extracontratual do Estado e demais entidades públicas, aprovado pela Lei nº 67/2007, de 31 de dezembro.

[73] MOURA, Bruno de Oliveira. *A não-punibilidade do excesso na legítima defesa*. Coimbra: Coimbra Editora, 2013, p. 39 e 40.

Além de surtir efeito no *plano da ilicitude*,[74] ou seja, no horizonte da distribuição das posições jurídicas (esferas de liberdade) entre os cidadãos, os deveres de solidariedade também podem ser relevantes no *plano da culpabilidade*, ou melhor, no campo das *causas de exculpação*, designadamente quando alguém, no âmbito do estado de necessidade desculpante, atua para salvar os bens jurídicos personalíssimos de um terceiro, afastando um perigo não removível de outro modo.

Nos sistemas jurídicos que seguem uma valoração abstrata e que desculpam apenas quem salva um parente ou uma pessoa próxima,[75] a presunção *juris et de jure* da existência de uma situação de constrição da liberdade que torna inexigível outra conduta – segundo uma padronização pensada para o «caso normal» – pode-se apoiar nas normas que consagram especiais deveres de garantia. Nos sistemas jurídicos que descem para uma valoração concreta e que não estabelecem qualquer restrição no alcance subjetivo da desculpa,[76] tanto os especiais deveres de garantia quanto o dever geral de mínima solidariedade podem operar como *indicadores* – atenta a reversibilidade da presunção *juris tantum* – da existência de uma situação de constrição da liberdade que torna inexigível outra conduta.[77]

Para além disso, ficam em aberto alguns questionamentos mais específicos.[78] Por exemplo: *(i)* se o reconhecimento dos animais como titulares de bens jurídicos que merecem e precisam ser protegidos por normas incriminadoras pode ser fundamentado por um dever de solidariedade para com os mesmos ou se basta a regra *neminem laede*, axiologicamente enriquecida pela superação do paradigma antropocêntrico radical;[79] *(ii)* se a violação de uma exigência de mínima soli-

---

[74] Há ainda uma consequência prática importante: em caso de omissão dolosa do cumprimento dos deveres de solidariedade, o benefício (ou um terceiro em seu favor) tem o direito de atuar em legítima defesa, coagindo o obrigado a realizar a ação devida.

[75] Cf. o § 35 do Código Penal Alemão.

[76] Cf. o art. 35º do Código Penal Português.

[77] Sobre os dois modelos, preferindo o segundo: CONINX, Anna. Restriktives Solidaritätsverständnis und extensive Gefahrenzuständigkeit. Wie ein anachronistisches Verständnis der entschuldigenden Notstandshilfe die fragwürdige Konfliktlösung von Notstandsfällen im Defensivnotstand begünstigt. In: *Jahrbuch für Recht und Ethik* 22 (2014), p. 117 s.

[78] Fora do Direito Penal se discute, por exemplo, se a solidariedade gera um dever de doação de órgãos *post mortem* ou ao menos estabelecer um critério de prioridade nas listas de espera de receptores. Contra a primeira possibilidade, admitindo a segunda em benefício de pessoas *(i)* que também estão disponíveis para doar ou *(ii)* que já doaram em vida e agora precisam de órgãos, bem como *(iii)* dos parentes próximos do morto: OTTO, Harro. *Festschrift für Kristian Kühl*, p. 360 s.

[79] Nesta segunda direção, a partir de uma fundamentação onto-antropológica do Direito Penal, ao entender que os animais também podem figurar como o «outro» da matricial relação de cuidado-de-perigo, sem que isso signifique, entretanto, a existência de reciprocidade com o ser humano, já que aqueles outros seres vivos são apenas beneficiários (sujeitos passivos) da *Sorge*

darização legitima a incriminação da usura[80] [81] e da omissão de avisar às autoridades ou à potencial vítima sobre um delito que está sendo planejado;[82] [83] *(iii)* se haverá também (como inverso do dever de solidarização) um *dever de não solidarização*, cuja infração seja capaz de fundamentar o ilícito da participação (instigação e cumplicidade) no crime de outro (dever de não se solidarizar com o autor)[84] e do incitamento ou ajuda ao suicídio[85] (dever de não se solidarizar com um ato livre e responsável de autodestruição); *(iv)* se no crime de favorecimento pessoal a exclusão da punibilidade do cônjuge, dos adotantes ou adotados, dos parentes ou afins até ao 2º grau ou da pessoa (de outro ou do mesmo sexo) que viva em situação análoga à dos cônjuges com aquela em benefício da qual se atuou[86] também é expressão da relevância jurídico-penal (embora já não como dever) do agir solidário.[87]

---

de matriz heideggeriana: TEIXEIRA NETO, João Alves. *Tutela penal de animais: uma compreensão onto-antropológica*. Porto Alegre: Livraria do Advogado, 2017, p. 127 s. Na ausência de reciprocidade, falta ao mesmo tempo um pressuposto da solidariedade, enquanto nexo de dependência mútua. Por outro lado, a incorporação daquela tese no *alterum non laedere* pode implicar a admissão da legítima defesa em favor dos animais.

[80] Cf. art. 226º do Código Penal português.

[81] Em sentido afirmativo, ao sustentar que há um aproveitamento punível, em virtude do incumprimento do dever de solidariedade mínima, sempre que alguém explora uma situação de necessidade, inexperiência ou debilidade do outro para assim obter vantagens patrimoniais desproporcionais: SALIGER, Frank. *Solidarität im Strafrecht* (cit.), p. 69 s., 75 s.

[82] Conduta não incriminada no Direito português. Veja-se o § 138 do Código Penal alemão.

[83] Rejeitando a tese da solidariedade mínima, por entender que a norma não visa punir uma "atitude interna socialmente hostil": DIETMEIER, Frank. Nichtanzeige geplanter Straftaten. In: MATT, Holger; RENZIKOWSKI, Joachim (Hrsg.). *Strafgesetzbuch Kommentar*. München: Vahlen, 2013, § 138, nm. 1.

[84] Assim: SCHUMANN, Heribert. *Strafrechtliches Handlungsunrecht und das Prinzip der Selbstverantwortung der Anderen*, Tübingen: Mohr Siebeck, 1986, p. 49 s., 56 s., 65 s. Contra, ao entender (inversamente) que o injusto do partícipe decorre da falta de solidarização devida aos interesses da vítima: VOGEL, Joachim. *Norm und Pflicht bei den unechten Unterlassungsdelikten*. Berlin: Duncker & Humblot, 1993, p. 90.

[85] Art. 135º do Código Penal português. Nos sistemas jurídicos (como o alemão) que não punem o incitamento ou ajuda ao suicídio, a não punibilidade da participação numa autolesão ou numa autocolocação em perigo *também* pode ser explicada por um *argumentum a maiori ad minus*: se não se pune a participação num suicídio, então (por maioria de razão) não cabe punir a participação numa autolesão ou numa autocolocação em perigo (sem resultado mortal). Diversamente, nos sistemas jurídicos que punem o incitamento ou ajuda ao suicídio, a não punibilidade da participação numa autolesão ou numa autocolocação em perigo *só* pode ser explicada a partir do regime de acessoriedade da instigação e da cumplicidade. Sobre a discussão: DERKSEN, Roland. *Handeln auf eigene Gefahr*. Berlin: Duncker & Humblot, 1992, p. 41 s.

[86] Art. 367º, nº 5, alínea *b)*, do Código Penal português.

[87] Pergunta que igualmente se coloca na perspectiva do processo penal, em relação as normas que admitem a recusa de depoimento a testemunhas de tenham um determinado vínculo de parentesco ou proximidade com o arguido. Sobre ambas as dimensões: ASSUNÇÃO, Maria Leonor. *Contributo para a interpretação do artigo 219º do Código Penal* (cit.), p. 48 (nota 138).

Conclusão

Com estas reflexões espero ter apresentado um panorama das conexões entre solidariedade e Direito Penal, especialmente o legítimo (mas limitado) papel que os deveres de construção de um mundo em comum com um beneficiário determinado ou determinável desempenham numa compreensão que leva a sério não apenas a subsidiariedade do Direito Penal, enquanto "Direito subsidiário dos subsidiários",[88] mas também a subsidiariedade do agir solidário: sem os condicionamentos estabelecidos pelo juízo de necessidade ou exigibilidade, a solidariedade esmaga completamente a autonomia do cidadão, matriz da juridicidade enquanto tal. Ser solidário é *subsidiar* o outro, contribuindo para que este possa (*se assim quiser*) desenvolver livremente a sua personalidade.

Por conseguinte, enquanto o princípio da solidariedade *fundamenta*, o princípio da autonomia *limita* os deveres de auxílio e de tolerância: primeiro, com a subsidariedade; depois, com a definição do rol dos interesses que podem ser protegidos à custa do sacrifício do outro, os bens jurídicos personalíssimos (vida, integridade física e liberdade). Tudo que está para lá desse limiar de legitimação não pertence ao universo dos comportamentos devidos (cuja omissão gera um ilícito), mas ao campo das condutas superrogatórias,[89] terreno próprio das demonstrações de generosidade (com eventual abnegação ou renúncia de si mesmo) típicas dos heróis, juridicamente neutras e inexigíveis. O núcleo duro da noção de autorresponsabilidade do outro continua sendo o gabarito capaz de impedir que a exceção seja transformada em regra. Sobretudo quando se difunde a tendência de ligar a solidariedade, enquanto categoria jurídica, a disposições psíquicas ou obrigações morais do indivíduo.

Também espero ter rendido suficiente homenagem ao Senhor Professor Ernildo Stein. Sendo um livro de festa, não poderia deixar de celebrar o rigor e a elegância intelectual de quem sempre tentou evitar que a discussão filosófica acabe por ficar ensimesmada na

---

[88] AGUILAR, Francisco. O sentimento como novo paradigma do Direito? Em particular, sobre o "Direito Penal do sentimento" e o "Direito Processual Penal do sentimento". In: *O Direito* 151 (2019), p. 75. Ou ainda (p. 87): "o subsidiário dos subsidiários entre os subsistemas do Direito". Afinal, a própria juridicidade (em geral) já é subsidiária (dando preferência a outros sistemas normativos, como o ordenamento do trato social ou a ética), na medida em que nem todos os fenômenos do mundo da vida são acontecimentos da órbita do Direito.

[89] Este é o campo dos comportamentos imputáveis a título de mérito, eventualmente despertando elogio ou recompensa. Sobre o fundamento, a natureza e as consequências da superrogação: HRUSCHKA, Joachim; JOERDEN, Jan C. Supererogation: Vom deontologischen Sechseck zum deontologischen Zehneck. In: *Archiv für Rechts- und Sozialphilosophie* 73 (1987), p. 93 s.

estéril contraposição entre rótulos genericamente associados (em bloco e sem diferenciações) aos nomes de Filósofos, como precipitada personificação do pensar. O importante não é a grandeza de espírito ou qualquer outro atributo de *quem* sustenta um argumento, mas a plausibilidade das *ideias* sustentadas, enquanto matéria-prima do pensamento.

Sempre se trata da "avaliação dos argumentos", sendo certo que "[o]s resultados que se buscam na leitura de autores irão depender do modo como se aplicam critérios para a avaliação dos autores. Como em textos filosóficos não temos recurso ao mundo empírico para resolver problemas, o intérprete não pode se eximir de basear seus critérios numa posição filosófica própria".[90] O poder deste ensinamento é evidente, desde logo porque habilita o intérprete para buscar aspectos de identidade, similitude ou parecença em diferentes modelos, segundo o intencionado recorte do seu *interesse heurístico-explicativo*.[91] Creio que, com esta lição do nosso Homenageado,[92] seria possível

---

[90] STEIN, Ernildo. *Diferença e Metafísica. Ensaios sobre a desconstrução*. Porto Alegre: EDIPUCRS, 2000, p. 281.

[91] Para uma tentativa de articulação, do ponto de vista da reabilitação da metafísica e para fins de compreensão de alguns fundamentos do Direito Penal, entre a ontologia hermenêutica e a lógica analítica: MOURA, Bruno de Oliveira. *Ilicitude penal e justificação* (cit.) p. 101 s., com ênfase na noção relacional de analiticidade, enquanto dado prévio que oferece, no quadro da razão prática, o lugar de encontro daquelas duas orientações: o partilhado retorno ao *a priori*. Todavia, há quem considere que o caminho ali trilhado é uma "inconsistente aproximação (...) entre as perspectivas de Wittgenstein e Heidegger": BUSATO, Paulo César. Concepção significativa da ação e a sua capacidade de rendimento para o sistema de imputação. In: *Revista de Estudos Criminais* 73 (2019), p. 137 (nota 17), onde faz referência às páginas 106-107 do meu trabalho. Até gostaria de responder a esta "crítica", mas para tanto eu precisaria saber onde ela realmente está, o que, infelizmente, não posso fazer a partir da mera afirmação axiomática (desacompanhada de qualquer argumento de suporte) da inconsistência do exercício de aproximação proposto.

[92] Que (de resto e sem prejuízo das inegáveis divergências entre as duas formulações) não deixou de reconhecer a existência de traços comuns, também na perspectiva da pretensão de indispensabilidade do *a priori*, entre a analítica existencial heideggeriana e a filosofia da linguagem wittgensteiniana, os quais confluem na tese da analiticidade como dado imperfeito (que exige realização cotidiana) do mundo da razão prática: STEIN, Ernildo. *Diferença e metafísica* (cit.), com destaque para o "encurtamento hermenêutico" ou a "hermenêutica reduzida" enquanto superação da tradicional metafísica (p. 51 s., 82 s.), apontando não só os pontos de contato entre Kant (o pai da analítica moderna) e Heidegger (p. 51, 53 e 84) e os pontos de contacto entre Heidegger e Wittgenstein (p. 279), mas também os pontos de contato entre Heidegger e Tugendhat (p. 263 s., 286 s.), embora neste último caso a aproximação [possível apenas "em certos aspectos" (p. 265)] seja prejudicada pela falta de partilha da tese da irrenunciabilidade de um *a priori* (o mundo da razão prática) enquanto moldura transcendental que estabelece a condição de possibilidade da apresentação de enunciados. E conclui (p. 280): estamos situados num contexto prático no qual nos movemos. Wittgenstein o chama de mundo, o qual não pode ser descrito em enunciados verdadeiros ou falsos, mas que é pressuposto como uma estrutura prévia de sentido que garante a possibilidade do significado, como pensa Heidegger. Aí está o limite da analiticidade". Ainda a propósito destas conexões: DRUCKER, Claudia; BRAIDA, Celso. Resenha. Ernildo Stein 2000: Diferença e metafísica. Ensaios sobre a desconstrução. In: *Revista Natureza Humana* 3 (2001), p. 360, 361, 365 e 366.

evitar uma boa parcela de maus argumentos que prejudicam o debate (não só, mas também) no Direito Penal.[93]

Referências

AGUILAR, Francisco. O sentimento como novo paradigma do Direito? Em particular, sobre o 'Direito Penal do sentimento' e o 'Direito Processual Penal do sentimento'. In: *O Direito*, nº 151, p. 65-105, 2019.

ASSUNÇÃO, Maria Leonor. Contributo para a interpretação do artigo 219º do Código Penal. O crime de omissão de auxílio. Coimbra: Coimbra Editora, 1994.

BAYERTZ, Kurt. Die Solidarität und die Schwierigkeiten ihrer Begründung. In: SEELMANN, Kurt (Hrsg.). *Aktuelle Fragen der Rechtsphilosophie*. Frankfurt am Main: Peter Lang, 2000, p. 86-92.

——. Begriff und Problem der Solidarität. In: IDEM (Hrsg.). *Solidarität. Begriff und Problem*. Frankfurt: Suhrkamp, 1998, p. 11-53.

BOBBIO, Norberto. Direito e Estado no pensamento de Emanuel Kant. Brasília: UNB, 1984.

BRONZE, Fernando José. A responsabilidade hoje. Algumas considerações introdutórias. In: ALVES CORREIA, Fernando, *et al.* (Orgs.). *Estudos em homenagem ao Prof. Doutor José Joaquim Gomes Canotilho*. Vol. I. Coimbra: Coimbra Editora, 2012, p. 181-208.

BUONICORE, Bruno Tadeu. Culpabilidade e fundamentos filosóficos. Compreensão do conteúdo material à luz do conceito onto-antropológico. Curitiba: Juruá, 2017.

BUSATO, Paulo César. Concepção significativa da ação e a sua capacidade de rendimento para o sistema de imputação. In: *Revista de Estudos Criminais*, nº 73, p. 131-166, 2019.

CASTANHEIRA NEVES, António. *Digesta*. Vol. I. Coimbra: Coimbra Editora, 1995.

——. Pessoa, Direito e Responsabilidade. In: *Revista Portuguesa de Ciência Criminal*, nº 6, p. 9-43, 1996.

CONINX, Anna. Das Solidaritätsprinzip im Lebensnotstand. Zufall, rationale Entscheidung und Verteilungsgerechtigkeit. Bern: Stämpfli, 2012.

——. Zufall und Verteilungsgerechtigkeit. Grundlagen für eine kontraktualistiche Begründung von rechtlichen Solidaritätspflichten in Notstandssituationen. In: von HIRSCH, Andreas, *et al.* (Hrsg.). *Solidarität im Strafrecht. Zur Funktion und Legitimation strafrechtlicher Solidaritätspflichten*. Baden-Baden: Nomos, 2013, p. 175-200.

——. Restriktives Solidaritätsverständnis und extensive Gefahrenzuständigkeit. Wie ein anachronistisches Verständnis der entschuldigenden Notstandshilfe die fragwürdige Konfliktlösung von Notstandsfällen im Defensivnotstand begünstigt. In: *Jahrbuch für Recht und Ethik*, nº 22, p. 117-136, 2014.

CORREIA, Eduardo. Actas das Sessões da Comissão Revisora do Projecto da Parte Especial do Código Penal. In: *Boletim do Ministério da Justiça*, nº 288, p. 19-152, 1979.

[93] Também afirmando a possibilidade de construir uma ponte entre analítica e ontologia: SCHÜNEMANN, Bernd. Strafrechtsdogmatik als Wissenschaft. In: IDEM *et al.* (Hrsg.). *Festschrift für Claus Roxin*. Berlin: Walter de Gruyter, 2001, p. 25 s., 30 s.

CUNHA, Cyran Costa Carneiro da. Em busca da desobjetificação do humano e a função humano-pedagógica da música. In: VERAS, Dimas Brasileiro (Org.), *Sociedade e cultura sustentável. Práticas de ensino, pesquisa e extensão*. João Pessoa: IFPB, 2016, p. 111-127.

D'AVILA, Fabio Roberto. Ofensividade e crimes omissivos próprios. Contributo à compreensão do crime como ofensa ao bem jurídico. Coimbra: Coimbra Editora, 2005.

DERKSEN, Roland. *Handeln auf eigene Gefahr*. Berlin: Duncker & Humblot, 1992.

DIETMEIER, Frank. Nichtanzeige geplanter Straftaten. In: MATT, Holger / RENZIKOWSKI, Joachim (Hrsg.). *Strafgesetzbuch Kommentar*. München: Vahlen, 2013, § 138.

DÖLLING, Dieter. Suizid und unterlassene Hilfeleistung. In: *Neue Juristische Wochenschrift*, nº 19, p. 1011-1017, 1986.

DROESSER, Gerhard. Solidarität: nicht mehr Sitte und nicht nur moralischer Appel. In: *Jahrbuch für Recht und Ethik*, nº 22, p. 18-28, 2014.

DRUCKER, Cláudia / BRAIDA, Celso. Resenha. Ernildo Stein 2000: Diferença e metafísica. Ensaios sobre a desconstrução. In: *Revista Natureza Humana*, nº 3, p. 359-366, 2001.

FARIA COSTA, José de. O perigo em Direito Penal. Contributo para a sua fundamentação e compreensão dogmáticas. Coimbra: Coimbra Editora, 1992.

——. *Direito Penal e Liberdade*. Lisboa: Âncora, 2020.

——. Um olhar, eticamente comprometido, em redor da ética médica. In: *Revista de Legislação e de Jurisprudência*, nº 3965, p. 70-79, 2010.

FELD, Lars / KIRCHGÄSSNER, Gebhard. Omne agens agendo perficitur: the economic meaning of subsidiarity. In: HOLZMANN, Robert (Ed.). *Maastricht: Monetary Constitution without a Fiscal Constitution?* Baden-Baden: Nomos, 1996, p. 195-226.

GALLAS, Wilhelm. Zur Revision des § 330c StGB. In: *Juristen Zeitung*, nº 7, p. 396-400, 1952.

HRUSCHKA, Joachim. *Strafrecht nach logische-analytischer Methode*. 2. Aufl. Berlin: Walter de Gruyter, 1988.

HRUSCHKA, Joachim / JOERDEN, Jan. Supererogation: Vom deontologischen Sechseck zum deontologischen Zehneck. In: *Archiv für Rechts- und Sozialphilosophie*, nº 73, p. 93-123, 1987.

JOERDEN, Jan C. Solidaritätspflichten und Strafrecht. In: von HIRSCH, Andreas, *et al.* (Hrsg.). *Solidarität im Strafrecht. Zur Funktion und Legitimation strafrechtlicher Solidaritätspflichten*. Baden-Baden: Nomos, 2013, p. 49-60.

KANT, Immanuel. *Metaphysik der Sitten* (edição de J. H. v. Kirschmann). Leipzig: Dürr'schen Buchhandlung, 1870.

KÜHL, Kristian. Freiheit und Solidarität bei den Notrechten. In: WEIGEND, Thomas / KÜPPER, Georg (Hrsg.). *Festschrift für Hans Joachim Hirsch*. Berlin: Walter de Gruyter, 1999, p. 259-276.

LUZ, Yuri Corrêa da, *Entre bens jurídicos e deveres normativos*, São Paulo: IBCCRIM, 2013.

MARTELETO FILHO, Wagner. Recensão a Michael Pawlik, Das Unrecht des Bürgers. Grundlinien der Allgemeinen Verbrechenslehre. In: *Anatomia do Crime*, nº 8, p. 151-166, 2018.

MOORE, Michael. *Act und crime*, Oxford: Oxford University Press, 1993.

MOURA, Bruno de Oliveira. Ilicitude penal e justificação. Reflexões a partir do ontologismo de Faria Costa. Coimbra: Coimbra Editora, 2015.

——. A não-punibilidade do excesso na legítima defesa. Coimbra: Coimbra Editora, 2013.

MÜNCKLER, Herfried. Enzyklopädie der Ideen der Zukunft: Solidarität. In: BECKERT, Jens *et al.* (Hrsg.). *Transnationale Solidarität. Chancen und Grenzen*. Frankfurt: Campus, 2004, p. 15-28.

NELL-BREUNING, Oswald von. Baugesetze der Gesellschaft. Solidarität und Subsidiarität. Freiburg: Herder, 1990.

NEUMANN, Ulfrid. Die rechtsethische Begründung des „rechtfertigenden Notstands" auf der Basis von Utilitarismus, Solidaritätsprinzip und Loyalitätsprinzip. In: von HIRSCH, Andreas, *et al.* (Hrsg.). *Solidarität im Strafrecht. Zur Funktion und Legitimation strafrechtlicher Solidaritätspflichten*. Baden-Baden: Nomos, 2013, p. 155-173.

OTTO, Harro. Solidarität als Rechtsbegriff. In: HEGER, Martin, *et al.* (Hrsg.), *Festschrift für Kristian Kühl*. München: Beck, 2014, p. 341-362.

PAWLIK, Michael. *Der rechtfertigende Notstand*. Berlin: Walter de Gruyter, 2002.

——. Das Unrecht des Bürger. Grundlinien der Allgemeinen Verbrechenslehre. Tübingen: Mohr Siebeck, 2012.

——. Solidarität als strafrechtliche Legitimationskategorie: das Beispiel des rechtfertigenden Aggressivnotstandes. In: *Jahrbuch für Recht und Ethik*, nº 22, p. 137-157, 2014.

——. Unterlassene Hilfeistung: Zuständigkeitsbegründung und systematische Struktur. In: *Goltdammer's Archiv für Strafrecht*, nº 142, p. 360-372, 1995.

PERES, Tatiana Bonatti. Solidariedade e a sociedade moral. In: *O Direito*, nº 148, p. 865-890, 2016.

RENZIKOWSKI, Joachim. *Notstand und Notwehr*. Berlin: Duncker & Humblot, 1994.

——. Solidarität in Notsituationen. Ein historischen Überblick von Thomas v. Aquin bis Hegel. In: von HIRSCH, Andreas, *et al.* (Hrsg.), *Solidarität im Strafrecht. Zur Funktion und Legitimation strafrechtlicher Solidaritätspflichten*. Baden-Baden: Nomos, 2013, p. 13-34.

RUIVO, Marcelo Almeida. Os crimes omissivos impróprios como delitos de violação de dever no nacional-socialismo. In: FARIA COSTA, José de Faria, *et al.* (Orgs.). *Estudos em homenagem ao Prof. Doutor Manuel da Costa Andrade*. Coimbra: Instituto Jurídico, 2017, p. 95-113.

SALIGER, Frank. Kontraktualistische Solidarität. Argumente des gegenseitigen Vorteils. In: In: von HIRSCH, Andreas, *et al.* (Hrsg.). *Solidarität im Strafrecht. Zur Funktion und Legitimation strafrechtlicher Solidaritätspflichten*. Baden-Baden: Nomos, 2013, p. 61-76.

SCHÜNEMANN, Bernd. Strafrechtsdogmatik als Wissenschaft. In: IDEM *et al.* (Hrsg.). *Festschrift für Claus Roxin*. Berlin: Walter de Gruyter, 2001, p. 1-32.

SCHUMANN, Heribert. Strafrechtliches Handlungsunrecht und das Prinzip der Selbstverantwortung der Anderen, Tübingen: Mohr Siebeck, 1986.

SEELMANN, Kurt. Solidaritätspflichten im Strafrecht? In: JUNG, Heike, *et al.* (Hrsg.). *Recht und Moral*. Nomos: Baden-Baden, 1991, p. 295-304.

——. Ideengeschichte des Solidaritätsbegriffs im Strafrecht. In: von HIRSCH, Andreas, *et al.* (Hrsg.). *Solidarität im Strafrecht. Zur Funktion und Legitimation strafrechtlicher Solidaritätspflichten*. Baden-Baden: Nomos, 2013, p. 35-48.

STEIN, Ernildo. *Seis estudos sobre "Ser e Tempo"*. 4. ed. Petrópolis: Vozes, 2008.

——. Diferença e metafísica. Ensaios sobre a desconstrução. Porto Alegre, EDIPUCRS, 2000.

——. Breves considerações históricas sobre as origens da filosofia no direito. In: *Revista do Instituto de Hermenêutica Jurídica*, Vol. 1, p. 97-110, 2007.

——. Ir ao encontro e não tratar como objeto: educação nas raízes da solidariedade. In: *Revista Filosofazer*, Vol. 21, p. 18, 2002.

TEIXEIRA NETO, João Alves. *Tutela penal de animais: uma compreensão onto-antropológica*. Porto Alegre: Livraria do Advogado, 2017.

VASQUES, Sérgio. O princípio da equivalência como critério de igualdade tributária. Coimbra: Almedina, 2008.

VOGEL, Joachim. Norm und Pflicht bei den unechten Unterlassungsdelikten. Berlin: Duncker & Humblot, 1993.

von der PFORDTEN, Dietmar. Zur Rechtfertigung von Hilfeleistungspflichten. In: von HIRSCH, Andreas, *et al.* (Hrsg.). *Solidarität im Strafrecht. Zur Funktion und Legitimation strafrechtlicher Solidaritätspflichten*. Baden-Baden: Nomos, 2013, p. 103-154.

WILENMANN, Javier. Freiheitsdistribution und Verantwortungsbegriff. Die Dogmatik des Defensivnotstands im Strafrecht. Tübingen: Mohr Siebeck, 2014.

WOHLERS, Wolfgang. Unterlassene Hilfeleistung. KINDHÄUSER, Urs, *et al.* (Hrsg.). *Nomos Kommentar zum Strafgesetzbuch*. Band II. 3. Aufl., Baden-Baden: Nomos, 2010, § 323c.

Linguagem e subjetividade: aproximações a Heidegger

ROGÉRIO JOSÉ SCHUCK[1]

Introdução

Nossa questão fundamental vai girar em torno do seguinte: frente ao sentido como possibilitador de compreensão, o que caracteriza a linguagem compreendida a partir da subjetividade? Para responder a essa questão, seguimos com Heidegger, passando pela tradição neokantiana e a fenomenologia transcendental, sabendo que Filosofia é, em última instância, o saber do sentido.

Como ontólogo, Heidegger não poderia deixar de dirigir a pergunta pelo ser. Por sua vez, o ontológico se dá no ente intramundano que pergunta. Portanto, nós temos a condição de possibilidade de enunciar algo sobre os entes a partir do ser. Nesse sentido, não existe acesso aos entes, sem passar pela compreensão do ser. Dito de outro modo, o ente que pergunta sobre algo, se eleva ao ser. Algo, enquanto algo, se dá, num primeiro momento, no nível dos disponíveis.

Heidegger explicita que o *Dasein* ocupa um lugar prévio em relação aos demais entes. Por um lado, percebe-se uma prioridade ôntica, pois o *Dasein* está determinado em seu ser pela existência, ao passo que, por outro lado, surge a prioridade ontológica, já que ele mesmo é, por razão da determinabilidade de sua existência, em nível ontológico. A ontologia heideggeriana ocupa-se do ser enquanto ser, porém não como uma mera entidade formal, nem como uma existência, senão como aquilo que faz possíveis as existências.

Com relação à estrutura da compreensão, Heidegger vai tomar o sentido como uma estrutura antecipadora, ao passo que a linguagem,

[1] Doutor e Mestre em Filosofia (PUCRS). Professor Titular da Universidade do Vale do Taquari (UNIVATES). Coordenador do Programa de Pós-Graduação em Ensino – PPGEnsino, atuando também junto ao Programa de Pós-Graduação em Ensino de Ciências Exatas – PPGECE da Univates. E-mail: rogerios@univates.br.

entendida a partir da subjetividade, aparece como uma obra da própria subjetividade. A linguagem é, portanto, um produto da própria subjetividade, para que ela possa se efetivar e assim manipular o mundo. Sujeito, para Heidegger, é aquele que se relaciona com o mundo como aquele que manipula o mundo. O polo sujeito-objeto é inseparável, sendo que objeto é aquilo que está diante de, ou então, dito de outro modo, "todo sujeito é o que é somente para um objeto e vice-versa".[2] É aquilo de que o sujeito pode dispor, aquilo que está à mão, como um ser simplesmente dado (*Vorhandenheit*),[3] aquilo que eu posso pegar. Conforme Heidegger:

> A circunvisão descobre, isto é, o mundo já compreendido se interpreta. O que está à mão se "explicita" na visão da compreensão. (...) O que se interpreta reciprocamente na visão de seu ser-para como tal, ou seja, que se explicita na compreensão, possui a estrutura de algo como algo.[4]

Ora, pensar o mundo, a partir da subjetividade, é pensar o mundo como objetalidade. Nesse caso, mundo é aquilo de que eu posso dispor, sobre o que eu posso dominar, a que eu posso me impor. O sujeito é sujeito, na medida em que se impõe ao objeto. Cabe ao sujeito manter uma atitude ativa frente às coisas que são nada mais que objetos disponíveis. "O mundo é composto destes dois elementos: de *objetos* que estão *disponíveis* no mundo. Este é um mundo que já sempre está aí, composto por existenciais e por instrumentos que são utilizados".[5] Portanto, que está aí a nosso dispor.

Em Heidegger, a própria linguagem é instância fundadora de sentido. Então podemos dizer que, na modernidade, a experiência fundamental do sentido do ser é objeto. Objeto é o sentido que o ser tem para o homem moderno; ele aparece como um disponível, aquilo de que se pode dispor, aquilo a que eu posso me impor, ou seja, o real é o manipulável, é o dominável, aquilo que pode pôr-se à disposição do homem. "A verdade (descoberta) deve sempre ser arrancada primeiramente dos entes. O ente é retirado do velamento".[6] Trata-se de um ente que, por sua vez, pergunta pelo ser. Pode-se dizer, aqui, que algo enquanto algo se dá, num primeiro momento, no nível dos entes disponíveis.

---

[2] HEIDEGGER, 1995, p. 275.

[3] "*Vorhandenheit* é um substantivo formado do substantivo '*Hand*' (= mão) e da preposição '*vor*' (=diante de, no sentido espacial, e antes de, no sentido temporal). Designa o modo de ser da coisa enquanto o que se dá simplesmente antes e diante de qualquer especificação" (HEIDEGGER, 1995., *Notas Explicativas*, p. 311-312).

[4] *Ibid.*, p. 205.

[5] STEIN, 1997, p. 109.

[6] HEIDEGGER, *op. cit.*, p. 291.

1. Modernidade e a questão da linguagem

Um dos problemas herdados da modernidade é ter reduzido a linguagem a uma de suas dimensões, sendo simplesmente vista como informação, ou seja, um meio através do qual o homem tem os conhecimentos necessários para impor-se ao real. Essa concepção, hoje universalmente vigente, na ótica de Heidegger, é uma forma de manifestação da verdade. Veja-se bem, uma forma; portanto, não é a forma. Nessa linha de raciocínio, segundo MacDowell, "o compreender humano não é absoluto; ao mesmo tempo que manifesta, ele oculta também o ente. Heidegger introduz aqui o elemento da finitude histórica do compreender, negligenciado por Husserl".[7] Admitindo que algo enquanto algo se revela na compreensão, percebemos claramente o limite de sua finitude.

Todo esforço de Heidegger vai consistir em demonstrar que essa não é a forma originária de manifestação, nem do homem, nem do mundo, nem da linguagem.[8] Não é que ele negue a importância da modernidade como tal. O problema é a absolutização de uma forma da verdade, que não é a mais originária. Essa que é a questão central. O problema para Heidegger é: o real reduz-se, em última instância, ao manipulável? Dito de outra forma, "como outrora, o problema central para ele é o da verdade do ser, esta já não é entendida, todavia, como o valor do conhecimento do ser, mas sim como o sentido da compreensão do ser".[9] Logo, como se dá essa "verdade do ser"?

Não é que não haja a experiência da manipulabilidade. A questão é saber se essa é a experiência fundante e originária da vida humana:

> O autor se move neste mundo, mundo da compreensão, da compreensão do sentido, mundo hermenêutico, definitivamente cortado para a Filosofia, da totalidade metafísica, onto-teo-lógica, critológica e natural. A posição filosófica se dá sobre um plano em que há apenas o homem.[10]

É nesse sentido que, para Heidegger, a linguagem virou sinônimo de informação. Linguagem virou um meio, a mediação necessária da manipulação do mundo. E a expressão disso pode ser vista no crescente domínio da técnica sobre o sujeito contemporâneo. Ora, sendo que "o ser recebe o sentido da realidade",[11] o ser do homem hoje, na

[7] MacDOWELL, 1993, p. 122.

[8] A esse respeito, ver APEL, K.-O. *La Transformación de la Filosofía – Tomo I*, p. 283, onde discute sobre a intenção heideggeriana de, em certo modo, "superar" a redução moderna da pergunta pelo ser mediante a pergunta pela linguagem.

[9] MacDOWELL, *op. cit.*, p. 180.

[10] STEIN, *op. cit.*, p. 22.

[11] HEIDEGGER, *op. cit.*, p. 267.

linha de raciocínio de Heidegger, determina-se a partir da técnica.[12] O problema da nossa época não é ter entendido a linguagem como informação; é ter reduzido a linguagem à informação. E as consequências desse processo podem ser percebidas, sobretudo, na quantidade de reprodução do saber que se oferece via os mais diversificados meios de tecnologias de informação e comunicação social – TICs. Essa situação tem produzido mudanças significativas na postura humana. Estamos vivendo o limiar de um novo tempo e ainda não conseguimos perceber, com clareza, como a essência da técnica está mudando o modo de ser do ser humano contemporâneo.[13]

Ao reduzir a linguagem à informação, absolutizou-se a dimensão instrumental da linguagem. Linguagem deve ser entendida, portanto, como mediação necessária de nosso acesso ao real.[14] O ideal, pelo que podemos perceber, é tornar esse instrumento o menos complicado possível. Isso porque é uma linguagem extremamente instrumental. É aquela ideia de Leibniz de ter um instrumento extremamente imune a defeitos, com o qual eu possa, em "dois segundos", ter uma teoria em minha frente. Um instrumento simples e ao mesmo tempo rigoroso, com o qual eu logre fazer um discernimento de todas as linguagens. O menos complicado possível e de fácil utilização. No entanto, por mais que se queira manipular a linguagem e reduzi-la ao caráter instrumental, para Heidegger é impossível, à subjetividade, conseguir determiná-la, pois, "como pronunciamento, a linguagem guarda em si uma interpretação da compreensão do *Dasein*".[15]

Heidegger, nesse sentido, argumenta que é uma interpretação da compreensão, e não a interpretação. E continua argumentando que, "assim como a linguagem, também essa interpretação não é algo simplesmente dado, mas o seu ser contém em si o modo de ser do

---

[12] Cf. HEIDEGGER, 2007.

[13] A esse respeito ver HEIDEGGER, 2007.

[14] Segundo Manfredo A. de Oliveira, "as filosofias da consciência na modernidade foram, assim, como Hegel viu muito bem, filosofias da subjetividade, mas não filosofias da sociabilidade, da práxis comunicativa, como dizemos nós hoje. Substituir o paradigma da 'consciência' pelo paradigma da 'linguagem' para pensar o conhecimento significa passar da subjetividade para a sociabilidade. Nisso há uma coincidência de fundo entre hermenêutica e a filosofia analítica a partir do segundo Wittgenstein. É a partir daqui, que se deve entender a 'reviravolta linguística' da filosofia transcendental como a articulou K. O. APEL, em seu livro *Transformation der Philosophie*, vol. 2, Frankfurt am Main:1976. A linguagem deixa de ser um 'instrumento' secundário para comunicação aos outros daquilo que já fora antes conhecido sem ela para emergir como a mediação necessária de nosso acesso ao real. Ela é, assim, condição de possibilidade e de validade da compreensão e, com isso, de nosso pensamento conceitual, do conhecimento objetivo e de nossa ação portadora de sentido". (OLIVEIRA, 1997, p. 19).

[15] HEIDEGGER, 1995, p. 227.

Dasein".[16] Ao longo de sua reflexão, Heidegger expõe a importância do escutar, salientando que "a escuta é constitutiva do discurso".[17] Nesse meio, como não poderia deixar de ser, não raro o indivíduo foge de si mesmo, por desconhecer-se a si mesmo. O existir autêntico, ou, talvez, do ponto de vista heideggeriano, o desocultamento da constituição do ser da existência, por meio do "descobrimento" da finitude da existência, exige a escuta e o silêncio enquanto pertencentes à linguagem discursiva como possibilidades intrínsecas.[18] Isso tudo remete à consciência de um ente que se reconhece finito, ôntico.

O ser humano vai, por assim dizer, sendo vítima de suas próprias fiações, massificando o ser. O conteúdo mais profundo e a significação das coisas da vida humana começam a se ausentar. Então, o que acontece? O homem inautêntico. Não tem mais acesso à profundidade de sua vida, de seu ser.[19] A linguagem tornou-se um fenômeno de superfície.[20] Por isso, há certas linguagens na vida humana, que, para Heidegger, aparecem muito estranhamente. Uma vez ou outra, ele fala na linguagem da religião que não tem mais ideal. As coisas ficaram alheias à vida. Houve um desengate entre o sentido mais profundo da vida com a própria vivência.

Porém, ao que parece, Heidegger busca recuperar o sentido mais profundo, sobretudo na linguagem da poesia, em que tudo fala de uma mesma totalidade que é o ser. Todos os poemas falam de um único poema. O ser é o todo do poema, ao passo que o poema é feito do todo. "A comunicação das possibilidades existenciais da disposição, ou seja, da abertura da existência, pode-se tornar a meta explícita do discurso 'poético'".[21] E é aí que ele vê a possibilidade de emergir uma outra configuração do que seja a linguagem e uma outra experiência de vida, seja do sentido do mundo, seja do sentido da vida humana. Uma outra compreensão do que seja o ser humano.

Para Heidegger, não é que ele queira eliminar a técnica, a ciência moderna, mas nos instiga a pensar sobre a necessidade da presença da poesia, a fim de nos salvarmos da existência inautêntica, num mundo em que se perdeu o sentido profundo da existência, por causa

---

[16] HEIDEGGER, 1995, p. 227.

[17] *Ibid.*, p. 222.

[18] Cf. *ibid.*, p. 220.

[19] Cf. REALE, ANTISERI, 1991, p. 585.

[20] Há uma forte tendência para tornar tudo muito superficial, de modo a conter o máximo no mínimo possível. No entanto, não há praticamente a preocupação com o sentido mais profundo do termo ou conceito empregado, apenas sua utilidade enquanto instrumento necessário.

[21] HEIDEGGER, M. 1995, p. 221.

da absolutização de uma das suas dimensões. Então, a linguagem na poesia, que parece, ao uso da informação da linguagem precisa, ser vaga, ambígua, confusa, é a que guarda a vinculação com a vida e faz emergir o sentido da vida.

Surge, nesse contexto, como exigência fundamental do nosso tempo, a saber, a formalização da linguagem. Uma linguagem não formalizável é considerada invisível. Aquilo que não é formalizável não é visível; por isso, ao ver de Heidegger, o ideal do mundo contemporâneo é o cálculo. A linguagem-cálculo é vista como perfeita, sem problemas de equivocidade.

Para Heidegger, a formalização da linguagem é apenas uma das revelações possíveis da linguagem. É a linguagem vinculada à subjetividade. A grande questão da Filosofia é superar a teoria da subjetividade e, consequentemente, essa maneira de entender o mundo. Para a modernidade, a linguagem é obra da subjetividade, ao passo que Heidegger "pretende encontrar a perspectiva geral dentro da qual o ser do ente pode manifestar-se na sua plena verdade".[22]

A grande questão que se coloca é: o caráter instrumental da linguagem dá conta daquilo que, em última instância, é a linguagem? Ora, todo o esforço de Heidegger vai na direção de fazer surgir um novo modo de compreensão, e nisso ele busca dar um passo para trás, não no sentido de recuar, mas no sentido de descer para trás da subjetividade. Aí vamos compreender que a subjetividade não se entende a partir de si mesma; ela é, por assim dizer, carregada por um sentido que é anterior. Parece que Heidegger como que passa por dentro da própria subjetividade, indo mais a fundo, quase que descendo para trás dela mesma. "O que se abre na compreensão, o compreendido, é sempre de tal modo acessível que pode explicitar-se em si mesmo 'como isto ou aquilo'". [23] Portanto, a subjetividade não consegue entender a si mesma, pois a própria interpretação está fundada numa "concepção prévia".[24]

2. Ampliando horizontes

O sentido se articula pela mediação da linguagem. Ela é mediação intranscendível de todo e qualquer sentido, mas não é a doadora do sentido. Aqui a hermenêutica traz a descoberta de que a constitui-

[22] MacDOWELL, *op. cit.*, p. 124.

[23] HEIDEGGER, *op. cit.*, p. 205.

[24] Cf. *Ibid.*, p. 207.

ção do sentido é histórica. O sentido se gesta intersubjetivamente, de geração em geração, sendo que o lugar onde é gerado é na história.

Falar da linguagem significa, portanto, falar dos fundamentos. Ela emerge como a forma mesma de fazer Filosofia primeira. Gostaria de deixar registrado que Heidegger e Gadamer opõem-se radicalmente ao modelo da subjetividade. Nesse sentido, a hermenêutica irá investir na necessidade de retirar o domínio do sujeito em sua situação frente ao mundo. Dessa forma, a linguagem não pode ser dominada por aquele que se movimenta desde sempre dentro dela. O homem não é o determinador da linguagem. A linguagem é mediação de acesso ao real. Significa dizer que, no Século XX, se dá um deslocamento da reflexão transcendental. Ao invés de perguntarmos pelas condições transcendentais na consciência, agora nos perguntamos sobre as condições de possibilidade do conhecimento inter-subjetivo.

Stein, a esse respeito argumenta:

> Em lugar da consciência põe-se uma hermenêutica do ser-aí; em lugar da transparência põe-se a inelutabilidade do ser histórico, do dado; em lugar da teoria pura da tradição, introduz-se a descoberta da idéia da compreensão do ser no mundo, já sempre jogado no mundo e historicamente determinado; em lugar do ideal do pensamento puro da teoria tradicional, a idéia de uma práxis que antecipa toda divisão entre teoria e práxis e faz do conhecimento um modo derivado da constituição ontológica do ser-aí; enfim, o nó górdio da teoria tradicional do conhecimento é cortado com a eliminação da idéia de uma justificação ontológica possível.[25]

Poderíamos falar numa possível superação da filosofia da subjetividade, onde o sujeito, num primeiro momento, parece desaparecer. Um caso extremo pode ser percebido no estruturalismo e nas teorias do sistema. Para além da problemática da linguagem, entra de cheio na Filosofia de hoje o problema do sujeito. Em Heidegger, na verdade, ele nunca desaparece, mas ocupa um lugar diferenciado. A subjetividade não desaparece, ela é deslocada. Ao invés de a subjetividade ser o centro criador do sentido de tudo, é o ser que dá sentido à subjetividade.[26] A subjetividade é *Dasein*.[27] Aqui o específico do sujeito é

[25] STEIN, 1988, p. 28.

[26] "Qualquer ontologia, mesmo se de caráter existencial, está comprometida com o ponto de partida da subjetividade. O sentido de ser não é condicionado pela compreensão de ser. Pelo contrário, é o ser que determina o destino do pensar humano" (MacDOWELL, *op.cit.*, p. 199).

[27] Ver a esse respeito STEIN, *Seis estudos sobre "Ser e Tempo"*, p. 24-26. O termo *Dasein* permanece aqui no alemão, sobretudo devido à dificuldade em se encontrar alguma palavra que possa expressar seu sentido em português. Optamos por deixá-lo no alemao, a fim de evitar possíveis equívocos, porém não deve ser entendido como sinônimo de *existência*. Talvez um sentido mais aproximado seria o "ser-aí", ou então "estar-aí". Entretanto, dever-se-ia entender "*Sein*", não de modo passivo, mas ativo, a saber, é um aí que não está simplesmente jogado, mas que "é-aí-sendo", dizendo-o de modo exagerado.

re-velar, a-colher. Por isso, Heidegger vai sustentar que a linguagem do homem, enquanto ser da linguagem, é "a casa do ser". "Pastor do ser".[28] Quer dizer, é a esfera, é a instância onde o sentido se *re-vela*, se *re-trata*. O sentido se dá no *Dasein*, mas este não constitui o sentido. O "nós" cotidiano sustenta a consciência enquanto sentido.

Conforme Heidegger, "o ente se abre em sua possibilidade"; "sentido é aquilo em que se sustenta a compreensibilidade de alguma coisa". Ou então, "aquilo que pode articular-se na abertura da compreensão".[29] Conforme vimos anteriormente, é um ente que pode descobrir e preencher a abertura do ser-no-mundo. Sendo assim, "sentido é a perspectiva em função da qual se estrutura o projeto pela posição prévia, visão prévia e concepção prévia. É a partir dela que algo se torna compreensível como algo".[30] O sentido é um existencial do *Dasein* e não uma propriedade colada sobre o ente, de modo que "somente o *Dasein* pode ser com sentido ou sem sentido. Isso significa: o seu próprio ser e o ente que se lhe abre podem ser apropriados na compreensão ou recusados na incompreensão".[31]

3. Compreender e interpretar

A experiência do sujeito é a de não poder determinar o espaço dentro do qual sua compreensão se dá. Há um procedimento hermenêutico que se estabelece, enquanto procedimento interativo entre o intérprete e seu objeto. Em outras palavras, numa perspectiva heideggeriana, pode-se dizer que se estabelece uma estrutura que qualifica a hermenêutica como um modo de ser, um modo de se encontrar. Isso à base de uma visão prévia, de nossa pré-compreensão, a partir de onde o sentido se estrutura em nós. Disso podemos deduzir que, quanto mais o ente se conhece, maior a possibiliade de uma melhor compreensão. Ou, conforme Heidegger, "a compreensão enquanto abertura do 'Da' sempre diz respeito a todo o ser-no-mundo. Em toda compreensão de mundo, a existência também está compreendida e vice-versa".[32]

> A questão sobre o sentido do ser só é possível quando se dá uma compreensão do ser. A compreensão do ser pertence ao modo de ser deste ente que denominamos Dasein. Quanto mais originária e adequadamente se conseguir explicar esse ente,

[28] Cf. REALE, ANTISERI, *op. cit.*, p. 590.

[29] Cf. HEIDEGGER, *op. cit.*, p. 208.

[30] *Ibid.*, p. 208.

[31] Cf. *ibid.*, p. 208.

[32] *Ibid.*, p. 209.

maior a segurança do alcance na caminhada rumo à elaboração do problema ontológico fundamental.[33]

No *Dasein* vem à tona o sentido do ser, sem, no entanto, desaparecer o problema do sujeito, mas ele é repensado. Assim sendo:

> o modo de ser do estar-aí que se descreve através do lidar com o ente disponível, o utensílio, não pretende anular este sentido da práxis no nível da relação com o objeto, mas quer atingir a dimensão mais profunda e antecipadora, onde se dá uma unidade entre mundo e estar-aí, no complexo e ao mesmo tempo simples modo de ser-no-mundo em que o estar-aí já sempre se compreende.[34]

Compreender o ser não é mais do que abrir o espaço possibilitante do conhecimento dos entes. "Qualquer conhecimento se realiza já sempre na base do modo de ser do estar-aí, modo de ser que denominamos 'ser-em', isto é, o já-sempre-estar-junto-de-um-mundo".[35] Nesse sentido, o transcendental é uma característica da minha compreensão do ser, não dos entes ou do ser. Isso porque acima da realidade está a possibilidade. "De fato, apenas enquanto o ser-aí é, ou seja, a possibilidade ôntica de compreensão do ser, 'dá-se' ser. Se o ser-aí não existe, também nem 'independência' nem 'em si' podem 'ser'".[36]

Para Heidegger, o ser do "*Da*" do *Dasein* se sustenta na disposição enquanto estrutura existencial. Desse modo:

> Dizer que o Dasein existindo é o seu Da, significa, por um lado, que o mundo está "pre-sente", o seu Dasein é o ser-em. Este é e está igualmente "presente" como aquilo em função de que o Dasein é. Nesse em função de, o ser-no-mundo existente se abre como tal. Chamou-se essa abertura de compreensão.[37]

No sentido de existência, essa compreensão sempre remete ao ser desse poder-ser, nunca simplesmente dado, mas que "é" junto com o ser do *Dasein*. Não está solto no ar, pois é a possibilidade de ser que está entregue à sua responsabilidade, de modo que é a possibilidade que lhe foi inteiramente lançada.[38] Conforme Heidegger, "esse 'saber' não nasce primeiro de uma percepção imanente a si mesmo, mas pertence ao ser do *Da* do *Dasein* que, em sua essência, é compreensão".[39]

Heidegger vai insistir na oposição radical à subjetividade, o que expressa ao dizer que "compreender é o ser existencial do próprio

---

[33] HEIDEGGER, *op. cit.*, p. 266.

[34] STEIN, 1988, p. 117-118.

[35] *Ibid.*, p. 26.

[36] HEIDEGGER, *op. cit.*, p. 279.

[37] *Ibid.*, p.198.

[38] Cf. *ibid.*, p.199.

[39] *Ibid.*, p. 200.

poder-ser do *Dasein*, de tal maneira que, em si mesmo, esse ser abre e mostra a quantas anda seu próprio ser".[40] Isso também pode ser percebido quando expõe que, "na compreensão, o *Dasein* projeta seu ser para possibilidades",[41] sendo estas como que aberturas. Tal projetar da compreensão possui a possibilidade própria de se elaborar em formas, as "interpretação", que se fundam existencialmente na compreensão e não vice-versa. É onde a compreensão se torna ela mesma e não outra coisa. "Interpretar não é tomar conhecimento de que se compreendeu, mas elaborar as possibilidades projetadas na compreensão".[42] O compreendido, aquilo que se abre na compreensão, "é sempre de tal modo acessível que pode explicitar-se em si mesmo como isto ou aquilo",[43] ou seja, "o 'como' constitui a estrutura da explicitação do compreendido; ele constitui a interpretação",[44] sendo que "isso só é possível pelo fato de já se oferecer para ser pronunciado".[45]

Heidegger vai defender que tudo o que está à mão sempre já se compreende, a partir da totalidade conjuntural. Segundo ele, "o que acontece é que, no que vem ao encontro dentro do mundo como tal, a compreensão já abriu uma conjuntura que a interpretação expõe".[46] Dessa forma, pode-se falar numa "visão prévia", sendo que, enquanto abertura do *Da*, sempre diz respeito a todo ser-no-mundo. Ele expressa isso, dizendo que, "no projeto da compreensão, o ente se abre em sua possibilidade".[47] Não se trata, portanto, de jogar no vazio ou sobre a nudez de algo, mas, sim, de que o "caráter de possibilidade sempre corresponde ao modo de ser de um ente compreendido".[48]

Nas palavras de Heidegger:

> Se junto com o ser do Dasein o ente intramundano também descobre, isto é, chega a uma compreensão, dizemos que ele tem sentido. Rigorosamente, porém, o que é compreendido não é o sentido, mas o ente e o ser. Sentido é aquilo em que se sustenta a compreensibilidade de alguma coisa. Chamamos de sentido aquilo que pode articular-se na abertura da compreensão.[49]

---

[40] HEIDEGGER, *op. cit.*, p. 200.

[41] *Ibid.*, p. 204.

[42] *Ibid.*, p. 204.

[43] *Ibid.*, p. 205.

[44] *Ibid.*, p. 205.

[45] *Ibid.*, p. 206.

[46] *Ibid.*, p. 206.

[47] *Ibid.*, p. 208.

[48] *Ibid.*, p. 208.

[49] *Ibid.*, p. 208.

Portanto, não significa que a compreensão seja sentido: "o que é compreendido não é o sentido, mas o ente e o ser".[50] Porém, não existe acesso à compreensão dos entes, sem passar pela compreensão do ser. O sentido surge como um espaço próprio, uma espécie de mediação em que o *Dasein* pode-se manifestar aos entes.

Essa manifestação do *Dasein* sempre conserva um aspecto de ocultamento, possibilitando, no entanto, uma apreensão de um sentido que possibilita uma compreensão. Isso tudo remete à ideia de que o sentido nasce a partir de formas de mediação, que não remetem a ele, como se fosse objeto, mas enquanto contexto a ser criado, dentro de uma determinada consciência da realidade. O sentido surge enquanto resultado de uma experiência ou, em outras palavras, ele é como que a gestação de algo que não pode chegar a ser captado totalmente na compreensão.

Aqui, a razão em si mesma não pode ser considerada o ponto de partida do conhecimento. Ela mesma está sendo inserida dentro de um contexto de sentido que a determina. Algo está a nosso dispor, algo enquanto algo é captado e conseguimos trazê-lo à tona pela linguagem, sendo que não é a linguagem que detém o poder de determiná-lo.

Portanto, o "*Dasein* só tem sentido na medida em que a abertura do ser-no-mundo pode ser 'preenchida' por um ente que nele se pode descobrir. Somente o *Dasein* pode ser com sentido ou sem sentido".[51] Em outras palavras, compreendemos na medida em que há o "des-ocultamento", o "des-cobrimento" da constituição do ser da existência.

4. Sobre linguagem e transcedentalidade

Heidegger não se coloca nem do lado de um metodologismo, nem de um fundamentacionismo. Entre Heidegger e Gadamer há uma certa proximidade; aliás, podemos dizer que Gadamer seria impensável sem Heidegger. A tese fundamental está no fato de todo intérprete estar envolvido na intepretação. Entretanto, o *Dasein* é constituído de comportamentos ontológicos, de modo que não é possível pensar algo antes. A realidade é depois do *Dasein*. Aqui entra a característica do cuidado com o já-sempre-no-mundo.[52] Não existe nada, a não ser via intepretação. Só porque interpretamos, as coisas passam a "ex-istir". Isso remete ao aspecto ontológico.

[50] HEIDEGGER, *op. cit.*, p. 208.

[51] Cf. *ibid.*, p. 208.

[52] Cf. *ibid.*, § 41.

As modificações da temporalidade é que possibilitam o *Dasein*. Possibilidade não é o que vem, mas o que é, é o *Dasein*. "A experiência do ser-no-tempo das representações coloca, de modo igualmente originário, algo que se transforma 'em mim' e algo que permanece 'fora de mim'".[53] Acima da realidade está a possibilidade; o sentido está, pois, ligado ao poder-ser, portanto, é possibilidade.

Então a linguagem, para Heidegger, não é simplesmente um objeto presente, que está diante de nós, mas todo pensar já se faz linguagem. Quer dizer, a linguagem é mediação de meu acesso ao mundo. Todo pensar se faz numa abertura. Uma abertura de sentido que se articula linguisticamente. Um espaço linguisticamente mediado, no qual se abre para nós a experiência de mundo das coisas.

Ricoeur, nesse sentido, coloca bem a questão, ao considerar já pré-suposto o fato de que nunca se começa de zero, isto é, desprovido de "pré-juízos". Entra-se na conversa, a partir de uma determinada cultura. Nós damos uma pequena contribuição, que, depois, por assim dizer, sai pela porta dos fundos, e a conversa continua.[54] Entretanto, é condição que se esteja dentro da conversa, para saber do que se está tratando:

> Na medida em que a proposição (o juízo) se funda na compreensão, representando uma forma derivada de exercício de interpretação, ela também "possui" um sentido. O sentido, porém, não pode ser definido como algo que ocorre em um juízo ao lado e ao longo do ato de julgar.[55]

É importante perceber que Heidegger salienta que o "como" não ocorre pela primeira vez na proposição. Nela, ele apenas se pronuncia, o que, no entanto, só é possível pelo fato de já se oferecer para ser pronunciado. Linguagem é, portanto, um espaço de revelação das coisas, porque nela se diz o sentido a partir de onde eu posso perceber o sentido das coisas. Então, linguagem é, em primeiro lugar, um dizer do ser, com sentido. Linguagem é, para Heidegger, não em primeiro lugar representação, proposição. Não que ele negue isso, mas, na proporção análoga a Wittgenstein, Heidegger vai dizer que a proposição não é a proposição originária. Há uma dimensão anterior à própria proposição que a torna possível, e essa dimensão anterior à proposição é a doação do ser, a doação do sentido.[56]

Assim, na linguagem, por assim dizer, se dá a revelação do "centro" para nós, porque a linguagem, em última instância, é desvela-

---

[53] HEIDEGGER, *op. cit.*, p. 270.

[54] Cf. RICOEUR, 1991, p. 55 – 72.

[55] HEIDEGGER, 1995, p. 211.

[56] Cf. *ibid*, p. 227.

mento do ser. Nela o sentido radical se desvela. Porque se desvela, ele desvela também o sentido dos entes. Quer dizer que a linguagem aponta para o ser que aponta para os entes. Dito de outro modo:

> A linguagem do homem pode falar dos entes, mas não do ser. Por isso, a revelação do ser não pode ser obra de um ente, ainda que privilegiado como o ser-aí, mas só pode se dar através da iniciativa do próprio ser. (...) O homem não pode desvelar o sentido do ser. Ele deve ser o pastor do ser e não o senhor do ente.[57]

A linguagem não é simplesmente informação, na maneira de manipular os objetos, mas ela é revelação do sentido dos entes, porque nela ocorre o acontecimento do ser. Nela ocorre o evento da revelação dos sentidos. E, a partir desse sentido, os entes se revelam. E onde isso acontece? Ora, a temporalidade é o sentido do *Dasein*, o ser do ser humano é de uma força existencial e não essencial. O cuidado se coloca como o traço ontológico de todos os entes.[58]

O desvelamento do sentido faz com que o sujeito possa ver com clareza o objeto. A linguagem é, acima de tudo, possibilidade de desvelamento do sentido. Não é que se vai ter acesso à verdade; o que se tem é apenas a interpretação.[59] É aí que, em *Ser e Tempo*, Heidegger vai fazer toda uma análise do que é o homem como sentido e como a linguagem é elemento central da nova forma de compreender o homem.

Ele não pretende elaborar uma teoria da metodologia das ciências hermenêuticas, mas pretende rearticular a ontologia, ou seja, articular uma ontologia hermenêutica. Nela, a matéria do ser humano não é a essência. A substância do homem é a existência, ou então, dito de outro modo, está claro, para Heidegger, que a existência precede a essência, de modo que primeiramente é necessário que eu exista, para depois construir a minha essência, possibilitando projetar-me, isto é, poder-ser. A existência é essencialmente transcendência, sendo o homem projeto, e as coisas do mundo utensílios em função do projetar humano.[60]

Porém, pelo fato de ser naturalmente transcendental, o ser humano, desde sempre, se move pela transcendência, num mundo de transcedentalidade, pois o ser é um transcendental. Heidegger sustenta que, "com relação ao realismo, o idealismo possui uma primazia fundamental, por mais oposto e insustentável que seja, no que respei-

---

[57] REALE; ANTISERI, *op. cit.*, p. 590.

[58] Cf. HEIDEGGER, *op. cit.*, p. 279.

[59] Cf. CORETH, *op. cit.*, p. 155.

[60] Cf. REALE; ANTISERI, *op. cit*, p. 583-584.

ta aos resultados, desde que ele próprio não se compreenda equivocadamente como idealismo 'psicológico'".[61]

O ser do *Dasein* é o cuidado, por isso somos aparentemente realistas, porque estamos habitual e familiarmente junto das coisas. Heidegger denomina esse modo de ser de decaída, em função desse ocupar-se sem mediação. Isso é uma tendência, para fugirmos dos outros dois modos que é o futuro – ser-diante-de-si-mesmo – e o passado – já-ser-no-mundo:

> Entre o passado e o futuro está aquele ocupar-se com as coisas que é o presente. Essas três determinações do tempo encontram seu significado em seu ser "fora de si": o futuro é um pretender-se, o presente é estar preso às coisas, e o passado é retornar à situação de fato para aceitá-la".[62]

Nesse sentido, o idealismo é a única possibilidade de uma questão filosófica. "Se o título idealismo significar o mesmo que compreender a impossibilidade de se esclarecer o ser pelo ente mas que, para todo ente, o ser já é o 'transcendental', então é no idealismo que reside a única possibilidade de uma problemática filosófica".[63] Todo ente já pré-supõe como transcendental a compreensão do ser. Ser, aqui entendido como um conceito indefinível, o mais universal, sendo que "a impossibilidade de se definir o ser não dispensa a questão de seu sentido, ao contrário, justamente por isso a exige".[64]

Referências

APPEL, K. O. *A Transformação da Filosofia 1*: Filosofia Analítica, Semiótica, Hermenêutica. São Paulo: Loyola, 2000.

CORETH, Emerich. *Questões Fundamentais de Hermenêutica.* São Paulo: EPU, Ed. da Universidade de S.P., 1973.

GADAMER, Hans-Georg. *Verdad y Método I: Fundamentos de una hermenéutica filosófica.* Trad. Ana Agud Aparicio e Rafael de Agapito. Salamanca: Ed. Sígueme,1996.

——. *Verdad y Método II.* Salamanca: Ed. Sígueme, 1994.

——. *A Razão na Época da Ciência.* São Paulo: Biblioteca Tempo Univesitário, 1983.

——. *Hermenêutica em Retrospectiva.* Vol.2. Trad. Marco Antônio Casanova. Petrópolis: Vozes, 2007.

——. *Los caminos de Heidegger.* Trad. Angela Ackermann Pilári. Barcelona: Herder, 2002.

HABERMAS, Jürgen. *O Discurso Filosófico da Modernidade.* Trad. Luiz Sérgio Repa e Rodnei Nascimento. São Paulo: Martins Fontes, 2002.

---

[61] HEIDEGGER, *op. cit.*, p. 274.

[62] REALE; ANTISERI. *op. cit.*, p. 588.

[63] HEIDEGGER, *op. cit*, p. 274.

[64] *Ibid*, p. 29.

HEIDEGGER, Martin. *Ser e Tempo. Vol 1 e 2*. Petrópolis: Vozes, 1995.

——. A Questão da Técnica. *Scientia Studia*. São Paulo, v.5, n. 3, p. 375-398, 2007.

——. *Os conceitos fundamentais da metafísica: mundo, finitude, solidão*. Trad. Marco Antônio Casanova. Rio de Janeiro: Forense Universitária, 2006.

KANT, Immanuel. *Crítica da Razão Pura*. Trad. Valério Rohden. São Paulo: Abril Cultural, 1980.

MacDOWELL, João A. *A Gênese da Ontologia Fundamental de M. Heidegger*: ensaio de caracterização do modo de pensar de Sein und Zeit. São Paulo: Loyola, 1993.

OLIVEIRA, Manfredo Araújo de. *Para Além da Fragmentação*. São Paulo: Ed. Loyola, 2002.

——. *Tópicos sobre Dialética*. Porto Alegre: EDIPUCRS, 1997

REALE, Giovanni; ANTISERI, Dario. *História da Filosofia*. Vol.3. Do Romantismo até nossos dias. São Paulo: Ed. Paulinas, 1991.

RICOEUR, Paul. *O si-mesmo como um outro*. Campinas: Papirus, 1991.

STEIN, E. *A caminho de uma fundamentação pós-metafísica*. Porto Alegre: EDIPUCRS, 1997.

——. *Aproximações sobre hermenêutica*. Porto Alegre: EDIPUCRS, 1996.

——. *Seis Estudos sobre "Ser e Tempo"*. Petrópolis: Ed. Vozes, 1988.

——. Seminário sobre a verdade: lições preliminares sobre o artigo 44 de *Sein und Zeit*. Petrópolis: Vozes, 1993.

——. *Instauração do sentido*. Porto Alegre: Movimento, 1977.

——. *Mundo vivido*: das vicissitudes e dos usos de um conceito da fenomenologia. Porto Alegre: EDIPUCRS, 2004.

——. *Epistemologia e crítica da modernidade*. Ijuí: Ed. UNIJUÍ, 2001.

——. *Diferença e metafísica*: ensaios sobre a desconstrução. Porto Alegre: EDIPUCRS, 2000.

——. *Pensar é pensar a diferença*: filosofia e conhecimento empírico. Ijuí: Ed. UNIJUÍ, 2002.

——. *Compreensão e finitude*: estrutura e movimento da interrogação heideggeriana. Ijuí: Ed. UNIJUÍ, 2001.

——. *Sobre a verdade*: lições preliminares ao parágrafo 44 de Ser e Tempo. Ijuí: Ed. UNIJUÍ, 2006.

——. *A questão do método na filosofia*: um estudo do modelo heideggeriano. Porto Alegre: Movimento, 1983.

A relação do tempo com o direito penal e a análise dos tribunais penais internacionais especiais face à atemporalidade do chamado direito internacional humanitário

DYELLBER FERNANDO DE OLIVEIRA ARAÚJO[1]

Introdução[2]

Quando se estuda sobre a teoria e aplicação das normas penais, a primeira lição que se presta à qualquer neófito sobre o assunto,

[1] Doutorando, Mestre e Especialista em Ciências Jurídico-Criminais pela Faculdade de Direito da Universidade de Coimbra - Portugal (FDUC-PT) e em Direito Penal Econômico, Europeu e Internacional pelo Instituto de Direito Penal Econômico e Europeu (IDPEE-FDUC). Pesquisador e membro efetivo do Núcleo de Pesquisa em Direito e Extensão do Centro Universitário Alfredo Nasser (NUPEX-UNIFAN). Professor de Graduação e Pós-Graduações em Direito do Centro Universitário Alfredo Nasser (UNIFAN) e Faculdade de Direito da Universidade Federal de Goiás (FD UFG). Advogado e Diretor-Adjunto da Escola Superior de Advocacia de Goiás – ESA/GO no triênio 2019/2021. E-mail: Dyellber@unifan.edu.br.

[2] Como premissa de qualquer ato faz-se, a bom grado, materializar com gestos simples, ainda que sinceros, a gratidão por meio do generoso convite do dileto amigo de tempos conimbricenses, Doutor João Alves Teixeira Neto, em ser recordado para participar desta obra festiva e de valoroso reconhecimento aos trabalhos de investigação científica e magistério que, no transcorrer destes anos, nos galhardoaram os estudos do Doutor Ernildo Stein. Sem qualquer linha de falsa modestia, tal preciosismo, de fato, só devem ser cultiváveis aos grandes mestres. E, neste sentido, posso salientar que foi com a pena do Doutor Stein que o meu navegar pelas águas – muita das vezes turbulentas – da filosofia tornou-se mais assertivo, ainda que mesmo diante de marés de linhas revoltosas da filosofia fenomelógica, epistomológica e da ontologia a que, na maioria dos casos, torna-se difícil uma relação com temas de dogmática jurídica, na maioria das vezes oriunda de um funcionalismo. Não por isso, foi o interesse pela leitura de muitas das obras do Doutor Ernildo Stein que a ligação dogmática jurídica – sobretudo a penal – com a ontologia filosófica passou a ganhar forma. A dedicação do autor homenageado para a interpretação das obras de Heidegger, por exemplo, cominadas com a experiência de incansáveis tempos de dedicação aos mais variados temas de filosofia contemporânea socorre-nos diante das inquietações para encontrar plausibilidade diante dessas tentativas de se seguir com os estudos de (des)construção filosófica e também dos institutos jurídicos, diante de uma (não) aceitação aos temas, como que de modo imperativo, pelos outros, nos são regurgitados. Não obstante, é a par deste fenômeno que se busca interação e afago pelas obras de Ernildo Stein, ao se saber, por

resume-se na percepção de que se deve existir barreiras capazes de cindir o direito da moral.[3] E deste entendimento extrai-se um segundo aprendizado, cuja a dimensão será a de se demonstrar que o direito penal possui um caráter subsidiário e fragmentário, com a função de tutelar bens jurídicos com dignidade penal.[4]

Assim, interrompe-se com o entendimento do mais leigo de que tal ordem jurídica funcionaria como reguladora cimeira à violação de deveres morais-sociais,[5] para, em verdade, demonstrar-se como instrumento de censura de determinado comportamento humano que se opôs à norma de conteúdo jurídico-penalmente relevante.[6] E disso também se extrai, a traço grosso, que o direito penal deveria abster-se de qualquer aplicação embevecida de sentimentos.[7] No entanto, vez por outra, alguns desses axiomas mostram-se relativizados e expandem-se de modo que aquela exceção acaba por tornar-se regra, a ponto de contaminar toda uma estrutura jurídica já consolidada em direito interno. E um dos exemplos disso dá-se pela noção do tempo na norma e de sua aplicação dogmática por conta da premissa da irretroatividade da lei penal.

Mas também da relativização deste mesmo princípio, a começar pelo prenúncio instalado de justiça às vítimas pelos julgamentos

---

exemplo, do importante elo que se fizeram sempre presentes entre dogmática penal e filosofia ou mesmo – e sendo mais atrevido – das ciencias jurídico-criminais com a ontologia do cuidado. É assim, a base de algumas incertezas que – por estas bandas mais agrestes do planalto central e do cerrado brasileiro que agradeço a oportunidade de integrar esta obra festiva. Mas, muito mais do que sentir-me lisonjeado pela lembrança de fazer parte desta homenagem, é o momento também de se agradecer ao Senhor Professor Doutor Ernildo Jacob Stein pelo "cuidado" e didatismo peculiares em nos ensinar muito sobre filosofia e da necessidade de inter-relação deste método reflexivo de se pensar com os outros ramos do saber.

[3] Não que estejam distantes, pelo contrário, o direito, mas sobretudo, o direito penal, como representação de um fenômeno social, terá a função de justamente estabelecer tal ligação, a partir de um limite pré-fixado para a observância do mínimo de moralidade suficiente para a segurança de uma convivência cívica num determinado momento histórico, ou seja, um mínimo-ético que deve ser compreendido diante de uma dimensão de abertura e de liberdade capaz de, constantemente, servir como matriz de reforço de um "mínimo," necessário para se (r)estabelecer as regras fulcrais e indissociáveis ao homem civilizado. *Cfr:* ANTOLISEI, Francesco. *Manuale di Diritto Penale. Parte generale.* 30. ed. a cura di CONTI, Luigi. Giuffrè. Milano: 1994. p. 09. COSTA, José de Faria. *Noções Fundamentais de Direito Penal (Fragmenta iuris poenalis).* 4 ed. Coimbra Editora. Coimbra: 2015. p. 174.

[4] COSTA, José de Faria. *Ibidem.* p. 13 e s.

[5] DIAS, Jorge de Figueiredo; ANDRADE, Manuel da Costa. *Direito Penal. Questões fundamentais. A doutrina geral do crime. Apontamentos e materiais de estudo da cadeira de Direito Penal (3º ano):* 1996. p. 49 e s.

[6] JAKOBS, Gunther. *Strafrecht. Algemeiner Teil.* 2. Auflage. Walter de Gruyter. Berlin: 1991. p. 36.

[7] Mas disso não quererá significar uma renúncia a função de tutela do direito penal aos sentimentos. Demonstrando a impossibilidade de uma cisão completa, inclusive exemplificando tipos penais literalmente modelados por sentimentos, veja: HORNLE, Tatjana. *La Protección de Sentimientos en el STGB. In: La Teoría del Bien Jurídico. (org.)* HEFENDEHL, Roland. Edição Espanhola de: ALCÁCER, Rafael (et. al.). Marcial Pons. Madrid: 2007. p. 383/399.

dos Tribunais Penais Internacionais especiais. Algo que, pelo seu alto grau de expansividade, parece ter contaminado as margens do direito interno de tradição germanófila. Ainda que em premissa de singela homenagem ao rico magistério de Ernildo Stein, este será, portanto, o objetivo deste escrito, ou seja, uma análise sobre as crises do princípio da legalidade criminal, a partir de uma possível influência dos julgamentos dos Tribunais Penais Internacionais especiais – a contar por Nuremberg e Tóquio – até a instalação do Tribunal Penal Internacional permanente e a consolidação, em tutela multinível, da premissa da irretroatividade da lei penal. Mas também é de se mostrar as consequências desta flexibilização e as marcas deste senso de justiça no direito interno, como se vê ultimamente em Alemanha, França, Espanha, Portugal, bem como, atualmente, também no Brasil, tendo em vista o poder de atuação retroativa *ex post factum* da lei penal para a contenção das margens de perigosidade.

1. Para uma aproximação do problema. A interação necessariamente entre tempo e direito penal

Não se trata de nenhuma novidade a conjugação de temas como tempo e direito penal.[8] Em verdade, a concepção mais forte do chamado direito penal total não pode manter-se isolada do alcance direto do tempo a mostrar-se como instrumento útil para a regulação do *ius puniendi*.[9] Quer no que tange às influências sobre as mudanças comportamentais com o qual o direito penal deverá adequar-se a um novo modo de vida comunitário (*Weltzeit*),[10] capaz de debandar efeitos po-

---

[8] Tal como descrito por Faria Costa: "a relação que se entretece entre o tempo e o direito penal consubstancia-se, destarte, na 'actualidade' com que se olha para o passado. Para ajuizar da censurabilidade criminal de uma determinada conduta, importa que recuemos ao momento da prática do facto." COSTA, José de Faria. *Prefácio. In: Actas do Colóquio O Direito e o Tempo.* Instituto Jurídico Faculdade de Direito da Universidade de Coimbra: 2016. p. 09. ASHOLT, Martin. *Verjährung im Strafrecht.* Mohr Siebeck. Tübingen: 2016. p. 178 e s.

[9] Para além do próprio tempo, temas como: verdade, causalidade e espaço são considerados transversais. Desta forma a ciência como um todo – quer sejam as duras ou a do espírito – tem obrigatoriamente que se interatuar. Sobre a necessidade deste interacionismo, vide: POPPER, Karl R. *La responsabilidade de Vivir. (trad.)* ROLDÁN PANADERO, Concha. Barcelona: Paidós, 1995. p. 92.

[10] Sobre o tempo da imagem do mundo, vide: HEIDEGGER, Martin. *Caminhos da Floresta. (org e trad.)* BORGES-DUARTE, Irene (*et.al*). Calouste Gulbenkian. Lisboa: 1998. p. 97. § 69. Utilizando-se da mesma expressão do texto principal, confira: LUHMANN, Niklas. *Tiempo del Mundo e Historia Sistémica. In:* Inguruak. Revista Vasca de Sociologia y Ciencia Politica. nº 23. 1999. p. 30 e s. A traço da epistemologia e sobre se as implicações da modernidade tornou-se possível chegar a finitude da filosofia, vide: STEIN, Ernildo. *Heidegger e Habermas. A finitude do Conhecimento. In. Conferências Filosóficas I. Epistemologia e Crítica da Modernidade.* 3 ed. Unijuí. Ijuí-RS: 1990. p. 32/51. Sobre as influências do tempo do mundo no direito, veja: BRONZE, Fernando José. *A Interpretação Jurídica e as Fontes do Direito. A Interpretação Jurídica e as Fontes do Direito. Nótula proporcionada pelos 50 anos do Código Civil. In: Revista de Legislação e Jurisprudência.* nº 4002: 2017. p. 198.

lítico-criminais de exclusão ou mesmo inclusão de bens jurídicos carentes ou não de dignidade penal; ou quer em relação a um prenúncio dogmático, com o qual serão estabelecidos critérios epistemológicos necessários para a aplicação do direito – ao momento em que, por exemplo: uma lei nova derroga uma antiga, pelo fenômeno da prescrição, pelo limite temporal da pena ou mesmo com a contagem dos prazos processuais – torna-se impossível não exprimir importância sobre a interação do tempo com as ciências jurídico-criminais.[11] E mesmo que, indiretamente, se mostre como imperceptível,[12] essa interação fenomenológica entre tempo e direito penal possui também uma natureza de cunho especial. Já que desse encontro resultará uma espécie de *prohibitiones puniendi*, a ser expressada como limite ao exercício de punir dos agentes estatais.[13]

(1.1) Muito distante, porém, de se adentrar numa estruturação mais densa sobre a necessidade de se dar conceitos ao tempo[14] ou mes-

---

[11] Estendendo-se tal subdivisão a todos os campos do direito, vide: BRETONE, Mario. *Derecho y Tiempo.* BRETONE, Mario. *Derecho y Tiempo en la tradición europea. – trad.* ROSAS ALVARADO, Isidro – Fundo de Cultura Económica. México: 1999. p. 42. Igualmente sobre um sentido de temporalidade jurídica distinta, apresentando, por isso, vários olhares sobre a interpretação que se deve dar às influências do tempo no direito, veja também: OST, François. *O Tempo do Direito. (trad.)* OLIVEIRA, Maria Fernanda. Piaget. Lisboa: 2001. *passim.*

[12] Muito mais preocupado com outros institutos inerentes à aplicação do direito, o jurista geralmente não se atenta para o sentido ontológico com qual o tempo poderá ser capaz de dinamizar o direito: limitando ou mesmo expandindo-no. Tal como Santo Agostinho, que, ao buscar um sentido sobre o tempo, exclamou que "se ninguém me perguntar, eu sei; se o quiser explicar a quem me fizer a pergunta, já não sei," (*Confissões.* Livro XI. Capítulo XIV) pode-se dizer também que a interação entre tempo e direito avança para além de uma mera percepção. Em direito penal, por exemplo, expressa-se para um olhar normativo do presente para o passado, na medida em que, simultaneamente, tende a circunscrever uma segurança jurídica também para o futuro. Tenta, por isso, restabelecer a relação onto-antropológica outrora diluída, reservando-se para um obrigatório alcance de paz jurídica. Razão disso, torna-se inconcebível uma explicação exclusivamente epistemológica sobre o fenômeno pelo qual o tempo se depreende junto da norma penal. Em sentidos parelhos, buscando também uma relação da antropologia com a filosofia, ainda que de pouca ligação com a filosofia da existência, confira: STEIN, Ernildo. *Antropologia Filosófica. Questões epistemológicas.* 3 ed. Porto Alegre: Livraria do Advogado. 2018. p. 34 e ss.

[13] Tal como descrito, por exemplo, por Pedro Caeiro, o sentido do termo seria invocado a partir dos limites diretos do poder de punir estatal impostos, sobretudo, no âmbito das reações criminais, como acontece com a proibição da pena de morte, das penas degradantes e pela garantia de um processo justo, com o qual o tempo se torna matriz necessária para o restabelecimento também daquilo que é ensinado por Faria Costa, como a busca por paz jurídica a partir do restabelecimento da relação onto-antropológica de cuidado-de-perigo outrora rompida. Sobre os autores, vide: CAEIRO, Pedro. *Fundamento, Conteúdo e Limites da Jurisdição Penal do Estado. O caso português.* Coimbra: Coimbra Editora. 2010. p. 353. COSTA, José de Faria. *Ilícito-típico, Resultado e Hermenêutica. In:* Lusíada. Seminário Internacional de Direito Penal. Universidade Lusíada. Março. Lisboa: 2000. p. 16.

[14] Assim como demonstrado na frase de Santo Agostinho, citada alhures, o tempo assume uma faceta de difícil compreensão. Quer dentro das ciências duras ou mesmo nas do espírito, haverá sempre a necessidade de interlocução dos vetores principais de estudo destes variados ramos do saber com a fenomenologia do tempo. Não por isso, mostra-se vasto o referencial

mo de um caminho capaz de trazer questionamentos sobre a existência ou não de um *tempo jurídico*[15] e, por certo, de uma possível autonomia da referência do "tempo do direito" frente à grandeza escalar do tempo em absoluto;[16] o correto é que a máxima advinda dessa interação deve ser, sobretudo, interpretada por um sentido de auxílio à busca por paz jurídica que, via de regra, será alcançada diante do olhar crítico e interativo junto da dogmática penal. E isto quererá significar que o tempo, na ordem jurídico-criminal, funcionará como uma espécie de escudo face a uma destemperada aplicação da norma. Noutras palavras, mesmo que se determine como um imperativo categórico, a lei

---

bibliográfico sobre o tema, conforme se observa pela filosofia em: KANT, Immanuel. *Crítica da Razão Pura. (trad.)* MORUJÃO, Alexandre Fradique; SANTOS, Manuela Pinto dos. 5 ed. Lisboa: Fundação Calouste Gulbenkian. 2001. p. 96 e s. HEGEL, Georg Wilhelm Friedrich. *Lecciones sobre la Filosofía de la Historia Universal. (trad.)* GAOS, José. 3 ed. Alianza. Madrid: 1982. p. 6. E em Heidegger, com o qual traça uma proposta assemelhada a que defendemos do tempo como cuidado, vide: Heidegger, Martin. *O Conceito de Tempo.(trad.)* Borges-Duarte, Irene. 2 ed. bilíngue. Lisboa: Fim de Século. 2008. E ainda no que tange a uma análise de filosofia social sobre o tema, confira: LUHMANN, Niklas. *Einführung in die Systemtheorie.* Carl-Auer Systeme. Heidelberg: 2002. p. 195.

Quanto a uma explicação do tempo pelas ciências duras, sobretudo no que se refere à quebra do conceito newtoniano de tempo absoluto, relativizada pela teoria, dentre muitos, de Einstein, veja: EINSTEIN, Albert. *A Teoria da Relatividade Especial e Geral. (trad.)* PEREIRA, Carlos Almeida. Rio de Janeiro: Contraponto. 1999. p. 36 e s. Em relação ao paradoxo do tempo, explicando, inclusive, a teoria da relatividade, confira: HAWKING, Stephen W. *Breve História do Tempo. (trad.)* COSTA, Maria Alice Gomes. 8 ed. Lisboa: Gradiva. 2011. p. 46 e s. Sobre a chamada *teoria das cordas*, ou *de tudo* a anunciar a relação tempo-espaço numa ligação da física quântica com a teoria da relatividade para a formação do universo, vide: HAWKING, Stephen. *A Teoria de Tudo. A origem e o destino do universo. (trad.)* MARQUES, Miguel A. L. Lisboa: Gradiva. 2010. *passim.*

[15] Sobre as múltiplas imagens do tempo no direito e a formulação de um tempo jurídico como categoria relativamente autónoma, vide a concepção, por exemplo de Engisch em: BRETONE, Mario. *Derecho y Tiempo en la tradición europea. Ob. cit.* p. 41. Vide também Winkler, quando também traça um paralelo diante da possibilidade de haver, por um lado a temporalidade do direito *(die Zeitlichkeit des Rechts)* e por outro, a juridicidade do tempo *(die Rechtlichkeit der Zeit)*, em: *Zeit und Recht.* Wien: Springer-Verlag. 1995. p. 299, 309 e 324. Confira também: TELES, Miguel Galvão. *Temporalidade Jurídica e Constituição.* Stvdia Ivridica nº 46 Colloquia – 5, Coimbra: Coimbra. 2000. p. 27.

[16] Diante desta discussão, pode-se dizer que, muito mais que uma mera aproximação ou simples contato com o qual demonstrar-se-ia a autonomia de um frente ao outro, ou mesmo uma nova categoria expressada pela concepção de *tempo jurídico*; o certo é que direito e tempo possuem um poder de interação necessário e que dispensa qualquer jogo de sobreposição entre continente e conteúdo. Tal como vulgarmente concebido do que espaço e tempo, poder-se-iam anunciar como grandezas iguais, o certo é que, espaço e tempo são irmãos alegóricos ainda que de forma desigual, mas que por isso devem guardar a sua grandeza específica a partir de uma necessidade clara de interação (*Cfr:* MÜNCH, Ingo v. *Die Zeit im Recht. NJW* 2000. Heft 1. p. 2). Da mesma maneira, coadunando-se com o propósito em questão, dever-se-ia tratar desta relação comunicacional, como de fato deve ser. Um diálogo com o qual o tempo tem por função circunscrever-se nas coisas do direito, sem, entretanto, preocupar-se com a proposiçao de "quem contém quem" (Costa, José de Faria. *Ibidem.* p. 164, nota de rodapé nº 1). Até mesmo porque quando adentra-se para as questões sobre a ordem jurídica, "l'uno non potrebbe stare senza l'altro." *Cfr:* BERNARDINI, Mauro. *Diritto e Tempo. In: Archivio Giuridico.* Vol. CCXVII, Fasc. II. Milano: Mucchi Editore. 1997. p. 180.

penal terá sempre uma eficácia limitada diante da curvatura espácio-temporal.[17]

Tão simples quanto isso, é de se aventar, por outro lado, uma espécie de contraposição para o qual, ao invés de se verter como limite, este mesmo tempo, vez por outra, vem sendo utilizado como instrumento de punir.[18]

Ao se criar margem de fuga pelas regras até então elaboradas, a estrutura temporal dada como fonte de cuidado ao direito penal costuma sofrer de algumas flexibilizações em seu sentido mais fecundo. Flexibilizações demonstradas, por exemplo, a partir das próprias conjecturas institucionais e que ritualizam um contexto de ordem jurídica capaz de, consequentemente, trazer garantias de funcionalidade ao sistema. Assim, o discurso jurídico-penal de natureza fragmentária e subsidiária passa a ganhar outra entonação, com repercussão direta no contexto da temporalidade a ser visto, por exemplo: diante da quebra de paradigmas outrora conquistados para, novamente, se defender a utilização da pena de morte e prisão perpétua,[19] a imprescritibilidade de

---

[17] Noutras palavras, ainda que não determine um imperativo categórico, a lei penal tem uma eficácia limitada no espaço e no tempo. No mesmo sentido: MARINUCCI, Giorgio; DOLCINI, Emilio. *Manuale di Diritto Penale. Parte generale.* 3. ed. Milano: Giufrè. 2009. p. 81 e s. CEREZO MIR, José. *Curso de Derecho Penal Español. Parte General. I.* 4. ed. Madrid: Giufrè. 1994. p. 186. MACHADO, João Baptista. *Âmbito de Eficácia e Âmbito de Competência das Leis.* Coimbra: Almedina. 1970. p. 93. Ainda, no âmbito do direito interno, acenando para a ideia do tempo e do espaço como limites ao exercício de punir, veja: ROCHA, Manuel António Lopes. *Aplicação da Lei Criminal no Tempo e no Espaço. In: Jornadas de Direito Criminal.* Lisboa: Centro de Estudos Judiciários. 1983. p. 87/151. Do mesmo modo, sobre a concepção onto-antropológica de cuidado de perigo a partir da inter-relação entre tempo e espaço em direito penal, confira: COSTA, José de Faria. *Em Redor do Nomos (ou a procura de um novo nomos para o nosso tempo). In: Linhas de Direito Penal e de filosofia: alguns Cruzamentos Reflexivos.* Coimbra: Coimbra Editora. 2005. p. 191/203.

[18] Pode-se definir que a concepção do tempo como limite de punir em direito penal não alcança idades tão remotas. Ainda que houvessem iniciações para o controle do direito de punir por meio de institutos como a prescrição ou um embrião para um qualquer conceito mais próximo sobre legalidade e irretroatividade da lei penal nos períodos de forte ascensão dos impérios helênico, romano e idade média, não necessariamente tais assertivas significariam uma tal limitação. Muito pelo contrário, para além de tais direitos serem algo seletivo, direcionados a determinadas castas sociais, o que se via era uma total instrumentalização do tempo pelo direito penal destas épocas. Prisões perpétuas, penas de morte e extensão da culpa às demais gerações do condenado são, portanto, alguns dos exemplos da afirmação do tempo como objeto de punir em direito penal, com o qual, somente após o período da ilustração – com Kant, Beccaria e com os aprimoramentos de Feuerbach – é que poder-se-á definir um qualquer movimento mais efervescente deste expressado como limitador ao *ius puniendi.* Sobre o assunto, confira: DANNECKER, Gerhard. *Das Intertemporale Strafrecht.* Tübingen: Mohr Siebeck. 1993. p. 32 e s. HRUSCKA, Joachim. *Kant, Feuerbach und die Grundlagen des Strafrechts. In: Kant und der Rechtsstaat.* Karl Alber. Freiburg/München: 2015. p. 89 e ss.

[19] Sobretudo no campo do direito internacional penal quando, para efeitos da Convenção do Tribunal Penal Internacional permanente, viu-se a inclusão da pena de prisão perpétua negociada como moeda de troca para exclusão da pena de morte, representando, portanto, um retrocesso civilizacional, já que qualquer uma dessas sanções – mesmo aos defensores de uma teoria radical de retribuição – representaria a maneira mais ardil e lúgubre de restabelecimento do "eu" em

alguns comportamentos delituosos,[20] bem como a ruptura de parâmetros do chamado direito penal intertemporal (*intertemporale Strafrecht*), através de crises frente ao princípio da legalidade criminal e, mais especificadamente, das mudanças de regras nalgumas vezes impostas à máxima da retroatividade da norma penal de conteúdo mais benéfico, ao se permitir, por isso, a eclosão de interpretações de conteúdo mais gravoso quando vistos na prática pelos tempos que correm.

Obrigatoriamente que todo este movimento tem uma gênese e uma razão de ser. E, ainda que não se queira adentrar no veio político-criminal e embrionário dessa mudança de paradigma, é de se perceber que tais assuntos foram vivamente trazidos à baila na senda do Direito Internacional Penal,[21] sobremaneira, diante da premissa de um possível *no liquet* para a punição dos chamados *core crimes*,[22] ou seja,

---

cuidado com o "outro" e dos "outros" para "comigo". No sentido do retrocesso civilizacional, vide: CAEIRO, Pedro. *Tribunais Penais Internacionais: Etapas de um Caminho ou Astros em Constelação? In: Revista Brasileira de Ciências Criminais.* nº 37. Ano 10. Janeiro-março. São Paulo: Revista dos Tribunais. 2002. p. 106. RODRIGUES, Anabela Miranda. *O Tribunal Penal Internacional e a Prisão Perpétua – que Futuro? In: Direito e Justiça.* Vol. XV. Universidade Católica de Lisboa: 2001. p. 13. Sobre a pena como natureza neoretributiva e de restabelecimento da matriz onto-antropológica a mostrar-se, por isso, não como um mal, mas sobretudo, como um bem, confira: COSTA, José de Faria. *Direito Penal e o Tempo. Ob. cit.* p. 183, nota de rodapé nº 36.

[20] Sobre o fundamento de que a imprescritibilidade encontra sua origem numa preocupação suscitada pela opinião pública para não deixar impune certo crimes, sobretudo, no âmbito de jurisdição do Tribunal Penal Internacional (art. 29 do Estatuto de Roma), confira: RUEDA FERNÁNDEZ, Casilda. *Delitos de Derecho Internacional. Tipificación y Represión Internacional.* Barcelona: 2001. Bosch. p. 167. Sobre a fundamentação também no direito interno, veja: RAGUÉS I VALLÉS, Ramon. *La Prescripción Penal: Fundamento y Aplicación.* Barcelona: Atelier. 2004. p. 91 e s. Contrários a imprescritibilidade, por basear-se em juízos confusos de moralidade e sentimentos, com o qual utilizar-se-á do direito penal para uma finalidade de retribuição de algo que, talvez possua um caráter de «memória histórica», "incapaz de fundar preventivamente a necessidade de punição", veja: DIAS, Jorge de Figueiredo. *Direito Penal Português. As consequências jurídicas do crime.* 4 reemp. Coimbra: Coimbra editora. 2013. p. 704. E da imprescritibilidade como algo inaceitável por um direito penal de matriz onto-antropológica, admitindo, portanto, que a comunidade pode e deve perfeitamente aceitar que a não punição dessas infrações fazem parte de uma outra dimensão de nossas relações com o passado, vide: COSTA, José de Faria. *Ibidem.* p. 179 e 183, nota de rodapé nº 36.

[21] Sobre a discussão entre as terminologias direito internacional penal e direito penal internacional, vide: AMBOS, Kai. *Treatise on International Criminal Law.* Vol. I. United Kingdom: Oxford. 2013. p. 54, com o qual o direito alemão costuma fazer a distinção entre: *internationales Strafrechts* e *Völkerstrafrechts*. O primeiro relacionado aos problemas de lei penal no espaço e o segundo para os *delicta iuris gentium*, ou seja as infrações contra interesses e bens internacionais previstos e apenados pelos ordenamentos jurídicos internos. Neste sentido: GIL GIL, Alícia. *Derecho Penal Internacional.* Madrid: Tecnos. 1999. p. 24. Ainda sobre esta distinção, veja também: CAEIRO, Pedro. *Fundamento, Conteúdo e Limites da Jurisdição Penal do Estado. Ob. cit.* p. 37. PAIS, Ana Isabel Rosa. *O Direito Penal Internacional e a Responsabilidade do Superior Hierárquico.* Coimbra: Coimbra Editora. 2013. p. 18 e s. Por último, ao argumentar que esta separação formal perdeu o sentido indicativo que lhe presidia, sobretudo após a criação do Tribunal Penal Internacional pelo Tratado de Roma, quando passou a usar da expressão direito penal internacional mesmo para nomear aquilo que tradicionalmente pertenceria ao estudo de direito internacional penal, confira: DIAS, Jorge de Figueiredo. *Direito Penal. Parte Geral.* Tomo I. 2 ed. Coimbra: Coimbra Editora. 2007. p. 208.

[22] RODRIGUES, Anabela Miranda. *O Tribunal Penal Internacional e a Prisão Perpétua. Ob. cit.* p. 12.

os delitos de guerra, de agressão, genocídio e de lesa-humanidade,[23] originários das barbáries causada nas duas grandes guerras.[24]

O certo é que, deste contexto, surgiu um novo modo de se interpretar a norma penal inserida sob a matriz do tempo. Uma maneira de se perceber a temporalidade da lei escapando-se ao curso habitual de comunicação expressada pela relação onto-antropológica do "eu" em cuidado com o "outro," para estabelecer-se frente a uma interação complexa no qual a inviolabilidade dos direitos do homem passa a ganhar natureza atemporal e, por isso, valer-se de uma menção, nem sempre acertada, de dignidade humana como proteção exclusiva de vítimas.

2. Os Tribunais Penais Internacionais e o sentido de eficiência atemporal dos direitos humanos: um mote para a ruptura da máxima da irretroatividade da lei penal?

Com os Tribunais Penais Internacionais,[25] a noção de dignidade humana alcançou posto de primeiro princípio de justiça. Interpretada

[23] Sobre os crimes de lesa-humanidade: AMBOS, Kai. *Current Issues in International Criminal Law. In: Crimes Against Humanity In International Criminal Law. (org.)* BASSIOUNI, Cherif. 2. ed. rev. Kluwer Law. 1999, podendo ser disponível em: https://ssrn.com/abstract=1972250.

[24] E mesmo antes das duas guerras já haviam movimentos de retaliação ao cometimento de alguns desses delitos pela justiça penal internacional. Um deles diz respeito ao Direito de Genebra de 1864 sobre conflitos armados, para além das Conferências de Paz de Haia, que resultaram nas Convenções de Haia de 1899 e 1907, sobre a conduta na guerra particularmente no que toca aos feridos, enfermos e ao desenvolvimento de um Direito Internacional Humanitário e o direito de guerra justa (*jus ad bellum* e o *jus in bello).* Mas dessas duas Convenções surgiu também a chamada *cláusula Martens.* Com origem na apresentação do delegado russo Friedrich von Martens na I Conferência de Paz de Haia de 1899, tendo sido posteriormente inserida nas duas últimas Convenções aqui citadas, a cláusula Martens tinha como objetivo justamente proteger a população civil dos crimes contra a humanidade. Sua redação daria ênfase ao uso de um direito costumeiro e cingia-se ao seguinte: "até que um código mais completo das leis de guerra seja editado, as altas partes contratantes consideram conveniente declarar que, em casos não incluídos nas regulamentações por elas adotadas, os civis e beligerantes permanecem sob a proteção e a regulamentação dos princípios do direito internacional, uma vez que estes resultam dos costumes estabelecidos entre povos civilizados, dos princípios da humanidade e dos ditames da consciência pública." Entretanto, nem todos os países ratificaram-nas. *Cfr.:* CASSESE, Antonio. *The Martens Clause: Half a Loaf or Simply Pie in the Sky? In: European Journal of International Law (EJIL).* Vol.11. Nº 1. Glasgow: 2000. p. 187/216. Sobre o nascimento de uma justiça penal internacional anterior as duas grandes guerras, confira: CANÇADO TRINDADE, Antônio Augusto. *A Humanização do Direito Internacional.* Belo Horizonte: Del Rey. 2006. p. 96 e s. MACHADO, Jónatas E. M. *Direito Internacional. Do paradigma clássico ao pós-11 de setembro.* 3 ed. Coimbra: Coimbra Editora. 2006. p. 405. Sobre o conceito de guerra justa: KELSEN, Hans. *Collective and Individual Responsability in International Law with Particular Regard to the Punishment of War Criminals. In:* California Law Review. Vol. 31. 5. Califórnia: Issue 1943. p. 531. BOUVIER, Antoine A. *Direito Internacional Humanitário e Direito dos Conflitos Armados.* Williamsburg: ONU – Instituto para Treinamento em Operações de Paz. 2011. p. 15. POCHIERO, Gianluca. *Il Mutamento del Significato della Guerra, alle Origini del Diritto Penale Internazionale. In: Studi e Materiali di Diritto Penale.* nº 03. Bononia University: 2011. p. 307/311.

[25] Sobre um contexto histórico para a origem dos tribunais internacionais *ad hoc* até o Tribunal Penal Internacional Permanente, confira: JESCHECK, Hans-Heinrich. *El Tribunal Penal Interna-*

como lei natural, figurou-se como verdadeiro pilar na ordem jurídica, sendo, portanto, universal e não limitada pelo tempo.[26] Por outro lado, desse entendimento advieram conflitos sistêmicos e epistemológicos nas nações com influências numa estrutura jurídico-penalmente positivada e consubstanciada nos aforismos e regras do *civil law*.[27] Isso porque, a noção de temporalidade da norma – traçada pelo conceito de que o fato somente será punido se previamente escrito em lei *(nullum crimen, nulla poena sine praevia lege poenali)*,[28] bem como da natureza da legislação penal nova que só alcançaria os comportamentos pretéritos desde que para benefício do infrator – tomariam contornos diferentes ao ver-se em franca oscilação interpretativa ante a ascensão jurídica do homem, agora detentor de direitos universais. Motivo pelo qual, como dever moral e satisfação das vítimas, os prisioneiros derrotados na guerra, deveriam ser julgados pelas atrocidades que cometeram, mesmo que, em tese, não se houvesse uma legislação internacional prévia que descrevesse os comportamentos violados e as penas a serem impostas.[29]

(2.1) A grosso modo, colocou-se em xeque a interpretação já consagrada da *Strafrechtswissenschaft* sobre o princípio da não retroativi-

cional. (trad.) PIFARRÉ DE MONER, María José. Disponível em: *http://rabida.uhu.es/dspace/bitstream/handle/10272/12965/Tribunal%20Penal.pdf?sequence=2*. Acessado em: 18/03/2020.

26 GODINHO, Inês Fernandes. *Temporal Law and Timeless Human Rights. In: Actas do Colóquio O Direito e o Tempo.* Instituto Jurídico Faculdade de Direito da Universidade de Coimbra: 2016. p. 34 e s.

27 Mas disso não quererá significar que no *commow law* não haja uma limitação do direito de punir pelo princípio da legalidade e seus derivados. O princípio da legalidade se traduz nesse sistema pelo *rule of law* que, num sentido mais estrito, significará ser gerido por regras fixas, cognoscíveis e certas. Trata-se de um princípio fundamental de aplicação material e processual que expressa um respeito ao princípio da autonomia. Neste caso, a semelhança com o que acontece com o princípio da legalidade do direito continental, o *rule of law* também comportará três princípios distintos e relacionados entre si: o da não-retroactividade, o da taxatividade e a proibição penal analogia. Há também os denominados *case law* (julgados) que expressam um rígido sentido de segurança jurídica, ainda que como expressão de razão e racionalidade ou evidência do direito, mas não do direito em si. Sobre as características e diferenças existentes no direito penal do *civil law* ou da *Strafrechtswissenschaft* e do *commow law*, vide: GALLANT, Kenneth S. *The Principle of Legality in International and Comparative Criminal Law.* New York: Cambridge University. 2009. p. 49. GIL GIL, Alicia. *Derecho Penal Internacional. Ob. cit.* p. 79. CARLI, Carla Veríssimo. *Gramática do Direito Internacional Penal: as Linguagens do Crime e da Punição. In:* Cadernos o Programa de Pós-Graduação em Direito da UFRGS. Vol. 09. nº 1. Porto Alegre: Universidade Federal do Rio Grande do Sul. 2014. p. 375 e s.

28 GLASER, Stéphane. *Le Principe de La Légalité des Délits et des Peines et les Procès de Criminels de Guerre. In: Revue de Droit Pénal et de Criminologie.* nº 01. Ministère de la Justice de Belgique. Octobre 1947. p. 230. AMBOS, Kai. *Principios e Imputación em el Derecho Penal Internacional.* Barcelona: Atelier. 2008. p. 35 e s.

29 Sobre esse impasse, confira: GALLANT, Kenneth S. *The Principle of Legality in International and Comparative Criminal Law. Ob. cit.* p. 67 e s.

dade da lei no seio do direito internacional penal.[30] Não por isso, os Tribunais Penais Internacionais Militares, tanto de Nuremberg quanto do Extremo Oriente, foram palcos para a altercação desses extremos.[31] Neste ponto, a discussão na comunidade jurídica da época se cingia ao fato de alguns dos juízes dessas Cortes terem levantado a hipótese de que a premissa *nullum crimen sine lege* seria apenas uma regra a ser geralmente seguida, mas que não poderia limitar a soberania dos Estados, bem como a não punição dos oficiais alemães e japoneses pelos delitos cometidos em guerra. Enquanto outros defendiam o contrário, apesar de afirmarem representar um princípio de justiça, não se deveria fazer o uso de uma interpretação literal dessa máxima, sobretudo, por conta das sérias consequências dali advindas diante de um possível impedimento de atuação desses tribunais, já que todos os crimes de guerra, contra a humanidade e a paz, aos quais viram-se condenados os réus, via de regra e à guisa daquele princípio, só foram criados *ex post factum*.[32]

---

[30] Sob as condições do *civil law*, Jescheck e Weigend traduziram a não reotratividade da lei penal no tempo como uma quarta consequência do princípio da legalidade (*nullum crimen sine lege praevia*), já que, ao contrário das outras três (ou seja: a – o princípio da taxatividade e a exclusão do direito consuetudinário – *nullum crimen sine lege scripta*, b – a proibição da analogia em *malan partem* e c – a determinação da lei penal, através de uma redação mais exata possível – *nullum crimen sine lege certa*) o princípio da não retroatividade da norma criminal não se estrutura somente na legitimação democrática das leis penais, mas antes, num mecanismo inibidor à liberdade de decisão do legislador e do aplicador do direito e que, por isso, será capaz de expressar uma forte concepção de segurança jurídica. *Cfr: Tratado de Derecho Penal. Parte general. (trad.)* OLMEDO CARDENETE, Miguel. 5 ed. Corregida y ampliada. Comares. Granada: 2002. p. 147. Em relação ao § 2 – *Zeitliche Geltung* und das *Tatzeitprinzip* – no Strafgesetzbuch (StGB), confira: BASAK, Denis. *In: Strafgesetzbuch Komentar.* Herausgegeben von MATT, Holger; RENZIKOWSKI, Joachim. Verlag Franz Vahlen. München: 2013. p. 26 e s. Contudo, defendendo uma noção de que o princípio da aplicação da lei penal no tempo seria o da não-transconexão ou não-transatividade; princípio segundo o qual uma lei não pode aplicar-se a fatos que com ela não se acham em contato, veja: MACHADO, João Baptista. *Âmbito de Eficácia e Âmbito de Competência das Leis. Ob. cit.* p. 141. Também no mesmo sentido: CAEIRO, Pedro. *Aplicação da Lei Penal no Tempo. Ob. cit.* p. 233. Sobre a lei penal no tempo e o princípio da proibição da retroatividade penal confira, respectivamente, no ordenamento jurídico português através dos artigos 1º, nº 1, 2º e 3º do Código Penal e artigo 29º, nº 1, da Constituição da República Portuguesa, e o nos artigos 2º, 3º e 4º do Código Penal brasileiro e artigo 5º, inciso XL, da Constituição da República Federativa do Brasil.

[31] WERLE, Gerhard; JESSBERGER, Florian. *Principles of International Criminal Law.* 3 ed. Oxford: Oxford University. 2014. p. 39 e s.

[32] Para além disso, outras críticas seriam a de que estes tribunais não representavam a comunidade internacional, mas somente as potências vencedoras que julgaram unicamente os crimes cometidos pelos inimigos vencidos, esquecendo-se também das atrocidades feitas por eles próprios, como os campos de concentração americanos a prisioneiros japoneses etc. Ademais, impulsionou-se o uso da pena de morte. E, não bastasse o problema sobre a legalidade e retroatividade da lei penal, estabeleceu-se também, como caráter retroativo, que os crimes por obediência devida não beneficiar-se-iam das causas de justificação ou exculpação. Estas causas funcionariam somente como atenuante na aplicação da medida da pena. *Cfr:* GIL, Alícia. *Tribunales Penales Internacionales. In:* Revista de Derecho Penal y Criminologia. 2. Época. Número extraordinário 1º: 2000. p. 40. Sobre a violação do princípio da legalidade pela retroactividade da lei penal *post factum*, com a mesma autora: *Derecho Penal Internacional.* Madrid: Tecnos. 1999. p. 66.

Juristas como Kelsen,[33] por exemplo, chegaram a argumentar que o Acordo de Londres, com o qual originou o Tribunal Penal Internacional Militar de Nuremberg,[34] violava o princípio da não retroatividade,[35] sobretudo porque estabelecia uma responsabilidade penal de natureza individual para comportamentos que, pela legislação internacional, seriam unicamente punidos via sanções coletivas. Da mesma forma, afirmar-se-ia que a máxima da irretroatividade seria um princípio de justiça, e a responsabilidade penal individual representaria um grau maior de justiça que a coletiva. Assim, ante um iminente conflito entre ambas as responsabilidades, dever-se-ia imputar a segunda.[36] Por fim, defendeu-se também que, ainda que se aceitassem como imoral os fatos praticados – diante de toda a conjectura baseada numa literal aplicação dos princípios ali defendidos – tais comporta-

---

[33] KELSEN, Hans. *Collective and Individual Responsability in International Law with Particular Regard to the Punishment of War Criminals. Ob. cit.* p. 544 e s.

[34] O Tribunal Penal Internacional Militar para o Extremo Oriente originou-se do Acordo de Tóquio. Especificamente sobre o Tribunal de Tóquio confira: GALLANT, Kenneth S. *The Principle of Legality in International and Comparative Criminal Law. Ob. cit.* p. 139.

[35] O artigo 6º do Acordo de Londres anunciou os tipos penais aos quais o Tribunal Internacional Militar de Nuremberg tornou-se competente para julgar.

[36] Neste sentido, Lampe traçou uma opinião, deveras, relevante, sobremaneira tendo em vista interpretação do artigo 10 do Tribunal Penal Internacional Militar de Nuremberg. Assim, por mais que o direito penal prime por um juízo de responsabilidade individual e coletiva, a partir da punição das associações criminosas, o julgamento de Nuremberg, por exemplo, contrariou uma perspectiva de justiça. Isto porque, na medida em que se imputa, exclusivamente, uma responsabilidade individual para um evento que se mostrou coletivo, corre-se o risco de se criar uma cena de desconforto dogmático oriundo de um forte reflexo político-criminal. Noutras palavras, uma pena a alcançar tão somente as pessoas não expiaria a ilegalidade que o próprio sistema provocou com os crimes nos quais aqueles agentes tornaram-se meros assistentes. Em situações semelhantes, seria mais conveniente que as reprimendas fossem dirigidas, em primeiro plano, contra o sistema, do que se comprometer com a possibilidade de se afetar possíveis inocentes. Sobretudo porque, mesmo que se buscassem reparos, especialmente de índole prática contra a responsabilidade coletiva, tais atos ainda demonstrar-se-iam irrelevantes, tendo em vista as trágicas consequências que uma persecução penal e uma condenação individual injusta poderia causar. *Cfr:* LAMPE, Ernest-Joachim. *Systemunrecht und Unrechtssysteme. In: ZStW.* 106. Heft 4: 1994. p. 741, 745. Veja também: AMBOS, Kai. *La Parte General del Derecho Penal Internacional. Bases para uma elaboración dogmática.* Montevideo: Fundación Konrad-Adenauer. 2005. p. 157. Ainda com Kai Ambos, mas a comparar os dispositivos do artigo 10 da Tribunal Penal Internacional Militar de Nuremberg – que contrariando predisposição existente na época, foi criado exclusivamente para criminalizar as condutas dos membros da SS e de outras instituições nazistas – com o artigo 25, 3, "d", do atual Tribunal Penal Internacional permanente, que já deixou explícito a adoção de um modelo de imputação baseado na responsabilidade criminal individual do agente, confira: *O Tribunal Penal Internacional e o Propósito Comum: que Tipo de Contribuição é Requerida no Artigo 25 (3) (d) do Estatuto de Roma. In: Anatomia do Crime.* Revista de Ciências Jurídico-criminais da Faculdade de Direito da Universidade de Lisboa. nº 1 . Jan-Jun. Coimbra: Almedina. 2015. p. 75. E no mesmo periódico, confira também comentários de julgados mais recentes do Tribunal Penal Internacional sobre os casos de responsabilidade criminal individual em: MOURÃO, Helena. *The ICC Decisions on Perpetration Through an Organization: a New Form of Active Responsibility of the Superior?* p. 93/112. Vide também: CASSESE, Antonio. *The International Criminal Law.* 2 ed. New York: Oxford. 2008. p. 32 e s.

mentos, por atrozes ou horrendos que fossem, não poderiam ser considerados ilegais ao momento de sua comissão.

Contrário a tais argumentos, manifestaram-se Radbruch e Glaser. Ao suscitar que o princípio da legalidade se referiria unicamente ao direito escrito, Glaser,[37] por exemplo, chegou a defender a flexibilização dessa parêmia em razão de uma análise mais rigorosa sobre aquela situação em concreto, sobretudo por não se poder aplicá-la na senda de um Direito Internacional Penal relativizado e também primado por fontes oriundas de um direito costumeiro. Advogou, portanto, a opinião de que, naquele momento, se trataria muito mais de uma questão de busca por ordem jurídica a basear-se num princípio geral de direito do que, propriamente, numa possível violação de zonas limítrofes e mais rígidas de aplicação da lei, norteadas por premissas advindas da experiência do direito positivo continental. Mas disso não se eximiu o autor ao admitir sobre a imprescindibilidade de que o Direito Internacional Penal deveria, no futuro, ajustar os comportamentos ali censurados ao princípio da legalidade, basilar aos dois sistemas jurídicos em conflito.[38]

De semelhante linha de raciocínio foi o entendimento de Radbruch. E disso, extraiu-se também aquilo que ficou conhecido como a *fórmula de Radbruch*, ou seja: mesmo analisando os fatos oriundos da guerra por meio de um maior rigor e legitimidade consentâneos da máxima da legalidade e irretroatividade da lei penal, não seria o momento de admitir-se injustiças.[39] Assim, ainda que se tratasse de uma ação fora dos contornos da legalidade estrita, as limitações dali

---

[37] GLASER, Stéphane. *Le Principe de La Légalité des Délits et des Peines et les Procès de Criminels de Guerre. Ob. cit.* p. 235 e s.

[38] O curioso é que o juiz holandês Röling, em voto particular no juízo do Tribunal Militar Internacional de Tóquio, chegou a afirmar que o princípio da legalidade não seria um princípio geral do direito, mas uma regra política que só estaria em vigor, por ter sido expressamente estatuída. *Cfr:* GIL GIL, Alícia. *Derecho Penal Internacional. Ob. cit.* p. 69. Veja também em: CASSESE, Antonio; ACQUAVIVA, Guido; FAN, Mary and WHITING Alex. *International Criminal Law. Cases and commentary.* New York: Oxford. 2011. p. 58 e s.

[39] Defendido por Gustav Radbruch em 1946, segundo este conceito, o direito não seria determinado exclusivamente pela positividade válida, formalmente estabelecida e eficaz da lei, mas também pelo seu conteúdo de justiça material. Neste caso, a fórmula de Radbruch defende uma conexão necessária entre direito e moral, sem, entretanto, pretender uma sobreposição de um sobre o outro. Daí que, por segurança jurídica, o direito positivado e eficaz não deixaria de ser direito ainda que tenha um conteúdo desproporcional e injusto. Contudo, a fórmula introduziria somente um limite excepcional no conceito de direito. Assim, o direito positivo só perderá a sua validez *(Geltung)* quando houver uma contradição da lei positiva com a justiça de tal forma que se alcançaria uma medida insuportável, a ponto de a lei demonstrar-se como um direito injusto (*unrichtiges Recht*), e assim obrigatoriamente sobrepor-se a justiça. Sobre o assunto, veja: RADBRUCH, Gustav. *Gesetzliches Unrecht und übergesetzliches Recht. In:* G. Radbruch, *Gesamtausgabe.* III. A. Kaufmann (Hg.). C. F. Müller. Heidelberg: 1990. 89 e s. ALEXY, Robert. *Derecho Injusto, Retroactividad y Principio de Legalidade Penal. In: Doxa.* nº 23: 2000. p. 204 e s. Disponível

impostas jamais poderiam ser aplicadas diante de uma contradição sob a perspectiva de segurança jurídica com o qual também seria de se perceber ínsito no próprio cerne da legalidade, sobretudo, porque deste princípio esperar-se-ia, igualmente, uma ideia de cobertura de justiça pela punição dos culpados e proteção dos inocentes.[40]

Para além desses argumentos, defendeu-se também uma não violação dos princípios em conflito, sobremaneira porque, à guisa de uma interpretação mais lata, os fatos ali praticados já se percebiam previamente consolidados por meio dos princípios gerais de direito,[41] pelas convenções internacionais, nas quais destacar-se-ia a cláusula Martens,[42] bem como por todos aqueles comportamentos já se encontrarem, de algum modo, definidos e sedimentados como puníveis no direito interno.[43]

Razão que a discussão sobre aqueles tribunais terem se ampliado em outros pontos de censura, sobretudo, diante de um contexto crítico de temas relacionados a juridicidade, jurisdição e legitimação[44] – tendo em vista a criação de uma espécie de tribunal de exceção administrado pelos vencedores da guerra[45] – do que propriamente de uma exclusiva violação ao princípio da legalidade e da máxima da não retroatividade, como se questionou de início.[46]

em: *http://biblioteca.org.ar/libros/142026.pdf*. Acessado em: 08/06/2017. e CASSESE, Antonio. *The International Criminal Law. Ob. cit.* p. 36.

[40] Em resumo de ambos os pontos de vista: GIL GIL, Alícia. *Derecho Penal Internacional. Ob. cit.* p. 67 e s.

[41] Sobre a concepção de que os princípios gerais de direito não seriam capazes, por si só, de criar delitos internacionais, muito menos de que um mesmo fato punido em diversos ordenamentos servirá como fonte para se criar um conceito de princípio geral de direito, vide: GIL GIL, Alícia. *Ibidem.* p. 74.

[42] *Supra* nota 24. Confira também: GIL, Alícia. *Ibidem.* p. 75 e, SOUSA, Susana Aires de. *Sobre o Bem Jurídico-Penal Protegido nos Crimes contra a Humanidade. In: Boletim da Faculdade de Direito da Universidade de Coimbra.* nº LXXXIII. Coimbra: Coimbra Editora. 2007. p. 620.

[43] JESCHECK, Hans-Heinrich. *The General Principles of International Criminal Law Set out in Nuremberg as Mirrored in the ICC Statute. In:* Journal of International Criminal Justice. Vol. 02. Oxford: Oxford University. 2004. p. 42.

[44] No que tange a legitimação desses tribunais, confira: CAEIRO, Pedro. *Claros e Escuros de um Auto-retrato: Breve Anotação à Jurisprudência dos Tribunais Penais para a Antiga Jugoslávia e para o Ruanda sobre a Própria Legitimação. In:* Revista Portuguesa de Ciências Criminais. nº 12. Coimbra: 2002. Coimbra Editora. p. 575.

[45] É de se perceber, entretanto, outros meandros oriundos daquela época, sobretudo, pela defesa de que aqueles oficiais condenados à morte estarem na iminência de terem sido executados sem qualquer julgamento, como de princípio defendiam Churchill, Stalin, Franklin Roosevelt e Henry Morgenthau Jr., secretário do tesouro estadunidense. Atos só inibidos graças a uma intervenção por parte de Stimson, então secretário de guerra dos Estados Unidos, que advogava a via judicial para dar lisura a qualquer tipo de punição dali originada. Neste sentido, confira: GALLANT, Kenneth S. *The Principle of Legality in International and Comparative Criminal Law. Ob. cit.* p. 73. CAEIRO, Pedro. *Tribunais Penais Internacionais. Ob. cit.* p. 105.

[46] Ainda sobre a jurisdição no Tribunal Penal Internacional Militar de Nuremberg e de Tóquio, veja: CAIERO, Pedro. *Ibidem.* p. 103.

Portanto, tanto a Corte de Nuremberg quanto a de Tóquio[47] – ao aludirem que não criaram direito, mas que somente aplicaram o já existente, assim como quando decidiram pela relativização do princípio da legalidade de influência germanófila, por advogarem que a máxima *nullum crimen sine lege praevia* expressaria um princípio de justiça, com perspectivas de trazer mais estragos que as infrações ali cometidas, caso não fossem julgadas – acabaram por institucionalizar a premissa forte da atemporalidade sobre a concepção mais estreita dos direitos humanos.[48]

Neste caso, o novo estatuto e a definição dada para o sentido de proteção aos direitos do homem adviriam de um outro conteúdo hermenêutico com o qual já não se aceitava um limite temporal para o julgamento de determinadas infrações, mas antes de uma contraposição, alicerçada de precedentes morais e cunhada na *ilimitação do tempo*, com capacidade de desmantelar qualquer regramento preexistente e já visivelmente consolidado.[49]

(2.2) Mas, diferentemente, das Cortes de Nuremberg e Tóquio em que se percebeu mais inflamado o entrevero jurídico sobre a flexibilização do princípio *nullum crimen sine lege praevia* para, consequentemente, se legitimar o julgamento das condutas consideradas criminosas *ex post factum*, o entendimento dos Tribunais Internacionais *ad hoc* para antiga Iugoslávia e Ruanda[50] também influenciaram

---

[47] O Tribunal Penal Militar Internacional para o Extremo Oriente também aderiu a todos os argumentos ilustrados no Tribunal de Nuremberg. *Cfr:* GIL, Alícia. *Derecho Penal Internacional. Ob. cit.* p. 70.

[48] Sobretudo por conta da Declaração Universal dos Direitos do Homem de 1948. Neste sentido, confira: MARTINS, Ana Maria Guerra. *Direito Internacional dos Direitos Humanos.* Coimbra: Almedina. 2012. p. 100. Sobre a ligação a fatores morais e o reconhecimento jurídico-constitucional da dignidade da pessoa humana no pós segunda guerra, seguindo influências do cristianismo, veja: NOVAIS, Jorge Reis. *A Dignidade da Pessoa Humana.* Vol. I – Dignidade e direitos fundamentais. Coimbra: Almedina. 2015. p. 53 e s.

[49] Aliás os votos dos juízes do Tribunal Internacional para o Extremo Oriente expressam a defesa de um direito atemporal, demonstrado pelo direito natural capaz de rejeitar os princípios *nullum crimen sine lege*, bem como da não retroatividade da lei nos casos de crimes contra a humanidade. Sobre o resumo dos votos dos integrantes do Tribunal Penal Internacional de Tóquio, sobretudo o voto do juiz francês Henri Bernard, que defendeu pela não limitação do tempo de punir nos crimes de lesa-humanidade, confira: GALLANT, Kenneth S. *The Principle of Legality in International and Comparative Criminal Law. Ob. cit.* p. 143 e s.

[50] Ambos os Tribunais foram estabelecidos, respectivamente, pelas Resoluções R 827, de 1993, e R 955, de 1994, do Conselho de Segurança das Nações Unidas, que por sua vez, originaram-se da interpretação do capítulo VII da Carta das Nações Unidas, a dizer que em caso de "ameaça para a paz, violação da paz ou ato de agressão", adotar-se-ão medidas necessárias para manter e restaurar a paz e a segurança internacionais. Pedro Caeiro que defende, por exemplo, que a criação desses Tribunais não teve por fim principal a administração da justiça internacional penal, já que o Conselho de Segurança não dispõe de uma competência genérica para criação de Tribunal Internacional em matéria penal. Entretanto, em situações concretas de conflito, respectivos

na mudança de interpretação daqueles institutos do direito penal mais diretamente ligados com o tempo.

Em verdade, esses tribunais – para além de não possuírem a vinculação militar característica das Cortes anteriores – contribuíram com a concepção do tempo na aplicação do direito penal em dois pontos específicos: 1º) no interesse de salvaguarda do princípio da legalidade ao momento de se determinar o direito aplicável pelos Tribunais *ad hoc* e 2º) na aplicação do direito humanitário que, definitivamente, se firmaria como lei natural e detentora de um estatuto jurídico sem limitações territoriais e temporais.[51]

Desse modo, mesmo que já se percebesse introjetado a legalidade dos Tribunais Penais Internacionais para o julgamento dos *core crimes*, sobretudo, da aceitação dos princípios gerais de direito e convenções internacionais como matrizes definidoras dos comportamentos que deveriam ser juridicamente censurados,[52] tanto o Tribunal Penal Internacional para a antiga Iuguslávia quanto para Ruanda tiveram suas jurisdições limitadas em razão da matéria, da pessoa, do espaço e do tempo.[53]

---

tribunais seriam uma medida de prossecução e defesa dos interesses de segurança referidos. Assim, nas palavras do autor, os "Tribunais *ad hoc* para a antiga Juguslávia e para o Ruanda são, antes de mais, instrumentos, ao lado de outros, destinados a contribuir para a cessação dos conflitos e a restauração da paz naqueles territórios e, no caso do Ruanda, a reconciliação nacional." *Cfr: Claros e Escuros de um Auto-retrato: Breve Anotação à Jurisprudência dos Tribunais Penais para a Antiga Jugoslávia e para o Ruanda sobre a Própria Legitimação. Ob. cit.* p. 575.

[51] Mais detalhes sobre as similitudes e diferenças entre os Tribunais Penais Internacionais, é de ver: GIL, Alícia. *Tribunales Penales Internacionales. Ob. cit.* p. 43. Sobre o princípio da legalidade nesses estatutos confira: WERLE, Gerhard; JESSBERGER, Florian. *Principles of International Criminal Law. Ob. cit.* p. 40.

[52] É de se informar, entretanto, que após a discussão gerada por conta dos julgamentos dos crimes cometidos na Segunda Grande Guerra, firmou-se o reconhecimento do princípio da legalidade em textos internacionais de carácter convencional, como pode ser visto com o artigo 11, nº 2, da Declaração Universal dos Direitos do Homem de 1948, o artigo 15 do Pacto Internacional dos Direitos Civis e Políticos de 1966, o artigo 7º da Convenção Europeia de Salvaguarda dos Direitos do Homem e das Liberdades Fundamentais de 1950 e o artigo 9º da Convenção Americana de Direitos Humanos de 1969.

[53] Dessa forma, o Tribunal Penal Internacional para antiga Iugoslávia teve sua jurisdição limitada seguindo quatro elementos interligados uns aos outros: *1º) um elemento real-objetivo*, no qual o tribunal só teria jurisdição sobre os crimes incluídos no catálogo do Estatuto para a criação desta Corte; *2º) um elemento temporal*, com o qual o tribunal seria competente para julgar somente os fatos ocorridos a partir do dia 01 de janeiro de 1991; *3º) um elemento territorial*, com o qual o tribunal só teria jurisdição sobre as infrações praticadas no território da antiga Iuguslávia e por último, *4º) o princípio da primazia*, com o qual conferiria ao Tribunal Internacional o direito de avocar um caso que estivesse a ser processado pelo tribunal estadual, para além de conferir poderes ao primeiro em manter a jurisdição sobre determinado facto, se os tribunais estaduais o tiverem classificado como crime comum ou se houver suspeita de fraude judiciária, com o objetivo evitar a jurisdição da Corte Internacional.

De modo muito assemelhado os mesmos pressupostos foram também acolhidos pelo Tribunal Penal Internacional para Ruanda, ou seja: *1º) um elemento real-objetivo*, com jurisdição sobre os

Por outro lado, ainda que motivado por indagações por parte da defesa de Dusko Tadic e também de Slobodan Milosevic que interpelaram, por exemplo, sobre a ilegitimidade do Tribunal Penal Internacional para antiga Iuguslávia,[54] o certo é que, fenomenologicamente, a interação entre tempo e direito penal mais uma vez serviu para enfatizar a atemporalidade daquilo que se considerou como direito internacional humanitário,[55] ou muito mais que isso: de um direito humanitário quase que onipresente, já que este já não deveria limitar-se às condições espácio-temporais.[56]

(2.3) Já com o advento do Estatuto de Roma o questionamento sobre a legalidade e competência das infrações a serem julgadas pelo Tribunal Penal Internacional tomaram um tom de apaziguamento. Isto porque, estabelecida a Corte permanente com regras predefini-

---

crimes elencados no Estatuto para a criação desta Corte; *2º) um elemento temporal,* com jurisdição apenas pelos crimes cometidos entre 1º de janeiro a 31 de dezembro de 1994; *3º) um elemento territorial,* com a possibilidade de julgamento dos fatos praticados em território ruandês, independentemente da nacionalidade do agente e, *4º) o princípio da primazia,* que tal como no Tribunal Penal Internacional para antiga Iugoslávia, concedeu-se uma amplitude de poderes de jurisdição, inclusive para se questionar a classificação de crimes considerados comuns pela justiça estadual quando, em verdade, deveriam ser considerados da alçada do Tribunal Internacional. *Cfr:* CAEIRO, Pedro. *Tribunal Penal Internacional. Ob. cit.* p. 103.

[54] Os argumentos levantados pela defesa dos acusados repousaram, essencialmente, em dois pontos fundamentais: 1º) a criação do Tribunal teria sido ilegal, levantando-se uma série de motivos, mas o principal se daria em razão da falta de poderes do Conselho de Segurança para se criar um órgão com poderes jurisdicionais em matéria criminal e 2º) se o Tribunal teria legitimidade para examinar, mesmo em segunda instância, os vícios que inquinavam a sua própria constituição. Sobre o assunto, confira: CAEIRO, Pedro. *Claros e Escuros de um Auto-retrato. Ob. cit.* p. 576 e s.

[55] WERLE, Gerhard. *El Futuro del Derecho Penal Internacional.* 2013. p. 03. Disponível em: http://www.corteidh.or.cr/tablas/r31014.pdf_ Acessado em: 03/06/2017.

[56] Aqui faz-se uma observação ao modo de se perceber tal onipresença da lei. Se atentarmos, por exemplo, à filosofia medieval, esta interpretação só seria dada à lei divina, como artefato eterno, justo e imutável pela força do homem. Da mesma forma, sequer a lei natural alcançaria tal perfeição, já que esta caracteriza-se pelo hábito humano capaz de criar um princípio geral do direito natural, ainda que não tivesse o mesmo tempo que a lei positiva. Neste caso, os direitos humanos, ainda que não se levassem a cabo qualquer orientação divina, seriam encarados como um direito também imanente, com fruição distinta de tempo de qualquer lei positiva e, que por isso, deverá também alcançar a todos e em qualquer tempo como senso de justiça. Sobre os conceitos de lei eterna na filosofia medieval de Santo Agostinho: REIS, Émilien Vilas Boas. *Lei Eterna e Lei Temporal no Livro I da obra "De Libero Arbítrio" de Santo Agostinho. In:* CONPEDI – Conselho Nacional de Pesquisa e Pós-Graduação em Direito (org.) Anais do XXI Encontro Nacional do CONPEDI/UFU. Uberlândia-MG: 2012. p. 10780/10799. Em relação à lei divina, natural, positiva, através da propagação do tempo por elas inseridas na interpretação de São Tomás de Aquino, veja: RENZIKOWSKI, Joachim. *Aquinas on Eternal and Time Bound Law. In: Actas do Colóquio O Direito e o Tempo.* Instituto Jurídico Faculdade de Direito da Universidade de Coimbra: 2016. p. 19 e s. Sobre um juízo crítico para a concepção de onipresença dos direitos do homem, vide: HAARSCHER, Guy. *Filosofia dos Direitos do Homem. (trad.)* SILVA, Armando Pereira. Piaget. Lisboa: 2001. p. 10, 50 e s.

das sobre os limites territoriais,[57] quais os crimes a serem julgados,[58] bem como na franca aceitação do princípio da não retroatividade;[59] levantou-se uma trégua no que tange ao direito e as normas a serem seguidas na Corte Penal Internacional.[60] Contudo, apesar de se ter proporcionado uma (relativa) harmonização no que tange a interpretação das máximas outrora discutidas, o que se deve ter como pedra de toque é se diante do fato em que se proporcionou uma nova exegese do tempo junto da norma jurídico-penal internacional, em sentido transverso, não se trouxe consequências também para aplicação do direito interno de matriz positivada.

(2.4) A traço grosso, pode-se advogar que houve sim mudanças paradigmáticas na aplicação do direito nacional! Isto porque, muito distante de enveredar-se para um discurso resvalado em meros cotejos guiados pela percepção, a dinâmica bipartida advinda da justiça internacional penal – cuja fonte direciona-se para um respeito aos princípios gerais do direito de orientação consuetudinária – acabou

[57] Diferentemente dos Estados particulares que fundam a pretensão de persecução penal em questões de conexão com o lugar do fato (princípio da territorialidade), com a nacionalidade do autor (princípio da personalidade ativa) e com a nacionalidade da vítima (princípio da personalidade passiva); no Direito Internacional Penal a competência penal dá-se por meio da jurisdição ou do princípio da justiça universal. Em apertada síntese, isto quererá significar que os crimes internacionais se dirigem contra interesses comuns da comunidade dos Estados, bem como em desfavor dos interesses de cada Estado individual como parte integrante da comunidade jurídica universal. É certo que tal princípio traz conflitos, sobretudo, por conta de uma possível concorrência mundial na persecução penal destes crimes internacionais, concedendo atribuições para cada Estado de perseguir penalmente tais delitos independentemente do lugar da comissão. Razão da doutrina levantar a necessidade que este princípio necessite de restrições. Sobre os problemas jurídicos levantados com o princípio da justiça universal, veja: WERLE, Gehard. *El Futuro del Derecho Penal Internacional. ob. cit.* p. 11.

[58] Conforme o artigo do 5º do Estatuto de Roma para a Corte Penal Internacional, os crimes são: de genocídio, de lesa-humanidade, de guerra e de agressão.

[59] Inscrito nos artigos 22 ao 24 do Estatuto para o Tribunal Penal Internacional permanente, o princípio da legalidade, bem como a proibição da retroatividade da norma em direito internacional penal orientam-se de maneira dinâmica. Noutras palavras, haverá uma forma hibrida de se interpretar tais princípios. Portanto, ainda que se preserve a estrutura da não retroatividade da norma penal menos favorável, em sede de direito internacional penal, para além do direito escrito, haverá sempre um respeito aos princípios não escritos do direito consuetudinário. Neste sentido, confira: WERLE, Gerhard; JESSBERGER, Florian. *Principles of International Criminal Law. Ob. cit.* p. 41. AMBOS, Kai. *La Parte General del Derecho Penal Internacional. Ob. cit.* p. 85.

[60] Como é sabido, atualmente, contam-se com 122 nações que aderiram ao Estatuto de Roma. Entretanto, potências econômicas e bélicas como Estados Unidos, Israel, China, e Rússia ainda mostram-se reticentes à ratificação desse Estatuto. Sobre a história de fundação do Tribunal Penal Internacional permanente, confira: GALLI, Carlo. *Il Tribunale Penale Internazionale Osservazioni su Diritto, Politica e Morale. In: Studi e Materiali di Diritto Penale.* Bononia University. nº: 01. 2008. p. 184/190. Ao aludir que a constituição da Corte Penal Internacional permanente mostra-se como verdadeira fonte de segurança jurídica (processual) para o julgamento dos *core crimes*, veja: COSTA, José de Faria. *Tribunal Penal Internacional: um fio de esperança. In: Boletim da Ordem dos Advogados.* nº: 21. Jul-Ago. Lisboa: 2002. p. 12.

por modificar a maneira de se interpretar a máxima da legalidade e não retroatividade no direito penal interno dos países com tradição sistemática no *civil law.* Neste caso, de modo sintomático, deve-se dizer que a relativização criada a princípios caros como o *nullum crimen* de algum modo balançou a estrutura do direito penal interno de influência germanófila.

(2.5) Casos como o da *Mauerschützen* ou dos atiradores de muro, por exemplo, em que se percebeu violação das regras de anterioridade e de retroatividade benéfica da lei, baseou-se numa motivação parecida aos eventos ocorridos nos Tribunais Penais Internacionais militares.[61]

À guisa da síntese, tal decisão viu-se motivada com a alegação de que os contornos de atipicidade do fato ou mesmo das causas excludentes oriundas dos dispositivos ali mencionados estavam a violar direito suprapositivo *(überpositive Recht)* e que, por isso, não condiziam com uma interpretação favorável à orientação baseada nos direitos humanos *(menschenrechtfreundliche Auslegung).* Assim, a confiança dos atiradores na justificação das mortes pelos dispositivos supracitados, já não seria merecedora de proteção, pois, conforme elucidação do

[61] A traço grosso, após a reunificação da Alemanha, estabeleceu-se que os fatos antigos cometidos na Alemanha Oriental, ao invés de serem julgados pela legislação daquele país, seriam, portanto, decididos de acordo com as normas da República Federal da Alemanha (RFA), passando, portanto, a utilizar-se do Código Penal da Alemanha Ocidental *(StGB).* Entretanto, aos acusados resguardar-lhes-iam as garantias do § 2 I e III da *StGB,* ou seja, o uso da lei penal vigente no lugar e ao momento da prática do fato, bem como a aplicação retroativa da lei benigna *post factum.* Assim, firmou-se entendimento, por exemplo, com a não punibilidade do uso de armas de fogo aos nacionais que viviam na fronteira da antiga República Democrática da Alemanha (RDA), pois, segundo opinião majoritária, o uso de instrumentos bélicos – para os fins determinados naquela localização – estavam justificados por conta do § 27 II da Lei de Fronteiras da RDA *(DDRGrenzG),* bem como do § 17.2.a da Lei da Polícia Popular *(VoPoG).* Mas também, a ter em vista o que se havia acordado, ou seja: as regras do § 2, I e III, do StGB, com o qual implicaria o respeito ao direito do local do fato, bem como em razão da deferência ao princípio da lei mais benéfica retroagir a favor do agente. Já que para fins da legislação penal da Alemanha Ocidental, tais comportamentos não seriam justificados. O que, de fato, não foi obedecido! Em que pese ter sido um julgamento emblemático, por ter trazido também à baila uma nova interpretação sobre alguns dos institutos da teoria da infração penal como: o erro, a obediência a superior hierárquico, bem como a comparticipação, será diretamente na senda da aplicação da norma penal que se repousará a discussão sobre o assunto. Sobre tais temas confira: ROXIN, Claus. *Strafrecht. Allgemeiner Teil.* 4. Auflage. München: C.H. Beck. 2006. p. 163. Vide também os julgamentos de Keβler, Streletz e Albrecht – membros superiores do Conselho Nacional de Defesa da RDA – no Bundesgerichtshof *(BGHSt)* 40, 218. p. 231 ss. Em relação aos disparos mortais àqueles que tentassem atravessar para o outro lado do muro e sobre os sucessivos entendimentos nas várias instâncias de justiça alemã, veja: ALEXY, Robert. *Derecho Injusto, Retroactividad y Principio de Legalidade Penal. Ob. cit.* p. 197 e s. Também do mesmo autor: *Mauerschützen: Zum Verhältnis von Recht, Moral und Strafbarkeit.* Vandenhoeck & Ruprecht. Göttingen: 1993. *passim.* Vide: JAKOBS, Günther. *Superación del Pasado Mediante el Derecho Penal? Acerca de la capacidade de rendimento del derecho penal tras uma fractura del régimen político. In: Anuario de Derecho Penal y Ciencias Penales.* Madrid: Ministério de Justiça. Tomo 47. nº 2. 1994. p. 148.

Bundesgerichtshof,[62] uma legislação só apresentar-se-á confiável quando elaborada por um "legislador democrático".[63]

Noutras palavras, firmou-se novamente o entendimento de outrora ao ratificar-se a possibilidade de cisão das regras estabelecidas por uma tradição jurídica rigidamente cunhada na temporalidade da lei penal – cuja a retroatividade dar-se-ia tão somente quando benevolente ao réu – para se difundir uma espécie de quebra de paradigmas na orientação jurídico-penal, sobretudo, de natureza positivada e ver-se intrincado assunções morais com bases em premissas originárias de uma concepção jusnatural para se defender, por fim, a noção de atemporalidade dos direitos humanos diante da expressão construída no pós-guerra de que um direito extremamente injusto não pode ser considerado Direito.[64]

(2.6) Para além do mais, hoje é de se perceber que o princípio da legalidade e seus derivados passaram a ser interpretados numa *tutela multinível*, na medida em que também se notam "flexibilizados" daquela leitura tradicional, tendo em vista o respeito ao estado de direito democrático cujo arrimo dá-se pela franca proteção dos direitos do homem,[65] agora, com fiscalização supranacional.[66]

[62] "A morte de um homem não pode estar sujeita ao interesse do Estado, de maneira que se impeça o cruzamento não autorizado da fronteira interior da Alemanha." BGHSt 40, 241 (249 ss.)

[63] LEITE, Alaor. *Proibição de Retroatividade e Alteração Jurisprudencial. In: Actas do Colóquio O Direito e o Tempo.* Instituto Jurídico da Faculdade de Direito da Universidade de Coimbra: 2016. p. 66.

[64] Umas das grandes imposições criadas pela fórmula de Radbruch diz respeito à diferenciação entre o mandato de *lex scripta* e o de *ius praevium*. Nesse sentido, a fórmula, por definição, não poderá contrapor o mandato de *ius praevium*, ou seja, a ordem em que o fato devia ser punido antes mesmo de estar juridicamente definido. Mas quererá demonstrar que qualquer causa de justificação de um regime injusto deverá ser considerada nula desde a sua origem. Portanto, com a aplicação da fórmula de Radbruch, não se modifica retroativamente a situação jurídica, mas somente se constata como esta seria no momento do fato. Neste sentido: ALEXY, Robert. *Uma Defensa de la Formula Radbruch. In: Anuário da Facultade de Dereito. Universidad da Coruña.* nº 5. 2001. p. 76. Confira também: FORSCHNER, Steffen. *Die Radbruchsche Formel in Den Höchstrichterlichen „Mauerschützenurteilen"*. Inaugural– Dissertation zur Erlangung der Doktorwürde der Juristischen Fakultät der Eberhard-Karls-Universität Tübingen: 2003. p. 100 e s. Expondo posição diferente, ao defender que tal fórmula reduz o princípio *nulla poena sine lege* ao mandato do *ius praevium* trazendo grande insegurança jurídica, preferindo-se, inclusive que se imponham penas reconhecendo leis que violem o princípio da irretroatividade a invocar o direito natural para declarar a invalidez de leis anteriores: HART, H. L. A. *Positivism and the Separation of Law and Morals. In: Philosophy of Law. (org.)* FEINBERG, Joel; GROSS, Hyman. California: Dickenson Publishing Company. 1975. p. 40/59.

[65] Conforme defendido por Taipa de Carvalho, no pós-guerra, o Estado de Direito, embora fiel à sua matricial função garantista dos direitos individuais, alarga a sua perspectiva para considerar também como sua responsabilidade a proteção e promoção dos direitos fundamentais da pessoa humana. *Cfr: Sucessão de Leis Penais*. 3 ed. rev. e actual. Coimbra: Coimbra Editora. 2008. p. 132.

[66] LASCURAIN SANCHEZ, Juan António. *La Protección Multinível de la Garantía de Tipicidad Penal. In: La Tutela Multinivel del Principio de Legalidade Penal. (org.)* MÍNGUEZ ROSIQUE, Marina.

Noutras palavras, a conclusão chegada é de que as "muralhas" do direito interno encontram-se diante de um processo de remodelação, na medida em que se discute o modo em que foram concebidas no passado, já não seriam suficientes para se resguardar as relações em comunidade nos dias que correm.[67]

Incongruências a parte, o mundo jurídico vê-se perante novos horizontes para a aplicação do direito penal. Antes traduzido por um conceito referencial unitário de ilustração iluminista, com o qual a legislação ordinária se sujeitaria, quando muito, aos parâmetros da Constituição nacional,[68] hoje, a vinculação do legislador e do interprete da lei penal ampliou-se a um nível de referência plural[69] no qual, além de um referendário estatal, tornou-se imprescindível adequar todo o jogo de aplicação do direito nacional para uma acomodação interpretativa dada pelos dispositivos supranacionais, aqui podendo ser exemplificados pelas convenções europeia ou interamericana, mas, sobretudo, de uma forte influência oriunda das novas fontes do direito internacional penal.[70]

E, para o bem e para o mal, a impressão que se tem é que a inter-relação da norma penal com o tempo propiciou um jogo de nível hermenêutico não só no campo do direito internacional penal, mas,

---

Marcial Pons. Madrid: 2016. p. 125. MANES, Vittorio. *Método e Limites da Interpretação Conforme as Fontes Supranacionais em Matéria Penal. (trad.)* TAFFARELLO, Rogério Fernando. *In: Revista Brasileira de Ciências Criminais.* nº 97. São Paulo: RT. 2012. p. 17.

[67] Em sentido de crítica a (des)construção de métodos no Direito, confira: STEIN, Ernildo. *Exercícios de Fenomenologia. Limites de Um paradigma.* Ijuí-RS: Unijuí. 2004. p. 153.

[68] Ao contestar a opinião invocada por parte considerável da doutrina sobre a sujeição da lei penal à Constituição, Faria Costa, por exemplo, ensina que o direito penal, de per si, já seria materialmente constitucional. Daí que os textos da Constituição não venham a legitimar o direito penal, mas antes, tão somente limitar o âmbito penalmente relevante e ainda circunscrever as margens de punibilidade. Confira em: *Noções Fundamentais de Direito Penal. Ob. cit.* p. 61.

[69] Nesses termos, manifesta-se Fauzi Hassan Choukr, sobretudo, no sentido de que para além de uma ligação do sistema de justiça penal brasileiro com os aforismos da Convenção e da Corte Interamericana dos Direitos Humanos, deve-se também a legislação deste país adequar-se ao Estatuto de Roma. Confira em: *Iniciação ao Processo Penal.* 2 ed. Tirant lo Blanch: 2018. p. 58. Outro exemplo dessa vinculação mostra-se com o artigo 8º da Constituição da República Portuguesa quando evidencia que são fontes do direito penal a Lei da Assembleia da República, o Decreto-Lei do Governo por aquele autorizado, mas também os instrumentos internacionais a que Portugal se tenha obrigado e que vinculem o Estado português, bem como as diretivas da União Europeia que tenham sido transpostas para a ordem jurídica interna. Nestes termos: COSTA, José de Faria. *Ibidem.* p. 124.

[70] Maria João Antunes vai mais além e diz haver, nalguns momentos, um fenômeno de violência de choques entre os intérpretes do nível máximo, por exemplo: entre juízes dos tribunais constitucionais, do Tribunal Europeu dos Direitos do Homem, bem como com os do Tribunal de Justiça da União Europeia. *Cfr: Proteção Multinível do Princípio da Legalidade Criminal – a "doutrina Parot" e o caso Inés del Río Prada.* Rascunho de artigo gentilmente cedido pela Autora, já publicado junto ao Livro de Homenagens da Faculdade de Direito da Universidade de Coimbra ao Professor Doutor Manuel da Costa Andrade.

sobremaneira, por meio desse ramo do direito, nasceram outras influências para as raias da dogmática penal interna.

3. A levada definitiva da atemporalidade dos direitos do homem para uma tutela jurídica multinível

É certo que a legislação buscou adequação ao entendimento multinível e, em planos setoriais, um dos exemplos sobre a corrente de influências dali advindas deu-se já com o artigo 7º, nº 2, da Convenção Europeia do Direitos do Homem, também conhecida como "cláusula de Nuremberg".[71]

Neste caso, o texto-norma desse dispositivo deixa evidente a possibilidade de interpretação dos princípios gerais de direito reconhecidos pelas nações civilizadas permitindo, por isso, um alcance (quase que) ilimitado da lei penal para se poder incriminar e julgar os crimes de guerra, de traição, de colaboração com o inimigo, bem como as infrações de lesa-humanidade.[72]

Algo também expresso em legislações nacionais, a exemplo da Constituição da República portuguesa, que no artigo 29º, nº 2, definiu que a proibição da retroatividade prevista no nº 1 do mesmo dispositivo não impedirá a punição, nos limites da lei interna, de condutas que no momento da sua prática sejam consideradas criminosas segundo os princípios gerais de direito internacional comumente reconhecidos.[73]

Já neste lado do Atlântico, uma atitude parecida deu-se também com a Corte Interamericana dos Direitos Humanos (CIDH). Ainda que o artigo 9 da Convenção Americana dos Direitos Humanos (CADH) não tenha feito qualquer menção à probabilidade legal de flexibilização do princípio da não retroatividade, a Corte Interamericana – como

---

[71] LEITE, Alaor. *Proibição de Retroatividade e Alteração Jurisprudencial. Ob. cit.* p. 79. Ainda em relação a discussão sobre os motivos e influências para a confecção do texto do nº 2 do artigo 7º da CEDH, confira: GIL, Alícia. *La Excepción al Princípio de Legalidad de número 2 del Artículo 7 del Convenio Europeo de Derechos Humanos. In: Anuario de Derecho Penal y Ciencias Penales.* (ADPCP) Vol. LXIII. Madrid: Ministerio da Justiça. 2010. p. 137 e s.

[72] A demonstrar as influências dali oriundas pela fórmula de Radbruch, vide. RENZIKOWSKI, Joachim. *Art. 7. EMRK. In: Internationaler Kommentar zur Europäischen Menschenrechtskonvention.* Band 1. Köln: Carl Heymanns Verlag. 2009. p. 56 e s.

[73] Portugal, por exemplo, fez uma reserva desses dispositivos para se poder incriminar e julgar os agentes responsáveis da Polícia Internacional e Defesa do Estado (PIDE/DGS), responsável pela repressão de todas as formas de oposição ao regime político vigente. Para além das funções de polícia política, as atividades da PIDE abrangiam igualmente o serviço de estrangeiros e de fronteiras. *Cfr:* BARRETO, Irineu Cabral. *A Convenção Europeia dos Direitos do Homem Anotada.* 3 ed. rev. e actual. Coimbra: Coimbra Editora. 2005. p. 39, 181.

garantia atemporal para a proteção dos direitos do homem – intensificou a possibilidade de incriminação e julgamento dos chamados crimes de lesa-humanidade cometidos, sobretudo, em períodos ditatoriais nos países latino-americanos.[74]

Contudo, o ponto de partida desse reconhecimento atemporal ganha outro foco. Isso porque, ainda que se tenham declarado como razoáveis as ponderações sobre a relativização de princípios até então considerados rijos e intocáveis como o da não retroatividade da lei penal, a dúvida que se tem é de essa flexibilização tornar-se desproporcional e, ao invés de fundamentar-se tão somente como uma exceção que se viu necessária para superar possíveis injustiças do passado, revelar-se verdadeiramente como regra dos tempos atuais.

(3.1) Oriunda na sua maioria de pressões políticas e midiáticas, por exemplo, muito mais que uma orientação entorno de estudos político-criminais, é de se perceber, em verdade, a existência de fenômenos político-judiciais[75] enveredados por uma legenda apelativa baseada, sobretudo, na criminalidade e no medo desta como marcas da contemporaneidade.[76]

Longe, no entanto, de se rememorar tensões já, exaustivamente, debatidas – como a ampliação de bens a serem jurídico-penalmente tutelados através de temas correlatos à inflação legislativa, neocriminalização ou mesmo sobre o aumento das margens e critérios definidores de pena para ilícito-típicos existentes[77] – a política-judicial

---

[74] Ainda que não esteja explícito na lei, a Corte Interamericana dos Direitos Humanos já se pronunciou a respeito, dizendo, amiúde, que os Estados não poderiam argumentar prescrição, o princípio do *ne bis in idem*, qualquer excludente de responsabilidade ou mesmo a irretroatividade da lei penal para deixar de investigar e sancionar os responsáveis pelos graves delitos contra a humanidade. Vide, por exemplo: CIDH, casos: Barrios Altos vs. Perú (2001, par. 15); Bulacio vs. Argentina (2003, par. 116); Almonacid Arellano vs. Chile (2006, par. 151); Guerrilha do Araguaia vs. Brasil (2010, par. 148). *Cfr:* MÍNGUEZ ROSIQUE, Marina. El Principio de Legalidad Penal em el Sistema Interamericano de Protección de los Derechos Humanos. In: *La Tutela Multinivel del Principio de Legalidade Penal.* MÍNGUEZ ROSIQUE, Marina (org.). Marcial Pons. Madrid: 2016. p. 214/233.

[75] Taipa de Carvalho, por exemplo, define este fenômeno como a carência daquilo por ele considerado como "legisprudência," ou seja: há uma quebra do bom senso, racionalidade jurídica, coerência normativa, domínio da dogmática e da técnica legislativa em geral, mas também do ramo do direito em que tanto o legislador quanto o aplicador da lei, na sua individualidade, são responsáveis por gerir, trazendo, portanto, uma baixa qualidade da justiça penal. *Cfr: Sucessão das Leis Penais. Ob. cit.* p. 33 e s. Algo, por exemplo, muito próximo do juízo feito por Ernildo Stein para os equívocos da autofundamentação do Direito. Vide em: *Exercícios de Fenomenologia. Ob. cit.* p. 152.

[76] RODRIGUES, Anabela Miranda. *Política Criminal – Novos desafios, velhos rumos. In: Direito Penal Económico e Europeu: textos doutrinários.* Vol. III. Coimbra: Coimbra Editora. 2009. p. 159.

[77] Construções estas, aliás, intimamente correlatas a dinâmica do direito penal intertemporal. Sobre os reflexos disso na aplicação da lei penal no tempo, veja: COSTA, José de Faria. *Noções Fundamentais de Direito Penal. Ob.cit.* p. 73 e s.

hodierna não se interessa em coadunar-se com a dinâmica mínima daqueles princípios considerados essenciais para a constituição do direito penal como último instrumento de intervenção à busca de paz jurídica.[78]

Razão disso, a exigência cada vez maior de segurança por parte da sociedade acaba por impulsionar movimentos de acabrunhamento e relativização de máximas até então rígidas como a da fragmentariedade, culpabilidade e, por sobre tudo, do *nullum crimen* em seu mais amplo sentido.[79] Daí de se lançar olhares para acontecimentos incomuns que não se baseiam exclusivamente em processos de recrusdecimento localizados na criação e maior margem de punição a tipos incriminadores ou mesmo na flexibilização de estatutos garantísticos em processo penal; mas em transformações de institutos antes considerados estanques como a teoria das normas, sistematicamente localizada na parte geral do Código Penal.

Assim, quer por obra do chamado populismo punitivo ou quer pela percepção distorcida da ideia de insegurança da comunidade massivamente veiculada pelos meios de comunicação social, a legislação penal vê-se embrenhada em um "discurso de salvação" de proporções pouco fundadas para somente tentar oferecer respostas atentatórias pela pecha do "politicamente correto." O que acaba por arrastar o direito penal para situações rotulares dissonantes de sua real finalidade: antes de proteção dos bens jurídicos, para mero instrumento de segurança das vítimas.[80]

Da proteção das vítimas frente aos autores da criminalidade considerada grave, exemplificadas pelos crimes sexuais, sobretudo, contra crianças, criminalidade organizada, ataques terroristas e, mais recentemente oriunda do combate a corrupção, o direito penal inverte

---

[78] Sobre o assunto, veja: SCHÜNEMANN, Bernard. *O Direito Penal é a Ultima Ratio da Proteção de Bens Jurídicos! – Sobre os limites invioláveis do direito penal em um estado de direito liberal. In: Estudos de Direito Penal, Direito Processual Penal e Filosofia do Direito*. (coord e trad. GRECO, Luís *et al.)*. Marcial Pons. São Paulo: 2013. p. 69/90. Assim como o nosso: *Institutos Penais de Emergência "novas fórmulas para velhos dilemas – Uma análise dos novos estudos de política criminal voltada aos indesejados pela sociedade. In: Direito Penal Hoje. Novos Desafios e Novas Respostas*. Organizador. ANDRADE, Manuel da Costa (*et al.*). Coimbra: Coimbra Editora. 2009. p. 171.

[79] Faria Costa e Bruno Moura, por exemplo, definem estes três princípios como os de maior capacidade de racionalização do direito penal e, não por isso, o princípio *nullum crimen* colhe uma carga liberal no esquema de tripartição das tarefas essenciais do Estado, ou seja da confecção de leis incriminadoras pelo Poder Legislativo e aplicação desta pelo poder judicial, ainda que, nos tempos que correm, oscilem e, nalgumas vezes, até se misturem estas atribuições. Cfr: A Interpretação em Direito Penal: um multiversum. In: *Revista de Legislação e de Jurisprudência*. nº 4001 – nov. dez. Coimbra: 2016. p. 96 e s.

[80] ANTUNES, Maria João. Perigosidade – intervenção estatal em expansão? In: *Revista Brasileira de Ciências Criminais*. nº: 121 – julho. Ano 24. RT. São Paulo: 2016. p. 198.

novamente os polos para cultivar o fenômeno de censura do denominado direito penal do autor. E disso extrai-se a correlação com o levantado algures, ou seja, a necessidade de se manter (ou se alcançar novos) limites para tamanhas relativizações.

Conclusão

À guisa do fim, é de se fazer novamente uma imersão temporal da atualidade para o pretérito. Não só daquele passado útil para o direito penal, na medida em que, para se aferir a censurabilidade da infração, importa o necessário recuo à prática do fato. Mas também do estudo do ontem que implica o próprio sentido da norma, ao passar por uma alegoria de contexto dogmático no instante em que o exercício de reprovabilidade penal pelo Estado só será permitido com lei a mencionar que aquele comportamento era considerado delituoso ao momento do fato. Impedindo, por isso, qualquer retrocesso de lei nova para eventos pretéritos, salvo se para benefício do infrator. Disso, como se viu, extrai-se algum dos limites para a aplicação do direito penal: o tempo.

Não sem razão é de perceberem os contrapontos criados diante da flexibilização dessas regras, em fatos históricos. A contar da primeira influência advinda pelos julgamentos dos Tribunais de Penais Internacionais Militares especiais, num contexto de ilimitação temporal da norma incriminadora como satisfação de justiça, tal como dirimida pela fórmula de Radbruch. Outros exemplos mostram-se também com a quebra das regras da legalidade em seu grau mais elevado como o apresentado no caso dos atiradores do muro; ou mesmo, em linhas atuais, no senso moralizador defendido pelo conceito de perigosidade diante da atribuição de norma *post factum* e utilização de mecanismos de direito penal de autor nas mais variadas situações, como nas sempre presentes na "mobilidade" ao uso de provas ilícitas e ilegítimas no campo do processo penal ou mesmo em se tratando da abusiva relativização a institutos diretamente ligados com o *tempo* como freio ao exercício do *jus puniendi*, tal qual se percebe com as frequentes modificações nas causas de extinção de punibilidade pela prescrição.

Mas a preocupação que fica será inclusive em sentido de antítese, ou seja: até que momento se tolerar tamanha flexibilização embasada num discurso de atemporalidade dos direitos (humanos e de) proteção coletiva, quando se deve utilizar justamente de normas estanques para se preservar o limite temporal ao uso inveterado do direito de punir? Seria, portanto, este o maior paradoxo do sentido de cuidado de perigo dos limites temporais pelo exercício do *jus puniendi*.

Afinal, quando se trata de atemporalidade dos direitos humanos, não se está a falar, exclusivamente, da relativização das premissas de direito penal de uma perspectiva heroica em satisfação da memória, vingança ou justiça às vítimas, mas também de um direito que se mostre também fundamental no seu todo. Que respeite todas as regras vigentes, de modo que se aplique a norma aos infratores como busca de paz jurídica e restabelecimento onto-antropológico da primeva relação do "eu" para com os "outros" e dos "outros" para "comigo",[81] sem, entretanto, desmerecer que a consideração aos limites dados pelo tempo são marcas indeléveis de todo o discurso ontológico de cuidado nas linhas do direito penal total.[82]

Referências

AGOSTINHO DE HIPONA. *Confissões.* 11 ed. Lisboa: Livraria do Apostolado da Imprensa. 1984.

ALEXY, Robert. *Mauerschützen*: Zum Verhältnis von Recht, Moral und Strafbarkeit. Gotingen: Vandenhoeck & Ruprecht. 1993.

——. Derecho Injusto, Retroactividad y Principio de Legalidade Penal. In: *Doxa.* nº 23: 2000. p. 204 e s. Disponível em: http://biblioteca.org.ar/libros/142026.pdf. Acessado em: 08/06/2017.

AMBOS, Kai. *Current Issues in International Criminal Law. In: Crimes Against Humanity In International Criminal Law. (org.)* BASSIOUNI, Cherif. 2. ed. rev. Kluwer Law. 1999, disponível em: https://ssrn.com/abstract=1972250.

——. *La Parte General del Derecho Penal Internacional.* Bases para uma elaboración dogmática. Montevideo: Fundación Konrad-Adenauer. 2005.

——. *Principios e Imputación em el Derecho Penal Internacional.* Barcelona: Atelier. 2008.

——. *Treatise on International Criminal Law.* Vol. I. United Kingdom: Oxford. 2013.

[81] Isto porque, tal como justapôs HEIDEGGER, o estar-aí-no-mundo só se demonstra pelo cuidado. Mas só haverá um sentido ontológico do cuidado, quando este passa-se pelo vezo da temporalidade. *Cfr: Sein und Zeit.* Max Niemeyer Verlag. Tübingen: 1967. p. 364. E para uma explicação mais didática sobre o assunto, faz-se imprescindível a leitura de: STEIN, Ernildo. *Seis Estudos sobre Ser e Tempo.* 4 ed. Vozes. Petrópolis-RJ: 2008. p. 78.

[82] Utilizando-se do escólio de Ernildo Stein, aqui mais do nunca, é preciso pensar, pensar a diferença em sentido também da linguagem e função do direito penal. Noutras palavras, ainda que a atemporalidade do direitos humanos tenha marcado um referencial teórico na aplicação das leis (penais), isto não quererá significar uma irrestrita flexibilização ao tempo como limitador do *jus puniendi.* Acredita-se, portanto, que ambas as dimensões são pressupostas na analítica existencial e somente nela terminam exercendo um papel essencial. Como dito por Stein, "o apofânico e o hermenêutico não se separam, mas também não se confundem. Ainda que intransponíveis, são contudo, incontornáveis". Noutras palavras, isto significa que esta circularidade comunicacional não deve servir de motivação para maiores relativizações de conteúdos jurídicos quando se prestam, sobretudo, a uma garantia de função e protecção social e do indivíduo. Confira: STEIN, Ernildo. *Pensar é Pensar a Diferença. Filosofia e Conhecimento Empírico.* 3 ed. Livraria do Advogado. Porto Alegre: 2019. p. 05.

——. O Tribunal Penal Internacional e o Propósito Comum: que Tipo de Contribuição é Requerida no Artigo 25 (3) (d) do Estatuto de Roma. In: Anatomia do Crime. *Revista de Ciências Jurídico-criminais da Faculdade de Direito da Universidade de Lisboa.* nº 1 . Jan-Jun. Coimbra: Almedina. 2015. p. 73/92.

ANTOLISEI, Francesco. *Manuale di Diritto Penale. Parte generale.* 30. ed. a cura di CONTI, Luigi. Milano: Giuffrè. 1994

ANTUNES, Maria João. *Proteção Multinível do Princípio da Legalidade Criminal – a "doutrina Parot" e o caso Inés del Río Prada.* Rascunho de artigo gentilmente cedido pela Autora. Já publicado junto ao Livro de Homenagens da Faculdade de Direito da Universidade de Coimbra ao Professor Doutor Manuel da Costa Andrade.

——. *Perigosidade – intervenção estatal em expansão? In:* Revista Brasileira de Ciências Criminais. nº: 121 – julho. Ano 24. São Paulo: RT. 2016.

ARAÚJO, Dyellber Fernando de Oliveira: Institutos Penais de Emergência – "novas fórmulas para velhos dilemas – Uma análise dos novos estudos de política criminal voltada aos indesejados pela sociedade. In: *Direito Penal Hoje.* Novos Desafios e Novas Respostas. Organizador: ANDRADE, Manuel da Costa (*et al.*). Coimbra: 2009. Coimbra Editora. p. 145/182.

ASHOLT, Martin. *Verjährung im Strafrecht.* Tübingen: Mohr Siebeck. 2016.

BARRETO, Irineu Cabral. *A Convenção Europeia dos Direitos do Homem Anotada.* 3 ed. rev. e actual. Coimbra: Coimbra Editora. 2005

BASAK, Denis. *In: Strafgesetzbuch Komentar.* Herausgegeben von MATT, Holger; RENZIKOWSKI, Joachim. München: Verlag Franz Vahlen. 2013.

BERNARDINI, Mauro. *Diritto e Tempo. In: Archivio Giuridico.* Vol. CCXVII, Fasc. II. Milano: Mucchi Editore. 1997.

BOUVIER, Antoine A. *Direito Internacional Humanitário e Direito dos Conflitos Armados.* Williamsburg: ONU – Instituto para Treinamento em Operações de Paz. 2011.

BRETONE, Mario. *Derecho y Tiempo en la tradición europea. – trad.* ROSAS ALVARADO, México: Isidro – Fundo de Cultura Económica. 1999.

BRONZE, Fernando José. A Interpretação Jurídica e as Fontes do Direito. A Interpretação Jurídica e as Fontes do Direito. Nótula proporcionada pelos 50 anos do Código Civil. In: *Revista de Legislação e Jurisprudência.* nº 4002: 2017. p. 197/207.

CAEIRO, Pedro. Claros e Escuros de um Auto-retrato: Breve Anotação à Jurisprudência dos Tribunais Penais para a Antiga Jugoslávia e para o Ruanda sobre a Própria Legitimação. In: Revista Portuguesa de Ciências Criminais. nº 12. Coimbra: Coimbra editora. 2002. p. 573/601

——. Fundamento, Conteúdo e Limites da Jurisdição Penal do Estado. O caso português. Coimbra: Coimbra Editora. 2010.

——. Tribunais Penais Internacionais: Etapas de um Caminho ou Astros em Constelação? In: Revista Brasileira de Ciências Criminais. nº 37. Ano 10. Janeiro-março. São Paulo: Revista dos Tribunais. 2002. p. 98/106.

CANÇADO TRINDADE, Antônio Augusto. *A Humanização do Direito Internacional.* Belo Horizonte: Del Rey. 2006.

CARLI, Carla Veríssimo. *Gramática do Direito Internacional Penal: as Linguagens do Crime e da Punição. In:* Cadernos o Programa de Pós-Graduação em Direito da UFRGS. Vol. 09. nº 1. Porto Alegre: Universidade Federal do Rio Grande do Sul. 2014.

CARVALHO, Américo Taipa de. *Sucessão de Leis Penais.* 3 ed. rev. e actual. Coimbra: Coimbra Editora. 2008.

CASSESE, Antonio. The Martens Clause: Half a Loaf or Simply Pie in the Sky? In: *European Journal of International Law* (EJIL). Vol.11. nº 1. Glasgow: 2000. p. 187/216.

——. *The International Criminal Law.* 2 ed. New York: Oxford. 2008.

——; ACQUAVIVA, Guido; FAN, Mary and WHITING Alex. *International Criminal Law. Cases and commentary.* New York: Oxford. 2011.

CEREZO MIR, José. *Curso de Derecho Penal Español. Parte General. I.* 4. ed. Madrid: Tecnos. 1994.

CHOUKR, Fauzi Hassan. *Iniciação ao Processo Penal.* 2 ed. Tirant lo Blanch: 2018.

COING, Helmut. *Historia y Significado de la Idea del Sistema en la Jurisprudencia.* (trad.) HARTMAN, Robert; LUIS GONZÁLEZ, José. Mexico: Centro de Estudios Filosoficos. Universidad Nacional Autonoma de Mexico. 1959. p. 21/36.

COSTA, José de Faria. *Ilícito-típico, Resultado e Hermenêutica.* In: Lusíada. Seminário Internacional de Direito Penal. Março. Lisboa: Universidade Lusíada. 2000. p. 03/38.

——. Em Redor do Nomos (ou a procura de um novo nomos para o nosso tempo). In: *Linhas de Direito Penal e de filosofia:* alguns Cruzamentos Reflexivos. Coimbra: Coimbra Editora. 2005. p. 191/203.

——. Noções Fundamentais de Direito Penal (Fragmenta iuris poenalis). 4 ed. Coimbra: Coimbra Editora. 2015

——. *Prefácio. In: Actas do Colóquio O Direito e o Tempo.* Instituto Jurídico Faculdade de Direito da Universidade de Coimbra. 2016.

——. MOURA, Bruno. *A Interpretação em Direito Penal:* um multiversum. In: Revista de Legislação e de Jurisprudência. nº 4001 – nov. dez. Coimbra, 2016. p. 96/111.

DANNECKER, Gerhard. *Das Intertemporale Strafrecht.* Mohr Siebeck. Tübingen: 1993.

DEYRA, Michel. *Direito Internacional Humanitário.* (trad.) ALBUQUERQUE, Catarina; TAVARES, Lisboa: Raquel. PGR. 2001.

DIAS, Jorge de Figueiredo; ANDRADE, Manuel da Costa. *Direito Penal.* Questões fundamentais. A doutrina geral do crime. Apontamentos e materiais de estudo da cadeira de Direito Penal (3º ano): 1996.

DIAS, Jorge de Figueiredo. *Direito Penal. Parte Geral.* Tomo I. 2 ed. Coimbra: Coimbra Editora. 2007.

——. *Direito Penal Português. As consequências jurídicas do crime.* 4 reemp. Coimbra: Coimbra Editora. 2013.

EINSTEIN, Albert. *A Teoria da Relatividade Especial e Geral.* (trad.) PEREIRA, Carlos Almeida. Rio de Janeiro: Contraponto. 1999.

GIL GIL, Alícia. *Derecho Penal Internacional.* Madrid: Tecnos. 1999.

——. Tribunales Penales Internacionales. In: *Revista de Derecho Penal y Criminologia.* 2. Época. Número extraordinário 1º. 2000.

——. La Excepción al Princípio de Le galidad de número 2 del Artículo 7 del Convenio Europeo de Derechos Humanos. In: *Anuario de Derecho Penal y Ciencias Penales.* (ADPCP) Vol. LXIII. Madrid. Ministério da Justiça. 2010.

GALLANT, Kenneth S. *The Principle of Legality in International and Comparative Criminal Law.* New York: Cambridge University. 2009.

GLASER, Stéphane. Le Principe de La Légalité des Délits et des Peines et les Procès de Criminels de Guerre. In: *Revue de Droit Pénal et de Criminologie.* nº 01. Ministére de la Justice de Belgique. Octobre 1947.

GODINHO, Inês Fernandes. *Temporal Law and Timeless Human Rights. In: Actas do Colóquio O Direito e o Tempo.* Instituto Jurídico Faculdade de Direito da Universidade de Coimbra. 2016.

HAARSCHER, Guy. *Filosofia dos Direitos do Homem.* (trad.) SILVA, Armando Pereira. Lisboa: Piaget. 2001.

HAWKING, Stephen W. A *Teoria de Tudo. A origem e o destino do universo.* (trad.) MARQUES, Miguel A. L. Lisboa: Gradiva. 2010.

——. *Breve História do Tempo.* (trad.) COSTA, Maria Alice Gomes. 8. ed. Lisboa:Gradiva. 2011.

HEIDEGGER, Martin. *Sein und Zeit.* Tübingen: Max Niemeyer Verlag. 1967.

——. *Caminhos da Floresta.* (org e trad.) BORGES-DUARTE, Irene (*et al*). Lisboa: 1998.

——. *O Conceito de Tempo.* (trad.) Borges-Duarte, Irene. 2. ed. bilíngue. Fim de Século. Lisboa: Calouste Gulbenkian. 2008.

HEGEL, Georg Wilhelm Friedrich. *Lecciones sobre la Filosofía de la Historia Universal. (trad.)* GAOS, José. 3. ed. Madrid: Alianza. 1982.

HORNLE, Tatjana. *La Protección de Sentimientos en el STGB. In: La Teoría del Bien Jurídico. (org.)* HEFENDEHL, Roland. Edição Espanhola de: ALCÁCER, Rafael (*et al.*). Madrid: Marcial Pons. 2007.

HRUSCKA, Joachim. Kant, Feuerbach und die Grundlagen des Strafrechts. In: *Kant und der Rechtsstaat.* Freiburg/München: Karl Alber. 2015.

JAKOBS, Gunther. *Strafrecht. Algemeiner Teil.* 2. Auflage. Berlin: Walter de Gruyter. 1991.

——. Superación del Pasado Mediante el Derecho Penal? Acerca de la capacidade de rendimento del derecho penal tras uma fractura del régimen político. In: *Anuario de Derecho Penal y Ciencias Penales.* Madrid. Ministério de Justiça. Tomo 47. nº 2. 1994.

JESCHECK, Hans-Heinrich. *El Tribunal Penal Internacional.* (trad.) PIFARRÉ DE MONER, María José. Disponível em: http://rabida.uhu.es/dspace/bitstream/handle/10272/12965/Tribunal%20Penal.pdf?sequence=2. Acessado em: 18/03/2020.

——. The General Principles of International Criminal Law Set out in Nuremberg as Mirrored in the ICC Statute. In: *Journal of International Criminal Justice.* Vol. 02. Oxford: Oxford University. 2004.

——. WEIGEND, Thomas. *Tratado de Derecho Penal. Parte general. (trad.)* OLMEDO CARDENETE, Miguel. 5. ed. Corregida y ampliada. Granada: Comares. 2002.

KANT, Immanuel. *Crítica da Razão Pura.* (trad.) MORUJÃO, Alexandre Fradique; SANTOS, Manuela Pinto dos. 5. ed. Lisboa: Fundação Calouste Gulbenkian. 2001.

KELSEN, Hans. Collective and Individual Responsability in International Law with Particular Regard to the Punishment of War Criminals. In: *California Law Review.* Vol. 31. Califórnia: Issue 5. 1943.

LASCURAIN SANCHEZ, Juan António. La Protección Multinível de la Garantía de Tipicidad Penal. In: *La Tutela Multinivel del Principio de Legalidade Penal.* (org.) MÍNGUEZ ROSIQUE, Marina. Madrid: Marcial Pons. 2016.

LAMPE, Ernest-Joachim. Systemunrecht und Unrechtssysteme. In: *ZStW.* 106. Heft 4. 1994.

LEITE, Alaor. Proibição de Retroatividade e Alteração Jurisprudencial. In: *Actas do Colóquio O Direito e o Tempo.* Instituto Jurídico Faculdade de Direito da Universidade de Coimbra: 2016. p. 43/87.

LUHMANN, Niklas. Tiempo del Mundo e Historia Sistémica. In: Inguruak. *Revista Vasca de Sociologia y Ciencia Política*. nº 23. 1999.

——. *Einführung in die Systemtheorie*. Heidelberg: Carl-Auer Systeme. 2002.

MACHADO, João Baptista. *Âmbito de Eficácia e Âmbito de Competência das Leis*. Coimbra: Almedina. 1970.

MACHADO, Jónatas E. M. *Direito Internacional*. Do paradigma clássico ao pós-11 de setembro. 3 ed. Coimbra: Coimbra Editora. 2006.

MANES, Vittorio. Método e Limites da Interpretação Conforme as Fontes Supranacionais em Matéria Penal. (trad.) TAFFARELLO, Rogério Fernando. In: *Revista Brasileira de Ciências Criminais*. nº 97. São Paulo: RT. 2012.

MARINUCCI, Giorgio; DOLCINI, Emilio. *Manuale di Diritto Penale. Parte generale*. 3. ed. Milano: Giufrè. 2009.

MÍNGUEZ ROSIQUE, Marina. El Principio de Legalidad Penal em el Sistema Interamericano de Protección de los Derechos Humanos. In: *La Tutela Multinivel del Principio de Legalidade Penal*. (org.) MÍNGUEZ ROSIQUE, Marina. Madrid: Marcial Pons. 2016. p. 214/233.

MOURÃO, Helena. *The ICC Decisions on Perpetration Through an Organization*: a New Form of Active Responsibility of the Superior? p. 93/112.

NOVAIS, Jorge Reis. *A Dignidade da Pessoa Humana*. Vol. I – Dignidade e direitos fundamentais. Coimbra: Almedina. 2015.

OST, François. *O Tempo do Direito*. (trad.) OLIVEIRA, Maria Fernanda. Lisboa: Piaget. 2001.

PAIS, Ana Isabel Rosa. *O Direito Penal Internacional e a Responsabilidade do Superior Hierárquico*. Coimbra: Coimbra Editora. 2013.

POCHIERO, Gianluca. Il Mutamento del Significato della Guerra, alle Origini del Diritto Penale Internazionale. In: *Studi e Materiali di Diritto Penale*. nº 3. Bononia University. 2011. p. 307/311

POPPER, Karl R. *La responsabilidade de Vivir*. (trad.) ROLDÁN PANADERO, Concha. Barcelona: Paidós. 1995

RADBRUCH, Gustav. *Gesetzliches Unrecht und übergesetzliches Recht*. In: G. Radbruch, *Gesamtausgabe*. III. A. Kaufmann (Hg.). Heidelberg: C. F. Müller. 1990.

REIS, Émilien Vilas Boas. *Lei Eterna e Lei Temporal no Livro I da obra "De Libero Arbítrio" de Santo Agostinho. In:* CONPEDI – Conselho Nacional de Pesquisa e Pós-graduação em Direito (org.) Anais do XXI Encontro Nacional do CONPEDI/UFU. Uberlândia-MG. 2012. p. 10780/10799.

RENZIKOWSKI, Joachim. Art. 7. EMRK. In: *Internationaler Kommentar zur Europäischen Menschenrechtskonvention*. Band 1. Köln: Carl Heymanns Verlag. 2009.

——. Aquinas on Eternal and Time Bound Law. In: *Actas do Colóquio O Direito e o Tempo*. Instituto Jurídico Faculdade de Direito da Universidade de Coimbra. 2016.

ROCHA, Manuel António Lopes. Aplicação da Lei Criminal no Tempo e no Espaço. In: *Jornadas de Direito Criminal*. Lisboa: Centro de Estudos Judiciários. 1983.

RODRIGUES, Anabela Miranda. O Tribunal Penal Internacional e a Prisão Perpétua – que Futuro? In: *Direito e Justiça*. Vol. XV. Universidade Católica de Lisboa. 2001.

ROXIN, Claus. *Strafrecht. Allgemeiner Teil*. 4. Auflage. München: C. H. Beck. 2006.

RUEDA FERNÁNDEZ, Casilda. *Delitos de Derecho Internacional*. Tipificación y Represión Internacional. Barcelona: Bosch. 2001

RAGUÉS I VALLÉS, Ramon. *La Prescripción Penal: Fundamento y Aplicación*. Barcelona: Atelier. 2004.

SCHÜNEMANN, Bernard. O Direito Penal é a Ultima Ratio da Proteção de Bens Jurídicos! – Sobre os limites invioláveis do direito penal em um estado de direito liberal. In: Estudos de Direito Penal, Direito Processual Penal e Filosofia do Direito. (coord e trad. GRECO, Luís *et al.*). São Paulo: 2013. Marcial Pons. p. 69/90.

SOUSA, Susana Aires de. Sobre o Bem Jurídico-Penal Protegido nos Crimes contra a Humanidade. In: *Boletim da Faculdade de Direito da Universidade de Coimbra*. nº LXXXIII. Coimbra: Coimbra Editora. 2007.

STEIN, Ernildo. Heidegger e Habermas. A finitude do Conhecimento. In: Conferências Filosóficas I. *Epistemologia e Crítica da Modernidade*. 3 ed. Íjui-RS: Unijui. 1990. p. 32/51.

——. *Exercícios de Fenomenologia*. Limites de Um paradigma. Ijuí-RS:Unijuí. 2004.

——. *Seis Estudos sobre Ser e Tempo*. 4 ed. Petrópolis-RJ: Vozes. 2008.

——. *Antropologia Filosófica. Questões epistemológicas*. 3. ed. Porto Alegre: Livraria do Advogado. 2018.

——. *Pensar é Pensar a Diferença*. Filosofia e Conhecimento Empírico. 3. ed. Porto Alegre: Livraria do Advogado. 2019.

TELES, Miguel Galvão. *Temporalidade Jurídica e Constituição*. Stvdia Ivridica nº 46 Colloquia – 5, Coimbra: Coimbra. 2000.

WERLE, Gerhard. *El Futuro del Derecho Penal Internacional*. 2013. p. 03. Disponível em: http://www.corteidh.or.cr/tablas/r31014.pdf. Acessado em: 03/06/2017.

WERLE, Gerhard; JESSBERGER, Florian. *Principles of International Criminal Law*. 3. ed. Oxford: Oxford University. 2014.

WINKLER, Günther. *Zeit und Recht*. Wien: Springer-Verlag. 1995.

Direito penal e ontologia: uma análise da culpabilidade jurídico-penal

BRUNO TADEU BUONICORE[1]

Introdução

O entendimento nuclear a ser defendido neste artigo é o de que a concepção ontológica da liberdade individual produz um *deficit de verificabilidade* para a fundamentação da culpabilidade jurídico-penal diante do ilícito-típico, enfraquecendo assim o centro normativo da categoria no oferecimento de legitimidade e limites à intervenção criminal. Se as dificuldades encontradas pela concepção naturalista estão relacionadas a uma falta de subjetividade, aqui os problemas vão na direção de uma falta de objetividade, constatação que está diretamente ligada à aporia encontrada por essa concepção – no plano epistemológico – no que diz respeito ao acesso do conhecimento objetivo à liberdade individual.

Ao preencher a liberdade individual com elementos de ordem subjetiva, a concepção ontológica alcança de fato um conceito forte de autodeterminação, em que o indivíduo é capaz de colocar para si próprio, direta ou indiretamente por meio de sua vontade, a finalidade do que ele quer realizar no mundo, permitindo então a diferenciação entre comportamentos autônomos e heterônomos e a consequente responsabilização pessoal pelos resultados fáticos ligados à cadeia causal que o sujeito autonomamente inicia como *causa sui*: "a ação é reconhecida como sendo do agente por causa de sua escolha e seus efeitos são compreendidos como sendo por ele desejados. O agir e seus efeitos, ou resultados, são uma extensão da vontade do agente".[2]

---

[1] Professor Titular do PPG em Direito do Centro Universitário de Brasília. Assessor de Ministro do STF. Doutor em Direito pela Universidade de Frankfurt.

[2] Tradução nossa, *in verbis*: "Die Handlung ist wegen der Wahl als seine Handlung zu verstehen und die Folgen sind von ihm in einem bestimmten Sinne gewollt. Handeln und Folgen sind eine

Isso faz com que as construções desse modelo argumentativo metadogmático no plano ético sejam também fortes (censura e retribuição), sendo oferecida assim uma possibilidade de crítica material diante do direito positivo e da política criminal dominante: *"existe um potencial crítico em face das determinações do direito positivo [...] o modelo ontológico representa um conceito de culpabilidade material por excelência [...] é resistente contra as tentações da política-criminal."*[3] A aporia fundamental que se deixa identificar na concepção ontológica, entretanto, é que suas construções no plano ético, por mais promissoras que sejam, não se sustentam no plano epistemológico.[4] Por sua natureza subjetiva, a concepção ontológica encontra barreiras intransponíveis dentro da teoria do conhecimento no que pertine ao acesso à liberdade individual. A liberdade resta presa de forma monológica em um espaço subjetivo de reflexão do indivíduo para consigo mesmo que não é capaz de ganhar objetividade nos processos formais do conhecer. Isso ocorre porque a liberdade é concebida como uma realidade dada e pretérita à relação intersubjetiva (comunicativa) que não se deixa verificar: não é possível saber o que se passa dentro da subjetividade do outro.

Diante do aqui denominado *deficit de verificabilidade*, as construções da concepção ontológica em relação à liberdade individual se tornam meras pressuposições e/ou especulações metafísicas, que precedem a comunicação e que não podem ser conhecidas objetivamente (podem apenas ser sentidas internamente e pressupostas no outro, mas não verificadas no outro), estabelecendo-se assim um abismo entre o *ser* abstrato da metafísica e o *dever ser* pressuposto pela normatividade jurídico-penal.[5] Fato é que, ao contrário do que ocorre com

---

Extension des Willens" (WILENMANN, Javier. Freiheitsdistribution und Verantwortungsbegriff. *Freiburger Rechtswissenschaftliche Abhandlungen* 12. Mohr Siebeck, 2014. p. 63).

[3] Tradução nossa, *in verbis*: "[...] entfaltet er gegenüber den Bestimmungen des positiven Rechts kritische Potenz [...] Der ontologische Schuldbegriff ist ein materieller Schuldbegriff par excellence [...] ist diese Schuldkonzeption resistent gegenüber allen denkbaren kriminalpolitischen Versuchungen" (NEUMANN, Ulfrid. Ontologische, funktionale und sozialethische Deutung des strafrechtlichen Schuldprinzips. In: LÜDERSSEN, Klaus (Hrsg). *Aufgeklärte Kriminalpolitik oder Kampf gegen das Böse?*. Band I. Baden-Baden: Nomos, 1998. p. 393).

[4] Sobre isso, conferir: NEUMANN, Ulfrid. Ontologische, funktionale und sozialethische Deutung des strafrechtlichen Schuldprinzips. In: LÜDERSSEN, Klaus (Hrsg). *Aufgeklärte Kriminalpolitik oder Kampf gegen das Böse?*. Band I. Baden-Baden: Nomos, 1998. p. 392-394. Em uma crítica à fonte ontológica, ver também: HASSEMER, Winfried. Person, Welt und Verantwortlichkeit: Prolegomena einer Lehre von der Zurechnung im Strafrecht. In: Lüderssen, Klaus (Hrsg). *Aufgeklärte Kriminalpolitik oder Kampf gegen Böse?*. Band I, Baden-Baden: Nomos, 1998. p. 350-351; ENGISCH, Karl. *Die Lehre von der Willensfreiheit in der strafrechtsphilosophischen Doktrin der Gegenwart*, 2. Auflage. Berlin: de Gruyter, 1965. p. 21 ss.

[5] NEUMANN, Ulfrid. Ontologische, funktionale und sozialethische Deutung des strafrechtlichen Schuldprinzips. In: LÜDERSSEN, Klaus (Hrsg). *Aufgeklärte Kriminalpolitik oder Kampf gegen das Böse?*. Band I. Baden-Baden: Nomos, 1998. p. 393.

realidades construídas a partir do marco intersubjetivo (social e/ou historicamente), que permitem uma operação comunicativa de atribuição ou, como é o caso desta tese, de reconhecimento concreto recíproco, realidades ontológicas dadas (um *ser* que precede a relação com o outro) demandam uma atividade de descrição e, com isso, necessariamente uma operação de verificação na produção e no alcance de seu significado: "trata-se de verificação e não de atribuição".[6] A não realização com sucesso dessa operação de verificação, entretanto, retira da fundamentação ontológica todo seu alicerce epistemológico na construção do direito penal.[7]

As principais características em comum que unem as construções teóricas que optam pela metodologia de ordem ontológica em relação ao alcance do significado da liberdade individual como fundamento e axioma do direito penal são aqui delimitadas como as seguintes: (1) a pressuposição fundamental de que a construção do direito penal ideal e/ou correto passa pelo conhecimento do *ser*[8] – pelo conhecimento de estruturas dadas que antecedem a relação entre os sujeitos e que com isso antecedem também a realidade por eles construída. Assim como ocorre com a concepção naturalista, trata-se de descrever uma realidade que precede a atividade de atribuição de significados pelos homens – o significado da liberdade individual surge pela via da descrição de algo que já existe em um espaço subjetivo e metafísico, e não pela via da construção social, histórica, comunicativa e/ou intersubjetiva. A perspectiva da concepção ontológica em relação à liberdade individual pode ser retratada como subjetiva (em primeira pessoa), justamente porque o significado da liberdade e seus fundamentos de possibilidade antecedem a relação intersubjetiva (em segunda pessoa) – é o significado da liberdade como elemento dado, pressuposto em nossa constituição antropológico-filosófica e/ou existencial, que representa a condição de possibilidade da posterior relação com o outro, e não a relação comunicativa e intersubjetiva em

[6] Tradução nossa, *in verbis*: WILENMANN, Javier. Freiheitsdistribution und Verantwortungsbegriff. *Freiburger Rechtswissenschaftliche Abhandlungen* 12. Mohr Siebeck, 2014. p. 64).

[7] Sobre isso, pode-se dizer que a concepção naturalista e a concepção ontológica pressupõem uma operação de verificação, enquanto a concepção funcionalista e a ético-social não consequencialista, que repousa na teoria do discurso, pressupõem uma operação de atribuição, que se pretende com esta tese preencher com relações concretas de reconhecimento recíproco. Sobre a diferenciação conceitual entre verificação e atribuição, conferir: GÜNTHER. Die Zuschreibung strafrechtlicher Verantwortlichkeit auf der Grundlage des Verstehens. In: Lüderssen, Klaus (Hrsg). *Aufgeklärte Kriminalpolitik oder Kampf gegen Böse?*. Band I, Baden Baden: Nomos, 1998. p. 319 s.

[8] NEUMANN, Ulfrid. Ontologische, funktionale und sozialethische Deutung des strafrechtlichen Schuldprinzips. In: LÜDERSSEN, Klaus (Hrsg). *Aufgeklärte Kriminalpolitik oder Kampf gegen das Böse?*. Band I. Baden-Baden: Nomos, 1998. p. 391.

si que possibilita a produção do significado da liberdade individual para a ordem jurídico-penal, como pressupõe esta tese; (2) ao contrário do que ocorre com a concepção funcionalista, que trabalha com o binômio eficaz/ineficaz, e do que ocorre com a concepção ético-social, que trabalha com o binômio justo/injusto, a concepção ontológica trabalha como o binômio *ser/não ser*, ou certo/errado, sempre na busca de uma correspondência dos postulados normativos com os postulados ontológicos;[9] (3) ao contrário do que ocorre com a concepção naturalista que opera, na teoria do conhecimento, com a empiria naturalista, a concepção ontológica opera com o método dedutivo da metafísica e da antropologia filosófica, pressupondo a existência de realidades e valores gerais e ideias que são pretéritos e independentes da realidade social comunicativa; (4) a concepção ontológica é idealista no sentido de que pressupõe realidades que, por antecederem a relação comunicativa entre os sujeitos (*é* porque *é*; *é* porque nós deduzimos filosoficamente e/ou metafisicamente que *é*; *é* porque se desvelou fenomenologicamente que *é*; *é* porque nós percebemos desde muito cedo que *é*; *é* porque nossa experiência interna mostra que *é*; *é* porque logicamente é demonstrado que *é*; *é* porque é de nossa constituição antropológico-filosófica e/ou existencial que *é*; é porque nós pressupomos que *é*; em vez de: *é* porque nós construímos socialmente, comunicativamente e intersubjetivamente que *deve ser*), estão para além de nossas capacidades de produção de significados e por isso existem independentemente de nossa dificuldade ou até impossibilidade em acessar o seu conteúdo.[10] Isso significa que a concepção ontológica, nesses termos tradicionais (*ser* metafísico e subjetivo que eventualmente baliza e possibilita a relação, mas que as precede ontologicamente), encontra-se historicamente antes do movimento revolucionário da virada comunicativa na teoria do conhecimento, já que o conceito de metafísica aqui trabalhado está ligado "ao intento de pressupor a existência de entidades ideais que são objeto do conhecimento humano, mas não são o produto de sua própria construção";[11] (5) a concepção ontológica pressupõe, em nível dogmático, a pena por

[9] NEUMANN, Ulfrid. Ontologische, funktionale und sozialethische Deutung des strafrechtlichen Schuldprinzips. In: LÜDERSSEN, Klaus (Hrsg). *Aufgeklärte Kriminalpolitik oder Kampf gegen das Böse?*. Band I. Baden-Baden: Nomos, 1998. p. 391 ss.

[10] Conferir: KAUFMANN, Arthur. *Das Schuldprinzip*. Heidelberg: Carl Winter Universitätsverlag, 1961. p. 66 ss.; KAUFMANN, Armin. *Strafrechtsdogmatik zwischen Sein und Wert*: Gesammelte Aufsätze und Vorträge. Köln: Carl Heymanns Verlag KG, 1982. p. 12 s.

[11] Tradução nossa, *in verbis*: "[...] den Begriff der Metaphysisch jedenfalls in diesem Zusammenhang auf die Annahme der Existenz idealer Entitäten zu beschranken, die Gegenstand menschlicher Erkenntnis, nicht Produkte menschlicher Konstriktion sind" (NEUMANN, Ulfrid. Das Problem der Rechtsgeltung. In: NEUMANN, Ulfrid. *Recht als Struktur und Argumentation*. Baden-Baden: Nomos, 2008. p. 232).

retribuição e a culpabilidade como uma censura ético-pessoal pelo ilícito-típico. As contribuições da concepção ontológica são fecundas no plano ético.

A seguir, serão analisadas aquelas concepções ontológicas que, em suas variações internas, acredita-se que sejam as mais significativas para a construção do conceito de culpabilidade na teoria do crime contemporânea – as que possuem maior relevo em nível dogmático: (1) Welzel; (2) Arthur Kaufmann; (3) Wulff.

1. O finalismo de Welzel

Pode-se dizer que a concepção ontológica da liberdade individual encontra seu ponto alto dentro da teoria do crime contemporânea no finalismo de Welzel – "a última grande empreitada metafísica na teoria do direito penal".[12] A noção central de que a ação humana "é o exercício da atividade final" e que ela retrata, portanto, "um acontecimento final e não meramente causal"[13] representa a pedra fundamental de toda a teoria do crime finalista.[14] A capacidade de se autodeterminar de acordo com a norma jurídico-penal (a liberdade da vontade de obedecê-la) é na teoria de Welzel um axioma de ordem ontológica – independentemente da realidade social – que integra a constituição antropológica essencial do homem[15] e que fundamenta o juízo de censura dotado de conteúdo ético defendido pela perspectiva filosófico-metafísica do autor.[16] Por meio do recurso da chamada *estrutura lógica da coisa* como substrato ontológico dado, Welzel busca no nível metadogmático um caminho alternativo tanto ao direito na-

---

[12] Tradução nossa, *in verbis*: "Welzes Lehre stellt den bislang letzten großangelegten Entwurf einer metaphysischen Strafrechtstheorie dar" (PAWLIK, MIchael. Welzel – ein Klassiker?. In: FRISCH, Wolfgang (Hrsg.). *Lebendiges und Totes in der Verbrechenslehre Hans Welzels*. Tübingen: Mohr Siebeck, 2015. p. 1). De fato, o finalismo representa até ao momento a última fundamentação metafísica de um sistema dogmático que se propõe a trabalhar as categorias do direito penal como um todo.

[13] Tradução nossa, *in verbis*: "Menschliche Handlung ist Ausübung der Zwecktätigkeit. Handlung ist darum finales, nicht lediglich kausales Geschehen" (WELZEL, Hans. *Das deutsche Strafrecht*: eine systematische Darstellung, 9. Auflage. Berlin: de Gruyter, 1965. p. 29). Trata-se do axioma de todo o sistema finalista.

[14] WELZEL, Hans. *Naturrecht und materiale Gerechtigkeit*. Göttingen: Vandenhoeck und Ruprecht, 1955. p. 197 s.

[15] Nas palavras do autor: "Liberdade pertence assim à constituição antropológica essencial do homem como pressuposto da ação final [...]" Tradução nossa, *in verbis*: "Freiheit gehört daher zur anthropologischen Wesensverfassung des Menschen als Voraussetzung für finales Handeln [...]" (WELZEL, Hans. *Abhandlungen zum Strafrecht und zur Rechtsphilosophie*. Berlin: Gruyter, 1975. p. 205).

[16] WELZEL, Hans. *Abhandlungen zum Strafrecht und zur Rechtsphilosophie*. Berlin: Gruyter, 1975. p. 20.

tural como ao positivismo jurídico[17] – um espaço metodológico entre o essencialismo da tradição naturalista e o nominalismo da forma na busca por um direito penal material anterior ao legislador que não viesse a cair no relativismo axiológico dos neokantianos ou da filosofia existencial.[18]

1. 1. A estrutura lógica da coisa como realidade ontológica dada (pressuposto metafísico)

O desenvolvimento do conceito de *estrutura lógica da coisa* no pensamento de Welzel é fruto da tentativa de encontrar uma ancoragem substancial (material) para a construção do direito penal que viesse a transcender e superar a lógica das leis naturais.[19] Tal ancoragem deveria prestar como recurso teórico que, no nível da fundamentação metadogmática, permitiria: (1) o oferecimento de uma medida material que antecede e condiciona a atividade do legislador;[20] (2) a configuração de um elemento concreto e fixo que supera o relativismo valorativo da doutrina neokantiana.[21]

A questão que se coloca aqui, entretanto, é em que medida se torna realmente possível, do ponto de vista lógico e epistemológico, a criação de uma estrutura ontológica que é dada (não é o produto de

---

[17] SEELMANN, Hans. Welzels sachlogische Strukturen und die Naturrechtslehre. In: FRISCH, Wolfgang (Hrsg.). *Lebendiges und Totes in der Verbrechenslehre Hans Welzels*. Tübingen: Mohr Siebeck, 2015. p. 7 ss.

[18] Sobre isso, conferir: WELZEL, Hans. *Naturrecht und materiale Gerechtigkeit*. Göttingen: Vandenhoeck und Ruprecht, 1955. p. 178 ss.

[19] SEELMANN, Hans. Welzels sachlogische Strukturen und die Naturrechtslehre. In: FRISCH, Wolfgang (Hrsg.). *Lebendiges und Totes in der Verbrechenslehre Hans Welzels*. Tübingen: Mohr Siebeck, 2015. p. 7 ss. Sobre o tema, ver também.; HASSEMER, Winfried. *Sachlogische Strukturen – noch zeitgemäß?*. Festschrifft für Hans-Joachim Rudolphi. Neuwied: Luchterhand, 2004. p. 61-74.

[20] Sobre isso, conferir: WELZEL, Hans. Naturrecht und Rechtspositivismus. In: MAIHOFER, Werner (Hrsg.). *Naturrecht oder Rechtspositivismus*. Darmstadt: Wiss. Buchges, 1966. p. 334. Sobre essa discussão acerca de um substrato material condicionador, conferir a obra: RADBRUCH, Gustav. *Die Natur der Sache als juristische Denkform*. Darmstadt: Wiss. Buchges, 1960; *Stratenwerth*, Das STRATENWERTH, Günter. *Das rechtstheoretische Problem der Natur der Sache*. Tübingen: Mohr, 1957.

[21] WELZEL, Hans. *Naturrecht und materiale Gerechtigkeit*. Göttingen: Vandenhoeck und Ruprecht, 1955. p. 178 ss. Na área estritamente do direito penal, pode-se citar aqui como os neokantianos mais destacados desse movimento de resgate transcendental de valores, entre outros: FREUDENTHAL, Berthold. *Schuld und Vorwurf*. Tübingen: Mohr, 1922. p. 1 ss.; ERNST MAYER, Max. *Die Schuldhafte Handlung und ihre Arten im Strafrecht*: drei Begriffsbestimmungen. Leipzig: Hirschfeld, 1901. p. 4 ss.; FRANK, Reinhard. *Über den Aufbau des Schuldbegriffs*. Gießen: Rickers Verlag, 1907. p. 4 ss.; GOLDSCHMIDT, James. *Normativer Schuldbegriff*. Festgabe für Reinhard von Frank. Tübingen: Mohr, 1930. p. 428 ss.; RADBRUCH, Gustav. *Rechtsphilosophie*. Leipzig: Quelle & Meyer, 1932. p. 10 ss.; MEZGER, Edmund. Die materielle Rechtswidrigkeit im kommenden Strafrecht. *Zeitschrift für die gesamten Strafrechtswissenschaften* 55, 1936. p. 1 ss.

uma atividade de significação comunicativa e/ou intersubjetiva), que possui objetividade substancial sem precisar da empiria natural, que permite o juízo valorativo sem cair no subjetivismo e/ou no relativismo axiológico dos neokantianos ou da filosofia existencial e que, ao mesmo tempo, é anterior à norma. Acredita-se que todas essas características não possam ser atendidas ao mesmo tempo, de modo que a *estrutura lógica da coisa* ou se trata de uma realidade empírica neutra, que não rompe com o naturalismo, ou de um fenômeno ligado ao direito natural, que carrega implicitamente valor,[22] ou de uma construção intersubjetiva ligada ao consenso, que abandona totalmente a ideia de realidade ontológico-substancial dada ou, o que parece ser mais plausível, trata-se de uma especulação e/ou pressuposição metafísica que não é capaz de ganhar objetividade nos processos formais do conhecer, não deixando assim o espaço subjetivo. Ainda que o autor busque a sustentação de uma objetividade que baliza, mas que não se confunde com a atividade de valoração, permanece o conceito em um espaço subjetivo e monológico. Esta última hipótese sobre a posição da *estrutura lógica da coisa* na teoria do conhecimento fica bastante clara na análise do entendimento de Welzel sobre a liberdade individual (liberdade da vontade).

No sistema desenvolvido por Welzel, o legislador estaria vinculado "não apenas às leis da natureza física, senão também às estruturas lógicas da coisa em relação às quais a contrariedade de suas regras – a essas estruturas – teria o efeito de tornar as regras necessariamente falsas".[23] Tal elemento ontológico, a partir do qual o direito correto e ideal fica condicionado a sua correspondência e consideração, atinge diretamente os dois eixos centrais da teoria do crime: a ação e a culpabilidade, ligadas aqui pelo pressuposto axiomático da liberdade da vontade.

No que pertine à ação: "assim é sobretudo a estrutura ontológica da ação dada anteriormente a qualquer valoração ou regulamento. Aquele que quer normatizar a ação, precisa se ater a estrutura ontológica da ação.". Isso quer dizer claramente que o significado da ação é dado, fixo e não pode ser alterado, sendo uma substância ontológica anterior à atividade de sua valoração.[24] A relação que se coloca entre a

[22] Sobre isso: STICHT, Oliver. *Sachlogik als Naturrecht?*. Rechts – und Staatswissenschaftliche Veröffentlichungen der Görres-Gesellschaft. Schöningh Paderborn, 2000. S. 86 ff.

[23] Tradução nossa, *in verbis*: "Der Gesetzgeber ist nicht etwa nur an die Gesetze der physischen Natur gebunden, sondern muss auch bestimmte sachlogische Strukturen im Objekt seiner Regelung beachten, widrigenfalls seine Regelung notwendig falsch wird" (WELZEL, Hans. *Natur recht und materiale Gerechtigkeit*. Göttingen: Vandenhoeck und Ruprecht, 1955. p. 197).

[24] Tradução nossa, *in verbis*. "So ist vor allem die ontologische Struktur der Handlung jeder Bewertung und Regelung vorgegeben. Wer Handlungen normieren will, muss die ontologische Struktur der Handlung beachten" (WELZEL, Hans. *Naturrecht und materiale Gerechtigkeit*. Göttingen: Van-

estrutura lógica da coisa – como realidade ontológica, fonte e substrato material do direito penal – e a atividade de valoração no sistema finalista fica bastante transparente na seguinte afirmação de Welzel: "em nenhuma circunstância se pode identificar de alguma maneira o substrato ontológico com o valor. O objeto ontológico determinado é apenas o carregador do valor, não o valor em si".[25] Trata-se da ferramenta metadogmática utilizada por Welzel para contrapor o relativismo do movimento neokantiano do sul da Alemanha e também a destacada filosofia existencial (Kierkegaard, Heidegger, Jaspers, Sartre), que representaria para o autor um subjetivismo ainda mais insustentável e radical: "a filosofia existencial é a expressão de um acentuado e profundo subjetivismo".[26]

Finalmente, quanto à culpabilidade: "o legislador que faz a ligação entre as consequências jurídicas e a realização de um fato culpável precisa se ater à estrutura lógica da culpabilidade. O conceito de culpabilidade pressupõe que o agente poderia ter agido de acordo com a norma jurídico-penal.". Isso quer dizer que o pressuposto material da culpabilidade é, para Welzel, a liberdade da vontade do agente concreto que comete o ilícito-típico, concebida como uma estrutura ontológica dada que condiciona o juízo normativo de censura – não há culpabilidade sem liberdade da vontade.[27]

1.2. A estrutura final da ação como alternativa ao determinismo das leis naturais

Por meio de seu conceito final de ação, Welzel busca a afirmação de uma perspectiva que permita a superação do paradigma de-

denhoeck und Ruprecht, 1955. p. 197). Ver também, sobre a anterioridade e o poder de vinculação das estruturas ontológicas em relação à atividade do legislador e ao direito positivo: WELZEL, Hans. *Abhandlungen zum Strafrecht und zur Rechtsphilosophie*. Berlin: Gruyter, 1975. p. 27.

[25] Tradução nossa, *in verbis*: "Unter keinen Umständen darf man das ontologische Substrakt mit dem Wert in irgendeiner Weise identifizieren. Der ontologisch bestimmte Gegenstand ist nur der Träger des Wertes, aber nicht der Wert selbst" (WELZEL, Hans. *Abhandlungen zum Strafrecht und zur Rechtsphilosophie*. Berlin: Gruyter, 1975. p. 25). Welzel delimita aqui a diferenciação entre objeto de valoração e valoração do objeto que vai instruir sua doutrina da culpabilidade. Essa delimitação em nível metadogmático vai possibilitar a virada dogmática de Welzel nas categorias da teoria do crime.

[26] Tradução nossa, *in verbis*: "Die Existenzphilosophie ist der Ausdruck eines aufs äußerste gesteigerten und vertieften Subjektivismus" (WELZEL, Hans. *Naturrecht und materiale Gerechtigkeit*. Göttingen: Vandenhoeck und Ruprecht, 1955. p. 187 ss.).

[27] Tradução nossa, *in verbis*: "Der Gesetzgeber, der die Rechtsfolge an eine schuldhafte Tatverwirklichung anknüpft, muss die sachlogische Struktur der Schuld beachten. Der Schuldbegriff setzt voraus, dass der Täter besser, nämlich normgemäß, hätte handeln können" (WELZEL, Hans. *Naturrecht und materiale Gerechtigkeit*. Göttingen: Vandenhoeck und Ruprecht, 1955. p. 197-198).

terminista, próprio da doutrina causalista, sem cair, no entanto, na abstração do relativismo neokantiano.[28] Nessa empreitada, o autor se questiona, em uma referência clara ao fenômeno da ação como realidade ontológica, "quais seriam as características específicas que um acontecimento real precisaria demonstrar para que possa ser objeto da valoração jurídico-penal, especialmente do juízo de censura da culpabilidade".[29]

O fundamento ontológico que permite a possibilidade da valoração jurídica estaria para o autor em um objeto que tem como característica ser real – não transcendental – e que possui como traço, ao mesmo tempo, uma potencialidade de determinação (de sobredeterminação) que se afasta radicalmente da causalidade das leis naturais.[30] Trata-se, de fato, da tentativa de trazer a essência não naturalista do conceito kantiano de liberdade – apresentado na *Crítica da razão pura*[31] – para uma realidade ontológica concreta que se afasta do plano transcendental: a capacidade do homem para a ação final. Nesse sentido, esclarece Welzel que:

> A finalidade da ação encontra fundamento no fato de que o homem, por causa de seu conhecimento causal, pode antever em certa medida os possíveis resultados de sua ação e com isso pode dirigir sua ação de acordo com os diferentes fins que ele coloca para si.[32]

Isso significa que a quebra com a causalidade das leis naturais estaria justamente no elemento de indeterminação que a colocação da finalidade do comportamento representaria na possibilidade de controle que se liga à capacidade humana de antever as consequências de determinada cadeia causal – a causalidade seria então "cega e a

---

[28] Sobre isso, conferir: WELZEL, Hans. *Abhandlungen zum Strafrecht und zur Rechtsphilosophie*. Berlin: Gruyter, 1975. p. 7 ss.; WELZEL, Hans. *Das neue Bild des Strafrechtssystems*: eine Einführung in die finale Handlungslehre. Göttingen: Schwartz, 1961. p. 2 ss.; WELZEL, Hans. *Um die finale Handlungslehre*: eine Auseinandersetzung mit ihren Kritikern. Tübingen: Mohr, 1949. p. 2 ss.

[29] Tradução nossa, *in verbis*: "[...] welche spezifischen Merkmale ein reales Geschehen aufweisen muss, damit es Träger oder Gegenstand strafrechtlicher Werte, insbesondere des Schuldvorwurfs, sein kann" (WELZEL, Hans. *Abhandlungen zum Strafrecht und zur Rechtsphilosophie*. Berlin: Gruyter, 1975. p. 11).

[30] Sobre a busca de Welzel na direção de um objeto concreto independente da empiria naturalista, ver: WELZEL, Hans. *Abhandlungen zum Strafrecht und zur Rechtsphilosophie*. Berlin: Gruyter, 1975. p. 7 ss.

[31] KANT, Immanuel. *Kritik der reinen Vernunft*. Frankfurt am Main: Suhrkamp, 2004/ 1787. p. 472.

[32] Tradução nossa, *in verbis*: "Die Finalität oder Zweckhaftigkeit der Handlung beruht darauf, dass der Mensch auf Grund seines Kausalwissens die möglichen Folgen seines Tätigwerdens in bestimmtem Umfange voraussehen, sich darum verschiedenartige Ziele setzen und sein Tätigwerden auf diese Zielerreichung hin planvoll lenken kann" (WELZEL, Hans. *Das deutsche Strafrecht*: eine systematische Darstellung, 9. Auflage. Berlin: de Gruyter, 1965. p. 29).

finalidade vidente".[33] Vale aqui registrar que os pressupostos da antropologia filosófica welzeniana são, nesse sentido, iluminados pela filosofia antiga de Aristóteles. Em uma análise do autor grego, Welzel vai afirmar: "não há causalidade cega ou acontecimento puramente causal. Todos os acontecimentos possuem uma finalidade. A finalidade é a natureza do objeto".[34] O uso correto da filosofia de Aristóteles por Welzel não é, entretanto, pacífico. O autor grego Chorafas, por exemplo, aponta o uso inadequado dos pressupostos aristotélicos pelo finalismo welzeniano.[35]

A capacidade final, concebida como um objeto real e concreto, entretanto, ganha seu significado apenas a partir de uma perspectiva interna e subjetiva – essa é a aporia central de toda construção de Welzel: a liberdade individual, como *estrutura lógica da coisa*, não pode ser verificada no outro, mas apenas presumida, ficando no meio do caminho entre uma realidade ontológica (ou ôntica) empírico-naturalista e uma realidade ontológica transcendental, que por sua natureza de elemento dado também não pode ser intersubjetiva. Fato é que, pela impossibilidade de verificabilidade, o conceito de ação final de Welzel não deixa o espaço subjetivo, não passando de uma pressuposição que não é capaz de ganhar concretude e objetividade – Welzel cai, assim, no subjetivismo da filosofia neokantiana e existencial que tanto critica.

A atividade final, nesse contexto, está diretamente ligada à capacidade da vontade. É a vontade – o seu conteúdo subjetivo – que possibilita o controle dos acontecimentos causais externos por meio de uma ação que não se separa das finalidades conscientes de sua realização: a vontade "é o fator de controle que sobredetermina os acontecimentos causais externos e possibilita que a ação conduzida seja de acordo com a finalidade posta".[36] Analiticamente, Welzel divide a estrutura final do controle da ação (o conceito de autodetermi-

---

[33] Tradução nossa, *in verbis*: "Finalität ist darum sehend, Kausalität blind" (WELZEL, Hans. *Das deutsche Strafrecht*: eine systematische Darstellung, 9. Auflage. Berlin: de Gruyter, 1965. p. 29 s).

[34] Tradução nossa, *in verbis*: "Es gibt kein blind-kausales, rein mechanisches Geschehen, sondern alles Geschehen ist ein auf ein Ziel hin gewendetes, teleologisches Geschehen. Der Zweck ist die Natur des Gegenstandes [...]" (WELZEL, Hans. *Naturrecht und materiale Gerechtigkeit*. Göttingen: Vandenhoeck und Ruprecht, 1955. p. 29). Ver também p. 28 ss.

[35] Sobre isso, em detalhes, ver: BENAKIS, Anna. *Über den Begriff des Unrecht-tuns bei Aristoteles anlässlich einer Kritik gegen die finale Handlungslehre*. Festschrift für Hans Welzel. Berlin: de Gruyter, 1974. p. 213 ss.

[36] Tradução nossa, *in verbis*: "Er ist der Steuerungsfaktor, der das äußere Kausalgeschehen überdeterminiert und es dadurch zur zielgelenkten Handlung macht" (WELZEL, Hans. *Das deutsche Strafrecht*: eine systematische Darstellung, 9. Auflage. Berlin: de Gruyter, 1965. p. 30). A vontade e seu conteúdo são os conceitos centrais do sistema de Welzel.

nação) em dois diferentes níveis. Ao primeiro nível, interno e/ou do pensamento, pertencem: (1) a colocação da finalidade; (2) a escolha da ação adequada e dos meios para a realização da finalidade posta; (3) a consideração dos efeitos colaterais da ação. Ao segundo nível pertence a realização da ação no mundo exterior concreto, que pressupõe os fenômenos subjetivos do primeiro nível como fator de causalidade – o que se passa no primeiro nível (subjetivo) é a causa da ação e do resultado da ação no mundo fático.[37] No nível dogmático prático, essa construção traz problemas relacionados ao delito qualificado pelo resultado e à culpa em sentido estrito, especialmente a inconsciente.[38] Por outro lado, traz também uma fundamentação muito frutífera para a tentativa, na qual o que se passa no primeiro nível – interno – não se confirma no segundo nível – externo –, colocando-se a censura diante do conteúdo subjetivo da vontade.[39] Registra-se, no entanto, que também aqui pode haver problemas ligados a uma punição excessiva da tentativa, na qual os elementos subjetivos seriam sobrevalorizados e não passariam por um filtro normativo.

1.3. A teoria normativa pura da culpabilidade – censura do objeto no lugar de objeto da censura

A liberdade individual é para o finalismo uma *estrutura lógica da coisa*[40] – um objeto que permite, mas que precede a atividade de valoração pela ordem jurídico-penal.[41] A liberdade da vontade e seu conteúdo subjetivo representam a condição de possibilidade e o objeto da culpabilidade jurídico-penal.[42] Objeto e valoração do objeto não devem para Welzel, em nenhuma hipótese, ser confundidos – o fundamento metadogmático dessa afirmação está no desenvolvimento

[37] WELZEL, Hans. *Das deutsche Strafrecht*: eine systematische Darstellung, 9. Auflage. Berlin: de Gruyter, 1965. p. 30-31.

[38] Sobre isso, conferir as obras: SCHAFFSTEIN, Günter. Handlungsunwert, Erfolgsunwert und Rechtfertigung bei den Fahrlässigkeitsdelikten. *Festschrift für Hans Welzel*. Berlin: de Gruyter, 1974. p. 557 ss.; STRATENWERTH, Günter. *Unbewusste Finalität?*. Festschrift für Hans Welzel. Berlin: De Gruyter, 1974. p. 289 ss.; GEILEN, Gerd. *Unmittelbarkeit und Erfolgsqualifizierung Festschrift für Hans Welzel*. Berlin: de Gruyter, 1974. p. 655 ss.

[39] WELZEL, Hans. *Das deutsche Strafrecht*: eine systematische Darstellung, 9. Auflage. Berlin: de Gruyter, 1965. p. 168 s.

[40] WELZEL, Hans. *Naturrecht und materiale Gerechtigkeit*. Göttingen: Vandenhoeck und Ruprecht, 1955 p. 197 s

[41] WELZEL, Hans. *Abhandlungen zum Strafrecht und zur Rechtsphilosophie*. Berlin: Gruyter, 1975. p. 25

[42] WELZEL, Hans. *Das deutsche Strafrecht*: eine systematische Darstellung, 11. Auflage. Berlin: Gruyter, 1969. p. 197 ss.

da *estrutura lógica da coisa* como realidade ontológica dada.[43] A partir desses pressupostos fundamentais, Welzel desenvolve a culpabilidade jurídico-penal como uma realidade puramente valorativa de reprovação (censura) pelo conteúdo da vontade do agente que causa o ilícito-típico (objeto). Trata-se de um conceito normativo puro de culpabilidade condicionado por uma realidade de natureza ontológica como fundamento. O principal resultado dogmática dessa construção é o deslocamento do dolo e da culpa em sentido estrito para o espaço do ilícito-típico e a consequente afirmação de uma total independência dos elementos valorativos da culpabilidade em relação aos elementos subjetivos que permaneciam no conceito desde o sistema psicológico-naturalista, no qual a culpabilidade representava o objeto da censura e não a censura do objeto.[44]

As bases da teoria normativa pura da culpabilidade estão, no desenvolvimento histórico da teoria do crime contemporânea, na introdução de elementos valorativos no conceito por autores como Frank,[45] Goldschmidt[46] e Freudenthal,[47] que estabeleceram a chamada teoria normativo-psicológica da culpabilidade. Goldschmidt estruturou a culpabilidade jurídico-penal na diferenciação entre a norma jurídica e a norma de dever. A norma jurídica, nessa cisão conceitual, estaria ligada ao injusto, à dimensão objetivo-geral do crime. Já a norma de dever estaria ligada à culpabilidade, sendo de caráter subjetivo-individual. A presença do elemento normativo da culpabilidade estaria, dentro dessa configuração, justamente na reprovação valorativa da motivação que se dá de forma contrária ao dever. Existiria, portanto, um juízo axiológico de censura incidindo sobre a manifestação da vontade contrária ao direito.[48] Freudenthal reconheceu no espaço entre a culpabilidade e sua exclusão casos em que, apesar da realização voluntária e consciente do ilícito-típico por parte de um sujeito capaz, não seria possível a ordem jurídico-penal exigir do agente outro com-

[43] WELZEL, Hans. *Abhandlungen zum Strafrecht und zur Rechtsphilosophie*. Berlin: Gruyter, 1975. p. 25.

[44] WELZEL, Hans. *Das deutsche Strafrecht*: eine systematische Darstellung, 11. Auflage. Berlin: Gruyter, 1969. p. 160.

[45] Frank foi quem estabeleceu pela primeira vez que "culpabilidade é reprovabilidade". Tradução nossa, *in verbis*: "Schuld ist Vorwerfbarkeit" (FRANK, Reinhard. *Über den Aufbau des Schuldbegriffs*. Gießen: Rickers Verlag, 1907. p. 11).

[46] GOLDSCHMIDT, James. *Normativer Schuldbegriff*. Festgabe für Reinhard von Frank. Tübingen: Mohr, 1930. p. 428 ss.

[47] FREUDENTHAL, Berthold. *Schuld und Vorwurf*. Tübingen: Mohr, 1922. p. 1 ss.

[48] ACHENBACH, Hans. *Historische und dogmatische Grundlagen der strafrechtssystematischen Schuldlehre*. Berlin: J. Schweitzer Verlag, 1974. p. 114 ss.; GOLDSCHMIDT, James. *Normativer Schuldbegriff*. Festgabe für Reinhard von Frank. Tübingen: Mohr, 1930. p. 428 ss.

portamento senão o realizado. Dessa maneira, estabeleceu o autor um juízo normativo ligado às condições concretas em que atua o indivíduo – algo próximo ao que ocorre no estado de necessidade desculpante de Frank.[49] Outro autor que Welzel declara como decisivo para sua construção do conceito de culpabilidade, pela separação que realiza entre objeto de valoração e valoração do objeto no espaço do dolo, é Graf zu Dohna. Segundo Welzel:

> Somente Dohna, em Aufbau der Verbrechenslehre, 1935, realizou, nessa última relação, uma nítida distinção entre reprovabilidade, como valoração, e dolo, como objeto de valoração, limitando a reprovação da culpabilidade à valoração do objeto.[50]

Welzel se refere aqui à relação entre objeto e valor – entre a liberdade da vontade e a culpabilidade.

A culpabilidade se torna nessa virada do finalismo de Welzel tão somente um juízo valorativo de reprovabilidade pessoal (censura) pelo conteúdo ilícito da vontade (objeto), sem a presença de quaisquer elementos subjetivos e/ou psicológicos. Ao preencher o espaço do ilícito-típico com elementos subjetivos que até então pertenciam à culpabilidade, Welzel subjetifica o ilícito-típico e normativiza a culpabilidade, passando o dolo e a culpa em sentido estrito das formas de manifestação da culpabilidade para o seu objeto. Nesse novo posicionamento das categorias que estruturam a teoria do crime, passam a configurar a culpabilidade na teoria normativa pura do finalismo: (1) a imputabilidade;[51] (2) a potencial consciência da ilicitude. A consciência da ilicitude permanece nessa nova construção da culpabilidade como uma herança do *dolus malus*, porém, em seu estado potencial. O dolo, por sua vez, assim como a culpa em sentido estrito, passa a integrar o ilícito-típico como objeto da reprovabilidade: "o conhecimento da ilicitude não é um elemento do dolo, mas somente da reprovabilidade";[52] (3) a inexigibilidade de conduta diversa. Enquanto os dois primeiros elementos representam pressupostos ligados à capacidade

---

49 FREUDENTHAL, Berthold. *Schuld und Vorwurf*. Tübingen: Mohr, 1922. p. 1 ss.

50 Tradução nossa, *in verbis*: "Erst Dohna, Aufbau der Verbrechenslehre, 1935, trennte in letzterer Beziehung scharf zwischen Vorwerfbarkeit als Wertung und Vorsatz als dem Objekt der Wertung und beschränkte den Schuldvorwurf auf die Wertung des Objekts [...]" (WELZEL, Hans. *Das deutsche Strafrecht*: eine systematische Darstellung, 11. Auflage. Berlin: Gruyter, 1969. p. 140).

51 Sobre a capacidade para a ação e a imputabilidade em Welzel, conferir: WELZEL, Hans. *Das deutsche Strafrecht*: eine systematische Darstellung, 11. Auflage. Berlin: Gruyter, 1969. p. 152 ss.

52 Tradução nossa, *in verbis*: "[...] die Unrechtskenntnis kein Element des Vorsatzes sondern allein der Vorwerfbarkeit ist" (WELZEL, Hans. *Das deutsche Strafrecht*: eine systematische Darstellung, 11. Auflage. Berlin: Gruyter, 1969. p. 161). A potencial consciência ou conhecimento da ilicitude configura para Welzel um fenômeno ligado à reprovabilidade (censura), e não ao dolo (objeto da censura).

(*poder*) para o ilícito-típico, o terceiro elemento é negativo e diz respeito muito mais ao *dever* de atuar conforme o direito em determinadas circunstâncias concretas específicas – uma clara herança de autores como Frank e Freudenthal:

> Com a confirmação da imputabilidade e do potencial conhecimento da ilicitude está a culpa fundamentada como um poder-para-isso ou capacidade do agente para a ação ilícita-típica. Isto não significa, no entanto, que com isso deva haver já necessariamente o juízo de censura da culpabilidade.[53]

2. A ontologia de Kaufmann (Arthur) entre o ôntico e o ontológico – Delimitação

Para que se possa compreender de forma adequada a estrutura metadogmática do pensamento de Kaufmann (Arthur), algumas delimitações conceituais dentro da concepção ontológica precisam ser feitas. Acredita-se que a metodologia de ordem ontológica como fonte do direito penal possa se apresentar de duas diferentes formas em relação ao objeto ontológico – *ser* – que pressupõem como fundamento: (1) o axioma ontológico não possui um valor imanente, sendo apenas o objeto da valoração que ele fundamenta – trata-se da *estrutura lógica da coisa* welzeniana e das estruturas naturalistas; (2) o axioma ontológico possui um valor imanente e a realidade ontológica dada não é apenas o objeto de uma atividade normativa, ela é normativa em si (ontológico-normativa), já que carrega intrinsicamente um valor que independe da atividade humana de normatização. O homem não conhece apenas uma estrutura sob a qual coloca valor, ele conhece o valor em si – trata-se de correntes que se aproximam do direito natural, como é o caso aqui de Kaufmann (Arthur).[54]

Kaufmann (Arthur) realiza uma crítica radical à fundamentação metadogmática do finalismo de Welzel.[55] Tal crítica atinge diretamente a *estrutura lógica da coisa* que configura o axioma basilar do sistema

---

[53] Tradução nossa, *in verbis*: "Mit der Bejahung sowohl der Zurechnungsfähigkeit wie auch der Möglichkeit der Unrechtserkenntnis ist die Schuld, das Dafür-Können des Täters für seine tatbestandsmäßig-rechtswidrig Handlung, sachlich begründet. Dennoch bedeutet das nicht, dass damit die Rechtsordnung den Schuld-Vorwurf wirklich erheben müsste" (WELZEL, Hans. *Das deutsche Strafrecht*: eine systematische Darstellung, 11. Auflage. Berlin: Gruyter, 1969. p. 178).

[54] KAUFMANN, Arthur. *Das Schuldprinzip*. Heidelberg: Carl Winter Universitätsverlag, 1961. p. 41 ss.

[55] Conferir sobre a crítica de Kaufmann (Arthur) à Welzel, que encontra sua raiz na diferença ontológica (entre ôntico e ontológico) forjada por Heidegger: KAUFMANN, Arthur. *Das Schuldprinzip*. Heidelberg: Carl Winter Universitätsverlag, 1961. p. 32 ss. Em uma crítica específica ao conceito final de ação em Welzel, já no plano das consequências dogmáticas, conferir também: KAUFMANN, Arthur. *Schuld und Strafe*, 2. Auflage, Köln: Heymann, 1983. p. 25.

welzeniano. Para o autor, a *estrutura lógica da coisa* representaria muito mais uma realidade ôntica do que ontológica. A razão para essa afirmação revela-se no fato de que a *estrutura lógica da coisa* é uma realidade neutra e estéril, que não carrega normatividade em sua essência – a *estrutura lógica da coisa* estaria no espaço do ente, e não no espaço do ser ontológico que fundamenta o ente.[56] Nas palavras de Kaufmann (Arthur):

> A doutrina da estrutura lógica da coisa não guarda nenhuma relação com a verdadeira ontologia [...] ela permanece como uma teoria geral dos objetos na área do ser ôntico, não conseguindo manifestar uma reivindicação da validade de verdades absolutas e atemporais.[57]

Isso significa que, por não carregar valor, a construção de Welzel seria relativa e não vincularia suficientemente o legislador – não representaria uma medida sólida diante do direito positivo, já que a valoração dependeria de uma atividade externa de escolha.[58] Da mesma forma, por não ser uma realidade essencialmente normativa, a *estrutura lógica da coisa* não seria capaz de superar o abismo entre o *ser* e o *dever ser*.[59] Com isso, pode-se dizer que o que Kaufmann (Arthur) busca é uma identificação entre *ser* e *dever ser* que inexiste no espaço

---

[56] Conferir, sobre a crítica: KAUFMANN, Arthur. *Das Schuldprinzip*. Heidelberg: Carl Winter Universitätsverlag, 1961. p. 32 ss. Nesse sentido, ver também a reconstrução realizada por Neumann: NEUMANN, Ulfrid. Ontologische, funktionale und sozialethische Deutung des strafrechtlichen Schuldprinzips. In: LÜDERSSEN, Klaus (Hrsg.). *Aufgeklärte Kriminalpolitik oder Kampf gegen das Böse?*. Band I. Baden-Baden: Nomos, 1998. p. 394, principalmente a nota de rodapé de n. 11.

[57] Tradução nossa, *in verbis*: "[...] die Lehre von den sachlogischen Strukturen nicht mit wirklicher Ontologie zu tun hat, sondern als Theorie der Gegenstände im allgemeinsten Sinn im Bereich des ontischen Seins [...] verbleit und daher nicht mit dem Anspruch auftreten kann, Wahrheiten von absoluter und zeitloser Gültigkeit zu manifestieren" (KAUFMANN, Arthur. *Das Schuldprinzip*. Heidelberg: Carl Winter Universitätsverlag, 1961. p. 37).

[58] Sobre a não vinculação da *estrutura lógica da coisa*: "Somente quando ele escolhe (o legislador), esta ele vinculado à estrutura lógica da coisa" Tradução nossa, *in verbis*: "Erst wenn er sich dazu entscheidet, ist er an die sachlogischen Strukturen der Schuld gebunden" (NEUMANN, Ulfrid. Ontologische, funktionale und sozialethische Deutung des strafrechtlichen Schuldprinzips. In: LÜDERSSEN, Klaus (Hrsg.). *Aufgeklärte Kriminalpolitik oder Kampf gegen das Böse?*. Band I. Baden-Baden: Nomos, 1998. p. 394). KAUFMANN, Arthur. *Das Schuldprinzip*. Heidelberg: Carl Winter Universitätsverlag, 1961. p. 28 32. Hierzu *Kaufmann* (Arthur), Das Schuldprinzip, 1961. S. 28-32. Zur Diskussion über die Natur *sachlogischer Strukturen* Welzels siehe WELZEL, Hans. *Naturrecht und Rechtspositivismus*. Festschrift für Hans Niedermeyer. Göttingen: Schwartz, 1953. S. 279 ss.; HIRSCH, Hans Joachim. *Internationalisierung des Strafrechts und Strafrechtswissenschaft*. Zeitschrift für die gesamte Strafrechtswissenschaft 116/4, 2004. S. 842; MOURA, Bruno. *Ilicitude penal e justificação*: reflexões a partir do ontologismo de Faria Costa. Coimbra: Coimbra Editora, 2015. S. 40. HASSEMER, Winfried; NEUMANN, Ulfried; SALIGER, Frank. *Einführung in die Rechtsphilosophie*, 9. Auflage. Heidelberg: C.F. Müller, 2016. S. 186; STUCKENBERG, Carl Friedrich. *Vorstudien zu Vorsatz und Irrtum im Völkerstrafrecht*: Versuch einer Elementarlehre für eine übernationale Vorsatzdogmatik. Berlin: de Gruyter Recht, 2007. S. 56.

[59] KAUFMANN, Arthur. *Das Schuldprinzip*. Heidelberg: Carl Winter Universitätsverlag, 1961. p. 37.

ôntico: "onde ser e dever ser são diferenciados, será o ser compreendido como ôntico, mas não como otológico".[60]

O problema fundamental que se coloca aqui, entretanto, é que a única maneira de ultrapassar o abismo entre *ser* e *dever ser* por meio de uma concepção de ordem ontológica (não ôntica) que pressupõe realidades metafísicas que carregam valores (realidades normativas dadas) é a vinculação da normatividade jurídico-penal – do *dever ser* – a uma ordem teleológica superior ligada a um ser criador que nos ultrapassa e transcende, algo próxima a figura de Deus. Nesse preciso sentido, Neumann: "a ligação entre o ser e o dever ser é apenas possível de forma convincente dentro de uma ordem teleológica do ser, como na representação de uma ordem divina de criação onde encontra fundamento".[61] Esse é o caso de Kaufmann (Arthur) e isso quer dizer que a superação do abismo entre o *ser* ôntico de Welzel e o *dever ser* pressuposto pela normatividade jurídico-penal pelo recurso do autor – realidades verdadeiramente ontológicas que carregam valores imanentes – provoca um problema epistemológico ainda mais profundo na fundamentação da culpabilidade, já que "uma representação de culpabilidade com implicações desse tipo, ligadas a uma forte visão de mundo ontológica, não pode representar a base para as regras de imputação jurídico-penal".[62] Fato é que o *ser* ontológico fundamental ao redor do qual gravita o *ser* ôntico[63] representa uma realidade metafísica ainda mais abstrata, indefinível e inatingível do que o *ser* ôntico.

Ao trazer valor ao objeto ontológico, Kaufmann (Arthur) altera a configuração da teoria normativa pura da culpabilidade de Welzel, que se estrutura na clara separação entre objeto de censura e censura do objeto. Na construção de Kaufmann (Arthur), o objeto passa a ser normativo e a normatividade passa a ser ontológica, não havendo mais uma clara cisão entre ontologia e normatividade. A consequên-

---

[60] Tradução nossa, *in verbis*: "Wo immer Sein und Sollen unterscheiden werden, wird das Sein nicht ontologisch, sondern nur ontisch verstanden" (KAUFMANN, Arthur. *Das Schuldprinzip*. Heidelberg: Carl Winter Universitätsverlag, 1961. p. 34).

[61] Tradução nossa, *in verbis*: "der Schluß von dem Sein auf das Sollen ist überzeugend nur im Rahmen einer teleologischen Seinsordnung möglich, wie sie in der Vorstellung einer göttlichen Schöpfungsordnung begründet liegt" (NEUMANN, Ulfrid. Ontologische, funktionale und sozialethische Deutung des strafrechtlichen Schuldprinzips. In: LÜDERSSEN, Klaus (Hrsg.). *Aufgeklärte Kriminalpolitik oder Kampf gegen das Böse?*. Band I. Baden-Baden: Nomos, 1998. p. 393).

[62] Tradução nossa, *in verbis*: "Eine Schuldvorstellung mit derart straken weltanschaulich geprägten ontologischen Implikationen kann aber nicht die Basis strafrechtlicher Zurechnungsregeln bilden" (NEUMANN, Ulfrid. Ontologische, funktionale und sozialethische Deutung des strafrechtlichen Schuldprinzips. In: LÜDERSSEN, Klaus (Hrsg.). *Aufgeklärte Kriminalpolitik oder Kampf gegen das Böse?*. Band I. Baden-Baden: Nomos, 1998. p. 393).

[63] KAUFMANN, Arthur. *Das Schuldprinzip*. Heidelberg: Carl Winter Universitätsverlag, 1961. p. 34. Trata-se do *ser* que carrega valores e verdades imutáveis.

cia disso para a fundamentação da culpabilidade é bastante grave: a culpabilidade torna-se ontológica, já que seu conteúdo material (seu norte valorativo) deriva diretamente de um princípio da culpabilidade radicalmente ontológico.[64] Não se trata mais de uma realidade normativa pura que encontra um objeto ontológico, trata-se de um fenômeno que é ele mesmo ontológico (não só a liberdade individual, mas a própria vinculação entre culpabilidade e pena é dada no espaço metafisico). Disso resulta a constatação de que a culpabilidade em si é para Kaufmann (Arthur) ela mesma uma realidade metafísica.[65] Isso significa que a ontologia de Kaufmann (Arthur) traz para o objeto desta tese um duplo *deficit de verificabilidade*: quanto ao objeto da culpabilidade (liberdade individual) bem como quanto à culpabilidade em si, que deixa de ser normativa e passa a ser ontológico-normativa – tanto a liberdade individual, quanto à culpabilidade alcançam seu significado desde uma perspectiva metafísica que encontra barreiras intransponíveis na teoria do conhecimento.

Tal construção da culpabilidade como um fenômeno geral, absoluto e atemporal que vincula a pena[66] carrega três principais consequências: (1) a identificação entre a culpabilidade jurídico-penal e a culpa moral; (2) a pressuposição da culpabilidade como uma entidade normativa ideal, que existe para além de nossas capacidades em acessá-la e conhecê-la;[67] (3) o fato de que assim como não há pena sem culpabilidade, não há culpabilidade sem pena, manifestando-se assim um grave problema em relação à aplicação das condições objetivas da punibilidade.[68]

No que pertine à liberdade individual propriamente dita – a capacidade de autodeterminação – Kaufmann (Arthur) a concebe como

---

[64] Sobre o princípio da culpabilidade como uma realidade metafísica ideal, absoluta e independente de condições de espaço e tempo como núcleo axiológico que condiciona a culpabilidade como uma realidade histórica e ôntica, ver: KAUFMANN, Arthur. *Das Schuldprinzip*. Heidelberg: Carl Winter Universitätsverlag, 1961. p. 115.

[65] Nesse preciso sentido, conferir: NEUMANN, Ulfrid. Ontologische, funktionale und sozialethische Deutung des strafrechtlichen Schuldprinzips. In: LÜDERSSEN, Klaus (Hrsg.). *Aufgeklärte Kriminalpolitik oder Kampf gegen das Böse?*. Band I. Baden-Baden: Nomos, 1998. p. 392.

[66] KAUFMANN, Arthur. *Das Schuldprinzip*. Heidelberg: Carl Winter Universitätsverlag, 1961. p. 115 ss.

[67] Sobre esse pressuposto ideal, de realidades que existem independentemente de nosso conhecimento e/ou acesso, conferir: KAUFMANN, Arthur. *Das Schuldprinzip*. Heidelberg: Carl Winter Universitätsverlag, 1961. p. 80 s.

[68] Sobre os três pontos, conferir: NEUMANN, Ulfrid. Ontologische, funktionale und sozialethische Deutung des strafrechtlichen Schuldprinzips. In: LÜDERSSEN, Klaus (Hrsg.). *Aufgeklärte Kriminalpolitik oder Kampf gegen das Böse?*. Band I. Baden-Baden: Nomos, 1998. p. 392-393. Sobre a compatibilidade entre o princípio da culpabilidade e as condições objetivas da punibilidade, consultar a obra: GEISLER, Claudius. *Zur Vereinbarkeit objektiver Bedingungen der Strafbarkeit mit dem Schuldprinzip*: zugleich ein Beitrag zum Freiheitsbegriff des modernen Schuldstrafrechts. Berlin: Duncker & Humblot, 1998. p. 562 ss.

uma realidade ontológica que constitui a essência do *ser* do homem como criatura. A capacidade para a culpabilidade (e assim para a obediência da norma jurídico-penal) pertence à natureza pessoal ontológica do homem como pressuposto metafísico atemporal e imodificável.[69] O homem é criatura, e não criador, e nessa óptica ele não coloca valor à liberdade individual, ele apenas o pressupõe em uma ordem do *ser* preestabelecida pelo criador[70] – o significado da liberdade individual não é construído intersubjetivamente e comunicativamente, ele é pressuposto e dado em uma ordem do *ser* que se aproxima de uma ordem divina. No que diz respeito a tal pressuposição na situação concreta em que o ilícito-típico é cometido, Kaufmann (Arthur) lança mão ao recurso da experiência, do homem médio e da analogia para se aproximar do que se passa dentro da subjetividade do outro, uma vez que a liberdade como pressuposto metafisico não pode ser de fato acessada.[71] A capacidade para transcender a causalidade e o determinismo da natureza não deixa, de todo modo, o espaço subjetivo, já que se continua a pressupor o que se passa dentro da subjetividade interna – em uma concepção de fato intersubjetiva é a experiência comunicativa em si que produz o significado da liberdade, pressupondo, assim, uma destranscendentalização do conceito que não se pode observar em Kaufmann (Arthur). Prova disso é que a raiz da autodeterminação está para o autor na potência do espírito humano: "O homem é capaz de dispor da causalidade da natureza graças a potência espiritual que possui".[72] Trata-se uma vez mais da reinvindicação do privilégio cognitivo da perspectiva interna (em primeira pessoal) sobre a perspectiva externa (em terceira pessoa) no alcance do significado da liberdade individual. Para esta tese, o ponto central é que os fundamentos teóricos da capacidade de obediência da norma jurídico-penal não estão em Kaufmann (Arthur) em relações sociais intersubjetivas, mas na ordem de um *ser* metafísico.

---

[69] KAUFMANN, Arthur. *Schuld und Strafe*, 2. Auflage, Köln: Heymann, 1983. p. 23 e p. 31 ss.; KAUFMANN, Arthur. *Das Schuldprinzip*. Heidelberg: Carl Winter Universitätsverlag, 1961. p. 116 ss.

[70] KAUFMANN, Arthur. *Das Schuldprinzip*. Heidelberg: Carl Winter Universitätsverlag, 1961. p. 122.

[71] KAUFMANN, Arthur. *Das Schuldprinzip*. Heidelberg: Carl Winter Universitätsverlag, 1961. p. 70 ss.; HERZOG, F. Schuldprinzip und Strafgerechtigkeit in Arthur Kaufmanns Personaler Rechtsphilosophie. In: NEUMANN, Ulfrid; HASSEMER, Winfried (Hrsg.). *Verantwortetes Recht*: die Rechtsphilosophie Arthur Kaufmanns; Tagung 10. bis 11. Mai 2003 in München. Stuttgart: Steiner, 2005. p. 142-143.

[72] Tradução nossa, *in verbis*: "Der Mensch vermag dank seiner geistigen Potenz die Naturkausalität in seinen Dienst zu nehmen [...]" (KAUFMANN, Arthur. *Schuld und Strafe*, 2. Auflage, Köln: Heymann, 1983. p. 31).

3. A perspectiva ontológica de Wulff – um contributo a partir da filosofia de Heidegger[73]

A autora Wulff trabalha a fundamentação da culpabilidade jurídico-penal, na obra *A culpa existencial*, de 2008, a partir do conceito de culpa na fenomenologia hermenêutica – ontologia fundamental – de Heidegger.[74] O objetivo principal de Wulff é:

> Uma precisa determinação do conceito de culpabilidade jurídico-penal com a ajuda do conceito de culpa existencial desenvolvido por Martin Heidegger, para que a culpabilidade possa encontrar ainda um fundamento diante dos novos conhecimentos das ciências naturais.[75]

Trata-se do esforço teórico de buscar uma fundamentação para a liberdade individual – autodeterminação – que encontre ancoragem na metafísica – nas ciências do espírito – e que apresente uma alternativa ao privilégio cognitivo reivindicado pela empiria naturalista: "a vontade humana não se esgota nas observáveis reações neuronais".[76]

Para tanto, a autora oferece uma introdução ao vocabulário de Heidegger e uma apresentação básica dos elementos edificantes da ontologia fundamental até chegar à culpa ontológico-existencial em Ser e Tempo,[77] tais como: (1) a necessidade de retomar a questão sobre o sentido do *ser*;[78] (2) a diferença ontológica entre o *ser* e o ente;[79] (3) A

[73] Sobre o pensamento de Heidegger, conferir as seguintes obras do homenageado: STEIN, Ernildo. *Às voltas com a metafísica e a fenomenologia*. Ijuí: Unijuí. 2014; STEIN, Ernildo. *Compreensão e finitude*: estrutura e movimento da interrogação heideggeriana. Ijuí: Unijui, 2001; STEIN, Ernildo. *Introdução ao pensamento de Martin Heidegger*. Porto Alegre: ediPUCRS, 2002; STEIN, Ernildo. *Pensar é pensar a diferença: filosofia e conhecimento empírico*. Ijuí: Unijuí, 2006; STEIN, Ernildo. *Seis estudos sobre ser e tempo*. Petrópolis: Vozes, 1990; STEIN, Ernildo. *Seminário sobre a verdade*. Petrópolis: Vozes, 1993.

[74] WULFF, Agnes. *Die existenziale Schuld*. Berlin: Lit, 2008. p. 1 ss.

[75] Tradução nossa, *in verbis*: "Die vorliegende Arbeit beabsichtigt, den strafrechtlichen Schuldbegriff mit Hilfe der von Martin Heidegger entwickelten Existenzialen Schuld präziser zu bestimmen, um die strafrechtliche Schuld auch gegenüber neuen naturwissenschaftlichen Erkenntnissen begründen zu können" (WULFF, Agnes. *Die existenziale Schuld*. Berlin: Lit, 2008. p. 1).

[76] Tradução nossa, *in verbis*: "[...] der menschliche Wille erschöpft sich nicht in den beobachtbaren neuronalen Reaktionen [...]" (WULFF, Agnes. *Die existenziale Schuld*. Berlin: Lit, 2008. p. 2)

[77] Na obra de Wulff: WULFF, Agnes. *Die existenziale Schuld*. Berlin: Lit, 2008. p. 179 ss. Na obra *Ser e tempo*, de Heidegger: HEIDEGGER, Martin. *Sein und Zeit*. Tübingen: Max Niemeyer Verlag, 1967. p. 280 ss.

[78] Na obra de Wulff: WULFF, Agnes. *Die existenziale Schuld*. Berlin: Lit, 2008. p. 109 ss. Na obra *Ser e tempo*, de Heidegger: HEIDEGGER, Martin. *Sein und Zeit*. Tübingen: Max Niemeyer Verlag, 1967. p. 3 ss.

[79] Na obra de Wulff: WULFF, Agnes. *Die existenziale Schuld*. Berlin: Lit, 2008. p. 117 ss. "O ser dos entes não é em si outro ente". Tradução nossa, *in verbis*: "Das Sein des Seienden ist nicht selbst ein Seiendes" (HEIDEGGER, Martin. *Sein und Zeit*. Tübingen: Max Niemeyer Verlag, 1967. p. 6).

configuração do ser-aí (*Dasein*) como o ente que revela o homem;[80] (4) o existencial do *ser-no-mundo* (*in-der-Welt-sein*).[81]

É a partir do conceito central de *ser-culpado* em Ser e Tempo (culpa ontológico-existencial) que a autora procura sustentar filosoficamente um caminho não naturalista para a liberdade individual – no caso, para a possibilidade de autodeterminação do ser-aí (*Dasein*).[82] A culpa ontológico-existencial representa a pedra angular da construção de Wulff, pois é ela que possibilita a dupla abertura que vai sustentar toda a perspectiva ontológica da culpabilidade dessa autora: (1) abertura para o *poder ser* do ser-aí (*Dasein*) que se manifesta no fato concreto;[83] (2) abertura ética para uma possibilidade de censura diretamente ligada ao *ser-no-mundo* (*in-der-Welt-sein*) e ao *ser-com* (*Mitsein*).[84] Trata-se de um fundamento de natureza metafísica para a autodeterminação da ação e para a possibilidade da relação com o outro no mundo fático – uma realidade ontológica que possibilita, mas antecede a liberdade e a comunicação.

A culpa originária em Heidegger está ligada à facticidade, a radical condição de fragilidade do ser-aí (*Dasein*) como *ser para a morte* e como ser que *já está jogado* em um jogo que não projetou.[85] O ser-aí (*Dasein*) pode estar consciente ou não dessa radical condição e tal indeterminação abre espaço para a autenticidade e para a inautenticidade. Tal possibilidade existencial do ente que somos nós – o *poder ser* –, *pode*, entretanto, apenas a partir do fundamento, porém nada *pode* com o fundamento, apontando para algo que sempre escapa ao homem em seu começo, algo sobre o qual gravita o ser-aí (*Dasein*).[86] Não por outra razão, o projeto existencial é limitado e o ser-aí (*Dasein*) está condenado a ser, a escolher uma possibilidade e deixar as outras.[87] Essa escolha é uma potencialidade aberta, uma vez que assumir ou não a dívida de sua origem, esse nada que escapa ao homem, cons-

[80] Na obra de Wulff: WULFF, Agnes. *Die existenziale Schuld*. Berlin: Lit, 2008. p. 113 ss. Na obra *Ser e tempo*, de Heidegger: HEIDEGGER, Martin. *Sein und Zeit*. Tübingen: Max Niemeyer Verlag, 1967. p. 41 ss.

[81] Na obra de Wulff: WULFF, Agnes. *Die existenziale Schuld*. Berlin: Lit, 2008. p. 132 ss. Na obra *Ser e tempo*, de Heidegger: HEIDEGGER, Martin. *Sein und Zeit*. Tübingen: Max Niemeyer Verlag, 1967. p. 114 ss.

[82] WULFF, Agnes. *Die existenziale Schuld*. Berlin: Lit, 2008. p. 229 ss.

[83] Sobre isso, conferir: FIGAL, Günter. *Phänomenologie der Freiheit*. Frankfurt am Main: Athenäum, 1988. p. 92-93.

[84] WULFF, Agnes. *Die existenziale Schuld*. Berlin: Lit, 2008. p. 252 ss.

[85] HEIDEGGER, Martin. *Sein und Zeit*. Tübingen: Max Niemeyer Verlag, 1967. p. 279-280 e p. 287.

[86] HEIDEGGER, Martin. *Sein und Zeit*. Tübingen: Max Niemeyer Verlag, 1967. p. 284.

[87] WULFF, Agnes. *Die existenziale Schuld*. Berlin: Lit, 2008. p. 185 ss.

titui, invariavelmente, uma decisão autônoma do ser-aí (*Dasein*).[88] O *não* que escapa às possibilidades existenciais do homem, a condição que Heidegger chama de culpa, revela-se então como o fundamento dessas mesmas possibilidades que não a alcançam.[89]

A culpa ontológico-existencial não pode ser considerada sob uma perspectiva de reprovação ética na relação do ser-aí (*Dasein*) com os outros no mundo.[90] Por estar *antes* das possibilidades de escolha do homem no mundo, a culpa originária não resulta de uma causa ligada a uma escolha. Pelo contrário, a causa só pode ser fundamentada em um *ser* e *estar* em dívida originário. Não podendo conceber como falta aquilo que é fundamento de uma falta,[91] Heidegger descreve a culpa ontológico-existencial como condição de possibilidade para a reprovação de um sujeito que vem a ser responsável por sua escolha perante o outro na comunidade. Qualquer espécie de aferimento de censura axiológica, por uma escolha livre do ser-aí (*Dasein*), em suas configurações fáticas, pressupõe a culpa originária, embora, como visto, ela não seja passível de expiação ou reprovação, precisamente por anteceder e pressupor tal possibilidade.[92]

A partir disso, Wulff se manifesta no sentido de que:

> O ser-culpado é, portanto, para Heidegger, independente da autenticidade ou inautenticidade do ser-aí, um traço contínuo do ser-aí. É a própria fundamentação da possibilidade de ser autêntico ou inautêntico. O modo de ser autêntico ou inautêntico, portanto, é baseado no ser-culpado.[93]

A autora, dessa maneira, busca claramente o fundamento tanto da possibilidade de censura como da possibilidade de autodeterminação, na abertura oferecida pela culpa ontológico-existencial, realidade metafísico-abstrata da qual derivaria a culpabilidade jurídico-penal como culpa geral e ôntica que se deixa censurar.

Os problemas da concepção ontológica de Wulff se revelam, de forma objetiva, na seguinte equação: (1) a culpa ontológico-existencial trabalhada por Heidegger no parágrafo 58 de *Ser e tempo* representa para a autora o fundamento último da liberdade individual e da

---

[88] HEIDEGGER, Martin. *Sein und Zeit*. Tübingen: Max Niemeyer Verlag, 1967. p. 268.

[89] HEIDEGGER, Martin. *Sein und Zeit*. Tübingen: Max Niemeyer Verlag, 1967. p. 279-280.

[90] HEIDEGGER, Martin. *Sein und Zeit*. Tübingen: Max Niemeyer Verlag, 1967. p. 281-283.

[91] HEIDEGGER, Martin. *Sein und Zeit*. Tübingen: Max Niemeyer Verlag, 1967. p. 283-284.

[92] HEIDEGGER, Martin. *Sein und Zeit*. Tübingen: Max Niemeyer Verlag, 1967. p. 282-284 e p. 286.

[93] "Schuldigsein ist folglich nach Heidegger unabhängig von Eigentlichkeit oder Uneigentlichkeit des Daseins ein andauernder Charakterzug des Daseins. Es ist sogar erst die Grundlage, die Möglichkeit, eigentlich oder uneigentlich zu sein. Die Seinsweise Eigentlichkeit und Uneigentlichkeit basieren daher auf dem Schuldigsein" (WULFF, Agnes. *Die existenziale Schuld*. Berlin: Lit, 2008. p. 257-258).

possibilidade de censura ética – o significado da liberdade individual e o sentido da culpabilidade, na qualidade de realidades ônticas ligadas ao ente, derivam diretamente da culpa ontológico-existencial ligada ao *ser*; (2) a culpa ontológico-existencial revela uma realidade fundante anterior às realidades ônticas que fundamenta – a culpa ontológico-existencial é pré-ética e pré-relacional; (3) Por ser pré-autodeterminação (pré-liberdade), pré-ética e pré-relacional (pré-comunicativa), a culpa ontológico-existencial representa uma entidade metafísico-ideal (subjetiva) por excelência, já que ela antecede e independe da relação intersubjetiva na produção de seu significado, se adequando perfeitamente à descrição de Neumann, citada no início do artigo, sobre realidades metafísico-ideais;[94] (4) Na qualidade de entidade metafísico-ideal (subjetiva), a culpa ontológico-existencial não pode ganhar objetividade nos processos formais do conhecer, padecendo, com isso, de um *déficit de verificabilidade*. Por encontrar barreiras intransponíveis na teoria do conhecimento, as construções éticas de Wulff não se sustentam no plano epistemológico – trata-se da consequência direta de buscar o significado da liberdade individual em um plano metafísico anterior à realidade intersubjetiva e social, que não encontra guarida em um universo teórico que admite virada comunicativa.

Conclusões

Do que foi trabalhado neste artigo em relação à concepção ontológica da liberdade individual e suas consequências sobre a fundamentação da culpabilidade jurídico-penal, identificam-se os seguintes pontos:

(a) A concepção ontológica da liberdade individual pressupõe em nível metadogmático a metafísica como fundamentação (ciências do espírito). A partir disso, retira o significado da liberdade individual de realidades ontológicas que são subjetivas e abstratas. Tais realidades encontram uma barreira epistemológica intransponível: não são capazes de alcançar objetividade nos processos formais do conhecer – não é possível saber o que se passa dentro da subjetividade do outro. Isso ocorre justamente porque tais realidades (*estrutura lógica da coisa*, culpa ontológico-existencial, *ser total*, ser ideal etc.) são pressupostas como fenômenos dados que antecedem a comunicação intersubjetiva,

[94] NEUMANN, Ulfrid. Das Problem der Rechtsgeltung. In: NEUMANN, Ulfrid. *Recht als Struktur und Argumentation*. Baden-Baden: Nomos, 2008. p. 232. Como já pode ser observado, Neumann delimita de maneira clara a diferença entre realidades construídas pela comunicação intersubjetiva e realidades dadas no espaço metafísico-subjetivo.

sendo dela independentes. Trata se, de fato, de uma metodologia que provoca um abismo entre o *ser* e o *dever ser*. A normatividade jurídico-penal não pode encontrar o seu fundamento em um *ser* subjetivo que precede a realidade social. Sustenta-se, forte no pensamento de Neumann, que tal abismo possa ser superado apenas pela relação que se coloca entre o *dever ser* e o *ser* social – fato social no lugar de fato metafísico.[95] Tal operação, entretanto, exige o esclarecimento da virada comunicativa, não sendo a concepção ontológica, nesses termos, capaz de realizá-la. A partir do marco comunicativo, não existem realidades dadas no espaço subjetivo que antecedam a construção comunicativa (intersubjetiva) na produção dos significados jurídicos – o fato social pressupõe já a intersubjetividade e a comunicação, já que ele não as precede. A busca dessa investigação se distancia da concepção ontológica precisamente porque pressupõe a identificação de valores no fato social pelo método indutivo, como é o caso da filosofia social de Honneth ("justiça em forma de uma análise da sociedade") – a imanência axiológica se liga nesse caso ao fato social, não ao *ser* filosófico e/ou existencial.[96] Isso quer dizer que a capacidade de obediência da norma jurídico-penal encontra uma gênese social e não metafísica. Por ignorar a realidade social intersubjetiva na construção da capacidade de obediência da norma, a concepção ontológica provoca graves assimetrias, já que tal perspectiva é criminologicamente cega (trata-se da criminologia crítica/pós-virada criminológica);

(b) A principal consequência da metodologia metadogmática empregada pela concepção ontológica da liberdade individual para a fundamentação da culpabilidade jurídico-penal é um *deficit de verificabilidade*. A concepção ontológica, por pressupor realidades dadas, demanda uma atividade de descrição e não de adscrição. Ocorre que uma descrição que não ganha objetividade – permanece presa no espaço subjetivo monológico – não passa de uma especulação e/ou pressuposição metafísica que não se sustenta como fundamentação da culpabilidade;

(c) O *déficit de verificabilidade* provoca um enfraquecimento do centro normativo da culpabilidade. Pela aporia encontrada no plano epistemológico, as frutíferas construções da concepção ontológica no plano ético não se sustentam. O resultado disso é que tal concepção perde sua capacidade de oferecer um espaço normativo de resistência

[95] NEUMANN, Ulfrid. Das Problem der Rechtsgeltung. In: NEUMANN, Ulfrid. *Recht als Struktur und Argumentation*. Baden-Baden. Nomos, 2008. p. 233. Nesse sentido, Neumann anuncia sua ancoragem de fundamentação à filosofia da linguagem do autor Searle.

[96] Tradução nossa, *in verbis*: *"Gerechtigkeit direkt im Form einer Gesellschaftsanalyse"*.

(legitimidade e limites) às tendências de instrumentalização do indivíduo ligadas à prevenção geral. Isso significa que um modelo argumentativo alternativo à concepção funcionalista pode ser construído somente a partir de uma crítica normativa (intersubjetiva e comunicativa), e não pela pressuposição de realidades ontológicas dadas. A liberdade individual que a culpabilidade pressupõe está depois da relação intersubjetiva, não antes.

Referências

ACHENBACH, Hans. *Historische und dogmatische Grundlagen der strafrechtssystematischen Schuldlehre*. Berlin: J. Schweitzer Verlag, 1974.

AURENQUE, Diana. *Ethosdenken*: Auf der Spur einer ethischen Fragestellung in der Philosophie Martin Heideggers. Band 44, Verlag Karl Alber, 2011.

BENAKIS, Anna. Über den Begriff des Unrecht-tuns bei Aristoteles anlässlich einer Kritik gegen die finale Handlungslehre. Festschrift für Hans Welzel. Berlin: de Gruyter, 1974.

DOHNA-SCHLODIEN, Alexander. *Burggraf und Graf zu*. Die Elemente des Schuldbegriffs. Stuttgart: Union Deutsche Verlagsgesellschaft, 1905.

ENGISCH, Karl. *Die Lehre von der Willensfreiheit in der strafrechtsphilosophischen Doktrin der Gegenwart*, 2. Auflage. Berlin: de Gruyter, 1965.

ERBER-SCHROPP, Julia Maria. *Schuld und Strafe*: eine strafrechtsphilosophische Untersuchung des Schuldprinzips. Tübingen: Mohr Siebeck, 2016.

ERNST MAYER, Max. *Die Schuldhafte Handlung und ihre Arten im Strafrecht*: drei Begriffsbestimmungen. Leipzig: Hirschfeld, 1901.

FIGAL, Günter. *Phänomenologie der Freiheit*. Frankfurt am Main: Athenäum, 1988.

FRANK, Reinhard. *Über den Aufbau des Schuldbegriffs*. Gießen: Rickers Verlag, 1907.

FREUDENTHAL, Berthold. *Schuld und Vorwurf*. Tübingen: Mohr, 1922.

GEILEN, Gerd. *Unmittelbarkeit und Erfolgsqualifizierung Festschrift für Hans Welzel*. Berlin: de Gruyter, 1974.

GEISLER, Claudius. *Zur Vereinbarkeit objektiver Bedingungen der Strafbarkeit mit dem Schuldprinzip*: zugleich ein Beitrag zum Freiheitsbegriff des modernen Schuldstrafrechts. Berlin: Duncker & Humblot, 1998.

GOLDSCHMIDT, James. *Normativer Schuldbegriff*. Festgabe für Reinhard von Frank. Tübingen: Mohr, 1930.

HASSEMER, Winfried. *Einführung in die Grundlagen des Strafrechts*, 2. Auflage.München: C.H. Beck, 1990.

——. Person, Welt und Verantwortlichkeit: Prolegomena einer Lehre von der Zurechnung im Strafrecht. In: Lüderssen, Klaus (Hrsg.). *Aufgeklärte Kriminalpolitik oder Kampf gegen Böse?* Band I, Baden-Baden: Nomos, 1998.

——. Darf es Straftaten geben, die ein strafrechtliches Rechtsgut nicht in Mitleidenschaft ziehen. In: HEFENDEHL, Roland (Hrsg.). *Die Rechtsguttheorie*. Baden-Baden: Nomos, 2003.

——. *Sachlogische Strukturen* – noch zeitgemäß? Festschrift für Hans-Joachim Rudolphi. Neuwied: Luchterhand, 2004.

——; NEUMANN, Ulfried; SALIGER, Frank. *Einführung in die Rechtsphilosophie*, 9. Auflage. Heidelberg: C.F. Müller, 2016.

HEIDEGGER, Martin. *Sein und Zeit*. Tübingen: Max Niemeyer Verlag, 1967.

HERZOG, F. Schuldprinzip und Strafgerechtigkeit in Arthur Kaufmanns Personaler Rechtsphilosophie. In: NEUMANN, Ulfrid; HASSEMER, Winfried (Hrsg.). *Verantwortetes Recht*: die Rechtsphilosophie Arthur Kaufmanns; Tagung 10. bis 11. Mai 2003 in München. Stuttgart: Steiner, 2005.

HIRSCH, Hans Joachim. *Internationalisierung des Strafrechts und Strafrechtswissenschaft*. Zeitschrift für die gesamte Strafrechtswissenschaft,116/4, 2004.

——. *Zur gegenwärtigen deutschen Diskussion über Willensfreiheit und Strafrecht*. Zeitschrift für Internationale Strafrechtsdogmatik, 2, 2010.

HOBBES, T. *Leviathan*. London: Andrew Crooke, 1651.

HÖFFE, Otfried. Soziologische Rechts – und philosophische Gerechtigkeitskonzepte. In: KOLLER, Peter (Hrsg.). *Jürgen Habermas*: Faktizität und Geltung. Berlin: De Gruyter, 2016.

HOMMES, H.J. Sein und Sollen in Erfahrungsbereich des Rechts. In: SCHNEIDER, Peter (Hrsg.). *Sein und Sollen im Erfahrungsbereich des Rechts*. Wiesbaden: Steiner, 1970.

HOYER. Normative Ansprechbarkeit als Schuldelement. *Festschrift für Claus Roxin*. Berlin: de Gruyter, 2011.

HRUSCHKA, Joachim. *Strukturen der Zurechnung*. Berlin: de Gruyter, 1976.

JESCHECK, Hans-Heinrich. *Strafrecht*: Allgemeiner Teil. Berlin: Duncker & Humblot, 1996.

KANT, Immanuel. *Kritik der reinen Vernunft*. Frankfurt am Main: Suhrkamp, 2004/1787.

KANTOROWICZ, Hermann. *Some rationalism about realism*. New Haven: Yale Law Journal Co., 1934.

KARGL, Walter. *Handlung und Ordnung im Strafrecht*. Berlin: Duncker & Humblot, 1991.

——. Rechtsgüterschutz durch Rechtsschutz. In: ALBRECHT, Peter-Alexis. *Vom unmöglichen Zustand des Strafrechts*. Frankfurt am Main: Peter Lang, 1995.

KAUFMANN, Armin. *Strafrechtsdogmatik zwischen Sein und Wert*: Gesammelte Aufsätze und Vorträge. Köln: Carl Heymanns Verlag KG, 1982.

KAUFMANN, Arthur. *Das Unrechtsbewusstsein in der Schuldlehre des Strafrechts*: zugleich ein Leitfaden durch die moderne Schuldlehre. Mainz: Krach, 1949.

——. *Das Schuldprinzip*. Heidelberg: Carl Winter Universitätsverlag, 1961.

——. *Schuld und Strafe*, 2. Auflage, Köln: Heymann, 1983.

KINDHÄUSER, Urs. *Personalität, Schuld und Vergeltung*. Goltdammer's Archiv für Strafrecht 136, 1989.

——. *Die deutsche Strafrechtsdogmatik zwischen Anpassung und Selbstbehauptung – Grenzkontrolle der Kriminalpolitik durch die Dogmatik?*. Zeitschrift für die gesamte Strafrechtswissenschaft, 121, Heft 4, 2009.

——. Strafrechtliche Schuld im demokratischen Rechtsstaat. *Festschrift für Winfried Hassemer*. Heidelberg: C. F. Müller, 2010

——. Objektive Zurechnung: Möglichkeiten und Grenzen. *New Reports in Criminal Law*, 2013.

KORIATH, Heinz. *Grundlagen strafrechtlicher Zurechnung*. Berlin: Duncker & Humblot, 1994.

KRÖGER, Thomas. *Der Aufbau der Fahrlässigkeitsstraftat*: Unrecht, Schuld, Strafwürdigkeit und deren Bezüge zur Normentheorie. Berlin: Duncker & Humblot, 2016.

LLOMPART, José. *Dichotomisierung in der Theorie und Philosophie des Rechts*. Berlin: Duncker & Humblot, 1993.

LÖW, Christiane. *Die Erkundigungspflicht beim Verbotsirrtum nach § 17 StGB*. Frankfurt am Main: Peter Lang, 2001.

MAIHOFER, Werner. *Recht und Sein*. Frankfurt am Main: Vittorio Klostermann, 1954.

MAURACH, Reinhard. *Schuld und Verantwortung im Strafrecht*. Wolfenbüttel: Wolfenbütteler Verl.-Anst., 1948.

MERKEL, Adolf. Über das Verhältnis der Rechtsphilosophie zur positiven Rechtswissenschaft und zum allgemeinen Teil derselben. *Gesammelte Abhandlungen*, 1. Hälfte. Straßburg: 1899.

METZINGER, Thomas. *The Ego Tunnel*: eine neue Philosophie des Selbst: Von der Hirnforschung zur Bewusstseinsethik. Berlin: Berlin-Verl., 2009.

MEZGER, Edmund. *Sein und Sollen im Recht*. Tübingen: Mohr, 1920.

——. Die materielle Rechtswidrigkeit im kommenden Strafrecht. *Zeitschrift für die gesamten Strafrechtswissenschaften* 55, 1936.

MOMSEN, Carsten. *Die Zumutbarkeit als Begrenzung strafrechtlicher Pflichten*. Baden--Baden: Nomos, 2006.

MOURA, Bruno. *Ilicitude penal e justificação*: reflexões a partir do ontologismo de Faria Costa. Coimbra: Coimbra Editora, 2015.

NEUMANN, Ulfrid. Ontologische, funktionale und sozialethische Deutung des strafrechtlichen Schuldprinzips. In: LÜDERSSEN, Klaus (Hrsg.). *Aufgeklärte Kriminalpolitik oder Kampf gegen das Böse?*. Band I. Baden-Baden: Nomos, 1998.

——. Das Problem der Rechtsgeltung. In: NEUMANN, Ulfrid. *Recht als Struktur und Argumentation*. Baden-Baden: Nomos, 2008.

——. *Recht als Struktur und Argumentation*: Beiträge zur Theorie des Rechts und zur Wissenschaftstheorie der Rechtswissenschaft. Baden-Baden: Nomos, 2008.

——. Anfragen an Hegels Straftheorie aus nachmetaphysischer Sicht. In: HIRSCH, Andrew; NEUMANN, Ulfrid; SEELMANN, Kurt (Hrsg.); *Strafe* – Warum?: Gegenwärtige Strafbegründungen im Lichte von Hegels Straftheorie. Baden-Baden: Nomos, 2011.

——. Zur Veränderung von Verantwortlichkeitsstrukturen unter den Bedingungen des wissenschaftlich-technischen Fortschritts. In: NEUMANN, Ulfrid; PAWLIK, Michael. *Das Unrecht des Bürgers: Grundlinien der allgemeinen Verbrechenslehre*. Tübingen: Mohr Siebeck, 2012.

——. Welzel – ein Klassiker? In: FRISCH, Wolfgang (Hrsg.). *Lebendiges und Totes in der Verbrechenslehre Hans Welzels*. Tübingen: Mohr Siebeck, 2015.

RADBRUCH, Gustav. *Handlungsbegriff*. Berlin: De Gruyter, 1903.

——. *Rechtsphilosophie*. Leipzig: Quelle & Meyer, 1932.

——. *Elegantiae juris criminalis*. Basel: Verl. f. Recht u. Gesellschaft, 1950.

——. *Die Natur der Sache als juristische Denkform*. Darmstadt: Wiss. Buchges, 1960.

RAUCH HÖPHFFNER, Herbert. *Die Klassische Strafrechtsschule in ihrer politischen Bedeutung*. Leipzig: Weicher, 1936.

SAFFERLING, Christoph. *Vorsatz und Schuld: subjektive Täterelemente im deutschen und englischen Strafrecht*. Tübingen: Mohr Siebeck, 2008.

SAUER, Wilhelm. *Grundlagen des Strafrechts*. Berlin, Leipzig: de Gruyter, 1921.

SCHAFFSTEIN, Günter. Handlungsunwert, Erfolgsunwert und Rechtfertigung bei den Fahrlässigkeitsdelikten. *Festschrift für Hans Welzel*. Berlin: de Gruyter, 1974.

SCHMIDHÄUSER, Eberhard. *Strafrecht*: Allgemeiner Teil. Tübingen: Mohr, 1970.

SCHÖNECKER, Dieter. *Kants Begriff transzendentaler und praktischer Freiheit*: eine entwicklungsgeschichtliche Studie. Berlin: de Gruyter, 2005.

SCHUBERT, Axel. *Sein und Sollen*: Die Frage der Ethik bei Martin Heidegger. Grin Verlag, 2008.

SCHUDT, Rolf. *Die subjektiven Unrechtselemente in der neueren Strafrechtsentwicklung*. München: 1951.

SEELMANN, Hans. Welzels sachlogische Strukturen und die Naturrechtslehre. In: FRISCH, Wolfgang (Hrsg.). *Lebendiges und Totes in der Verbrechenslehre Hans Welzels*. Tübingen: Mohr Siebeck, 2015.

SEIDENSTÜCKER, Herbert. *Strafzweck und Norm bei Binding und im nationalsozialistischen Recht*. Quakenbrück: Trute, 1938.

STICHT, Oliver. *Sachlogik als Naturrecht?* Rechts – und Staatswissenschaftliche Veröffentlichungen der Görres-Gesellschaft. Schöningh Paderborn, 2000.

STEIN, Ernildo. *Às voltas com a metafísica e a fenomenologia*. Ijuí: Unijuí, 2014.

——. *Compreensão e finitude*: estrutura e movimento da interrogação heideggeriana. Ijuí: Unijuí, 2001

——. *Introdução ao pensamento de Martin Heidegger*. Porto Alegre: ediPUCRS, 2002.

——. *Pensar é pensar a diferença*: filosofia e conhecimento empírico. Ijuí: Unijuí, 2006.

——. *Seis estudos sobre ser e tempo*. Petrópolis: Vozes, 1990.

——. *Seminário sobre a verdade*. Petrópolis: Vozes, 1993.

STRATENWERTH, Günter. *Das rechtstheoretische Problem der Natur der Sache*. Tübingen: Mohr, 1957.

——. *Unbewusste Finalität?* Festschrift für Hans Welzel. Berlin: De Gruyter, 1974.

——. *Die Zukunft des strafrechtlichen Schuldprinzips*. Muller, C F, 1977.

——. *Sachlogische Strukturen*. Festschrift für Günther Jakobs. Köln: Heymann, 2007.

——; KUHLEN, Lothar. *Strafrecht Allgemeiner Teil*. Köln: Heymann, 2011.

STUCKENBERG, Carl-Friedrich. *Vorstudien zu Vorsatz und Irrtum im Völkerstrafrecht*: Versuch einer Elementarlehre für eine übernationale Vorsatzdogmatik. Berlin: de Gruyter Recht, 2007.

SUHR, Hans. *Karl Binding und das liberale Strafrecht des 19.* Jahrhunderts. Gottingen: Masch. Vervielf, 1947.

WELZEL, Hans. *Naturalismus und Wertphilosophie im Strafrecht*. Manheim: Deutsches Druck, 1935.

——. *Um die finale Handlungslehre*. eine Auseinandersetzung mit ihren Kritikern. Tübingen: Mohr, 1949.

——. *Naturrecht und Rechtspositivismus*. Festschrift für Hans Niedermeyer. Göttingen: Schwartz, 1953.

——. *Naturrecht und materiale Gerechtigkeit*. Göttingen: Vandenhoeck und Ruprecht, 1955.

——. *Das neue Bild des Strafrechtssystems*: eine Einführung in die finale Handlungslehre. Göttingen: Schwartz, 1961.

——. *Das deutsche Strafrecht*: eine systematische Darstellung, 9. Auflage. Berlin: de Gruyter, 1965.

——. Naturrecht und Rechtspositivismus. In: MAIHOFER, Werner (Hrsg.). *Naturrecht oder Rechtspositivismus*. Darmstadt: Wiss. Buchges, 1966.

——. *Das deutsche Strafrecht*: eine systematische Darstellung, 11. Auflage. Berlin: Gruyter, 1969.

——. *Abhandlungen zum Strafrecht und zur Rechtsphilosophie*. Berlin: Gruyter, 1975.

WESTPHALEN, Daniela. Karl Binding. *Frankfurter kriminalwissenschaftliche Studien*, 26. Frankfurt am Main: Peter Lang, 1989.

WILENMANN, Javier. Freiheitsdistribution und Verantwortungsbegriff. *Freiburger Rechtswissenschaftliche Abhandlungen* 12. Mohr Siebeck, 2014.

WULFF, Agnes. *Die existenziale Schuld*. Berlin: Lit, 2008.

Pensar o direito e a medicina hoje – o papel do direito penal[1]

ARTHUR LEVY BRANDÃO KULLOK[2]

Primum non nocere

Achamos justíssima a disposição deste artigo [art. 250 do CP de 1886], apesar de julgarmos que raro será o caso em que elle tenha de ser applicado; pois custa-nos a crer que haja um facultativo tão falto de todos os sentimentos que ouse praticar os factos incriminados neste artigo.
(Levy Maria Jordão)

Palavras prévias

"Die Wahrheit wird euch frei machen". Este é o lema da Universidade de Freiburg i. Br. (*Universitätsdevise*).[3] Quando vi este lema pela primeira vez, mesmo após ter estudado alemão por uns anos, ainda fiquei me perguntando o que aquela frase (bíblica tão conhecida) significava. Naquele momento, eu não associei à Bíblia. Pensava em algo relacionado a Kant, traduzi imediatamente o artigo *die* e o substantivo *Wahrheit*, mas, por puro esquecimento, natural de quem havia

---

[1] O presente texto serviu de apoio para uma comunicação na Faculdade de Direito da Universidade de Coimbra no âmbito do Seminário Internacional o Direito e os Desafios do Séc. XXI. Queria deixar os meus agradecimentos ao Professor Doutor André Dias Pereira, Coordenador Científico daquele evento, e ao Professor Doutor João Alves Teixeira Neto, organizador deste livro de homenagem e coparticipante daquele evento. Emprego no texto a terminologia jurídico-penal *utilizada em Portugal* em relação aos elementos subjetivos do crime, nomeadamente culpa, em vez de culpabilidade e negligencia em vez de culpa.

[2] Doutorando e Mestre em Ciências Jurídico-Criminais pela Faculdade de Direito da Universidade de Coimbra. Pós-graduado em Responsabilidade Médica pelo Centro de Direito Biomédico da Faculdade de Direito da Universidade de Coimbra. Bolsista CAPES. Advogado. E-mail: arthur.kullok@hotmail.com.

[3] Sobre o tema, com uma interessante abordagem sobre a Palavra e a Ciência, KAISER, Gerhard. Die Wahrheit wird euch frei machen. Die Freiburger Universitätsdevise – ein Glaubenswort als Provokation der Wissenschaft. In: WENZLER, Ludwig (Hrsg.). *Welche Wahrheit braucht der Mensch? Wahrheit des Wissens, des Handelns, des Glaubens*. Tagungsberichte der Katholischen Akademie der Erzdiözese Freiburg. Freiburg i. Br.: Katholische Akademie, 2003, p. 47-103.

estudado uma língua estrangeira, não consegui traduzir o verbo *machen* como "fazer". Naquele instante, comecei a pensar que o lema teria algo a ver com a *razão* (que eu pensava que poderia ser *machen*) e a *verdade*. Depois que cheguei "à casa" (na *cave* que havia *arrendado* para aqueles meses) foi que consegui traduzir o lema, e para a minha surpresa era um versículo bíblico. Não é fácil o labor da tradução... Mas o que interessa aqui é, sobretudo, uma palavra prévia ao homenageado. Talvez eu possa afirmar que o meu passado encontra alguma *identidade* com a *Herkunft* do Professor Ernildo Stein. Minha bisavó e meu bisavô eram judeus asquenazes. Saíram da Galícia (que já pertenceu ao Império Austro-Húngaro) e foram parar na Argentina. Ambos tinham sobrenomes alemães: Felder e Kostmann. Não os conheci e nem carrego estes nomes, mas posso dizer que me sinto, literalmente em parte, como alguém que tem, nas veias, "sangue alemão".

Ao contrário do Professor Ernildo Jacob Stein, eu não aprendi primeiramente o alemão. Ele só alemão tinha aprendido, tendo somente depois, por conta de uma estúpida proibição nacionalista, aprendido (formalmente) o idioma da "pátria" Brasil.[4] Posso imaginar como ele se sentiu, embora não o possa sentir. Esse sentir é próprio daquele que passou pela concreta situação. Mas eu acho que sei o que é estar em outro lugar que não é o seu, embora você seja dali ou se sinta parte daquele lugar. *Em verdade*, acho que a única forma de tentar experimentar o que o Professor Stein sentiu se dá se eu *pensar*. Pensar nos leva à identidade. Leva-nos ao sentimento.

E foi *pensando* nesta homenagem que escolhi o título deste artigo; o pensar inserido ali se *identifica*, de alguma forma, com o livro do Professor Stein intitulado *Pensar é pensar a diferença*. *Identifico-me* com Ernildo Jacob Stein quando *penso* na sua trajetória de vida, entre as idas e vindas de um país para outro, tendo uma "nacionalidade" que não é propriamente aquela que se reflete num documento. *Penso* até que sei o que é sofrer perseguição, na minha época e à minha maneira, e nisso também me *identifico*. *Penso* que falar uma "língua estrangeira", que na verdade é *uma das nossas próprias línguas*, me aproxima daqueles que me são mais próximos, mas que moram distantes e que assim, a língua comunica com os sentidos e nos leva à reflexão. *Penso* que em algum momento percorremos os mesmos caminhos e estivemos nos mesmos lugares. Mas, quando paro para *pensar*, encontro uma grande *diferença*: entre ele e eu existe ainda uma grande floresta para atravessar.

[4] O juízo sobre a estupidez é meu, mas a história sobre a infância foi retirada da própria *autosemblanza* do homenageado: A psicanálise e a porta dos fundos da filosofia. In: STEIN, Ernildo. Anamnese: a filosofia e o retorno do reprimido. Porto Alegre: EDIPUCRS, 1997, p. 153-172.

Caro Professor Ernildo Jacob Stein, desejo, de modo bastante sentido, que a sua caminhada continue semeando e produzindo bons frutos para todos aqueles que seguem o caminho depois de si, que a sua jornada continue proveitosa e segura por longos anos, percorrendo boas veredas e *libertando* mentes aprisionadas pela irreflexão. Felizes 85 anos!

Introdução

Não sou filósofo, tenho que admitir e alertar. Esta advertência é devida principalmente quando caminho sob olhares perspicazes de quem é profundo conhecedor dos temas que pretendo convocar. Repito (e copio) o aviso do Professor Pinto Bronze quando se dirigiu à *Semana Doutoral dos Filósofos*, recorrendo à fábula de La Fontaine: "Porque sempre que supomos, / Pela vaidade que temos, / Ser aquilo que não somos, / Mil incómodos sofremos".[5]

Posto isto, volto-me para o cerne do presente texto. Trata-se de um simplório retrato daquilo que, aos meus olhos, tem causado alguma inquietação na Medicina de hoje e no seu encontro com o Direito, com o Direito Penal.

A ideia perpassa quatro pontos cardeais: o *mal* (e a sua banalidade), a *indiferença*, a *falta de pensar* e a *virtude*. Sob esses pontos, faço a minha análise, segundo uma perspectiva voltada para as possíveis consequências jurídico-criminais decorrentes do atual contexto jurídico-social que envolve a Medicina e, de uma forma menos conseguida no texto, a Filosofia.

Espero evitar conflitos (ou mesmo *mistakes*) epistemológicos entre o Direito e a Filosofia ao utilizar conceitos desta naquela. Basta ver a *diferença* na base da análise sobre, *inter alia*, o conceito de *intention*, fascinando os filósofos como *um aspecto (feature) central da ação humana* e como chave determinante da responsabilidade moral e os juristas como um determinante central da responsabilidade criminal.[6] Contudo, não consigo evitar o recurso a temas filosóficos quando tento

---

[5] *Apud* BRONZE, Fernando José. Argumentação Jurídica: O Domínio do Risco ou o Risco Dominado: (Tópicos para um Diálogo Pedagógico). *Boletim da Faculdade de Direito da Universidade de Coimbra*, Vol. 76, 2000, p. 13. Também "réu" confesso sobre a incompetência para "subir a um ringue" contra adversários com formação filosófica quando se discutem, como juristas, temas de contorno filosófico, GRECO, Luís. A ilha de Kant. In: GRECO, Luís; MARTINS, Antonio (Org.). *Direito penal como crítica da pena. Estudos em homenagem a Juarez Tavares por seu 70º Aniversário em 2 de setembro de 2012*. Madrid; Barcelona; Buenos Aires, São Paulo. Marcial Pons, 2012, p. 274.

[6] Cf. DUFF, R. A. Intentions Legal and Philosophical. *Oxford Journal of Legal Studies*, Vol. 9, nº 1, 1989, p. 76.

sintetizar o retrato que se me evidencia ao analisar a responsabilidade (penal) médica. Todavia, não pretendo aderir aqui a nenhuma concreta, determinada ou específica filiação filosófica constitutiva de todo o sistema penal.[7] Por outro lado, acredito que o recurso à Filosofia possa instruir e iluminar específicos problemas ligados ao sistema penal, bem como poderá subsidiar elementos para a determinação do seu inteiro sistema.[8]

A ideia dos quatro pontos cardeais se inter-relaciona da seguinte maneira: partindo da premissa de que estamos perante uma *crise humanitária* – e não, sob o nosso espectro de análise, uma *crise de racionamento* ou *econômica* – da prestação dos cuidados de saúde, *três* dos pontos cardeais (o mal, a indiferença e a falta de pensar) alimentam o problema desde uma perspectiva etiológica enquanto *um* (o recurso à ideia de virtude) pode, ao final, auxiliar (ou ao menos propor) uma tentativa de solução para a questão.

1. A premissa: a ideia da medicina e a sua crise fática

A Medicina como saber alcançado pela prática "nasce" na *Grécia*, durante a epopeia da *época clássica*. Havia naquela altura uma miscigenação entre os saberes. Platão considerava que seria estranho um homem se dedicar apenas a uma ciência. Tanto os Pré-Socráticos como os Sofistas se dedicavam a mais de um ramo do saber. Todavia, a contrariar todo este espectro, a Medicina nasce já como um *ramo do saber emancipado da filosofia*,[9] embora se torne ciência apenas no séc. V a.C., em Cós. Era um ofício que passava de *pais para filhos*.[10]

Perante a especialidade da atuação, a sacra intervenção no corpo, a imagem da Medicina suscita uma transcedentalidade cosmológica, tornando-a ainda um ramo ou uma prática especial de todo o saber

[7] Duff indaga especificamente se precisamos de uma *grande teoria* que englobe todo o Direito Penal ou, de uma forma mais específica, se queremos filiar o Direito Penal em um autêntico *Direito Penal aristotélico*. O Autor conclui, em ambas as ocasiões, que não. Cf. Virtue, Vice, and Criminal Liability: Do We Want an Aristotelian Criminal Law? *Buffalo Criminal Law Review*, Vol. 6, 2002, p. 148, 183. "we should not expect any viable human system of criminal law to match any such grand theory-that we should look not for a single model of criminal liability, but for a number of different models, patterns and structures that interweave (and may conflict) in various and complex ways" (p. 148)

[8] Ao contrário do maior ceticismo de Glanville Williams quando diz que os filósofos ofereceram, no caso da análise sobre a intenção (dolo), "apenas um limitado auxílio". Oblique Intention. *Cambridge Law Journal*, Vol. 46, nº 3, 1987, p. 417.

[9] Englobando tudo o que ficou dito neste parágrafo, ROCHA PEREIRA, Maria Helena da. *Estudos de História da Cultura Clássica*. Vol. I: Cultura Grega. 12ª ed. Lisboa: Fundação Calouste Gulbenkian, 2017, p. 479.

[10] *Idem*, p. 481.

e agir humano. Naturalmente que este ideário produziu e imprimiu uma marca bem sentida na consciência coletiva, especialmente perante aqueles que exerciam tais atividades. Registra-se deste modo uma certa concepção gloriosa da *imagem do médico* como um ser sublime, um deus ou, quando menos, um ministro daquele ente sagrado (um sacerdote).

Não obstante, essa conceptualização transcedente, afigura-se-nos atualmente uma imagem mais degradada do médico. Talvez, necessariamente, uma imagem mais "terra a terra". Uma imagem que concilie o médico com o homem natural e falível que ele, ainda que não queira ou que ninguém reconheça, é.

Porventura a principal causa da degradação da imagem do médico advenha da chamada *crise da relação médico-paciente*.[11] Convenhamos que o patamar de cuidado exigido para a consecução de uma tal relação entre duas pessoas, muitas vezes completamente estranhas umas às outras, é um tanto elevado e acaba por redundar em um ambiente propício para a "acusação de um erro".

Contudo, não é fácil – nem devido – atenuar o campo de responsabilidade individual somente porque o ônus de proteção seja um fardo pesado. Especialmente porque o paciente se encontra na maior parte das vezes em uma situação de vulnerabilidade e procura no médico o remédio seguro para o recuo da sua fragilidade e a restauração do seu *status* de saúde.

No instante em que a configuração da relação médico-paciente se desenvolve e se materializa, não importam as diversas condicionalidades *externas*. Todos os feixes de circunstâncias externas são postos à parte pelo paciente, para ele tudo se resume àquela palavra, àquele momento em que o médico com a sua conduta reflete a postura de uma entidade responsável pelo, talvez, principal bem do ser humano, a *sua* vida, a *sua* saúde, o *seu* concreto bem-estar. É isso que a pessoa entrega ao médico, praticamente todo o seu ser.[12] Para o paciente, pouco importam os demais fatores que interagem naquele momento (um eventual cansaço do médico, um legítimo sentimento de raiva ou tristeza que naquele momento afeta este profissional de saúde, a elevada quantidade de atendimentos que o médico tem que fazer naquele horário, etc.), para ele, do seu lado do *bureau*, é a sua saúde que está

[11] MARCUM, James. *The Virtuous Physician: The Role of Virtue in Medicine*. Philosophy and Medicine – Vol. 114. Dordrecht; Heidelberg; London; New York: Springer, 2012, p. 7 e ss.

[12] RICOEUR, Paul. Prudential judgment, Deontological Judgment and Reflexive Judgment in Medical Ethics. In: KEMP, Peter; RENDTORFF, Jacob; JOHANSEN, Niels (Ed.). *Bioethics and Biolaw*. Vol. 1: Judgment of life. Copenhagen: Rhodos International Science and Art Publishers & Centre for Ethics and Law, 2000, p. 16-17.

em voga, que está a ser discutida naquele instante e que dependerá decididamente do parecer do seu Guardião: o médico.[13]

No momento da consulta, realmente não importam as circunstâncias externas ou qualquer afetação interna do médico, ao paciente, *per se*, é devido um tratamento digno, que o respeite e o trate como ser humano que é. O atendimento médico começa e termina em nome do paciente. A *Medicina* é posta ao paciente. A *formação médica* é destinada ao paciente. O paciente atua como uma autêntica *Menschenbild*. Ele é o alfa e o ômega da Medicina. Se pensarmos a Medicina a partir do médico, a partir do *status* social que a bata branca confere, instrumentalizaremos o homem (o paciente), relegaremos a ele apenas um papel de *ambiente*, e não de um autêntico *sistema*, afastando, desta forma, aquele merecido *status* definido por Luhmann, de que o homem é um "sistema próprio, autorreferente e autopoiético".[14]

Se a Medicina era vista em seus primórdios gregos como um apelo ao *deus da cura*, Asclépios[15] e tratada na China imperial por *heróis culturais*;[16] se um médico era um homem sagrado;[17] se durante séculos a *Arztbild* foi um forte parâmetro para uma concepção afortunada de bom comportamento e boa conduta, um reflexo de uma pessoa virtuosa, alguém com *autoridade técnica e moral*;[18] e se a degradação da relação humana (ou semi-humana...) entre o médico (deus) e o paciente não decorre dos incontestáveis e aviltantes fatores econômico-sociais do presente século o que, afinal, produziu ou potenciou a erosão dessa relação?[19] A resposta não parece ser outra que não a *banalização do mal* imposta pela *difusão da indiferença*, devidas à *falta de pensar*.

---

[13] Ressalta-se que a consulta não é algo corriqueiro para o paciente. Pelo contrário, para ele é uma marcação única, precisa e decidida para um determinado dia e horário. É uma experiencia bem diferente da vivenciada por aquele situado do outro lado do birô. Este lado vivencia uma experiência muito mais *vulgar e ordinária*, atuando, às vezes sem afetos, disfarçados pela veste da técnica.

[14] *Apud* COSTA ANDRADE, Manuel da. Sobre a reforma do Código Penal português: dos crimes contra as pessoas, em geral, e das gravações e fotografias ilícitas, em particular. *Revista Portuguesa de Ciência Criminal*, 1993, p. 446-447.

[15] ROCHA PEREIRA, 2017, p. 480.

[16] LO, Vivienne; STANLEY-BAKER, Michael. Chinese Medicine. In: JACKSON, Mark (Ed.). *The Oxford Handbook of the History of Medicine*. New York; Oxford: Oxford University Press, 2018, p. 151 e ss.

[17] OLIVEIRA, Guilherme de. O fim da «arte silenciosa». *Revista de Legislação e de Jurisprudência*, ano 128, n.º 3852, p. 70, 1995.

[18] PELLEGRINO, Edmund; THOMASMA, David. *The virtues in medical practice*. New York; Oxford: Oxford University Press, 1993, p. 54.

[19] Sem desconsiderar a existência de um registro crucial. Embora seja patente a crise da relação médico-paciente, não se pode descurar a observação de autores como Klaus Bergdolt no sentido de que existe um *incontável número de médicos* que ainda vê no seu amistoso tratamento com o paciente a parte mais importante e graciosa da sua profissão, o que os torna, sem sombra de

2. O mal e a banalização pela indiferença

Em uma primeira aproximação, de cunho etiológico, cremos que a *deviance* contra as balizas da boa prática médica não é diretamente fruto do aumento do número de pacientes decorrente do crescimento populacional, da insuficiência de meios médico-hospitalares ou mesmo da racionalização das práticas médico-hospitalares advindas das, por vezes, necessárias políticas de administração pública e privada de gestão dos custos no setor da saúde.

Numa leitura de Hannah Arendt, podemos ver que o mal não está apenas nas *mentes deturpadas dos homens malignos*, mas está também, e sobretudo, por detrás dos birôs de atendimentos diuturnos, espalhados por todas as relações sociais, até mesmo naquelas mais próximas e aparentemente menos prováveis da prática de um mal.

Sobre isso basta a ilustração do holocausto e das demais atrocidades ocorridas durante a II Guerra Mundial. Salta-nos logo à mente a questão sobre *como* aquilo aconteceu. Bem, a resposta se afigura de forma "simples". Tudo o que ocorreu, existiu porque *o mal se banalizou*. Não era, nem é, algo exclusivo e praticado por mentes satânicas, por vilões elegidos e separados para a perpetração de atos malignos, vocacionados para o extermínio da raça humana como se fora um plano prévio e detalhadamente elaborado, racional, para a consecução de um determinado fim. O holocausto foi, "tão somente", uma boa ilustração de como os seres humanos (*todos eles*) são (somos) capazes de produzir grandes males quando não atuam(os) virtuosamente, ou, ao menos, quando não atuam(os) com o mínimo de *empatia*. E esses seres humanos não eram apenas, como Hannah Arendt muito bem observa, os capatazes do nacional-socialismo, mas sim todos aqueles que mesmo por detrás das suas mesas, burocraticamente, atuavam com grande maldade, banalizando a *bondade* e a *diferença*, agindo com impropriedade para com o outro, enfim, agindo indiferentemente.

Uma indiferença capaz de ser atroz, especialmente perante as condições ótimas para a assunção do poder, trazendo, muito facilmente, o correspectivo abuso. Este foi o testemunho do Dr. Meyer, que afirmou no julgamento em Jerusalém que Eichmann *parecia outro* depois que "subiu na carreira". Parecia o "senhor da vida e da morte".[20]

dúvidas, *bons médicos*. Cf. Das Kontinuum des Ärztlichen. In. KATZENMEIER, Christian; BERG DOLT, Klaus (Hrsg.). *Das Bild des Arztes im 21. Jahrhundert*. Kölner Schriften zum Medizinrecht – Band 1. Berlin; Heidelberg: Springer-Verlag, 2009, p. 105.

[20] ARENDT, Hannah. *Eichmann em Jerusalém*: um relato sobre a banalidade do mal. Trad. de José Rubens Siqueira. 14ª Reimp. São Paulo: Companhia das Letras, 1999, p. 78.

Na senda do historiador britânico Ian Kershaw, eu me convenço do por quê. "Simplesmente" porque às vezes (ou muitas vezes) o ser humano age com *indiferença*. E muitas vezes essa indiferença pode causar danos substanciais, danos irreparáveis, que se fossem contrariados com uma melhor e mais refletida atitude, não chegaria a resultados tão malignos.

Ocorre que é necessário salientar que Eichmann, assim como qualquer ser humano, em minha opinião, não é um monstro, por mais conveniente que esse rótulo possa cair sobre algum "criminoso", "desviado" ou "anormal". Não foi outra a conclusão de Hannah Arendt:

> [...] O sr. Hausner queria julgar o monstro mais anormal que o mundo já vira [...]. Eles sabiam, é claro, que teria sido realmente muito reconfortante acreditar que Eichmann era um monstro [...]. O problema com Eichmann era exatamente que muitos eram como ele, e muitos não eram nem pervertidos, nem sádicos, mas eram e ainda são terrível e assustadoramente normais. (ARENDT, 1999, p. 299)

Ao se questionar como o ser humano consegue ser tão mal, costuma-se procurar internamente a razão para aquela danosa expressividade externa. O *link* ou a porta de saída do mal interior para uma realização exterior parece ser interposto pela *indiferença*. Foi assim que o povo alemão, largamente indiferente ao antissemitismo propalado pela propaganda nazista, se viu inserido em um ambiente incapaz de reprimir as agressões nazistas. Por conseguinte, na lapidar formulação de Ian Kershaw: *"The road to Auschwitz was built by hate, but paved with indifference"*.[21]

Também não se deve incorrer no erro histórico de afirmar que apenas os alemães atuaram com indiferença durante a II Guerra Mundial, pois embora as pessoas não se importassem com o rumo dos acontecimentos e com a presença de assassinos à solta no país,[22] também muito do que aconteceu não teria ocorrido sem a participação dos *Judenräte*,[23] massacrando o seu próprio povo por ganância, por aproveitamento, covardia, no fundo, com um completo desrespeito à dignidade do outro – que, de fato, era (d)ele –. Finalmente, com Hannah Arendt, resume-me o que pode ser titulado como *a lição da história*:

> [...] em condições de terror, a maioria das pessoas se conformará, mas *algumas pessoas não*, da mesma forma que a lição dos países aos quais a Solução Final foi proposta é que ela "poderia acontecer" na maioria dos lugares, mas *não aconteceu em*

[21] *Hitler, the Germans, and the final solution*. New Haven; London: Yale University Press, 2008, p. 186.

[22] ARENDT, 1999, p. 27.

[23] *Idem*, p. 133 e ss.

todos os lugares. Humanamente falando, não é preciso nada mais, e nada mais pode ser pedido dentro dos limites do razoável, para que este planeta continue sendo um lugar próprio para a vida humana. (ARENDT, 1999, p. 254).

Se deixarmos de refletir sobre as consequências dos nossos atos, se deixarmos de nos importar com as funções das nossas profissões ou das nossas vidas, se tratarmos tudo como mera burocracia e proletariado, poderemos redundar em ações viciosas e até criminosas, por mais que não nos visualizemos como agentes criminais; por outro lado, diga-se, também não precisamos ser (auto)considerados monstros. E é exatamente nesta intersecção entre a *virtude* do agir impecável e o *vício* do consentir na banalidade que se situa a minha consideração: de que todos, todos mesmo, poderão errar e devem necessariamente arcar com as consequências dos seus atos e que muito do que aprioristicamente parece negligente é, na verdade, dolo por indiferença.

3. O pensar poderia exorcizar todos os males

Embora o mal seja algo danoso, e a indiferença potencie aquele mal e transponha o interno para as mazelas da verificação externa, parece-me que é a *falta de pensar*, pensar em si mesmo e no outro, a *razão* de se não evitar uma variada gama de males retratados no ambiente dos cuidados de saúde. Ademais, o não pensar impede que se encontre a identidade no outro, potenciando e contribuindo para que não se "exorcize" o mal e não se afaste a indiferença com o próximo.

Acredito que a banalização do mal afetou a capacidade de pensar e de refletir. Como iniciei dizendo, não sou filósofo, mas Descartes já denunciava que a *falta de pensar* conduz à cegueira (quiçá *deliberada*) da sociedade e do ser humano,[24] uma cegueira atroz e incauta, podendo resultar em uma infame despersonalização generalizada e, mais uma vez, em uma despersonalização que à partida soará irrelevante ou superficial, mas que por fim poderá ocasionar um resultado desvalioso, originador de uma responsabilidade jurídica, enfim, de uma responsabilidade jurídico-penal.

Em uma homenagem ao Heidegger III, na classificação de Stein, assumo um problema contemporâneo, quiçá com o mesmo desejo que

[24] Cf. *Os princípios da filosofia*. trad. Alberto Ferreira. Lisboa: Guimarães Editores, 1998, p. 31. "Viver sem filosofar é como ter os olhos sem nunca procurar abri-los e o prazer de ver todas as coisas que a nossa vista alcança não se compara à satisfação que confere o conhecimento do que se encontra pela filosofia; e, enfim, que este estudo é mais necessário para orientar as ações e conduzir-nos da na vida do que o uso dos olhos para nos guiar os passos".

um dia nutriu o filósofo alemão: o de "pensar o seu tempo".[25] Bem, talvez a identificação com o filósofo pare por aqui: na identidade do desejo de pensar o tempo. O pensar convocado aqui no texto conduz apenas à ideia de que *se qualquer profissional da saúde pensar*, pensar *melhor*, o significado (o caráter) da sua profissão, o fim a que ela se destina, provavelmente conduzirá o seu modo de agir segundo melhores e mais agudos padrões de comportamento, redundando em uma melhor prestação laboral, ética, deontológica e, assim, *conforme ao direito*.

Não creio que é pedir demais que um profissional da saúde deixe de pensar como um "mero cientista", que não consegue enxergar além do seu horizonte, mas sim que *pense genuinamente*, que radique e ramifique o uso das suas mãos (a sua prática) desde um exercício reflexivo, o qual ao levá-lo à sua vera essência, ao seu modo-de-ser no mundo, resulte em uma maior compreensão (e respeito e tutela e cuidado) *consigo mesmo*, mas também para *com o outro*. Que o médico não caia no mero pensamento científico, técnico, artificial; afinal, "*Die Wissenschaft denkt nicht*".[26]

4. O recurso à ideia de virtude como uma hipótese de restauração da conduta humana devida

Em um mundo marcado pela utopia do super-homem, ser um homem dotado de superpoderes é já uma realidade muito próxima. Não que estejamos próximos de vislumbrar homens voando com capas vermelhas, mas certamente que já não é impossível aceder a uma visão biônica ou a alguma engenharia genética para potenciar o desempenho de uma pessoa, p. ex., de um atleta.[27]

[25] STEIN, Ernildo. *Pensar é pensar a diferença*: filosofia e conhecimento empírico. 3ª ed. Porto Alegre: Livraria do Advogado, 2019, p. 25.

[26] HEIDEGGER, Martin. *Was Heisst Denken*? Gesamtausgabe. I. Abteilung: Veröffentlichte Schriften 1910-1976 (Band 8). Frankfurt: Vittorio Klostermann, 2002, p. 9. Não obstante o "não pensa" seja direcionado num sentido de *recusa* e não de *falha*. Embora Heidegger "amenize" a situação da ciência, afirmando que não lhe cabe a tarefa de pensar o seu próprio modo de ser, acredito que caberá ao indivíduo, integrante desta ciência (no caso ciência médica), ser um pensador (filósofo, no sentido que Heidegger emprega) em todo o tempo, de modo a alcançar o seu *próprio ser*, mas também contribuir para a construção e manutenção do ser *do outro* que lhe está inextricavelmente ligado.

[27] É o que nos dá conta a já profusa bibliografia em torno da *human enhancement*. Cf., por todos, SAVULESCU, Julian; BOSTROM, Nick. Introduction – Human Enhancement Ethics: The State of the Debate. In: SAVULESCU, Julian; BOSTROM, Nick (Ed.). Human Enhancement. Oxford: Oxford University Press, 2009, p. 1-22. E as possibilidades à volta do denominado *gene doping*. Sobre isto, KULLOK, Arthur. Dopaje y manipulación genética: una perspectiva jurídico-criminal. *Revista Aranzadi de Derecho de Deporte y Entretenimiento*, n.º 53, 2016, p. 165-175.

No presente século, tem-se falado com uma certa habitualidade sobre o devir de um *transumanismo*.[28] Um pensamento para além do homem. Não é por acaso que até a refratária legislação penal já coíbe certas engenharias genéticas como as quimeras ou os híbridos.[29]

Todavia, mesmo diante de um cenário pré-apocalíptico (ou mesmo já tribulacional), ainda hoje a comunidade demanda "tão somente" a figura do "velho" *homem bom, bonus pater familiae* ou *reasonable person* (*citizen*). Alguém que possua a capacidade e a justa atitude de, dentro das suas possibilidades, agir de forma a alcançar a felicidade do maior número de pessoas. Bem, por felicidade tenho apenas em mente a ideia de manutenção pacífica da sociedade. Ou seja, em contraste com a (talvez pós ou tardo) moderna ideia de um super-homem (ou de um "trans-homem"), bastará para a convivência pacífica de uma sociedade, tão só, a ideia de um homem virtuoso.

E aqui, à parte toda a discussão filosófica sobre a famigerada *ideia de virtude*, mas me servindo dela, reclamo para a apreciação de uma conduta médica um padrão de comportamento basilar (tão basilar quanto o maior de todos os princípios da Medicina: *primum non nocere*). Um padrão de um homem virtuoso. Com ele e através dele poderemos (tentar) fazer recuar a já instalada crise da relação médico-paciente, e quiçá emergir alguma felicidade em torno do ambiente médico-hospitalar e deste modo fazer retroceder a disseminada insatisfação com a prestação dos cuidados de saúde.[30] Mais ainda, caso os comportamentos se mantenham virtuosos, ao menos não se verificarão fatos criminosos praticados por médicos contra alguns dos bens jurídicos pessoais mais graves do sistema jurídico-penal.

5. O olhar responsivo do Direito Penal

A epígrafe designa responsivo porque antes de se submeter um caso de responsabilidade médica perante o Direito Penal, eu acredito,

---

[28] Sobre o assunto, por todos, BOSTROM, Nick. Human Genetic Enhancements: A Transhumanist Perspective. *The Journal of Value Inquiry*, Vol. 37, 2003, p. 493-506.

[29] P. ex., o crime previsto no artigo 38º da Lei de Procriação Medicamente Assistida, Lei n.º 32/2006, de 26 de julho, de Portugal.

[30] Uma insatisfação que tem gerado cada vez mais agressões contra profissionais da saúde e inclusive com novas projeções incriminatórias na legislação penal, p. ex., na Espanha. Cf. ARIMANY-MANSOA, Josep; CLOS-MASÓ, Dolors; GÓMEZ-DURÁN, Esperanza. Sobre las agresiones a profesionales sanitarios (Editorial). *Atención Primaria*, Vol. 48, nº 3, 2016, p. 147-148; URRUELA MORA, Asier; MARTÍNEZ-JARRETA, Begoña, ROMEO CASABONA, Carlos María. Las agresiones a profesionales sanitarios en el contexto clínico-asistencial. Fenomenología, estudio de prevalencia, medidas preventivas y tratamiento legal (Monográfico). *Ciencia forense: Revista aragonesa de medicina legal*, nº 15, 2019, p. 15-192.

conforme é predominante na literatura, que se devam exaurir todas as *demais proposições de resolução dos males* no âmbito da prestação dos cuidados de saúde antes de se recorrer àquele que é considerado o ramo mais punitivo do direito estatal.

Todavia, não pretendo apontar soluções inovadoras para a *prevenção* e a eventual *repressão* de casos de má prática médica. Mas, por outro lado, não poderia deixar de sublinhar algumas das diversas propostas de tratamento jurídico e pedagógico daquilo que é considerado, talvez de forma inapropriada, como *erro médico*[31] ou como má prática médica.

São já incontáveis as propostas existentes com o intuito de "tapar os erros dos médicos" (provérbio antigo). Perante a impossibilidade de recensear e analisar pormenorizadamente qualquer uma delas, limito-me a citar apenas algumas. Alguns autores têm pendido para uma *análise empírico-estatística* dos casos de má prática médica com o intuito de alertar e, deste modo, prevenir a ocorrência destes eventos.[32] Outros têm sugerido uma melhor e mais sentida formação humanística da classe médica.[33] Discute-se ainda a implementação de uma política de *avaliação de desempenho técnico* como existe, p. ex., na Inglaterra.[34]

Particularmente, eu aprecio todas essas soluções. Especialmente em relação à necessidade de um maior esforço da classe médica (e dos demais profissionais da saúde) para procurar uma melhor e mais presente formação continuada de conteúdo jurídico e deontológico, assim como a possibilidade de implementação de uma (re)avaliação continuada sobre a "capacidade-conformidade" de um determinado médico para continuar exercendo a sua atividade (sagrada), princi-

---

[31] Uma análise resumida sobre o erro pode ser vista na *recensão* de Guilherme de Oliveira ao seminal livro *O erro em medicina* (de 2004), da autoria de José Fragata e Luís Martins. Cf. Recensão de José Fragata e Luís Martins – O erro em medicina. Perspectiva do indivíduo, da organização e da sociedade. Coimbra: Almedina, 2004. In: OLIVEIRA, Guilherme de. *Temas de Direito da Medicina*. 2.ª ed. Coimbra: Coimbra Editora, 2005, p. 289-307.

[32] FRAKES, Michael; JENA, Anupam B. Does medical malpractice law improve health care quality? *Journal of Public Economics*, Vol. 143, 2016, p. 142-158.

[33] Através, p. ex., de um *preclinical curriculum*. Cf. COULEHAN, Jack; WILLIAMS, Peter C. Vanquishing Virtue: The Impact of Medical Education. *Academic Medicine*, Vol. 76, n.º 6, 2001, p. 603. Os autores salientam inclusive a separação, distanciamento (*detachment*) que a formação médica acaba por, explicitamente ou implicitamente, impor, em nome de um foco exclusivo nos *aspectos técnicos e cognitivos*, principalmente porque tanto esforço é investido pelo próprio estudante eu seu próprio eu que as competências (*skills*) afetivas acabam por atrofiar e causar uma apatia (*numbness*) emocional (p. 600).

[34] OLIVEIRA, Guilherme de. Auto-regulação profissional dos médicos. *Revista de Legislação e de Jurisprudência*, ano 134, nº 3923, 2001, p. 39.

palmente porque a Medicina se apresenta como uma ciência volátil[35] e exigente, dada a sua intenção de, *inter alia*, "prevenir, diagnosticar, debelar ou minorar doença, sofrimento, lesão ou fadiga corporal, ou perturbação mental"[36]. Quanto às soluções mais específicas para os casos já existentes (desde uma vertente "repressiva") de responsabilidade médica, especialmente os *no-fault*[37] e a criação de *conselhos especializados* para a análise disciplinar de casos de má prática,[38] creio que ambas as hipóteses poderão ser excelentes soluções e contribuir, sem dúvida, para uma melhoria do sistema de responsabilidade (não penal) atual.

Por sua vez, a resposta do Direito Penal é limitada aos fatos passados, àquilo que já aconteceu. O seu campo de atuação é limitado à correspondência de uma tentativa de resposta de justiça sobre um específico e concreto fato *congelado atrás no tempo* (Hulsman). Assim, caberá tão somente ao Direito Penal analisar, caso a caso, aqueles supostos fatos ilícitos e culpáveis (e puníveis) imputados a médicos ou a outros profissionais de saúde no momento da prática de suas respectivas profissões.

Tendo feito todo o percurso assinalado acima, resta apenas "filtrar" um dos aspectos que à responsabilidade criminal de um profissional da saúde se aplica. No texto quero apenas trazer à tona a questão da análise do elemento subjetivo do cometimento do (suposto) crime.

---

[35] Já em 1979 Werner Wachsmuth alertava para a progressividade e a constante renovação das ciências médicas, afirmando que os conhecimentos se duplicam a cada *seis anos* (*apud* COSTA ANDRADE, Manuel da. *Consentimento e Acordo em Direito Penal (Contributo para a fundamentação de um paradigma dualista)*. Reimp. Coimbra: Coimbra Editora, 2009, p. 467). Uma renovação que, na impressiva formulação de Costa Andrade, impõe permanentes mudanças, onde "[o] impossível se converte todos os dias em possível; o temerário em rotineiro; e o mais respeitável é abandonado nas margens do supersticioso". COSTA ANDRADE, 2009, p. 467. Karl Jaspers denominava o *milagre da medicina moderna* como um processo sem antecedente na história da medicina, que viu a sua evolução começar lentamente a partir do século XVII, depois com um desenvolvimento mais rápido a partir da metade do século XIX e uma expansão em um *ritmo empolgante* desde o princípio do século XX. Cf. Il medico nell'età della técnica. In: JASPERS, Karl. Il medico nell'età della tecnica. Trad. Mauro Nobile. Milano: Raffaello Cortina Editore, 1995, p. 43. Já na virada do presente século, Kazem Sadegh-Zadeh chama à atenção para o fato de que a medicina sofre, mais uma vez, a maior viragem da sua história, transformando-se de uma profissão curativa para um ramo da biotecnologia. Cf. Fuzzy genomes. *Artificial Intelligence in Medicine*, Vol. 18, 2000, p. 1.

[36] Conforme o conteúdo da *finalidade terapêutica* descrita pelo art. 150 do CP português. Sobre este específico *elemento subjetivo*, os demais elementos necessários para a afirmação da *atipicidade* e uma análise sobre as razões político-criminais e os limites de aplicação do artigo ver, com profundidade, COSTA ANDRADE, Manuel da. Comentário ao artigo 150°. In: FIGUEIREDO DIAS, Jorge de (Dir.). *Comentário Conimbricense do Código Penal – Parte Especial*. Tomo I (Artigos 131° a 201°). 2ª ed. Coimbra: Coimbra Editora, 2012, p. 221-235.

[37] Sobre isto, com indicação de países que adotam um tal sistema, OLIVEIRA, 2005. p. 301-303.

[38] Sobre o tema, defendendo-a no essencial, *idem*, p. 303-304.

Confesso que o que tem me inquietado quando o Direito Penal "entra em jogo" no campo da responsabilidade médica é a sua (doutrinal e jurisprudencial) pronta suposição de que quando os médicos "erram", erram *apenas* ou *quando muito* por descuido: elemento fulcral e central da *culpa negligente*.

Acredito que aquela imagem de uma *medicina incólume* e do *médico como um "sacerdote do fogo sagrado da vida"*[39] existentes na consciência coletiva (Durkheim) acaba por conduzir, talvez inconscientemente..., a uma ideia insuperável de que nenhum médico seja *"tão falto de todos os sentimentos que ouse praticar"* (Levy Maria Jordão)[40] qualquer fato criminoso.

Todavia, à primeira vista, não identifico nos (poucos)[41] casos de responsabilidade penal médica uma inclinação para a responsabilização penal do "erro médico" a *título de dolo*. Pelo contrário, abundam sinais e títulos no sentido daquilo que parece ser uma pré-concebida *medical negligence*,[42] *imprudencia médica*[43] ou *culpa médica*.[44]

À margem uma análise sobre um qualquer caso concreto, onde o espectro de avaliação se submeterá ao devido juízo específico do caso e, consabidamente poderá ser julgado como um crime negligente ou doloso, o que me proponho a defender aqui é, ao contrário de uma avaliação *casuística*, uma *visão holística sobre o problema da responsabilidade profissional dos profissionais da saúde*, especialmente dos médicos, que suscita um novo ideário, mais consentâneo com a realidade atual, mais justo ao admitir e interpretar diversos fatos ocorridos no

---

[39] S., A. da. O médico. *Revista academica: jornal litterario e scientifico*. Vol. 1 (1845-1848). Coimbra: Imprensa de E. Trovão, 1848. p. 25.

[40] *Commentario ao Codigo Penal portuguez*. Tomo III. Lisboa; Typographia de José Baptista Morando, 1854, p. 17.

[41] Incrivelmente contrastados com os demais casos de responsabilidade civil ou disciplinar médica. Desde os anos 70 do séc. passado que se tem falado do aumento dos casos de responsabilidade médica (cf., por todos, KING, Joseph H., Jr. Standard of Care for the Medical Profession. *Vanderbilt Law Review*, Vol. 28, nº 6, 1975, p. 1213-1276). Por outro lado, à parte a experiência alemã que ainda presencia *alguma presença* mais ativa na jurisprudência penal (cf. os relatos anualmente disponibilizados e analisados na revista NStZ por autores como Klaus Wasserburg e Erik Kraatz desde o ano de 1997 – *Rechtsprechungsübersicht zum Arztstrafrecht* e *Aus der Rechtsprechung zum Arztstrafrecht*, respectivamente –), não se vê muito influxo de casos de responsabilidade penal médica no contexto do *civil law*, mas também não se vê uma ressonância mais sentida no âmbito do *commom law*.

[42] Neste sentido, por todos, FILKINS, James A. "With no evil intent": The criminal prosecution of physicians for medical negligence. *The Journal of Legal Medicine*, Vol. 22, Issue 4, 2001, 467-499.

[43] Neste sentido, por todos, ROMEO CASABONA, Carlos María. Evolución del tratamiento jurídico-penal de la imprudencia del personal médico-sanitario. *Revista Jurídica de Castilla y León*, nº 13, 2007, p. 211-251.

[44] Neste sentido, por todos, SPORLEDER DE SOUZA, Paulo Vinicius. *Direito Penal Médico*. Porto Alegre: Livraria do Advogado, 2009, p. 25 e ss.

ambiente da saúde como crimes dolosos, visto que a indiferença que os singulariza é um *elemento do tipo de culpa doloso.*[45]

É de salientar aqui que ao adotar a indiferença (ou contrariedade) ao dever-ser jurídico-penal como elemento da culpa dolosa adiro a uma postura eventualmente menos robusta e aparentemente mais flexível aos casos de responsabilidade médica como crimes dolosos do que as expressões de *hostilidade* ou *inimizade* perante ao direito que são propostas, p. ex., por Faria Costa.[46] Acredito que, no fundo, o *desvalor do resultado* plasmado em uma má prática médica refletirá uma inimizade ao direito, mas já tenho mais dificuldades em reputar este estado anímico como elemento caracterizador do *desvalor da ação* naqueles casos médicos mais habituais.

De toda a forma, devo sublinhar que Faria Costa entende que nas constelações típicas referentes aos casos de *dolo eventual*, não se verifica uma patente *hostilidade para com o direito*, mas sim, uma "posição ética de acomodação ou indiferença".[47] Nas primeiras formas de dolo (direto e necessário), existe uma "posição de repúdio ou negação para com os valores que a norma penal cristaliza", já no dolo eventual há uma "posição de indiferença face à violação da mesma norma".[48] Em suma, para o Autor, a punição a título de dolo eventual cobre a "fissura que a indiferença suscitava na unidade global da ordem jurídica". Há, portanto, uma *equiparação* entre a indiferença axiológica e a negação dos valores jurídicos.[49] Assim, é de reparar que ao menos em uma das possíveis expressões da "dolosidade" existe uma certa sobreposição entre as duas correntes aqui delineadas, pois ambas entendem que uma posição íntima do agente, por indiferença, representa um atentado para a ordem jurídica e deverá receber uma *punição a título de dolo.*

Sobre as correspondências ou as dissidências íntimo-subjetivas entre o tipo de culpa doloso e o tipo de culpa negligente, concluo dizendo que, no plano jurídico-dogmático, não quero arvorar puramente a indiferença como o *punctum saliens* da diferença entre dolo eventual e negligência consciente[50] ou mesmo defender a *indiferença como dolo* tal e qual, pois tenho por certo que adscrever um *único*

---

[45] E assim, neste ponto, adiro à doutrina de Figueiredo Dias. Cf. FIGUEIREDO DIAS, Jorge de. *Direito Penal: Parte Geral*. Tomo I (Questões Fundamentais – A Doutrina Geral do Crime). 2ª ed. Coimbra: Coimbra Editora, 2007, p. 278, 529.

[46] FARIA COSTA, José de. *Direito Penal*. 5ª ed. Lisboa. Imprensa Nacional, 2017, p. 403.

[47] *Idem*, p. 430-431.

[48] *Idem*, p. 431.

[49] *Ibidem*.

[50] Deliberando sobre se a distinção entre o dolo eventual e a negligência consciente se faz no plano do ilícito ou da culpa (concluindo por uma solução que engloba os dois planos) e qual deve

critério, p. ex. a indiferença, como fórmula mágica para a conceituação integral do dolo ao invés de admitir que ele é apenas um mero estado psíquico é reduzir a discussão a um mero "embate teórico" e a uma "disputa de fórmulas e de exageração terminológica".[51] A meu ver, a discussão sobre o que é realmente o dolo exige uma argumentação muito mais profunda do que aquela que pode ser retratada aqui no texto e reclama um outro espaço que não este.

Tampouco quero me limitar a uma necessária correspondência de toda a plétora de expressões subjetivas de um agente com as *indeclináveis tábuas* dos tipos de culpa existentes até aos dias atuais: dolo e negligência, sendo o primeiro subdividido em direto, necessário e eventual, e o segundo em consciente e inconsciente. Em meu entender, esta compulsiva limitação e redução não corresponde à realidade anímica dos sujeitos e conduz diuturnamente a desagradáveis injustiças jurisprudenciais. No entanto, esta é uma tarefa que, mais uma vez, excede em muito a análise proposta neste texto, pelo que deixo aqui apenas a ideia de que muitas das condutas ilícitas praticadas por médicos vão muito além de uma posição íntima de descuido ou leviandade – típicos do tipo de culpa negligente.[52]

Finalmente, diga-se que a figura do médico virtuoso não precisa ser a de um *herói moral* (Figueiredo Dias)[53] ou a de alguém que literalmente não vê "descanço nem no leito, porque a qualquer hora deve elle correr a toda a parte".[54] Não obstante, o médico virtuoso, ou "apenas" aquele cumpridor das normas, não precisa agir de forma indiferente com o outro, despersonalizando o vulnerável, atuando com dolo criminal quando desprezar "um gemido do homem que soffre".[55]

Conclusão

Pensar, no fundo, poderia afastar quase todos os males, pois o homem é sempre falho. Quem pensa, supostamente, age *virtuosamente*

ser o critério decisivo para a diferenciação, abandonando a indiferença como "critério último da distinção", ver, FIGUEIREDO DIAS, 2007, p. 374-376.

[51] FARIA COSTA, 2017, p. 406.

[52] FIGUEIREDO DIAS, 2007, p. 896.

[53] "Todos estão de acordo com que a personalidade suposta pela ordem jurídica não é a do "herói moral", mas a do homem dotado de uma resistência espiritual normal. Por isso não faria sentido censurar o agente pela personalidade manifestada no facto, quando afinal ela acaba por se revelar adequada no essencial ao modelo suposto pela ordem jurídica". FIGUEIREDO DIAS, 2007, p. 609.

[54] S., 1848. p. 25.

[55] *Ibidem*.

e repele o *mal* que em si mesmo existe e, deste modo, não comete, por *indiferença*, nenhum ilícito criminal.

Chego ao final com as palavras de uma *nota* escrita por Ernildo Stein há quarenta e um anos atrás, muito embora tais delineamentos não tenham sido o mote para este artigo, no mínimo, suscitarão o estímulo para um pensamento conclusivo. Transcrevo o parágrafo inteiro, pois por mais longo que seja, não permite cortes ou retoques e subsome, de certa forma, a ideia aqui exposta:

> Enquanto a filosofia das ciências põe todo o seu empenho em promover a atividade científica na era da técnica, através dos subsídios indispensáveis da reflexão metodológica, Heidegger vê, em todo este processo, um signo do esquecimento do ser. Sua crítica à inelutável invasão do planeta pelo domínio da técnica não deve ser vista como postura anticientífica ou simplesmente reacionária e pessimista; ele quer salvar um espaço essencial para o humano, que não pode ser dissolvido no processo tecnocrático, e nisto coincide singularmente com pensadores neo-hegelianos e neomarxistas. Quando afirma que "a ciência não pensa", não o faz como uma crítica, mas como uma constatação do que é a estrutura interna da ciência. Heidegger reconhece o fenômeno da autonomização das ciências no âmbito da filosofia como um acontecimento inevitável e que não possui nada de negativo. O que ele quer impedir é que a razao se instrumentalize inteiramente e perca a visão do todo. Também para Heidegger está morta a possibilidade de uma filosofia primeira, no sentido clássico, e com isto libertou ele o homem e a obra humana de modelos cosmológicos superados. (STEIN, Ernildo. Nota do tradutor. In: HEIDEGGER, Martin. Conferências e escritos filosóficos. São Paulo: Abril Cultural, 1979, p. 202 – Itálico no original)

Afastada a visão de que *"um médico vale por muitos homens"* (Ilíada, XI. 514)[56] e de que esta não deve ser a cosmovisão ou o ideal que norteia a prática médica atual; e admitida ideia de que a *"inelutável invasão do planeta pelo domínio da técnica"* não é algo, *per se*, negativo, só nos resta concordar com Heidegger, com Stein, quando afirmam que a falta (ou a diferença) de pensar (*própria de cada ciência* ou por um *vício do indivíduo*) acaba por afetar a vida, a saúde, o direito e a dignidade de *qualquer um* e redunda na pior consequência da despersonalização: no *esquecimento do ser*.

Enfim, viva Ernildo Stein! E que o resultado da sua reflexão continue sendo o mesmo daqueles grandes filósofos assim como ele também é: *"um ponto de partida para os debates decisivos no cenário da filosofia"*, não somente acadêmica, do século XXI.[57]

---

[56] *Apud* ROCHA PEREIRA, 2017, p. 480.

[57] Aqui parafraseio o próprio homenageado quando, na época, referia-se a Heidegger. Cf. STEIN, 1979, p. 201.

Referências

ARENDT, Hannah. *Eichmann em Jerusalém: um relato sobre a banalidade do mal*. Trad. de José Rubens Siqueira. 14ª Reimp. São Paulo: Companhia das Letras, 1999.

ARIMANY-MANSOA, Josep; CLOS-MASÓ, Dolors; GÓMEZ-DURÁN, Esperanza. Sobre las agresiones a profesionales sanitarios (Editorial). *Atención Primaria*, Vol. 48, n.º 3, p. 147-148, 2016.

BERGDOLT, Klaus. Das Kontinuum des Ärztlichen. In: KATZENMEIER, Christian; BERGDOLT, Klaus (Hrsg.). *Das Bild des Arztes im 21. Jahrhundert*. Kölner Schriften zum Medizinrecht – Band 1. Berlin; Heidelberg: Springer-Verlag, 2009. p. 105-115.

BOSTROM, Nick. Human Genetic Enhancements: A Transhumanist Perspective. *The Journal of Value Inquiry*, Vol. 37, p. 493-506, 2003.

COSTA ANDRADE, Manuel da. Comentário ao artigo 150º. In: FIGUEIREDO DIAS, Jorge de (Dir.). *Comentário Conimbricense do Código Penal – Parte Especial*. Tomo I (Artigos 131º a 201º). 2ª ed. Coimbra: Coimbra Editora, 2012. p. 221-235.

——. *Consentimento e Acordo em Direito Penal* (Contributo para a fundamentação de um paradigma dualista). Reimp. Coimbra: Coimbra Editora, 2009.

——. Sobre a reforma do Código Penal português: dos crimes contra as pessoas, em geral, e das gravações e fotografias ilícitas, em particular. *Revista Portuguesa de Ciência Criminal*, p. 427-497, 1993.

COULEHAN, Jack; WILLIAMS, Peter C. Vanquishing Virtue: The Impact of Medical Education. *Academic Medicine*, Vol. 76, nº 6, p. 598-605, 2001.

DESCARTES, René. *Os princípios da filosofia*. Trad. Alberto Ferreira. Lisboa: Guimarães Editores, 1998.

DUFF, R. A. Virtue, Vice, and Criminal Liability: Do We Want an Aristotelian Criminal Law? *Buffalo Criminal Law Review*, Vol. 6, p. 147-184, 2002.

——. Intentions Legal and Philosophical. *Oxford Journal of Legal Studies*, Vol. 9, Issue 1, p. 76-94, 1989.

FARIA COSTA, José de. *Direito Penal*. 5ª ed. Lisboa: Imprensa Nacional, 2017.

FIGUEIREDO DIAS, Jorge de. *Direito Penal: Parte Geral*. Tomo I (Questões Fundamentais – A Doutrina Geral do Crime). 2ª ed. Coimbra: Coimbra Editora, 2007.

FILKINS, James A. "With no evil intent": The criminal prosecution of physicians for medical negligence. *The Journal of Legal Medicine*, Vol. 22, Issue 4, 467-499, 2001.

FRAKES, Michael; JENA, Anupam B. Does medical malpractice law improve health care quality? *Journal of Public Economics*, Vol. 143, p. 142-158, 2016.

GRECO, Luís. A ilha de Kant. In: GRECO, Luís; MARTINS, Antonio (Org.). *Direito penal como crítica da pena. Estudos em homenagem a Juarez Tavares por seu 70º Aniversário em 2 de setembro de 2012*. Madrid; Barcelona; Buenos Aires; São Paulo: Marcial Pons, 2012. p. 263-279.

HEIDEGGER, Martin. *Was heißt Denken*? Gesamtausgabe. I. Abteilung: Veröffentlichte Schriften 1910-1976 (Band 8). Frankfurt: Vittorio Klostermann, 2002.

JASPERS, Karl. Il medico nell'età della técnica. In: JASPERS, Karl. *Il medico nell'età della tecnica*. Trad. Mauro Nobile. Milano: Raffaello Cortina Editore, 1995.

KAISER, Gerhard. Die Wahrheit wird euch frei machen. Die Freiburger Universitätsdevise – ein Glaubenswort als Provokation der Wissenschaft. In: WENZLER, Ludwig (Hrsg.). *Welche Wahrheit braucht der Mensch? Wahrheit des Wissens, des Handelns, des Glaubens*. Tagungsberichte der Katholischen Akademie der Erzdiözese Freiburg. Freiburg i. Br.: Katholische Akademie, 2003, p. 47-103.

KERSHAW, Ian. *Hitler, the Germans, and the final solution*. New Haven; London: Yale University Press, 2008.

KING, Joseph H., Jr. Standard of Care for the Medical Profession. *Vanderbilt Law Review*, Vol. 28, n.º 6, p. 1213-1276, 1975.

KRAATZ, Erik. Aus der Rechtsprechung zum Arztstrafrecht 2016/2017 – 1. Teil. *Neue Zeitschrift für Strafrecht – Rechtsprechungsreport (NStZ-RR)*, p. 329-335, 2017.

KULLOK, Arthur. Dopaje y manipulación genética: una perspectiva jurídico-criminal. *Revista Aranzadi de Derecho de Deporte y Entretenimiento*, n.º 53, p. 165-175, 2016.

LO, Vivienne; STANLEY-BAKER, Michael. Chinese Medicine. In: JACKSON, Mark (Ed.). *The Oxford Handbook of the History of Medicine*. New York; Oxford: Oxford University Press, 2018. p. 150-168.

LOPES, Hugo. As Virtudes do Homem Bom: Um paralelismo entre Platão e Aristóteles. Covilhã: Lusosofia Press, 2014.

MARCUM, James. *The Virtuous Physician: The Role of Virtue in Medicine*. Philosophy and Medicine – Vol. 114. Dordrecht; Heidelberg; London; New York: Springer, 2012.

MARIA JORDÃO, Levy. *Commentario ao Codigo Penal portuguez*. Tomo III. Lisboa; Typographia de José Baptista Morando, 1854.

OLIVEIRA, Guilherme de. Auto-regulação profissional dos médicos. *Revista de Legislação e de Jurisprudência*, ano 134, n.º 3923, p. 34-40, 2001.

——. O fim da «arte silenciosa». *Revista de Legislação e de Jurisprudência*, ano 128, n.º 3852, p. 70-72, 1995.

——. Recensão de José Fragata e Luís Martins — O erro em medicina. Perspectiva do indivíduo, da organização e da sociedade. Coimbra, Almedina, 2004. In: OLIVEIRA, Guilherme de. *Temas de Direito da Medicina*. 2ª ed. Coimbra: Coimbra Editora, 2005. p. 289-307.

PELLEGRINO, Edmund; THOMASMA, David. *The virtues in medical practice*. New York; Oxford: Oxford University Press, 1993.

RICOEUR, Paul. Prudential judgment, Deontological Judgment and Reflexive Judgment in Medical Ethics. In: KEMP, Peter; RENDTORFF, Jacob; JOHANSEN, Niels (Ed.). *Bioethics and Biolaw*. Vol. 1: Judgment of life. Copenhagen: Rhodos International Science and Art Publishers & Centre for Ethics and Law, 2000, p. 15-25.

ROCHA PEREIRA, Maria Helena da. *Estudos de História da Cultura Clássica*. Vol. I: Cultura Grega. 12ª ed. Lisboa: Fundação Calouste Gulbenkian, 2017.

ROMEO CASABONA, Carlos María. Evolución del tratamiento jurídico-penal de la imprudencia del personal médico-sanitario. *Revista Jurídica de Castilla y León*, nº 13, p. 211-251, 2007.

S., A. da. O médico. *Revista academica: jornal litterario e scientifico*. Vol. 1 (1845-1848). Coimbra: Imprensa de E. Trovão, 1848. p. 25-32 (nº 2 – 1 de Abril de 1845) e 55-57 (nº 4 – 1 de Maio de 1845) – O artigo foi republicado em: *O Recreador Mineiro*. Tomo 7º, 1848, p. 173-178 –.

SADEGH-ZADEH, Kazem. Fuzzy genomes. *Artificial Intelligence in Medicine*, Vol. 18, p. 1-28, 2000.

SAVULESCU, Julian; BOSTROM, Nick. Introduction – Human Enhancement Ethics: The State of the Debate. In: SAVULESCU, Julian; BOSTROM, Nick (Ed.). *Human Enhancement*. Oxford: Oxford University Press, 2009, p. 1-22.

SPORLEDER DE SOUZA, Paulo Vinicius. *Direito Penal Médico*. Porto Alegre: Livraria do Advogado, 2009.

STEIN, Ernildo. A psicanálise e a porta dos fundos da filosofia. In: STEIN, Ernildo. *Anamnese: a filosofia e o retorno do reprimido*. Porto Alegre: EDIPUCRS, 1997. p. 153-172.

——. Nota do tradutor. In: HEIDEGGER, Martin. *Conferências e escritos filosóficos*. São Paulo: Abril Cultural, 1979. p. 201-203.

——. Pensar é pensar a diferença: filosofia e conhecimento empírico. 3ª ed. Porto Alegre: Livraria do Advogado, 2019.

URRUELA MORA, Asier; MARTÍNEZ-JARRETA, Begoña, ROMEO CASABONA, Carlos María. Las agresiones a profesionales sanitarios en el contexto clínico-asistencial. Fenomenología, estudio de prevalencia, medidas preventivas y tratamiento legal (Monográfico). *Ciencia Forense: Revista Aragonesa de Medicina Legal*, nº 15, 2019, págs. 15-192.

WASSERBURG, Klaus. Rechtsprechungsübersicht zum Arztstrafrecht – Januar 1997 bis Mai 2002. *Neue Zeitschrift für Strafrecht (NStZ)*, p. 353-363, 2003.

WILLIAMS, Glanville. Oblique Intention. *Cambridge Law Journal*, Vol. 46, Issue 3, p. 417-438, 1987.

A perspectiva de uma filosofia na ciência jurídica sob a luz do pensamento de Ernildo Stein

CLAUDIO MELIM[1]

Ernildo Stein é um Mestre que sempre nos desafia. Certa vez, comentando criticamente o fato de a comunidade jurídica dar nomes às "teorias do Direito, apelando a várias correntes científicas", como "sociologia, política, psicanálise, etc.", o que lhe parecia um engano, ele sugeriu que deveríamos começar "com o Direito como um conceito primeiro", vendo "o que é próprio dele". Para Stein, o "enigma do Direito tem sua grandeza", e ele traz algo que deve ser entendido primeiro. É aí que ele pergunta em tom desafiador: o que é o direito "antes de nós complicarmos ele com nossas teorias"? Precisamos pensar essa questão para, só então, usarmos "todo o repertório científico para tentar o Direito".[2]

Isso requer a perspectiva de uma filosofia que lance luz para clarear o "enigma do Direito" na visão da ciência jurídica. Não podemos, porém, "esmagar o Direito" com a filosofia. O remédio não pode ser "forte demais". Não somos "críticos sociais, reformadores, profetas ou iluministas". Somos pensadores que recebem, "das leituras e da reflexão", as "linhas de desmontagem de questões graves do Direito" ou "outros modos de articular melhor o confuso".[3] Aprendemos isso com Ernildo Stein e, sob a luz de seu pensamento, oferecemos neste texto algumas reflexões sobre o que pode ser a perspectiva de uma filosofia na ciência jurídica.

---

[1] Doutorando e Mestre em Ciência Jurídica pela Universidade do Vale do Itajaí (UNIVALI). Possui graduação em Direito e Ciência da Computação pela mesma instituição. Advogado e consultor empresarial na área de Direito Tributário.

[2] Conversa com Ernildo Stein, realizada por aplicativo via Internet. 17/03/2018.

[3] Conversa com Ernildo Stein, realizada por aplicativo via Internet. 25/02/2017.

Não pretendemos sintetizar a obra de Ernildo Stein em poucas páginas. Tal pretensão seria risível. Podemos apenas mergulhar em alguns trechos de seus escritos e, com eles, pensar o problema que nos interessa. A ideia é emprestar a racionalidade de Stein para iluminar nosso ensaio na direção de uma outra visão do direito como objeto da ciência jurídica. Buscaremos, em seus escritos, a perspectiva fenomenológica que nos mostrará "um movimento do pensar em que a Filosofia e o conhecimento empírico circulam num caminho de duas mãos".[4]

O conjunto da obra de Ernildo Stein é vasto e multidisciplinar, mas podemos ver com bastante nitidez que há três fontes proeminentes de tematização, que brotam de forma contínua por toda a extensão de seus escritos. Essas zonas de convergência temática se revezam no protagonismo de cada um dos episódios que formam a trama do trabalho filosófico de Ernildo Stein. Suas cuidadosas reflexões seguem numa espiral de amadurecimento, impulsionada pelo movimento firme desse eixo de tripla engrenagem. As rotações desse circuito tríplice geram a energia que produz luz em seus escritos, revelando a volumetria sofisticada que sustenta seu pensamento.

Enxergamos a primeira zona temática de Stein na relação entre filosofia e ciência, identificada como a questão do "método", que é, como esclarece Paviani,[5] "uma espécie de linha dorsal que sustenta toda a investigação filosófica do autor". Método aqui não é sinônimo de metodologia. A palavra "método" ganha outro sentido no âmbito da hermenêutica heideggeriana. Ernildo Stein se debruçou demoradamente sobre essa questão ao longo de sua vida acadêmica. Seu trabalho mostra detalhes de um novo modo de acesso ao empírico, fundado na filosofia de Heidegger. Um modo de acesso ao empírico que nos remete à "relação entre saber e compreender"[6] e que Ernildo Stein identifica com a expressão "fenomenologia do conhecimento".

A segunda temática da filosofia steiniana oferece uma visão sofisticada da estrutura e do movimento da "interrogação heideggeriana", elucidando aquilo que ficou conhecido como "a tarefa do pensamento".[7] Essa interpretação da obra de Heidegger é o cordão umbilical que nutre sua fenomenologia do conhecimento. Foi por aí que Stein trouxe as condições de possibilidade para pensar e ensinar esse novo modo de acesso ao empírico. Sabemos por seus escritos que

---

[4] STEIN, Ernildo. *Exercícios de fenomenologia*. p. 87.

[5] PAVIANI, Jayme. Apresentação. *In*: STEIN, Ernildo. Sobre a verdade. p. 11.

[6] STEIN, Ernildo. *Exercícios de fenomenologia*. p. 198.

[7] STEIN, Ernildo. *Compreensão e finitude*. p. 403.

Heidegger não disse tudo, mas a compreensão da "intenção profunda"[8] do filósofo da Floresta Negra ofereceu o pavimento básico para o caminho das reflexões de Stein.

Em terceiro lugar, está o foco de Ernildo Stein numa "Antropologia filosófica mais adequada ao problema da vida humana".[9] O núcleo dessa antropologia filosófica é uma estruturação fenomenológica para uma autocompreensão do ser humano. Esse projeto caminha na direção da "compreensão de nós mesmos", dentro do "espaço em que tudo se dá, mas onde nunca nos encontramos a nós mesmos reduzidos a um simples dado empírico".[10] Stein pôs em movimento o estudo de uma antropologia fundada na "pergunta radical pela essência do homem",[11] que foi posta pela filosofia de Heidegger no âmbito da chamada "superação da metafísica".[12]

Nossa perspectiva enxerga o direito como um modo de ser humano, uma proposta que já ensaiamos em trabalho anterior.[13] Se enxergamos o direito como um modo de ser humano, precisamos aprender a pensar o ser humano de alguma forma. Isso requer uma visada antropológica, na direção daquilo que fez Ernildo Stein. Sua antropologia filosófica já vai longe, mas sabemos que o que precisamos pode ser encontrado nos marcos de seu caminho. Quando Stein se refere, por si ou pelas formulações de Heidegger, à(s) ciência(s), pensamos em ciência jurídica. Sempre que ele fala sobre o modo de ser humano, vemos o direito. Se ele diz algo sobre entes, temos (também) os textos e os institutos jurídicos. Assim seguimos na busca das possibilidades de uma outra forma de pensar o direito.

Buscamos uma perspectiva heideggeriana pelo caminho da antropologia filosófica de Ernildo Stein. Queremos aprender a pensar o direito com base na visão estrutural do lugar de nossa existência, a fim de compreender as condições de possibilidade para acesso a esse lugar onde se dá o nosso modo de ser humano. Martin Heidegger chamou essa estruturação de analítica existencial. O conhecimento da trilha percorrida por Ernildo Stein na direção de sua antropologia filosófica nos empresta luz para que possamos tentar os primeiros passos no ambiente denso e inóspito do pensamento heideggeriano.

---

[8] STEIN, Ernildo. *Pensar é pensar a diferença*. p. 30.

[9] STEIN, Ernildo. *Exercícios de fenomenologia*. p. 188.

[10] STEIN, Ernildo. *Antropologia filosófica*. p. 70.

[11] HEIDEGGER, Martin. *Introdução à filosofia*. p. 334.

[12] HEIDEGGER, Martin. A superação da metafísica. *In:* ___, *Ensaios e conferências*. p. 61.

[13] MELIM, Claudio. *Ensaio sobre a cura do direito*.

Encontramos aí uma visão essencial para pensarmos o direito como um modo de ser humano.

Não se pode explicar amiúde uma filosofia sofisticada no breve espaço de um artigo. O que precisamos fazer é mostrar o quê e o como (d)essa filosofia poderá nos ajudar a pensar os desafios da ciência jurídica. É aí que Ernildo Stein se torna providencial. Ele conhece como poucos a fenomenologia heideggeriana. Dedicou boa parte de sua vida acadêmica para pensar a fundo a questão do método como fio condutor da relação entre filosofia e ciência. Fez isso na direção de sua antropologia, alimentado pelos nutrientes da ontologia fundamental de Heidegger. Queremos compreender a tarefa de pensar o direito nesse caminho. Um problema que nos põe entre a filosofia e a ciência jurídica, onde, portanto, ganhamos maior potencial caminhando com Ernildo Stein. Seguimos uma rota menos sinuosa, indo de Stein para Heidegger. Algo aprendido do Mestre alemão:[14]

> Se quisermos penetrar no real trabalho filosófico de Platão, então precisamos ter a garantia de que temos desde o início o acesso correto, isto é, de que deparamos precisamente com aquilo que não se encontra presente. Para tanto, carece-se de um *fio condutor*. Até aqui foi usual interpretar a filosofia platônica de tal modo que se avançava de Sócrates e dos pré-socráticos até Platão. Queremos tomar o caminho inverso, retornando de Aristóteles para Platão. Esse caminho não é inaudito. Ele segue o antigo preceito da hermenêutica, de que se deve partir da interpretação do claro para o obscuro.

Ver o direito como um modo de ser humano implica enxergar o contexto do jogo pelo poder social. Devemos superar as ingenuidades compreensivas que turvam nossa percepção nesse sentido. Isso não significa fazer política jurídica. Nossa caminhada é fenomenológica. Não queremos saber ou propor o melhor direito. Queremos saber "como é" o direito. Se alcançarmos nosso objetivo, talvez o conteúdo de nossa reflexão possa contribuir, no futuro, para algum trabalho de política jurídica. Essa contribuição, todavia, só poderá ser de natureza formal (estrutural). Nossa pergunta é pelo ser e não pelo dever ser do direito.

> Teremos descoberto, então, que fundamentar no Direito não deve ser confundido com um simples procedimento argumentativo. Para além dele é preciso descobrir, no Direito, um modo de ser. Heidegger talvez dissesse um modo de se "comportar" ou um modo de "habitar". [...] Estará assim descoberta a radical precariedade do Direito e sua insuperável fragilidade em face da política. Estamos embarcados numa nau que construímos para sobreviver por meio de regras jurídicas. Se não soubermos, todavia, que elas fazem parte do profundo processo de autocompreensão em que jamais encontraremos o fundo, facilmente absolutizaremos o discurso jurídico e pensando garanti-lo num sistema fechado o sufocamos pelo positivismo.[15]

[14] HEIDEGGER, Martin. *Platão: o sofista*. p. 11.

[15] STEIN, Ernildo. *Exercícios de fenomenologia*. p. 169.

Não pretendemos encontrar um novo direito ou uma nova ciência jurídica. A tradição que os constitui pela linguagem não pode ser destruída, mas pode ser superada. Superar não é sinônimo de destruir. Queremos aprender as possibilidades operacionais dessa fenomenologia do conhecimento como alternativa a "um Direito que se especializa para esconder o impasse de seu vazio".[16] A lógica dualista da relação sujeito-objeto impôs um grilhão compreensivo à ciência jurídica, diluindo sua visão do direito "num simples superfatualismo, numa sucessão de respostas historicistas ou numa analiticidade esterilizadora".[17] Isso não pode ser destruído, mas pode ser superado pela compreensão de uma outra posição filosófica.

Heidegger mostrou que, quando colocamos "em curso a pergunta radical pela essência do homem", "a antropologia precisa ser refundada a partir da orientação central pela questão do ser".[18] Stein seguiu por aí para estruturar sua antropologia filosófica, e nós entramos com ele no problema do ser jurídico para encarar essa "pergunta radical". Uma pergunta que impõe a superação da lógica dualista pela necessidade de dizer o indizível. O ser é indizível, mas a visão de sua essência é imprescindível para que possamos quebrar o grilhão da metafísica. Somente pela fenomenologia é que encontraremos o modo de acesso adequado a esse indizível.

> Essa Antropologia filosófica não nega o histórico, o cultural, o fático, mas ela pretende acentuar aquela dimensão do ser humano em que ele está posto a serviço do conceito, isto é, da compreensão do ser que torna possível fatos, eventos, histórias, "fundamentações últimas".[19]

A fenomenologia heideggeriana carrega um "conceito de método". Ela não "visa a caracterizar os conteúdos dos objetos da pesquisa filosófica". Ela nos oferece um modo de acesso ao indizível desses conteúdos, que, além de indizível, permaneceria invisível sem esse modo de acesso. Método aqui "não é algo exterior e puramente técnico". Não se trata de metodologia. Essa nova ideia de método "se liga tanto mais à discussão das coisas em si mesmas quanto mais amplamente determina o movimento básico de uma ciência".[20] A essência do direito é indizível, mas a ciência jurídica precisa de uma visão formal e estruturadora dessa essência para se livrar das ingenuidades que a fragilizam na selvageria do jogo pelo poder social.

---

[16] STEIN, Ernildo. *Exercícios de fenomenologia*. p. 154.

[17] STEIN, Ernildo. *Exercícios de fenomenologia*. p. 136.

[18] HEIDEGGER, Martin. *Introdução à filosofia*. p. 334.

[19] STEIN, Ernildo. *Exercícios de fenomenologia*. p. 224-225.

[20] STEIN, Ernildo. *Compreensão e finitude*. p. 166.

Junto com Ernildo Stein,[21] sabemos que Lenio Streck foi o primeiro jurista brasileiro a buscar a articulação da filosofia com o direito a partir do paradigma de uma fenomenologia de natureza hermenêutica. Streck[22] propôs o uso da expressão "filosofia no Direito" para caracterizar a essência fenomenológica de sua crítica hermenêutica. Temos aqui o "germe de uma semente (teórica) plantada por ele",[23] mas não uma relação de complementação. Lenio foi pioneiro, e devemos a ele a ideia de buscar luz filosófica para o direito nas obras de Heidegger, Gadamer e Stein. Focamos o direito com as lentes do mesmo paradigma, produzindo uma inevitável semelhança entre nossas linguagens. Essa semelhança, porém, deve ser percebida com cuidado, porque as visões resultantes são diferentes.

Quando usamos a expressão *filosofia na ciência jurídica*, partimos da mesma demanda inicial, porém, com um objetivo final diferente da "filosofia no Direito" de Lenio Streck. Como o nome de sua proposta afirma, ele oferece uma crítica hermenêutica do direito. Seu discurso aponta sempre para um direito que (ou como) deve ser, enquanto seguimos em outra direção, buscando enxergar o direito que (ou como) é. As pretensões finais de Streck têm sido sempre de natureza normativa e/ou corretiva, naquilo que ele chama de teoria da decisão judicial.[24] A nossa será meramente compreensiva. Concordaremos com ele na essência de sua "filosofia no Direito", e não na sua finalidade.

Temos aqui a visão do direito como um modo de ser humano. Quando afirmamos que o discurso de Lenio Streck aponta para um direito que (ou como) deve ser, estamos dizendo que ele trabalha na construção e na defesa de um dever específico para o nosso modo de ser jurídico. Trata-se de um dever para o direito enquanto modo de ser humano. Mormente em relação ao modo de ser dos julgadores do direito. Lenio procura consolidar sua visão na direção daquilo que Heidegger identificou com o termo "postura"[25] e que trata de uma espécie de comportamento do intérprete. A perspectiva crítica de Lenio foca no modo de ser do julgador do direito, e não no conteúdo do julgamento. Não há dúvida de que suas críticas contundentes têm como objeto os textos jurídicos, afinal, a linguagem é a condição de possibi-

[21] STEIN, Ernildo. *Exercícios de fenomenologia*. p. 169.

[22] Especialmente, mas não apenas: STRECK, Lenio Luiz. *Hermenêutica jurídica e(m) crise*; e STRECK, Lenio Luiz. *Verdade e consenso*.

[23] MELIM, Claudio. *Ensaio sobre a cura do direito*. p. 17.

[24] STRECK, Lenio Luiz. *Jurisdição constitucional e decisão jurídica*. p. 322.

[25] HEIDEGGER, Martin. *Introdução à filosofia*. p. 391.

lidade essencial para compreensão do sentido do ser. Mas seu objetivo final não está nos conteúdos textuais, e sim, no comportamento do intérprete frente ao caso concreto. Isso é o que está embutido na sua "metáfora da resposta correta".[26]

Para que possamos falar de filosofia na ciência jurídica, precisamos de um alinhamento prévio sobre o que queremos dizer com as palavras que compõem essa expressão. Podemos começar com aquilo que a filosofia não é e não faz. A filosofia "não é ciência". Ela "é em verdade origem da ciência".[27] A "Filosofia não investiga a realidade, nem apresenta teorias sobre como investigá-la. É por isso que podemos dizer que ela não acrescenta nada ao nosso conhecimento dos objetos". O "conhecimento filosófico é de uma ordem diferente da do conhecimento científico".[28] Os "cientistas buscam a solução de problemas e os filósofos se ocupam com os problemas da solução".[29] Isso foi o que nos instigou a "estudar a presença da Filosofia no conhecimento científico"[30] do direito. Não para negar ou competir com as teorias e os institutos dogmáticos que sustentam o senso comum teórico,[31] mas para ganhar alguma competência discursiva para a tarefa de descrever o "acontecer que envolve existencialmente"[32] os desafios da ciência jurídica.

> Muitas vezes pensamos que são exigidas novas atitudes para entrar na Filosofia, e que, portanto, ocupar-se com ela implica comportamentos diferentes do cotidiano. Isso chega a nos levar muitas vezes a pensar que devemos abandonar o cotidiano, e que é preciso introduzir-se numa esfera nova e superior, quando, na verdade, mesmo que a Filosofia lide com uma linguagem nova, ou com problemas que não se resolvem com a linguagem do cotidiano, quem faz Filosofia não pode abandonar o compromisso com o senso comum e o enraizamento nas formas socialmente aprendidas.[33]

Não são os tipos de objetos que separam a filosofia da ciência. Falamos aqui de diferentes modos de ser. A "Filosofia não designa o que deve ser aí tratado e reconhecido, mas o modo, o tipo fundamental do comportamento".[34] Na relação entre filosofia e ciência, "encontramo-nos diante de duas racionalidades, uma das quais trata de objetos e

---

[26] STRECK, Lenio Luiz. *Verdade e consenso*. p. 419.

[27] HEIDEGGER, Martin. *Introdução à filosofia*. p. 20.

[28] STEIN, Ernildo. *Exercícios de fenomenologia*. p. 171.

[29] STEIN, Ernildo. *Exercícios de fenomenologia*. p. 128.

[30] STEIN, Ernildo. *Exercícios de fenomenologia*. p. 134

[31] Especialmente, mas não apenas: WARAT, Luis Alberto. *Mitos e teorias na interpretação da lei*. p. 17; e WARAT, Luis Alberto. *Introdução geral ao direito I*. p. 13

[32] STEIN, Ernildo. *Pensar e errar*. p. 220

[33] STEIN, Ernildo. *Inovação na filosofia*. p. 69.

[34] HEIDEGGER, Martin. *Introdução à filosofia*. p. 27.

a outra da condição de possibilidade sob as quais a primeira se dá".[35] Segundo Stein,[36] costuma-se "dizer que Ciência e Filosofia se juntam na discussão dos fundamentos da primeira". Heidegger[37] esclarece que "[...] a filosofia é o limite da essência da ciência; a ciência deve à filosofia a sua possibilidade interna". A "filosofia acha-se à base de toda ciência, mas ela não se reduz à ciência".

> Enunciar que o círculo é arredondado é ao mesmo tempo supérfluo e inadequado. E esse fato, esse não-poder-ser mais ou menos arredondado, não é fruto de uma incapacidade. É sim muito mais uma supercapacidade: o círculo é essencialmente dotado de muito mais. Dizer da filosofia que ela é ciência é ao mesmo tempo supérfluo e inadequado. De modo correspondente vale afirmar: a razão pela qual a filosofia não é nenhuma ciência não está calcada em nenhuma incapacidade, mas em uma supercapacidade essencial.[38]

A fala de Heidegger não aponta para uma incompatibilidade entre filosofia e ciência. Ela busca neutralizar a falácia ingênua da falta de cientificidade da filosofia. A filosofia não é inferior porque lhe falta cientificidade. A ciência é que não poderia existir na falta da filosofia. Mas isso também não quer dizer que a ciência esteja contida na filosofia. Filosofia e ciência se caracterizam como diferentes modos de ser de nossa existência. A ciência não é um subconjunto da filosofia. Nosso modo de ser filosófico sustenta a ciência sem a incorporar. Heidegger aprofunda essa natureza filosófica pela análise do "problema da essência existencial da ciência".[39]

> Enquanto não chegarmos ao ponto em que os pesquisadores que atuam nas ciências particulares percebam que, com os meios de sua ciência, eles nunca estarão em condições de conceber os fundamentos dessa ciência e de perscrutá-la nesses fundamentos, toda investigação de fundamentos será em vão.[40]

No dizer de Stein, quando "a ciência quer examinar a maneira de proceder que lhe é própria, deve saber que na reflexão sobre si mesma precisa reconhecer que seu método a abandona".[41] Essa busca pelos fundamentos da ciência nos põe diante daquilo que a filosofia chama de transcendência e que identifica a condição de possibilidade essencial da ciência. Somos demandados a encontrar um modo de acesso a essa dimensão transcendental. As ciências costumam tropeçar nessa tarefa por falta de uma ideia adequada de método. Quando nos refe-

---

[35] STEIN, Ernildo. *Pensar é pensar a diferença*. p. 15.

[36] STEIN, Ernildo. *Exercícios de fenomenologia*. p. 135.

[37] HEIDEGGER, Martin. *Introdução à filosofia*. p. 246.

[38] HEIDEGGER, Martin. *Introdução à filosofia*. p. 19.

[39] HEIDEGGER, Martin. *Introdução à filosofia*. p. 32.

[40] HEIDEGGER, Martin. *Introdução à filosofia*. p. 41.

[41] STEIN, Ernildo. *Exercícios de fenomenologia*. p. 135.

rimos a método no âmbito filosófico, não estamos falando de técnicas ou teorias instrumentais para dissecação de conteúdos. A "questão do método na Filosofia possui características radicalmente distintas do método que conduz os procedimentos da Ciência".[42] Para a fenomenologia hermenêutica, método é uma palavra que remete a uma estruturação da percepção do fenômeno da existência humana. Uma espécie de modelo para uma visão formal dessa dimensão transcendental.

> A ciência [...] não vai além do objetivismo, e sua possibilidade como ciência está na constante incompletude de sua objetivação. A filosofia, por sua vez, não se dilui no domínio do real objetivo. Seu campo específico é o próprio âmbito em que a ciência surge como ciência e onde seu objeto se justifica. O espaço que a filosofia preserva, com seu esforço de reflexão, é a dimensão transcendental. Transcendental significa condição de possibilidade. Para o sujeito, é a dimensão crítico-reflexiva de sua consciência, aberta para a totalidade que sustenta o real objetivável.[43]

Ciência jurídica e direito não são a mesma coisa. Uma ciência não deve ser confundida com seu objeto, ainda que, nesse caso, possa haver uma relação umbilical entre as duas coisas. A ciência jurídica se realiza em busca de soluções possíveis para os problemas da profissão jurídica. Muitas vezes, essas soluções demandam uma produção aplicativa do direito. Isso não significa, porém, que a ciência jurídica seja o direito. Mesmo que o senso comum tenha o costume de usar a palavra *direito* para se referir à ciência jurídica. Direito e ciência jurídica são igualmente modos de ser, porém, com funcionalidades existenciais diferentes. Essa não é uma temática simples ou fácil. Ela demanda muito pensamento e somente com o suporte da filosofia conseguiremos compreender o que isso quer dizer.

A expressão *filosofia na ciência jurídica* não designa, portanto, uma tarefa científica, mas uma percepção das condições de possibilidade de uma ciência que tem o direito como objeto. Essa percepção se dá pela visão de uma estrutura formal-especulativa que ilumina a dimensão transcendental em que se dá o direito. Trata-se da "verdade transcendental"[44] que emerge da fenomenologia hermenêutica. Isso é filosofia. Só com essa percepção fenomenológica é que poderemos ver o que é o direito. Esse ver, porém, não mostra um conteúdo de natureza material, mas uma forma, um modelo de compreensão do que é o direito enquanto modo de ser humano. Essa estruturação formal aponta para o onde e o como da existência do direito, sem,

---

[42] STEIN, Ernildo. *Exercícios de fenomenologia*. p. 130.

[43] STEIN, Ernildo. *Uma breve introdução à filosofia*. p. 21-22.

[44] STEIN, Ernildo. *Compreensão e finitude*. p. 177.

contudo, revelar o seu conteúdo material. O conteúdo material do direito é sempre indizível, mas o seu modo de ser não é necessariamente invisível.

A filosofia na ciência jurídica estimula a tarefa de pensar os problemas das soluções científicas do direito pela visão dessa dimensão transcendental. Trata-se de uma tarefa de natureza filosófica, pois, lembrando Stein, sabemos que os "cientistas buscam a solução de problemas", enquanto são os filósofos que "se ocupam com os problemas da solução".[45] Entender essa estruturação transcendental se mostra como o nosso grande desafio, principalmente porque, no âmbito do direito, "se confundem a solução de problemas e os problemas da solução". Essa confusão é o que torna "o debate jurídico inacabável no exame de casos e cada vez mais retórico na definição do campo das razões".[46]

> Não podemos estabelecer regras rígidas para a introdução do questionamento filosófico nas Ciências, mas, no mínimo, é preciso ter consciência de que se trata de dois discursos que primeiramente funcionam no campo argumentativo. Fica evidente, porém, que a relação entre ambas não se pode reduzir simplesmente aos campos argumentativos. A Filosofia introduz na Ciência justamente um mais. Esse não se reduz simplesmente a um novo ângulo na questão do método e na clarificação no campo das razões. Certamente a Filosofia introduz no campo da argumentação uma diferença. E essa consiste em tornar a Ciência consciente de que ela não tem condições de saber por si mesma qual é a forma de saber que nela se concretiza.[47]

A filosofia na ciência jurídica não tem funcionalidade beligerante quando compreendida para além de pretensões meramente ornamentais. Ela não pode servir de instrumento retórico para defesa de objetivos de cunho político ideológico. Quando isso ocorre, o que se faz deixa de ser filosofia. A linguagem da filosofia é de natureza compreensiva e não corretiva. No trecho acima, Stein alerta que a relação entre filosofia e ciência nos coloca diante de um problema que é também de linguagem, mas não somente de linguagem.

Heidegger deixou claro que "o que determina a vinculação hermenêutica do homem com o acontecer do ser, enquanto fenômeno, é a linguagem".[48] Essa determinação, porém, dá-se como condição de possibilidade desse "fenômeno", e, por isso, não nos autoriza a ver aí uma autossuficiência material da linguagem. O direito não pode ser encontrado na linguagem como se fosse ouro na bateia. Dissecações

[45] STEIN, Ernildo. *Exercícios de fenomenologia*. p. 128.

[46] STEIN, Ernildo. *Exercícios de fenomenologia*. p. 135-136.

[47] STEIN, Ernildo. *Exercícios de fenomenologia*. p. 135.

[48] STEIN, Ernildo. *Compreensão e finitude*. p. 201.

de textos são como autópsias. Elas ensinam bastante, porém, sempre a partir de um cadáver. A linguagem é a "morada do ser",[49] mas isso tem um significado filosófico profundo que precisa ser compreendido com bastante cuidado.

> A questão do ser não é uma questão de gramática, nem se resume aos questionamentos semânticos. A questão do ser é um problema hermenêutico, liga-se ao homem e participa de seu mistério e de seu sentido. [...] A linguagem da metafísica, impenetrável em seu sentido último à analítica, mergulha nesta esfera da compreensão de ser. A linguagem nasce do ser e com o ser, que é o modo como o homem primeiro compreende a si e às coisas. A linguagem, por isso, nunca se reduz a um instrumento crítica e analiticamente dominável num sistema fechado de comunicação.[50]

As profissões jurídicas manifestam o direito através de "uma linguagem estereotipada que produz grandes problemas de interpretação".[51] Essa linguagem costuma causar uma cegueira compreensiva que Warat mostrou bem com a ideia do senso comum teórico, apontando para o que ele identificou como "a dimensão ideológica das verdades jurídicas".[52] A "ciência tem algo em comum com o fanático".[53] A filosofia ajuda a reduzir a "ingenuidade da fé metodológica", amenizando o risco de "deformação do conhecimento".[54] Mas o direito não deixará de ser o que é com a filosofia na ciência jurídica. A filosofia pode apenas potencializar a ciência jurídica, emprestando-lhe maior nitidez acerca do que é o direito. Os profissionais jurídicos ganham competência compreensiva com o adensamento de sua linguagem pela filosofia. Isso pode se dar em "qualquer orientação doutrinária".[55] As bandeiras ideológicas são irrelevantes para a filosofia.

A filosofia na ciência jurídica pode (e deve) ser percebida como uma visão tática, que tende a produzir efeitos práticos sobre agir técnico. Porém, os elementos de linguagem que a filosofia empresta à ciência jurídica não podem, por si só, servir de arma discursiva na defesa de posições político-ideológicas. A profissão jurídica existe no contexto do jogo pelo poder social, mas a linguagem filosófica perde todo seu brilho no campo da batalha política. Na dimensão prática, a fala da filosofia não tem sentido. Os elementos discursivos próprios da fenomenologia hermenêutica estão a serviço da competência com-

---

[49] HEIDEGGER, Martin. Carta sobre o humanismo. In: —, *Marcas do caminho*. p. 326.

[50] STEIN, Ernildo. *Uma breve introdução à filosofia*. p. 55.

[51] STEIN, Ernildo. *Exercícios de fenomenologia*. p. 136.

[52] WARAT, Luis Alberto. *Introdução geral ao direito I*. p. 13.

[53] GADAMER, Hans-Georg. *Verdade e método II*. p. 58.

[54] GADAMER, Hans-Georg. *Verdade e método I*. p. 398.

[55] STEIN, Ernildo. *Exercícios de fenomenologia*. p. 136.

preensiva das atividades científicas, e não à disposição dos intérpretes como rótulos legitimadores de verdades absolutas. Falar em filosofia na ciência jurídica como argumento retórico para atacar a correção de textos jurídicos é um equívoco que dissolve todo o potencial da reflexão filosófica.

Temos agora uma visão panorâmica do que pretendemos dizer com a expressão *filosofia na ciência jurídica*. Streck inaugurou essa caminhada, e nós buscamos outras possibilidades a partir do potencial compreensivo que ele apontou com sua "filosofia no Direito".[56] Nossa pretensão, porém, será compreensiva, enquanto a de Lenio Streck tem sido de natureza crítica. Não temos necessariamente visões contraditórias, mas certamente finalidades bem diferentes. Talvez porque Streck olhe com mais atenção para a atividade judicante, enquanto nos preocupamos essencialmente com os desafios da profissão jurídica como um todo.

Aprendemos muito com Ernildo Stein sobre a "filosofia no Direito" de Streck. Seus escritos[57] aprofundaram os elementos filosóficos dessa empreitada no âmbito do projeto de sua fenomenologia do conhecimento. Não há, porém, uma confrontação de Stein em relação a Streck. Sua abordagem é apenas explicativa. Ela se dá mais no sentido de mostrar a ideia de Lenio como um bom exemplo de relação possível entre filosofia e conhecimento empírico. Stein não analisa os efeitos potenciais da visão crítica de Lenio Streck. Nossa pretensão de filosofia na ciência jurídica ganha muito com essa luz oferecida por Stein. As visões formadas por sua fenomenologia do conhecimento nos guiam nessa empreitada.

Mostramos a pretensão de nossa filosofia na ciência jurídica, sem, contudo, esclarecer como isso pode-se dar na prática. Aprendemos com Ernildo Stein que não "podemos estabelecer regras rígidas para a introdução do questionamento filosófico nas Ciências".[58] Heidegger mostrou que "filosofia é filosofar",[59] enfrentando o "problema da essência existencial da ciência"[60] para esclarecer a profundidade dessa afirmação. Trata-se de um assunto complexo que está além dos nossos objetivos, mas de onde podemos destacar dois aspectos imediatos

---

[56] Especialmente, mas não apenas: STRECK, Lenio Luiz. *Hermenêutica jurídica e(m) crise*; e STRECK, Lenio Luiz. *Verdade e consenso*.

[57] Especialmente, mas não apenas: STEIN, Ernildo. *Pensar e errar*; e STEIN, Ernildo. *Exercícios de fenomenologia*.

[58] STEIN, Ernildo. *Exercícios de fenomenologia*. p. 135.

[59] HEIDEGGER, Martin. *Introdução à filosofia*. p. 17.

[60] HEIDEGGER, Martin. *Introdução à filosofia*. p. 32.

para iluminar nossa reflexão. A tautologia heideggeriana explica que "a filosofia não é nenhuma ciência" e que, nesse sentido, a filosofia "precisa ser determinada a partir de si mesma".[61]

Como já afirmamos neste texto, a "Filosofia não designa o que deve ser aí tratado e reconhecido, mas o modo, o tipo fundamental do comportamento".[62] Essa constatação demanda a busca pelas características desse "tipo fundamental do comportamento". Se a ciência jurídica precisa da filosofia, e a filosofia é um "tipo fundamental de comportamento", precisamos aprender esse "comportamento", para que possamos buscar as condições de possibilidade que pretendemos para a ciência jurídica. Se "a filosofia não é nenhuma ciência" e se ela "precisa ser determinada a partir de si mesma", sabemos também que o conhecimento desse "tipo fundamental de comportamento" não é uma tarefa de natureza científica.

> Holz [madeira, lenha] é um nome antigo para Wald [floresta]. Na floresta [Holz] há caminhos que, o mais das vezes sinuosos, terminam perdendo-se, subitamente, no não-trilhado. Chamam-se caminhos da floresta [Holzwege]. Cada um segue separado, mas na mesma floresta [Wald]. Parece, muitas vezes, que um é igual ao outro. Porém, apenas parece ser assim. Lenhadores e guardas-florestais conhecem os caminhos. Sabem o que significa estar metido num caminho de floresta.[63]

Filosofar é "estar metido num caminho de floresta". Os que já filosofaram – "lenhadores e guardas-florestais" – têm uma visão nítida da "floresta" porque andaram por ali, deixando pequenas trilhas perdidas em meio ao "não-trilhado". Eles conhecem o lugar dessas trilhas e sabem se movimentar por elas. Ao caminhar pela "floresta", junto com esses filósofos, vamos de uma trilha à outra, conhecendo a "floresta", reforçando os "caminhos" já trilhados e formando novas trilhas. É assim que os "caminhos da floresta" se formam e se renovam. Sem a companhia de "lenhadores e guardas-florestais", os afoitos se perdem na densa vegetação da "floresta".

Seguir os caminhos trilhados por um filósofo na "floresta" é uma tarefa que exige muita leitura. Ernildo Stein ensina que, primeiro, é preciso identificar a "posição filosófica" da obra, encontrando, "nos textos do autor", os "elementos de identificação que sirvam de guia" para o reconhecimento dessa "posição". Esses "elementos" se manifestam através das "expressões linguísticas" que carregam os "pressupostos" da linguagem de cada filósofo. Os pressupostos são construídos discursivamente para formar o *a priori* que oferece as

[61] HEIDEGGER, Martin. *Introdução à filosofia*. p. 17.

[62] HEIDEGGER, Martin. *Introdução à filosofia*. p. 27.

[63] HEIDEGGER, Martin. *Caminhos da floresta*. p. 3.

"condições de possibilidade de se falar em objetos na Filosofia". São essas "condições de possibilidade" que viabilizam "um método próprio, uma teoria do que é racional e uma teoria da verdade específica" para o exercício da filosofia dentro de um contexto paradigmático.[64]

> Na Filosofia não se escolhe um autor sem, de algum modo, já estar iniciado nele. Em outras palavras, é preciso buscar no autor o que, de algum modo, já se encontrou. Isso quer dizer que, no fundo, para filosofar de verdade, é preciso já estar filosofando. Escolher um autor, na Filosofia, significa então já estar ciente de que com isso se está abandonando convicções ingênuas sobre a realidade e o conhecimento. A escolha, assim, implica em assumir um nível diferente do conhecimento em geral.[65]

Tematizar filosoficamente um problema significa entrar nessa construção discursiva das condições de possibilidade de uma filosofia, para, através dela, com o apoio do mesmo *a priori*, pensar a questão que se pretende tematizar. A temática pretendida aqui se refere à busca por "um método próprio, uma teoria do que é racional e uma teoria da verdade específica" que ofereçam outras condições de possibilidade para a ciência jurídica. Isso significa que a tarefa da filosofia que pretendemos deve cuidar não só da compreensão de um *a priori* que tenha algo a oferecer sobre o direito, mas também de uma ferramenta de linguagem que viabilize uma relação possível entre o pensar filosófico e o pensar científico. Ernildo Stein nos oferece luz a partir daquilo que ele chama de vetor de racionalidade:

> Se o conhecimento científico se realiza como discurso, em busca da solução de problemas, o conhecimento filosófico, na busca dos problemas da solução se divide a partir das posições filosóficas que são determinadas desde um *a priori* ou de um transcendental. Esse transcendental como princípio organizador, poderá exercer uma função *no* conhecimento científico. Em outras palavras, esse elemento organizador pode ser considerado como um vetor da racionalidade científica, isto é, como um princípio com o qual se pode examinar aquilo que é implicitamente carregado pelo discurso científico.[66]

Nosso desafio é encontrar, na filosofia, um vetor de racionalidade que funcione como "um princípio" com o qual possamos "examinar" as condições de possibilidade da ciência jurídica para a solução dos problemas do conhecimento do direito. Isso demanda a escolha de filósofos que possuam consistência discursiva suficiente para tanto. São as características específicas da linguagem de cada filósofo que revelarão o vetor de racionalidade que sustenta seu discurso. Como alerta Stein, nem "todos os filósofos chegam a elaborar uma posição filosófica" e "a Filosofia que não chega a isso pode ser chamada de

[64] STEIN, Ernildo. *Exercícios de fenomenologia*. p. 123-125.
[65] STEIN, Ernildo. *Exercícios de fenomenologia*. p. 123.
[66] STEIN, Ernildo. *Exercícios de fenomenologia*. p. 126-127.

ornamental ou, quando muito, uma Filosofia de orientação".[67] A compreensão de um vetor de racionalidade consistente é o que nos permite estabelecer uma relação produtiva da filosofia na ciência jurídica. Pensar com um filósofo significa construir uma reflexão sobre a mesma base das condições de possibilidade oferecidas por seu vetor de racionalidade. Isso requer a compreensão da linguagem que carrega seus pressupostos.

> Conhecer o filósofo pelos textos significa ter um domínio das expressões linguísticas próprias de sua posição filosófica. Esse domínio subentende ter aprendido o uso que o filósofo faz quando fala do significado de uma palavra ou mesmo de um enunciado.[68]

Aprender "o uso que o filósofo faz" de uma palavra ou expressão não significa encontrar ou construir um fragmento de texto com pretensões conceituais fechadas e definitivas. Não se trata do mero garimpo de verbetes. Saber o "uso que o filósofo faz" quer dizer adquirir competência discursiva para pensar sobre as coisas do mundo, usufruindo das funcionalidades compreensivas oferecidas pelo conjunto das "expressões linguísticas" que constituem seu vetor de racionalidade. Esse cuidado, por si só, já distingue a atividade filosófica de profundidade da lógica semântica ingênua que povoa o imaginário do senso comum teórico (Warat). Nas palavras de Gadamer, "o dizer filosófico constitui sempre uma intermediação entre a linguagem técnica ou das expressões técnicas – chamada terminologia erudita – e a vida da linguagem que cresce e se transforma nela mesma".[69]

> A linguagem filosófica nunca é a descrição de uma realidade, nem do mundo exterior, nem do mundo interior. Ela possui um espaço autônomo que se situa para além das diferenças estabelecidas pela representação ingênua do mundo. É por isso que a linguagem filosófica é sempre uma linguagem construída. E para dar forma a essa construção o filósofo vai gerando a sua linguagem mediante expressões linguísticas vinculadas a certos pressupostos geralmente explícitos.[70]

Foram as leituras das obras de Streck[71] que nos indicaram o potencial do vetor de racionalidade que sustenta o discurso de Heidegger. Vimos ali um "princípio" para pensarmos as condições de possibilidade da ciência jurídica. A força discursiva da filosofia heideggeriana está apoiada num conjunto de expressões inusitadas, que oferecem uma espécie de nova gramática para uma estratégia de superação da metafísica clássica. São elementos linguísticos complexos que foram

---

[67] STEIN, Ernildo. *Exercícios de fenomenologia*. p. 127.

[68] STEIN, Ernildo. *Exercícios de fenomenologia*. p. 125.

[69] GADAMER, Hans-Georg. *Verdade e método II*. p. 225.

[70] STEIN, Ernildo. *Exercícios de fenomenologia*. p. 124.

[71] Especialmente, mas não apenas: STRECK, Lenio Luiz. *Hermenêutica jurídica e(m) crise*; e STRECK, Lenio Luiz. *Verdade e consenso*.

construídos quase sem apoio referencial anterior, impondo ao filósofo da Floresta Negra um grande esforço redacional. O conjunto de sua obra é permeado por descrições e explicações que se repetem sistematicamente em diferentes tematizações e configurações textuais, com o claro objetivo de formar a competência compreensiva de seus leitores acerca da funcionalidade de sua linguagem filosófica.

Várias expressões linguísticas carregam os pressupostos da linguagem heideggeriana, formando o vetor de racionalidade que sustenta sua filosofia hermenêutica. O apoio da filosofia de Ernildo Stein se mostra fundamental para o conhecimento desse vetor de racionalidade. Ele conhece profundamente a obra de Heidegger e sabe explicar com maestria o que nos interessa no âmbito do conjunto da fenomenologia heideggeriana. Stein põe de lado os excessos e alerta sobre as omissões, proporcionando uma economia significativa de tempo. Ele pensa os temas a partir do vetor de racionalidade hermenêutico, preocupando-se, ao longo de seus escritos, em mostrar detalhes da arte de pensar filosoficamente. Ernildo Stein ensina não só o que pode ser pensado a partir de Martin Heidegger, mas como esse conhecimento filosófico pode-se realizar de forma mais efetiva numa relação produtiva com o conhecimento empírico.

> Costuma-se chamar os pressupostos de uma Filosofia de a priori. É por isso que não existem linguagens filosóficas coincidentes. Um filósofo propriamente só pode falar de outro filósofo assumindo a posição do outro filósofo, pois ele entra no a priori do outro. Nesse ponto surgem os grandes problemas do diálogo entre os filósofos. Um a priori na Filosofia, ainda que seja o lugar gerador da linguagem filosófica de um autor, contudo não se esgota na linguagem. Esse não esgotar-se significa que, ainda que se possa falar do a priori, ele, contudo, transcende a relação linguagem-mundo. É por isso que o a priori não pode ser reduzido simplesmente a um ponto de vista lógico (ou conceitual).[72]

Esse alerta de Stein é fundamental para quem pretende enfrentar o desafio de uma filosofia na ciência jurídica. Não podemos falar de uma filosofia na ciência jurídica sem ter o domínio da linguagem pela qual se constitui o respectivo vetor de racionalidade. Esse é um descuido corriqueiro que pode ser constatado na dormência do senso comum teórico. Os textos de autores consagrados da história da filosofia são vilipendiados para extração de fragmentos redacionais, com objetivos meramente ornamentais, visando à proteção caricata de uma máscara com feição erudita. Não há respeito à integridade discursiva dos textos. Trata-se de uma "ficção de racionalidade justificadora que

[72] STEIN, Ernildo. *Exercícios de fenomenologia*. p. 124.

entorpece a percepção crítica dos profissionais do direito", a qual já nomeamos há algum tempo com a expressão "*Frankenstein* textual".[73]

> [...] a tarefa fundamental da filosofia é a elucidação de conceitos – tornar claros os conceitos – que são utilizados no campo da filosofia e da ciência. Este elucidar conceitos, entretanto, não implica que a filosofia se ocupe com temas linguísticos. Os conceitos com que ela trabalha são conceitos que se articulam em uma espécie de rede, conceitos que têm uma história que os une, que têm uma encarnação concreta e que nunca são simplesmente analisados, destacados como uma espécie de linguagem-objeto sobre a qual construímos uma metalinguagem. Assim, o que se pode esperar da filosofia é, também, uma contribuição que está do lado do método.[74]

A filosofia não lida com as coisas materiais que se encontram dispostas no espaço do mundo físico. Ela trabalha com a estruturação de visões especulativas da dimensão transcendental de nossa compreensão. A existência dessa dimensão é o que nos deixa compreender as coisas sobre as quais falamos. Essas visões especulativas formam os modos de acesso das ciências aos seus objetos. Isso é o que está por trás da ideia de método na filosofia. São modelos formais para compreensão das coisas do mundo. Não só das coisas fisicamente dispostas no espaço, mas de todas as coisas sobre as quais falamos.

> O fato de método e objeto não se separarem, na Filosofia, leva-nos a perceber a complexidade do discurso filosófico. Ela surge, basicamente, do fato de a afirmação da unidade entre método e objeto significar a introdução do caráter especulativo dos enunciados filosóficos. Neles está presente em ação uma dupla dimensão, segundo a qual, na Filosofia, sempre tratamos do objeto quando falamos do método e sempre tratamos do método quando nos referimos ao objeto.[75]

Vejamos o caso da ciência jurídica. Seu objeto é o direito, mas o direito não é uma coisa disposta fisicamente no espaço. O fato de a ciência jurídica lidar na prática com indícios da existência do direito não significa que esses indícios possam ser confundidos com o direito em si. Textos jurídicos não são direito. Textos jurídicos são indícios da existência do direito. Talvez nossa reflexão mostre que não há como falar do direito enquanto objeto da ciência jurídica sem falar dos indícios de sua existência. Essa possibilidade torna ainda mais importante uma visão adequada do direito. Se afirmamos que textos de lei, doutrina e jurisprudência não são o direito em si, precisamos saber então o que é o direito enquanto objeto científico. Afirmamos que o direito é um modo de ser humano, mas só podemos compreender o que isso quer dizer se pudermos pensar com o vetor de racionalidade

---

[73] MELIM, Claudio. *Ensaio sobre a cura do direito*. p. 19.

[74] STEIN, Ernildo. *Órfãos de utopia*. p. 124.

[75] STEIN, Ernildo. *Exercícios de fenomenologia*. p. 133.

heideggeriano. Seu método fenomenológico é o que nos empresta a visão do objeto da ciência jurídica em sua dimensão transcendental.

O equívoco de querer ver nos textos jurídicos o direito é um efeito deletério do grilhão compreensivo que nos foi imposto pela lógica da metafísica clássica. Temos uma tendência involuntária de emprestar das ciências naturais as suas técnicas de manipulação do mundo físico para conhecimento do direito. Não há dúvida de que a compreensão do fenômeno jurídico se dá pela linguagem, mas isso não significa que o conhecimento do direito possa se dar pelo simples resultado de análises lógico-semânticas de textos jurídicos. O exercício de dissecações textuais é necessário para o conhecimento do direito, porém, ele não é suficiente por si só. O dualismo "sensível e supra-sensível"[76] que limita nossa visão do mundo pela relação sujeito-objeto precisa ser vencido. Trata-se da demanda pela superação da metafísica clássica.

A expressão "superação da metafísica"[77] nos remete a uma temática que constitui o cenário da fenomenologia hermenêutica. Superar a metafísica clássica é a "proposta"[78] central da obra de Martin Heidegger. Não temos a pretensão de levar nossa reflexão até as profundezas dessa filosofia. A complexidade do tratamento que Heidegger dá a esse assunto está além dos nossos objetivos. Queremos apenas uma compreensão mínima para ver o pano de fundo desse projeto fenomenológico. Nosso objetivo agora é formar uma vista prévia da temática junto com Ernildo Stein, a fim de situar a questão para o desfecho deste artigo.

> Que pode, pois, ser mais-entendido-por-si-mesmo do que o fato de um "sujeito" relacionar-se a um "objeto" e ao inverso? Essa "relação sujeito-objeto" deve ser pressuposta. Mas isso – mesmo que seja incontestável em sua factualidade –, e precisamente por isso, permanece uma funesta suposição, se sua necessidade ontológica e sobretudo seu sentido ontológico forem deixados na obscuridade.[79]

Superar a metafísica não é destruir a metafísica ou romper definitivamente com a relação sujeito-objeto. Não temos como conhecer fora da metafísica ou fora da relação sujeito-objeto. Podemos e devemos andar com cuidado dentro da metafísica. O que queremos da fenomenologia hermenêutica é a competência para esse cuidado. A "necessidade ontológica" e o "sentido ontológico" da relação sujeito-objeto não podem ser "deixados na obscuridade". Precisamos iluminar o meio ambiente de nossa existência. Somos como árvores com

---

[76] STEIN, Ernildo. *Exercícios de fenomenologia*. p. 110.

[77] HEIDEGGER, Martin. A superação da metafísica. In: —, *Ensaios e conferências*. p. 61

[78] STEIN, Ernildo. *Exercícios de fenomenologia*. p. 120.

[79] HEIDEGGER, Martin. *Ser e tempo*. p. 185.

raízes fincadas no solo da relação sujeito-objeto. A seiva que sustenta nosso modo de ser provém do húmus gerado por uma linguagem que é essencialmente metafísica. Saber isso é fundamental. O "paradigma fenomenológico-hermenêutico não se movimenta fora da metafísica".[80] A ruptura possível com a relação sujeito-objeto não é uma ruptura definitiva com a "factualidade" inegável dessa relação em si. O que se quer é uma alforria do poder alienante que emana de um paradigma filosófico deletério, que vê o dualismo cognitivo como o único modelo possível de percepção do nosso conhecimento.

> A metafísica não se desfaz como se desfaz uma opinião. Não se pode deixá-la para trás como se faz com uma doutrina em que não mais se acredita ou defende. [...] Sendo assim, não devemos imaginar, com base num pressentimento qualquer, que podemos ficar fora da metafísica. Depois da superação, a metafísica não desaparece. Retorna transformada e permanece no poder como a diferença ainda vigente entre ser e ente.[81]

Quando Heidegger se refere à diferença "entre ser e ente", ele aponta para o elemento central de sua filosofia: a diferença ontológica. Essa diferença entre ser e ente não é equivalente à relação sujeito-objeto. Afirmar essa equivalência é ferir de morte o vetor de racionalidade heideggeriano. A diferença ontológica diz respeito à dupla dimensão (ôntico-ontológica) de nossa existência. Ela ilumina a relação havida entre as dimensões apofântica (ôntica) e hermenêutica (ontológica). Lembrando que o adjetivo "ontológico" dessa diferença tem um sentido próprio no âmbito da filosofia de Heidegger. A diferença havida entre sujeito e objeto é uma diferença ôntica, que, portanto, se dá no mundo dos entes, na dimensão apofântica. Sujeito e objeto são entes que só podem ser conhecidos pelo sentido do ser na diferença ontológica. Há uma diferença entre ser e ente tanto para sujeito quanto para objeto.

Compreender o que significa essa diferença para a filosofia hermenêutica talvez seja o maior dos desafios impostos àqueles que se aventuram na densa floresta do pensamento heideggeriano. Não temos como dar conta dessa tarefa hercúlea no pequeno espaço deste texto. Querer explicar o significado da diferença ontológica com alguns parágrafos seria risível. Os não iniciados precisam saber que a dificuldade para compreender Martin Heidegger não é privilégio de poucos. Essa dificuldade, todavia, não pode ser vista como uma proibição à oferta de reflexões fundadas no vetor de racionalidade heideggeriano. Nosso objetivo não é ensinar Heidegger.

[80] STEIN, Ernildo. *Exercícios de fenomenologia*. p. 211.

[81] HEIDEGGER, Martin. A superação da metafísica. In: —, *Ensaios e conferências*. p. 61-62.

> O desenvolvimento da fenomenologia hermenêutica terá como consequência a distinção entre dois tipos de discurso, o apofântico e o hermenêutico, aquele que se conduz pelo logos enquanto aspecto lógico e explicativo, e o logos como dimensão pré-compreensiva ou hermenêutica.[82]

A superação da metafísica não é o resultado do descobrimento de uma nova lógica iluminista para inferências dedutivas ou indutivas. Não é o aprendizado de um outro procedimento científico. Não se trata de um incremento retórico, ainda que seus efeitos possam melhorar o potencial comunicativo do intérprete de forma indireta. Sua conquista resulta do aprendizado de um modo diferente de perceber as coisas do mundo. Ela atua na pré-compreensão, reduzindo ingenuidades perceptivas. A linguagem ganha maior densidade pela aquisição de outras formas de expressar as coisas do mundo. A ideia do vetor de racionalidade de Stein ajuda a compreender como se dá esse incremento na linguagem.

Não há, porém, uma relação direta entre o ganho compreensivo pretendido pela superação da metafísica e um aumento de força crítico argumentativa. A melhora do poder argumentativo pode-se dar de forma indireta pela redução das ingenuidades compreensivas. Mas essa não é uma consequência imediata da filosofia na ciência jurídica. A linguagem construída pela filosofia tem função compreensiva e não crítico corretiva. As expressões que são incorporadas à linguagem pela atividade filosófica não são armas retóricas para o combate argumentativo que caracteriza a prática jurídica. Quem ergue citações extirpadas da história da filosofia como bandeiras para legitimação de falas jurídicas, quase sempre protagoniza cenas de erudição caricata.

> A questão é que não se trata de uma luta contra o racionalismo, assim como não se trata de ser partidário do irracionalismo. Ao contrário, aqui tudo gira apenas em torno da viabilização de uma interpretação mais profunda da transcendência, da compreensão de ser, em face da qual o λόγος [logos] tem apenas uma função interpretativa e determinante, o que não significa que ele não desempenhe nenhum papel no problema do ser em geral. [...] É importante ver que a compreensão de ser é anterior a toda enunciação e determinação lógicas, e é o que primeiro as possibilita.[83]

Os frutos compreensivos oferecidos pela fenomenologia heideggeriana não apontam para um caminho contrário à lógica argumentativa. A atividade discursiva da linguagem permanece intocada em sua funcionalidade, porém, sob a luz de outros pressupostos. O que Heidegger explica acima é que a descoberta da dimensão hermenêu-

[82] STEIN, Ernildo. *Exercícios de fenomenologia*. p. 166.

[83] HEIDEGGER, Martin. *Introdução à filosofia*. p. 341.

tica revelou o "fundamento sem fundo"[84] que foi deixado involuntariamente no anonimato pela metafísica clássica. Heidegger usou a expressão "esquecimento do ser"[85] para se referir a essa ingenuidade da história da filosofia.

> Naturalmente, mesmo que fenomenologia hermenêutica, no plano em que discute o conhecimento e a condição humana, não exclua a causalidade da compreensão, seremos levados a colocar, em lugar da causalidade presente no fenômeno, a imprevisibilidade e a finitude como marcos do conhecimento.[86]

O que ocorre agora é que a visão dessa dimensão hermenêutica não mais "permite uma fundamentação última, o estabelecimento definitivo de um sistema".[87] A estrutura pré-compreensiva formada pela filosofia de Heidegger mostra que a dimensão hermenêutica "é anterior a toda enunciação e determinação lógicas". Essa dimensão anterior, que sustenta a essência metafísica da linguagem, apoia-se no nada ("fundamento sem fundo") e, assim, revela a constrangedora ingenuidade das pretensas verdades absolutas do direito. Essa perspectiva filosófica desnuda a arrogância corretiva que contamina o exercício da ciência jurídica.

Enxergar a dimensão hermenêutica é superar a metafísica clássica pela redução de suas ingenuidades. Por isso, afirmamos antes que superar a metafísica não é destruir a metafísica. Como explicou Heidegger, "Depois da superação, a metafísica não desaparece. Retorna transformada e permanece no poder como a diferença ainda vigente entre ser e ente".[88] Essa transformação se dá pelo incremento de nossa competência compreensiva. Seguimos enraizados na essência metafísica da relação sujeito-objeto, porém, agora com novas lentes perceptivas. Passamos a enxergar as coisas do mundo com maior nitidez, incluindo as coisas jurídicas. A ciência jurídica ganha competência, emprestando maior consistência para o direito enquanto modo de ser. Assim, somos "capazes de descobrir um movimento profundo que percorre a lei fundamental e todos os códigos", mantendo-nos "imunizados contra qualquer discurso jurídico autossuficiente e positivista".[89]

---

84 STEIN, Ernildo. *Exercícios de fenomenologia*. p. 167.

85 STEIN, Ernildo. *Exercícios de fenomenologia*. p. 113.

86 STEIN, Ernildo. *Exercícios de fenomenologia*. p. 247.

87 STEIN, Ernildo. *Exercícios de fenomenologia*. p. 167.

88 HEIDEGGER, Martin. A superação da metafísica. In: —, *Ensaios e conferências*. p. 61-62.

89 STEIN, Ernildo. *Exercícios de fenomenologia*. p. 168-169.

Referências

GADAMER, Hans-Georg. *Verdade e método I: traços fundamentais de uma hermenêutica filosófica*. Trad. Flávio Paulo Meurer e Enio Paulo Giachini. 11. ed. Petrópolis: Vozes, 2011.

——. *Verdade e método II: complementos e índice*. Trad. Enio Paulo Giachini e Marcia Sá Cavalcante-Schuback. 4. ed. Petrópolis: Vozes, 2009.

HEIDEGGER, Martin. *Caminhos de floresta*. Trad. Irene Borges-Duarte. Lisboa: Fundação Calouste Gulbenkian, 2002.

——. *Ensaios e conferências*. Trad. Emmanuel Carneiro Leão, Gilvan Fogel e Marcia Sá Cavalcante Schuback. 8. ed. Petrópolis: Vozes, 2012.

——. *Introdução à filosofia*. Trad. Marco Antonio Casanova. 2. ed. São Paulo: Martins Fontes, 2009.

——. *Marcas do caminho*. Trad. Enio Paulo Giachini e Ernildo Stein. Petrópolis: Vozes, 2008.

——. *Platão: o sofista*. Trad. Marco Antônio Casanova. Rio de Janeiro: Forense, 2012.

——. *Ser e tempo*. Trad. Fausto Castilho. Petrópolis: Vozes, 2012.

MELIM, Claudio. *Ensaio sobre a cura do direito*. 2. ed. Florianópolis: Empório do Direito, 2015.

STEIN, Ernildo. *Antropologia filosófica*: questões epistemológicas. 3. ed. Porto Alegre: Livraria do Advogado, 2018.

——. *Compreensão e finitude*: estrutura e movimento da interrogação heideggeriana. 2. ed. Ijuí: Unijuí, 2016.

——. *Exercícios de fenomenologia*: limites de um paradigma. Ijuí: Unijuí, 2004.

——. *Inovação na filosofia*. Ijuí: Unijuí, 2011.

——. *Órfãos de utopia*: a melancolia da esquerda. 3. ed. Ijuí: Unijuí, 2015.

——. *Pensar e errar*: um ajuste com Heidegger. 2. ed. Ijuí: Unijuí, 2015.

——. *Pensar é pensar a diferença*. 2. ed. Ijuí: Unijuí, 2006.

——. *Sobre a verdade*: lições preliminares ao parágrafo 44 de *Ser e Tempo*. Ijuí: Unijuí, 2006.

——. *Uma breve introdução à filosofia*. 2. ed. Ijuí: Unijuí, 2005.

STRECK, Lenio Luiz. *Hermenêutica jurídica e(m) crise*: uma exploração hermenêutica da construção do direito. 11. ed. Porto Alegre: Livraria do Advogado, 2014.

——. *Jurisdição constitucional e decisão jurídica*. 4. ed. São Paulo: Revista dos Tribunais, 2014.

——. *Verdade e consenso*: constituição, hermenêutica e teorias discursivas. 6. ed. São Paulo: Saraiva, 2017.

WARAT, Luis Alberto. *Introdução geral ao direito I*. Porto Alegre: Sergio Antonio Fabris, 1994.

——. *Mitos e teorias na interpretação da lei*. Porto Alegre: Síntese, 1980.